KB103382

대한민국 헌법의 탄생

서남동양학술총서

대한민국 헌법의 탄생

한국 헌정사, 만민공동회에서 제헌까지

서희경 지음

창비

21세기에 다시 쓴 간행사

서남동양학술총서 30호 돌파를 계기로 우리는 2005년, 기왕의 편집위원회를 서남포럼으로 개편했다. 학술사업 10년의 성과를 바탕으로 이제 새로운 토론, 새로운 실천이 요구되는 시점이라고 판단했기 때문이다.

알다시피 우리의 동아시아론은 동아시아의 발칸, 한반도에 평화체제를 구축하고자 하는 비원(悲願)에 기초한다. 4강의 이해가 한반도의 분단선을 따라 날카롭게 교착하는 이 아슬한 상황을 근본적으로 해결하는 방책은 그 분쟁의 근원, 분단을 평화적으로 해소하는 데 있다. 민족 내부의 문제이면서 동시에 국제적 문제이기도 한 한반도 분단체제의 극복이라는 이 난제를 제대로 해결하기 위해서는 우선 서구주의와 민족주의, 이 두 경사 속에서 침묵하는 동아시아를 호출하는 일, 즉 동아시아를 하나의 사유단위로 설정하는 사고의 변혁이 중요롭다. 동양학술총서는 바로 이 염원에 기초하여 기획되었다.

10년의 축적 속에 동아시아론은 이제 담론의 차원을 넘어 하나의 학(學)으로 이동할 거점을 확보했다. 우리의 충정적 발신에 호응한 나라 안팎의 지식인들에게 깊은 감사를 표하는 한편, 이 돈독한 토의의 발전이 또한 동아시아 각 나라 또는 민족들 사이의 상호연관성의 심화가 생활세계의 차원으로까지 진전된 덕에 크게 힘입고 있음에 괄목한다. 그리고 이러한 변화가 6·15남북합의(2000)로 상징되듯이 남북관계의 결정적 이정표 건설을 추동했음을 겸허히 수용한다. 바야흐로 우리는 분쟁과 갈등으로 얼룩진 20세기의 동아시아로부터 탈각하여 21세기, 평화와 공치(共治)의 동아시아를 꿈꿀 그 입구에 도착한 것이다. 아직도 길은 멀다. 하강하는 제국들의 초조와 부활하는 제국들의 미망이 교착하는 동아시아, 그곳에는 발칸적 요소들이 곳곳에 숨어 있다. 남과 북이 통일시대의 진전과정에서 함께 새로워질 수 있다면, 그리고 그 바탕에서 주변 4강을 성심으로 달랠 수 있다면 무서운 희망이 비관을 무찌를 것이다.

동양학술총서사업은 새로운 토론공동체 서남포럼의 든든한 학적 기반이다. 총서사업의 새 돛을 올리면서 대륙과 바다 사이에 지중해의 사상과 꿈이 문명의 새벽처럼 동트기를 희망한다. 우리의 오랜 꿈이 실현될 길을 찾는 이 공동의 작업에 뜻있는 분들의 동참과 편달을 바라 마지않는 바이다.

서남포럼 운영위원회

www.seonamforum.net

책머리에

　대한민국 헌법은 언제, 어떻게 시작되었을까? 누가 만들었고, 어떤 뜻이
담긴 걸까? 한국 근대헌법의 시작은 1898년 만민공동회까지 거슬러올라
간다. 이 책의 목적은 이런 질문들에 답하려는 것이다.

　1987년 민주화 이후 헌법의 중요성은 비할 바 없이 커졌다. 헌법이 제 위
치를 찾았기 때문이다. 중요한 정치집회 때 헌법 조항을 쓴 피켓이 많아졌
다. 정치권과 사회 역시 스스로 해결하지 못한 문제는 헌법의 판단을 구한
다. 헌법은 이제 한국사회에서 가장 중요한 문제를 결정하는 최고규범으
로 자리잡았다.

　헌법 해석을 둘러싼 논쟁도 치열해졌다. 2004년 노무현 대통령 탄핵소
추와 신행정수도법에 대한 헌법재판소 판결은 그 대표적 사례이다. 이를
둘러싸고 나라 전체가 둘로 갈려 치열한 논쟁을 벌였다. 1987년 이전에는
낯선 풍경이었고, 이제 새로운 시대가 도래했다. 오늘날은 기본적으로 헌
법이 대한민국을 움직이고 있다. 이 때문에 헌법 이해의 깊이는 곧 국가이
성의 깊이가 되었다. 또한 헌법 판단의 수준이 곧 국가의 정치적 수준이자
지적 수준이라고 할 수 있다. 헌법 연구는 그만큼 중요하고 절실한 과제가

되었다.

헌법을 이해하려면 먼저 법리적 해석이 필요하다. 그러나 그것만으로는 부족한 경우가 많다. 헌법은 딱딱한 사물이 아니라 살아 있는 생물에 가깝기 때문이다. 헌법은 특정한 환경에서 탄생하고 성장, 소멸한다. 헌법은 이성적일뿐 아니라 관습적이다. 이 때문에 헌법 해석이 좀더 정확하고 풍부해지려면 헌법을 만든 사람들의 뜻은 무엇이었는지, 어떤 역사를 거쳐 어떤 의미가 쌓여왔는지 알아야 한다.

이런 점을 고려할 때, 그간의 한국 헌법 연구에 아쉬운 점이 적지 않다. 한국 정치학은 '헌법'을 주변적 주제로 다루어왔다. 한국 법학의 헌법 연구는 주로 규범과 법리에 치우쳐 정치사회의 현실과는 상당히 괴리되었다. 권위주의 시대에는 헌법이 별 무게를 지니지 못해서 주변적이거나 단순한 법리의 차원에 머물렀던 것도 사실이다.

헌법의 생생한 의미는 권력, 법률, 이념 어느 한 요소만으로 포착하기 어려워 보인다. 이 모든 것은 사실 역사 안에서 함께 자라난 것이기 때문에, 역사 안으로 되돌려 그 속에서 살펴볼 필요가 있다. 그런 연유로 헌법은 단순한 계약문서 이상이다. 헌법은 엄밀한 이성의 산물이자, 동시에 한 사회 구성원 전체의 역사적 경험을 통하여 이루어지는 공동의 합의이기도 하다. 우리 헌법을 이해하려면 먼저 한국인이 겪어온 정치적 경험과 그 의미를 알아야 하는 것도 이 때문이다.

헌법은 또한 단순한 힘의 산물로도 볼 수 없다. 보편적 이념이 담겨 있기 때문이다. 보편이념이 없으면 헌법은 한 사회의 최고규범이 될 수 없을 것이다. 헌법은 또한 순수이념도 아니다. 현실을 움직이는 구체적이고 강력한 힘이기 때문이다.

이런 점에서, 헌법과 헌정사 연구를 좀더 심화하려면 두 가지 점을 보완해야 한다고 생각한다.

첫째, 학제적 연구가 필요하다. 헌법은 전사회적 산물이므로, 헌법적 이슈를 둘러싸고 복잡한 이해관계와 다양한 원리가 충돌한다. 법학이나 정치학 등 한 분야의 연구만으로는 불충분하다. 역사학, 철학, 지성사를 포함한 종합적 사고와 지식이 요구된다.

이 책은 정치학과 법학, 역사학의 학제적 연구를 시도했다. 즉 '정치의 산물로서의 헌법'과 '헌법의 산물로서의 정치'라는 관점을 교차시켜, 정치와 헌법이 서로 직물처럼 얽혀 어떻게 구성되는지 살펴보고자 했다. 또한 '역사의 산물로서의 헌법' '역사의 산물로서의 정치'라는 관점에서 헌법과 정치를 이해하려고 했다.

둘째, 한국 헌법의 자생적 뿌리를 찾는 것이 필요하다. 한국 학계는 우리 헌법을 밖에서 들어온 것으로 보는 경향이 있다. 해방 후 진주한 미국의 작품이라는 것이다. 건국헌법이 자유민주주의 체제를 선택한 것, 그리고 공화국이 된 것도 미국의 영향이라고 본다.

하지만 우리 역사를 보면 그렇지 않다. 미국의 영향이 컸던 것은 사실이지만 자유주의와 민주주의는 이미 한말부터 활발하게 논의되고 있었다. 19세기 말 왕조체제에 대한 실망이 깊어지면서, 근대 서구의 헌법원리와 정치질서에 대한 논의가 폭넓게 이뤄졌다. 그런 흐름들이 모여 활짝 꽃 핀 것이 3·1운동이었다. 이 운동의 정치적 결실로 수립된 상하이 대한민국 임시정부는 민주공화제를 채택했다. 왕정을 복고하자는 소리도 있었지만, 무시할 수 있을 정도로 작았다. 민주공화제는 1919년에 이미 시대의 대세였다. 해방이 되자 수많은 헌법 초안이 등장했다. 정파는 달랐지만, 거기에는 모두 민주공화제, 국민주권, 권력분립이라는 근대 입헌주의의 핵심원리가 담겨 있었다. 이 책은 이런 입장에서 우리 헌법의 기원을 찾고 건국헌법 제정과정을 살펴보고자 한다.

이 책이 다루는 시기는 한말에서 해방 직후까지 50년간(1898~1948년)이다. 제1장 서론은 헌법의 기원과 제정에 관한 필자의 문제의식을 담았다. 제2장은 '헌법 태동기'인 1898~1945년을 다루었다. 제3장, 제4장은 '헌법 쟁론기'인 1945년 해방 이후~1948년 정부 수립 이전까지, 주로 과도정부(과도의회) 안팎에서 이루어진 헌법 논의를 검토했다. 제5장, 제6장은 1948년 6~7월 사이, 건국헌법 제정이 본격적으로 이루어지는 '대한민국 헌법 제정기'를 살펴보았다. 제7장에서는 1945년 이후의 북한헌법 제정을 다루었다.

이 책을 통해 우리 헌법에 좀더 친숙해졌으면 한다. 그럼으로써 헌법의 의미는 더욱 풍부해지고, 국가 또한 한층 원숙해질 것이다. 이를 통해 우리 사회와 시민의 삶도 성숙해질 것임은 물론이다.

이 책의 집필을 시작한 지 벌써 10여년의 세월이 물처럼 흘렀다. 건국헌법 제정기를 다룬 5장과 6장은 필자의 박사학위논문을 수정·보완한 것이다. 5장은 필자의 「대한민국 건국헌법의 기초와 수정」(2003)에, 6장은 「대한민국 건국기의 정부형태와 운영에 관한 연구」(2001)에 일부 게재된 바 있다. 나머지 글들은 학위를 받은 후 여러 해 동안 틈틈이 쓴 것이다. 2장은 「대한민국 건국헌법의 역사적 기원」(2006)과 「대한민국임시정부 헌법과 민주공화주의」(2010)에, 3장은 「현대 한국헌정과 국민통합, 1945-1948」(2007)에, 4장은 「시민사회의 헌법구상과 건국헌법에의 영향(1946-1947)」(2007)에, 그리고 7장은 「남한과 북한헌법 제정의 비교연구(1947-1948)」(2007)에 게재된 것을 '대한민국 헌법의 기원과 제정'이라는 이 책의 전체 주제에 걸맞게 대폭 수정·보완한 것이다. 그동안 꾸준히 연구를 지원해준 한국연구재단에 감사드린다.

그사이 헌정사 연구를 중단하고 싶은 유혹도 느낀 게 사실이다. 헌정사는 정치학, 법학, 역사학을 자유로이 넘나드는 매력적 분야이지만, 그 때문에 어느 분야에서도 적자 취급을 받지 못하는 설움도 있다. 우리나라 헌정사 분야는 사정이 더욱 좋지 않았다.

이제 책을 내면서 먼저 부족한 제자를 학문의 세계로 이끌어주신 지도교수 김홍우 선생님께 깊이 감사드린다. 학문은 물론 인생의 선배로서 늘 세심한 배려와 따뜻한 위로를 베풀어주신 최정운(서울대), 강정인(서강대), 박명림(연세대) 선생님께도 감사드린다. 그리고 박사학위 후 연구를 지속하도록 많은 도움을 주신 서울대 정치학과와 법학연구소, 연세대 김대중도서관과 국가관리연구원, 경희대 NGO연구소, 서강대 사회과학연구소 관계자 선생님들께 감사드린다.

25년여 전 세상을 떠난 아버지 서영무 님(삼성라이온즈 초대감독)과 오직 자식들을 위해 평생을 사신 어머니 최태옥 님께 이 작은 책을 바치고 싶다. 어머니는 내 아이들도 키워주셨다. 긴 세월 같은 길을 걸어온 남편 김영수 님(영남대)과 형부 정영식 님(원광대), 형제들에게도 고마운 마음을 전한다. 그리고 늘 시간 없다고 불평하는 엄마를 둔 해인, 해민아 정말 미안하고, 고맙다.

마지막으로 책 출간을 지원해주신 서남재단과 말끔한 책으로 만들어주신 창비 관계자 여러분께도 깊은 감사를 드린다.

2012년 7월
서희경

제1장

서론

이 책의 목적은 대한민국 헌법의 기원을 탐색하고, 해방 후 대한민국 헌법이 만들어지는 과정을 살펴보려는 것이다. 한국 헌정사에서 '민주공화(民主共和)'에 대한 사회적 합의는 통상 1945년 해방 후 이루어진 것으로 알려져 있다. 그러나 민주공화제를 헌법에 규정한 것은 1919년 4월 11일 수립된 대한민국임시정부가 최초이다. 이 같은 불일치를 어떻게 설명할 수 있을까?

이와 관련하여 〈대한민국헌법〉[1]에 대한 두 가지 인식을 재검토할 필요가 있다. 첫째, 대한제국의 소멸과 미군정의 수립에 의해 공화국과 자유민

---

1) 이 글에서 소개하는 헌법(안)들은 모두 명칭을 갖고 있으므로 대개 그 명칭에 따라 기술하였다. 그리고 필요한 경우에는 제정연도를 병기하였다. 예컨대 1948년에 제정된 제헌헌법은 1948년 〈대한민국헌법〉, 또는 '건국헌법'이라 칭하였다. 건국헌법이라는 명칭은 '대한민국 건국의 기초가 된 헌법'이라는 의미와 '대한민국 건국 당시에 제정된 헌법'이라는 의미를 담고 있다. 1948년의 대한민국 건국헌법은 1919년에 수립된 대한민국임시정부의 법통을 계승한 헌법이며, 향후 "한반도와 그 부속도서"라는 영토의 완전한 지배가 실현되는 통일국가가 수립되면, 이 대한민국 헌법은 남북한 통일헌법으로 다시 계승될 것이다.

주주의가 '자동적'으로 수용되었다는 인식이다.

　'공화국'은 우리 사회의 식민화와 동시에 소멸된 그 '대한제국'에 대한 당연한 역사적 부정이며, 또한 정치적 기본질서에 있어서의 그 자유민주주의는 미군의 진주에 오는 당연한 결과였다. 바로 그러한 까닭에 제헌헌법의 제정과정에 있어서는 그 논의의 대상은 대체로 권력구조, 경제질서, 그리고 상의(常議)적 의미의 기본권이었고, 가장 기본적인 공화국, 국민주권, 정치적 기본질서 등에 대해서는 거의 언급이 없었다. 그것은 이러한 사항 등은 그 당시의 정치적 상황에 의하여 그 스스로가 자명한 것으로 전제되었기 때문이었다. (한태연·갈봉근·김효전 외 1988, 41면)

　이 글은 한국 근대헌정의 기본원칙인 '공화국'과 '자유민주주의'를 상황변화에 따른 자동적 결과로 설명하고 있다. 그러나 역사를 살펴보면, 한일합병 이전 19세기 말부터 군주제와 민주공화제를 둘러싼 거친 정치투쟁이 전개되었고, 그 결과 1919년 대한민국임시정부에서 민주공화제가 채택되었다. 1920년대 이후에는 민주공화제의 구체적 내용을 둘러싼 좌우의 정치·이념투쟁이 매우 격렬하게 진행되었고, 그 유산은 해방정국으로까지 이어져 남북 분단으로 귀결되었다.
　이 책에서는 장기간에 걸친 한국 근대헌법의 역사적 진화를 설명하기 위해 1898년 만민공동회(萬民共同會) 활동, 1919년의 3·1운동과 대한민국임시정부 수립(1919.4.)이라는 세 정치적 사건을 중심으로 '민주공화'의 역사적 기원을 추적하고, 그 속에서 탄생한 헌법과 규약을 검토하고자 한다. 이 사건들은 모두 군주제에서 민주공화제로의 이행이라는 헌정사적 의미를 함축하고 있다.
　둘째, 건국헌법이 소수 권력자와 권력집단의 정치적 타협에 의해 제정되었다는 편견이다. 이런 인식이 일반화되어 헌법이 장기간에 걸친 집단적 의사의 결과물이라는 점이 간과되는 경향이 있다. 헌법 제정과 관련된 대부분의 선행연구는 일반적으로 분단국가 수립과 우파 중심의 정부 구성에 초점을 맞추었고, 이러한 연구들을 통해 1948년 건국헌법이 제헌국회 구성 이전의 각종 헌법구상과는 무관하게 '졸속'으로, 그리고 '소수의 유력 정치가들과 특정 법률가들'에 의해서 자의적으로 제정되었다고 인식되었다.[2] 그러나 1948년 건국헌법의 핵심원리들은 19세기 이래의 한국사를 통해 광범위한 합의를 거친 것이었다.

1. 대한민국 헌법의 기원에 관한 질문

이 책 제2장에서는 다음 여섯 가지 질문을 검토하고 답하고자 한다.

첫째, 한국역사상 군주제에서 민주공화제로의 이행은 어떤 역사적 사건으로부터 비롯되었는가? 1898년 만민공동회가 그 시작으로 생각된다.[3] 만

---

2) 학계에서는 오랫동안 건국헌법이 법률전문가 유진오에 의해 창안, 기초되었고, 헌법안이 변경되는 데 정치가 이승만의 영향력이 절대적이었음을 통념으로 받아들였다. 최근에도 종종 "건국헌법의 기초과정에서 유진오 역할이 거의 절대적이었다"(이영록 2006a)거나 이승만이 헌법 제정에 끼친 영향력을 강조하는 연구(유영익 2006)가 제기된다. 그러나 이와 달리, 헌법이 특정한 한 인물의 창작물이거나 독점적 영향력에 의해 제정될 수는 없다는 견해를 가진 연구들이 진행되고 있다. 이에는 서희경(2001; 2006), 신우철(2002; 2004; 2008), 서희경·박명림(2007), 김수용(2007; 2008) 등의 연구가 있다.

3) 한국 근대헌법의 시원을 어디서 찾을 것인지는 논쟁적이다. 원시헌법문서로 언급되는 것은 갑신정변의 〈혁신정강14조〉(1884), 동학농민운동의 〈폐정개혁안12조〉(1894), 갑오개혁의 〈홍범14조〉(1895), 만민공동회의 〈헌의6조〉(1898), 대한제국의 〈대한국국제〉(1899) 등이다. 『독립신문』에서는 〈홍범14조〉가 "서양 각국의 법률 권리"와 거의 유사한 것으로 보았으며(『독립신문』 1898), 유진오도 "우리나라 최초의 근대적 성격을 띤 헌법"이라는 점에서 〈홍범14조〉를 한국 근대헌법의 시원으로 보았다(유진오 1953, 10~12면). 그러나 필자는 만민공동회의 〈헌의6조〉를 한국 근대헌법의 시원으로 보고 있다. 〈홍범14조〉가 위로부터의 개혁안인 반면, 〈헌의6조〉는 광범위한 대중적 논의와

민공동회는 조선정치의 기본원리에 근본적인 이의를 제기한 사건이다. 이를 통해 백성이 비로소 정치적 주체로 떠오르고 자각되었다. 근대적 정치 주체인 '국민'이 탄생한 것이다. 1898년 10월 29일, 10여명의 정부대신까지 참여한 만민공동회에서 백정 출신 박성춘은 다음과 같은 개막 연설을 했다. "나는 우리나라에서 가장 천대받는 사람이오, 아무것도 모르는 사람이지만, 지금 나라에 이롭고 백성이 평안할 길은 관민이 합심해야 이룩될 수 있소."

그뒤 백성들은 왕에게 면담을 요청했다. 직접 왕을 대면한 백성들은 더이상 단순한 탄원자가 아니었으며, 그들 자신의 의사에 따라 왕권이 제한되어야 한다고 주장했다. 이는 2천년 역사에서 처음 있는 일이었다. 고대이래 백성은 정치적 주체가 아니었다. 조선정치에서 왕은 어린 자식(赤子)인 백성의 보호자였고, 백성은 왕을 부모처럼 존경하고 순종해야 했다. 그런 백성이 자신들도 정치적 판단과 행동이 가능한 인간임을 표명하고 권리를 주장한 것이다.

만민공동회에서 백성들은 자신들의 의사공동체로 민회(民會)를 만들었다. 이를 통해 공론을 수렴하고 〈헌의6조(獻議六條)〉를 의결했다. 〈헌의6조〉에 내포된 이상적 정치체제는 '군민공치적(君民共治的) 군주제'였다. 표면적으로는 전제황권을 일단 수용하고 있었다. 그러나 왕이 인민과 함께 협의하여 정치를 해야 한다고 주장했다. 구체적으로 왕의 재정권, 인사권, 재판권, 조약체결권을 인민과 대신·정부 간의 협의사항으로 제시하였다. 이처럼 〈헌의6조〉에는 공화제의 원칙과 정신이 함축되어 있다. 만민공동회는 한국 최초의 의회인 중추원 설치도 요구했다. 그런 점에서 만민공동회는 한국 민주공화주의 정치운동의 기원으로 보기에 손색이 없다.

정치운동을 거쳐 제시된 합의사항이라는 차이점이 있기 때문이다. 그런 의미에서 〈홍범14조〉는 의사근대적(pseudo-modern)인 것으로 생각된다. 이와 관련해서는 제2장에서 살펴보고자 한다.

만민공동회를 계기로 정치적 주체에 대한 인식이 확장되면서 정치와 국가의 개념에도 혁명적 변화가 나타났다. 정치는 이제 한 개인이나 특정 집단의 일이 아니라 모든 사람의 일로 생각되었다.

둘째, 만민공동회의 군민공치제는 어떻게 민주공화제로 발전하였는가? 이와 관련해서는 1907년 고종황제 퇴위사건이 중요하다. 이 사건은 〈헌의 6조〉의 군민공치제에 대한 기대, 즉 황제와의 공존을 전제로 한 온건파의 입헌군주제 주장을 퇴색시켰다.

백성들의 기세에 눌린 고종은 처음에는 만민공동회의 제안을 받아들였지만, 곧이어 이를 무력으로 철저히 분쇄했다. 1년 뒤 1899년 고종은 전제군주제를 표방하는 〈대한국국제(大韓國國制)〉를 선포하여 역사를 뒤로 돌려놓았다. 개혁자들은 군주제와 공존하려는 마지막 기대를 버렸다. 이 때문에 고종의 퇴위와 함께 '민주공화제'와 '입헌정치'에 대한 논의가 본격화되었다. 정치는 더이상 사유물이 아닌 '공적인 사물'(Res publica)이라는 공화주의, 정치권력을 제한하고 합리화하기 위한 입헌주의, 이를 제도적으로 뒷받침하는 의회제가 모색되었다.

이러한 변화된 정체(政體) 인식을 명료하게 보여준 것은 1917년 상하이에서 최초로 발표된 「대동단결선언」이었다. 이 선언을 통해 왕조를 재건하려는 복벽주의가 완전히 종결되고, 민주공화제 수립이 공식화되었다.

셋째, 3·1운동의 헌정사적 의미는 무엇인가? 3·1운동은 '독립운동', 즉 반제국주의 운동으로만 기억되고 있다. 그러나 3·1운동은 대중운동 역사상 최초로 군주제를 부정하고 민주공화제를 지지한 근대 정치혁명이자 사회혁명의 의미도 동시에 가진다. 수천년간 지속되어온 신분제의 폐지를 주장하고, 만인평등에 기초한 민주제를 지지했기 때문이다. 그런 뜻에서 3·1운동은 반일운동이자, 동시에 민족 내 정치투쟁의 일환이기도 했다. 이러한 3·1운동의 정치이념은 대한민국임시정부에서 구체화되었다. 대한민국임시정부는 3·1운동의 정치이념을 민주공화주의로 해석하고, 이를 국가의 기본원칙으로 선언했다. 또한 이 이념에 따라 헌법을 만들었다.

이처럼 민주공화제와 국민주권에 대한 광범위한 사회적 합의는 만민공동회 이래 반전을 거듭하며 장기간에 걸쳐 형성되었고, 그 흐름은 1919년 대한민국임시정부 헌법에서 일단 완결되었다. 이를 통해 1945년 해방 이후 한국 정치사회에 등장한 다수의 헌법안에 민주공화제, 국민주권, 권력분립이라는 근대 입헌주의의 핵심원리가 자연스럽게 담기게 된 것이다.

넷째, 대한민국임시정부 헌법은 한국 헌법의 원형헌법이라 할 수 있는가? 한국 헌정사에서 1919년의 유산은 1946년 헌법쟁론기를 거쳐 1948년 건국헌법 제정으로 이어졌다. 대한민국임시정부의 헌법과 규약이 모두 1948년 대한민국 건국헌법에 고스란히 녹아 있다. 그런 의미에서 임시정부 헌법은 모든 한국 근현대 '헌법의 어머니', 즉 '원형헌법'(proto-constitution)으로 볼 수 있다고 생각한다. 3·1운동 정신, 민주공화제, 국민주권, 기본권, 권력분립 등 임시정부 헌법의 기본원칙들이 모두 건국헌법에 수용되었다. 헌법 체계와 용어도 그렇다. 〈대한민국임시헌장〉(1944.4.22)과 〈대한민국헌법〉(1948.7.12)은 체계 면에서 거의 동일하다. 두 헌법은 모두 전문, 총강, 국민(인민)의 권리와 의무, 입법부, 행정부, 사법부, 경제, 회계·재정, 헌법 개정 및 부칙으로 이뤄져 있다.

다섯째, 한국 근대헌법의 핵심원리는 자유시장주의인가? 또한 균평·균등 이념은 한국헌정사에서 어떤 연원과 의미를 갖는 것일까? 모든 한국 헌법에서 사유재산권과 사적 경영이 보장된다는 점에서 자유주의 경제의 기본원칙은 확고하다. 그러나 한국 헌법에는 균평·균등 이념이 강하게 스며 있다. 이 이념은 한국 독립운동세력의 '민주주의'에 대한 비전의 분열을 극복하려는 과정에서 한층 체계화되었고, 사회주의와의 대결 속에서 성장하였다. 민족국가 건설 후, 계급혁명의 발발로 인한 민족적 분열을 방지하기 위해 공산주의자들의 계급적 요구를 균등이념으로 광범위하게 포섭하고자 했던 것이다. 이를 위해 보통선거제를 통한 국민의 균등한 정치참여와 국유·국영의 경제정책을 통해 국민의 균등생활과 민족 전체의 발전, 국가의 건립 보위를 우선적으로 실현하고자 하였다. 그러므로 한국 헌법에서는 국가와 민족 전체의 질서유지와 공공복리를 위해 개인의 기본권은 제한될 수 있었다.

여섯째, 누가 '한국 헌법의 아버지'인가 하는 점이다. 이와 관련하여, 그동안 조소앙(趙素昂)에 비해 유진오(兪鎭午)의 의미가 과도하게 인식되어 온 경향이 있다. 유진오는 1945~48년 해방정국에서 주도적 역할을 담당했다. 그러나 일제강점기를 포함한 긴 시간을 놓고 보면, 조소앙의 역할이 더 근본적이었다고 생각된다. 조소앙은 1919년 이래 독립운동과 해방 후 건국과정에서 근대한국의 헌법과 헌정을 가장 깊이있게 성찰한 인물이었다. 그는 임시정부의 〈대한민국임시헌장〉(1919.4) 〈대한민국임시약헌〉(1940) 〈대한민국건국강령〉(1941, 이하 〈건국강령〉) 〈대한민국임시헌장〉(1944) 제정을 모두 주도했다. 이 때문에 건국헌법 역시 근본적으로 조소앙의 영향을 받았다고 볼 수 있다.

2. 대한민국 헌법의 제정에 관한 질문

1) 이 책의 제3장과 제4장에서는 1946년 시민사회에서 등장한 다양한 헌정구상들이 이후 1948년 건국헌법 제정에 어떠한 영향을 주었는지를 검토하고자 한다. 1946년은 우리 역사상 헌법이념과 국가체제 구상, 그리고 정치경제적 비전이 가장 풍부하게 제시된 시기였다. 이것은 앞선 시기에 이미 민주공화제와 국민주권에 대한 상당한 합의가 있었기 때문에 가능했다. 이 1946년의 논의를 바탕으로 하여, 1948년 헌법 제정기에는 헌법이념과 경제체제 구상보다는 민주주의를 구현하는 구체적인 수단으로서의 정부형태를 중심으로 논의하였다. 그러므로 1948년 〈대한민국헌법〉은 한 법

률가의 창작물도 아니었으며, 특정 정치가의 영향력과 의도에서 비롯된 것도 아니었다. 이는 정치집단 간의 대립과 동의의 과정을 거쳐 형성된 공동의 역사적 산물이었다.

이를 구체적으로 살펴보면, 첫째, 1946년 국내 정치세력의 정치노선과 미국의 대한정책이 각 정치단체들의 헌법안 기초에 어떤 영향을 끼쳤는가? 제3장에서는 이 점을 구체적으로 다루고자 한다.

1946년은 반탁운동이 한반도 남쪽을 지배한 시기였다. 그 결과 신탁통치를 통해 한반도 문제를 해결하려던 미국의 대한(對韓)정책은 결정적 어려움에 직면했다. 1946년 12월 미국은 우익이 아닌 좌우합작파를 지원하여 '남조선과도입법의원'을 설치한다. 이를 통해 미국은 위기를 타개하고, 한국인이 주도하는 임시정부를 구성하고자 한 것이다. 나아가 이 임시정부의 과도적 헌법안을 구상했다. 미군정 법률고문이자 사법부장을 역임한 에머리 우돌(Emery J. Woodall)이 그 실무책임을 맡아, 〈조선헌법〉(Constitution of Korea)을 작성했다. 이 헌법을 토대로 하여 미군정 법률고문과 남한 정치지도자 간에 민주적 정부형태와 정부조직에 대한 상당한 합의를 이룰 수 있었으며, 이 〈조선헌법〉은 남조선과도입법의원에서 제정된 〈남조선과도행정조직법 초안〉(이하 〈행정조직법 초안〉)과 〈남조선과도입법의원법안〉에 영향을 주었다.

이후 남조선과도입법의원에서도 과도적 헌법안을 만들기 위해 우파는 〈남조선과도약헌〉(1947.2)을, 중도파는 〈조선민주임시약헌 초안〉(1947. 4)을 제출하였다. 1947년 8월, 두 헌법안을 합쳐 만든 〈조선임시약헌〉이 남조선과도입법의원에서 최종적으로 통과되었다. 이것은 해방 이후 정치세력이 공식기구에서 합의한 최초의 헌법이었다. 즉 좌우가 공존하기 위한 체제구상이 녹아 있는 것이다.

그러나 1947년 7월 미소공동위원회가 최종적으로 결렬되었다. 한국문제에 대한 강대국 간의 합의가 불가능해진 것이다. 그리하여 한국의 독립

문제는 모스끄바삼상회의 이전 상태로 돌아갔다. 새로운 국제협약이 필요했으나, 그것은 불가능했다. 해방 후 수많은 정치운동과 국제적 노력이 펼쳐졌지만 최종 결과는 분단과 단독정부의 수립이었다. 남조선과도입법의원이 만든 통합헌법인 〈조선임시약헌〉도 자동 폐기되었다.

둘째, 해방 후 각 정치세력들의 헌법안들은 어떤 배경에서, 어떠한 과정을 거쳐 작성되었을까? 국가건설의 시기가 도래했을 때, 시민사회의 정치단체들은 경쟁적으로 헌법안을 기초했다. 이 점은 대한민국헌법이 이식된 헌법이 아님을 직접적으로 보여주는 것이다.

1946년 한국 헌법에 대한 논의는 미소공동위원회에 의해 본격화되었다. 1945년 해방 직후부터 각 정치세력들은 비밀리에 헌법안을 검토하고 있었고, 1946년 4월 미소공동위원회가 각 정치세력에게 임시정부 조직과 정강 등에 관한 질의서를 보내면서, 헌법과 「답신안」 논의가 만개하기 시작한다.

좌파 집결체인 민주주의민족전선(이하 민전)의 헌법안 〈조선민주공화국 임시약법 시안〉(1946.1. 이하 〈임시약법 시안〉)은 미소공동위원회에 제출하고자 만든 것으로, 허헌(許憲) 등 소수의 민전 관계 법률가들이 비공개적으로 작성하였고, 이후 민전 공식기구인 임시약법기초위원회에서 축조, 검토하였다. 그러나 아직 구체적 사료가 발견되지 않아 어떤 쟁점들이 논의되었는지는 거의 밝혀진 바가 없다.

우파 헌법인 〈한국헌법〉(1946.3)은 행정연구위원회에서 만들었다. 신익희(申翼熙)는 일제강점기 고등문관 출신의 경험있는 법률전문가들을 모아 이 위원회를 만들고, 대한민국임시정부 산하기구로 두었다. 그 덕분에 제1차 미소공동위원회 개막 이전에 신속하게 헌법안을 만들었다. 〈한국헌법〉역시 비밀리 작성되었다. 이후 이 헌법은 1948년 5월 31일 〈유진오 헌법 초안〉과 종합되어 〈유진오-행정연구위원회 공동안〉으로 다시 만들어졌다. 이 공동안은 6월 2일 구성된 제헌국회 헌법기초위원회에 제출됨으로써 건국헌법 탄생에 직접 기여했다. 그런 점에서 건국헌법 제정에 유진오 못지

않게 신익희와 행정연구위원회의 역할이 컸음을 알 수 있다.

중도파인 비상국민회의는 좌우파와 달리 비교적 공개적으로 헌법안을 작성했다. 비상국민회의는 대한민국임시정부의 헌법안을 수정하여 자신들의 헌법안을 기초하고자 하였으나 "국무위원 자격을 20년 동안 독립운동에 전사(專事)한 자로 한정하자"는 조소앙 등 임정 측 주장으로 인해 지속되지 못했다. 임정의 이런 주장은 해방 후 정치현실에서 받아들여지기 어려웠다.

한편 미군정이 승인한 남조선대한국민대표민주의원(이하 민주의원)은 비상국민회의로부터 탄생했다. 민주의원은 제1차 미소공동위원회 회담에 대비하여 독자적 헌법안을 만들었다. 민주의원의 〈대한민국임시헌법〉(1946.3)은 비상국민회의와 민주의원의 연석회의를 통해 기초되었고, 최종적으로 민주의원에서 통과되었다. 이것은 임정의 〈대한민국임시헌장〉(1944)을 거의 계승하였으며, 이후 남조선과도입법의원에 제출된 〈조선민주임시약헌 초안〉으로 발전, 수정되었다. 다만 국호가 '대한민국'에서 '조선'으로 수정되고, 몇개 조항이 변경되었을 뿐이다.

셋째, 각 정파의 헌법안은 자유와 균등의 문제를 어떻게 구체화했고, 경제의 기본원칙은 무엇이었는가?

좌파 민전안은 국유화와 공유화를 우선 강조하면서도 사적소유권을 인정하였다. 산업조직 면에서 민전안은 국유·국영의 범위를 확대하고 사유·사영의 범위를 축소하고자 했으며, 국유·국영을 촉진하는 과도적 형태로서 협동조합 경영을 구상하였다.

중도파의 민주의원안은 기본권 조항에서 균등권을 우선 강조하면서도 자유권을 구체화하였다. 그리고 정치, 경제, 교육의 균등원칙을 기초로 한 균평·균등사회 건설을 지향하였다. 적산몰수, 주요 산업·광산·산림 등의 국유·국영, 농민의 경작능력에 의존한 대지주 토지 및 몰수 토지에 대한 재분배 정책을 실현하고자 하였다.

한편 우파 헌법안 〈한국헌법〉은 사유재산권과 영업의 자유를 원칙으로 했다. 그러나 사회민주주의적 요소도 강했다. 그 근거로 우선 토지분배와 국영 대외무역을 채택하고 있다는 점을 들 수 있다. 경제의 기본원칙으로도 "국민각개의 균등생활의 확보" "민족 전체의 발전" 및 "국가보위"를 들고 있다. 개인의 경제상 자유는 이 기본원칙 안에서만 보장되었다. 이 원칙은 임시정부 헌법과 1948년 〈대한민국헌법〉과도 거의 동일하다. 그러나 〈한국헌법〉은 앞선 모든 헌법안이 채택하고 있는 균평·균등이념을 매우 조심스럽게 다루었다. 즉 노동상황의 보호와 개선에 세심한 배려를 하고 있는 반면, 〈건국강령〉, 민전안, 중도파안이 규정하고 있는 토지국유화, 적산몰수, 중요 산업의 국유화는 언급하고 있지 않다. 이러한 경제원칙은 국가의 통제와 관리가 요청되는 특정 산업 외에 운영 여하에 따라서 국가의 통제가 축소되고 사유·사영이 확대될 수 있도록 하기 위함이었다.

2) 앞서 살펴본 바와 같이 좌파, 우파, 중도파가 경쟁한 1946년 시기가 헌법이념과 국가체제 및 정체성 문제가 더 중요한 시기였다면, 건국헌법이 제정된 1948년은 정치적 인격이 한층 결정적인 영향을 끼친 시기였다. 이 과정에 대해, 첫째로 이 책 제5장에서는 당시 헌법 제정자들이 가장 구체적인 정치현실로서 이승만(李承晩)이라는 강력한 정치적 인격을 어떻게 헌법과 조화시키고자 했는지를 다루었다.

1948년 6월 헌법 제정기에 이승만은 '가장 강력하고 거의 절대적 입장에 서 있는 대통령 후보자'였다. 이 때문에 이승만이 끝까지 의원내각제를 반대할 경우 정부 수립 자체가 무산될 가능성이 있었다. 일반적으로 그동안 대통령제에 대한 이승만의 집착은 개인의 권력욕으로만 이해되어온 경향이 강했다. 그러나 해방정국이 건국기라는 점을 고려한다면, 이런 견해는 상황을 너무 고려하지 않은 것으로 생각된다. 새로운 정치질서가 탄생되는 건국기는 일상적 시기가 아니라 비상한 시기이다. 어떤 정치질서가 만들어지는가에 따라 국가 전체 구성원의 운명이 결정되기 때문에, 모든 건국기에는 거대한 정치폭력이 소용돌이친다.

또한 헌법 제정과정에서 헌법 '내용의 민주성'만큼 중요했던 것은 헌법 제정에 소요되는 '시간의 절박성'이었다. 정부 수립의 지연으로 야기될 정치적 문제는 아무도 예측할 수 없었기 때문이다. 이 문제를 놓고 대통령중심제 옹호자와 의원내각제 옹호자 간에 매우 심각한 정치논쟁이 진행되었다. 대통령제 옹호자들은 사상과 이념의 혼란, 군소정당의 난립 등 정치적 불안정을 해결하기 위해서는 무엇보다도 신속하고 효율적인 행정이 필요함을 역설하였다. 이런 상황판단에 따라 제헌의원들 사이에서도 대통령제의 필요성은 폭넓게 인지, 수용되고 있었던 것으로 보인다. 반면에 의원내각제 옹호자들은 국회와 정부의 정책상 대립을 가장 우려하였고, 의원내각제야말로 국민의 직접신임에 근거하기 때문에 좀더 강력한 정치가 가능하다고 주장하였다.

둘째, 헌법안 제정과정에서 정부형태에 관한 논쟁이 가장 큰 쟁점이 된 배경은 무엇인가? 제헌국회는 대통령의 권한을 어떻게 설정하고자 하였는가? 제6장에서는 이 점을 살펴보고자 한다.

헌법 제정기에 정부형태에 관한 논쟁이 중심을 이루게 된 이유는 앞서 설명한 대로이다. 정치체제 같은 헌정의 기본 문제들은 장기간에 걸쳐 논의가 진행되어온 결과 이미 전반적인 합의가 이루어졌기 때문이다. 또한 격렬한 정치적 논쟁 끝에 마침내 이승만의 대통령제 주장이 관철된 뒤에는, 대통령의 권한을 어떻게 제한할 것인지가 논의의 초점이 되었다.

한국민주당은 대통령의 권한사항을 국무원이 의결하도록 함으로써 대통령을 견제하고자 했다. 무소속 의원과 일부 대한독립촉성국민회(이하 독촉) 의원들은 대통령의 인사권을 국무총리와 나누어 갖도록 하였다. 헌법 초안과 최종 확정된 헌법을 비교해보면, 수정된 조항은 바로 대통령 권력에 대한 이들의 우려와 직접 관련되었다.

28

셋째, 헌법 초안 기초과정과 본회의 심의과정의 절차적 특징은 무엇인가? 특히 이 과정에서 이승만의 영향력은 어느 정도였는지를 제6장에서 살펴보고자 한다.

헌법 초안 기초과정과 달리 본회의 심의과정에서는 이승만과 한민당 외의 여러 정파들──독촉, 무소속, 대동청년단, 조선민족청년단, 대성회 등──이 자파에 유리한 정부형태를 다른 정파에게 설득할 수 있는 여지가 훨씬 많았다. 모든 의원들이 만족할 만한 수준은 아니었으나 본회의 심의과정에서는 대체로 자유롭게 의견이 개진되고 토론되었다.

이승만은 대통령제 정부형태를 채택하는 데, 그리고 헌법안 심의를 조속히 통과시키는 데 결정적인 역할을 하였다. 이승만은 헌법 초안 작성단계에서 내각제를 선호하는 헌법기초위원들과 팽팽히 맞섰고, 국회 전원위원회 개최를 통해 대통령제를 관철하고자 하였다. 그러나 이 시도는 무산되었다. 그러자 이승만은 반내각제 운동을 선언함으로써 가까스로 대통령제를 관철하였다. 이처럼 일반적인 인식과 달리, 이승만이 시종일관 주도적인 위치에 있었던 것은 아니다.

이상의 논의에서 살펴본 바와 같이, 헌법 제정과 관련하여 1946년의 시기가 정치노선과 헌법이념이 중요한 시기였다면 1948년 헌법 제정과정에서는 정치적 인격과 시간적 절박성이 더 큰 영향을 끼친 시기였다. 또한 1946년에는 국가체제의 성격과 비전이 더 중요했다면, 1948년에는 권력분립을 구현하는 구체적인 수단으로서의 정부형태가 중요했다.

3) 남북한 헌법은 모두 근대국가를 건설하는 정치원리로 민주주의를 채택했으나, 무엇이 진정한 민주주의인가에 대해서는 심각한 대립을 내포하고 있었다. 제7장은 이 문제를 다루고자 한다. 북한헌법의 기원과 역사를 전체적으로 이해하자면 1920년대 이후 독립운동 내부의 사상적 분열과 정치노선 투쟁, 공산주의 운동사를 먼저 살펴보아야 할 것이다. 이 책에서

는 그 부분까지 검토하지 못했고, 이는 후속 연구과제로 삼고자 한다. 제7장에서는 아래 네 가지 사항을 살펴보고자 하였다.

첫째, 통상적인 이해처럼 북한헌법은 소련 지도부의 의사대로 소련헌법을 그대로 모방하여 작성된 것일까? 북한헌법 초안은 확실히 소련헌법을 모본으로 기초되었다. 그러나 헌법 심의과정에서 북한은 남한헌법을 부단히 의식했다. 그런 의미에서 북한헌법은 남한헌법과의 경쟁관계에서 탄생한 쌍생아적 성격을 지녔다는 것이 이 책의 주장이다. 남북한 헌법은 서로를 참조하는 상호맥락적 성격을 가지고 있다. 물론 서로를 배제하려고 하는 '적대적' 상호맥락성이다. 실제로 북한헌법이 제정된 것은 남조선과도입법의원의 〈조선민주임시약헌 초안〉과 〈조선임시약헌〉에 반대하기 위해서였다. 1948년 남한헌법 또한 앞서 제정된 북한헌법을 의식하면서 만들어졌다. 남북한 헌법은 모두 총 10장 102조로 그 조항수가 같고, 매우 유사한 형식을 가지고 있다. 그러나 두 헌법은 내용상으로는 상이한 정치적 구상을 담았다.

둘째, 남북한 헌법 제정과정의 차이는 무엇인가? 남북한 헌법 제정과정을 비교하는 것은 단순히 제정절차의 형식을 검토하는 것 이상의 의미가 있다. 왜냐하면 헌법 제정과정에는 '진정한 민주주의란 무엇인가'에 대한 헌법 제정자들의 이해가 잘 드러나 있기 때문이다. 북한의 헌법 제정절차는 '쏘비에뜨(인민위원회)의 원리'를 따랐다. 반면에 남한의 헌법 제정절차는 '의회민주주의의 원리'를 따랐다. 두 헌법의 제정과정은 모두 '대표'의 원리, 그리고 '선거'에 의한 대표선출 방법을 따랐다. 그런데 북한헌법 제정과정에서 가장 놀라운 것은 '반대'와 '타협'이 거의 발견되지 않는다는 점이다. 남한의 경우, 국회의 헌법 제정과정은 매우 논쟁적이었다. 헌법 제정절차만 놓고 보면 북한은 '주권의 대표성'(representativeness)에, 남한은 '의견의 다양성'(diversity)에 가장 큰 강조점을 두었다. 이 점은 '진정한 민주주의'에 대한 두 체제의 이해를 가장 잘 보여주는 특징이다.

30

셋째, 남북한 헌법의 정치체제의 특징은 무엇인가? 북한이 인민주권·절대주의의 원리를 따른 반면, 남한은 국민주권·상대주의의 원리를 따랐다. 남한헌법이 권력분립에 의한 '견제와 균형'의 정치체제화를 목표로 했다면, 북한은 권력집중에 의한 '대표'의 정치체제화를 목표로 했다. 즉, 남한의 경우는 주권의 양도를 전제로, 양도된 주권이 어떻게 보호될 수 있는가를 헌법 제정의 원리로 숙고한 반면, 북한은 주권의 양도불가능성을 전제로 주권 자체가 어떻게 완전히 구현될 수 있는가를 숙고했다.

하지만 두 헌법의 정치적 결과는 그 반대였다. 오늘날 남한이 의심할 바 없는 민주국가로 성장한 반면, 북한은 일종의 왕조국가로 변질되었다. 수령이 인민주권의 완벽한 체현이라고 주장하는 북한의 유일사상은 어느정도 북한헌법에 내재된 특성이었던 것으로 생각된다. 주권의 이런 패러독스는 모든 공산주의국가에서 나타났고, 북한에서 나쁜 형태로 구현되었다.

넷째, 남북한 헌법의 경제체제의 특징은 무엇인가? 남북한 헌법의 경제체제와 원리를 살펴보면, 두 헌법에는 상당한 유사점이 존재한다. 양자 공히 국가가 중요 자원을 소유하고, 국영기관을 관리하며, 특정 부문을 계획한다. 경제적 목표로 민족경제의 부흥, 부의 독점금지, 실질적인 평등의 보호를 제시하는 점도 유사하다. 그러나 사회경제제도에는 근본적인 차이가 있다. 북한의 경제원리는 궁극적인 국가의 소유 및 관리·통제였고, 남한의 경제원리는 필요에 의한 국가의 소유 및 관리·통제였다.

남북한 헌법 제정과정과 그 내용에는 이후 남북한 정치체제와 경제체제의 기본적인 발전방향이 함축되어 있었다. 그것은 이후 60여년 이상 지속된 자유민주주의와 공산주의 정치체제의 미래상이기도 하다. 그것은 처음부터 완전히 예상된 필연은 아니었지만, 그럴 가능성을 충분히 내포하고 있었다.

20세기 정치사가 남긴 교훈 중 하나는 정치에서 완벽한 이상은 위험하다는 것이다. 그런 이상은 정치현실 속에서 예상 밖의 모습으로 변형되어,

인간의 삶 자체를 위협하고 파괴한다. 그런 의미에서 좋은 정치는 '한계에 대한 인정'에서 출발하는 정치라고 생각된다. 자유민주주의에서 '자유'는 인간의 본성으로 이해된다. 자유민주주의는 동시에 인간의 한계에 대한 정치적 통찰의 산물로 생각된다. 자유는 '민주'에 내재된 인민주권 실현에 대한 조급함을 완화하는 치료제의 성격을 지니고 있다. 상대주의를 통해 오류의 가능성을 열어두고, 반대의 자유를 통해 오류의 교정을 기대하기 때문이다. 남북한 헌정사는 이런 문제의식을 살펴볼 수 있는 좋은 역사적 사례로 보인다.

3. 선행연구와 접근방법

다음은 본론에 앞서 헌법과 헌정사에 대한 선행연구를 개략적으로 소개하고, 필자의 관점을 기술하고자 한다. 좀더 상세한 개별 선행연구 소개는 각 장에서 이루어질 것이다.

첫째, 법학 분야의 선행연구는 어떤 제도나 법조문을 사실적으로 연구하는 '법적·제도적 접근'이 대부분이었다. 이런 연구는 헌법을 하나의 법률규칙(constitution as a code)으로 본다. 대표적 헌법학자인 문홍주, 김철수, 권영성, 허영 등의 선구적인 연구는 헌법 기초연구에 크게 기여했다. 그러나 이러한 접근이 헌법의 살아 있는 모습을 포착했다고 보기는 힘들다. 헌법의 외양은 딱딱한 법조문일 뿐이지만, 그것이 탄생하고 지속되는 과정은 생생한 역사의 현장에서 이루어진다. 그만큼 헌법은 다채로운 의미를 지닌 산 생명체이다.

최근의 법학 연구는 이런 결점을 보완하고자 노력하고 있다. 우선, 한국 헌법의 탄생과정과 당시의 논의를 보완한 연구가 있다(김효전, 이영록, 신우철, 정상우, 김수용 등의 연구). 이 연구들은 헌법 조문의 역사적 연원을 밝히는 데 크게 기여했다. 그러나 헌법 조문의 '계보학'에 머무는 경향이 있다. 또한, 법조문에서 벗어나 대통령제와 내각제 등 정부형태를 좀더 폭넓게 이해하는 연구가 많이 이루어지고 있다. 의회제도, 정당제도, 선거제도, 지방자치제도 등을 정부형태의 시야 안에 넣어 다루는 것이다(정종섭, 양건, 성낙인, 강경근, 송석윤, 장영수 등의 연구). 그러나 헌법은 단순한 정부형태나 제도만이 아니다. 원리와 사상, 정치적 동의에 기초해 정부형태나 제도가 세워지는 것이다. 따라서 앞의 연구들만으로 헌법의 정치적 맥락과 사상을 이해하기에는 여전히 어려움이 있다.

둘째, 정치학 분야의 선행연구에서는 주로 '정치사적 접근'을 취해왔다. 정치상황 속에서 헌법을 이해하려는 것이다. 헌법은 원래 사회계약이므로, 그 정치적 맥락을 이해하자면 이런 연구가 절대적으로 필요하다. 대표적 연구로는 심지연, 서병조, 라종일, 백운선, 박명림, 박찬표, 박광주, 이완범, 서희경, 김일영, 김혜진, 신용옥 등의 연구가 있다. 그러나 이 연구들은 개별 역사적 사실·사건 서술에 매몰되기 쉽다. 또한 헌정을 단순한 권력투쟁이나 정치과정으로 대체할 위험이 있다.

이런 한계를 보완하기 위해, 정치상황과 헌법 이념을 함께 검토하는 연구도 시도되고 있다(박명림, 신용옥의 연구). 한편 법학처럼 정치학에서도 현실정치에서의 개헌 논의와 직접 연관된 정부형태에 대한 비교연구가 활발하다(박찬욱, 김용호, 박기덕, 임혁백, 강원택, 장훈, 함성득, 김민전 등의 연구).

셋째, 드물지만 '사상적 접근'도 이루어지고 있다. 이 연구들은 헌법 제정 당시의 논쟁이나 민주주의, 공화주의 등 우리 헌법의 핵심 이념을 검토했다(김홍우, 양승태, 장동진, 강정인, 김비환, 이동수, 김성호, 문지영, 곽준혁, 김경희 등의 연구). 여기에 생생한 역사가 결합되면 좋을 것이다. 그렇게 되면 역사의 풍부함과 함께 이념의 보편성을 담을 수 있기 때문이다.

요컨대 법률, 권력, 이념 어느 하나의 요소만으로는 우리 헌법의 생생한 의미를 포착하기 어렵다. 이 모두를 역사 안에 포괄하면서 동시에 깊은 성찰을 통해 숨은 의미를 드러낼 필요가 있다. 이 책에서는 특정 접근방법의 편향성을 지양하고, 한국 헌법과 헌정사의 생생한 모습을 드러내기 위해 정치적·역사적·사상적 접근방법을 융합하고자 한다. 이러한 접근은 헌법에 대한 현상학적 접근(phenomenological approach of constitution)이다 (김홍우 2007, 15, 19, 23면).

헌법에 대한 현상학적 접근은 구체적으로 첫째, '정치'와의 관련 속에서 법을 이해하고자 한다. 즉 이는 헌법을 순수윤리(pure ethics)적 요청의 산물이 아니라, 주권자들의 정치적 계약(political contract)으로 이해하려는 것이다. 둘째, 역사 속에서 법을 이해하고자 한다. 즉 법을 합리적 이성의 산물 이전에 역사적 경험과 관습, 환경의 산물로 인식하려는 것이다. 셋째, 법을 단순한 '규칙'(code)이 아니라 하나의 '제도'(institution) '체계'(system)로서 이해하고자 한다. 이는 단일한 상황을 넘어 정치체제 전체의 구성 속에서 법을 조망하려는 것이다.

요컨대 이러한 접근은 '정치의 산물로서의 헌법'과 '헌법의 산물로서의 정치'를 교호적으로 이해하려는 것이다. 그렇게 하기 위해서는 먼저 헌법이 공적인 정치세계에서 공식화되기 이전의 헌정구상을 살펴보아야 한다. 다음으로 헌법이 공적인 정치세계에서 인정받기 위해 이루어지는 구체적 정치과정, 즉 정치적 논쟁과 투쟁을 검토해야 한다. 마지막으로 새로운 사회계약으로 확립된 헌법이 현실정치를 어떻게 규정하는지를 이해해야 할 것이다. 이러한 연구는 정치학과 법학, 역사학, 철학, 사상사 등의 학제적 연구에 기여할 수 있을 것으로 생각된다.

헤아릴 수 없이 많은 인간들이 특정한 틀 속에서 공동생활을 영위한다는 것은 참으로 놀라운 일이다. 헌법은 수많은 사람들이 그 속에서 함께 살아가는 하나의 큰 그릇과 같다. 이 그릇은 개미나 벌의 사회처럼 자연적 본능에 의해 미리 준비된 것이 아니라, 인간행위에 의해 부단히 진화하는 인

공물(artifact)이다. 인간 사회는 수천년에 걸쳐 고대노예제, 봉건제, 자본주의 사회로 변화하여왔고, 정치체제도 군주제, 귀족제, 민주제 사회로 바뀌어왔다. 지구상에서 그런 생명체는 인간이 유일할 것이다. 그런 의미에서 헌법 연구는 자연 속의 인간이 가진 독특함을 이해하는 일이며, 인간의 삶의 양식에 대한 고찰이자 정치적 진화에 관한 성찰이기도 하다. 그만큼 헌법 연구는 단순한 제도나 법률 연구가 아니라, 현실적 인간에 대한 종합적 고찰이라고 생각한다.

지난 100여년의 근대 한국역사는 급격한 변화의 소용돌이 속에 있었다. 식민지화, 세계적 냉전을 둘러싼 국제적 격돌, 전쟁, 급격한 산업화, 민주화가 그 사이에 일어났다. 전체 한국사를 통해서도, 그리고 세계사적으로도 이런 변화를 겪은 경우는 드물 것이다. 이에 따라 1948년 헌법 제정 이후 오늘에 이르기까지 헌법논쟁이 계속되고 있다. 이는 한국의 헌법논의가 완결된 형태가 아닌 열린 체계임을 말해주는 것이다. 이 때문에 근대한국 헌정사는 헌정의 여러 문제들을 이해하는 데 더할 나위 없이 좋은 사례이다.

제2장

대한민국 헌법의 역사적 기원(1898~1945):
'군주제'의 종언과 '민주공화제'의 시작

1. 서론

19세기 말 한국인들은 한국역사상 최대의 위기에 직면했다. '조선 정치체제의 붕괴'와 '국권 상실'이라는 두 가지의 정치적 상황이 그것이다. 그것은 봉건적 군주제의 종언이자 식민지배의 서막이었다. 역사상 초유의 위기였던 만큼 이 기간은 대논쟁의 시대였다. 그 논쟁의 핵심에는 군주제와 공화제, 그리고 군권·민권·국권에 대한 치열한 대립과 모순이 존재했다. 이 장에서는 이러한 헌정사적 대전환을 검토함으로써 한국 근대헌법의 기원을 살펴보고자 한다.

그동안 학계에서는 이 시기를 '애국계몽운동시기' 또는 '자강운동시기'로 설정하고, 국권수호와 독립운동을 핵심 주제로 다루어왔다(신용하 1980; 박찬승 1992; 유영렬 1997 등). 그러나 이 시대는 어떤 정치체제에 의해 국권을 회복하고, 어떤 체제에 의해 독립된 국가를 만들 것인가라는 문제를 둘러싸고 격렬한 정치적 논쟁과 투쟁이 전개된 시기이기도 했다.

이를 살펴보기 위해 이 장에서는 첫째, 군주제에서 민주공화제로의 이

행에 중요한 계기가 되었던 만민공동회 활동과 〈헌의6조〉를 검토하고자
한다. 둘째, 고종황제 퇴위사건(1907)을 중심으로 군주권에 대한 인식의 변
화양상을 검토하고자 한다. 또한 이 시기에 인민, 정부, 국가, 그리고 민권
과 국권 개념이 어떻게 이해되었으며 그들 사이의 관계가 어떻게 설정되
었는지 살펴보고자 한다. 셋째, 대중운동 역사상 최초로 군주제를 부정하
고 민주공화제를 지지한 3·1운동의 헌정사적 의미와 대한민국임시정부
수립 전후의 민주공화제 논의를 살펴보고자 한다. 넷째, 대한민국의 헌법
이념을 조소앙의 균평·균등 이념을 중심으로 검토하고자 한다. 다섯째, 결
론적으로 1948년 건국헌법과 그 원형헌법의 성격을 지닌 대한민국임시정
부 헌법과의 연속성을 검토하고자 한다.

2. 만민공동회와 〈대한국국제〉: '군민공치'에서
전제군주제로의 퇴행

1) 만민공동회와 '최초의 사회계약': 시민권과 '군민공치적 군주제'

1948년 제정된 대한민국 헌법이 한국인의 정치생활에 초래한 최대의
변혁은 국민이 유일한 주권자이며 공동체의 정치적 문제는 기본적으로
전국민의 의사에 의해 결정된다는 점이었을 것이다. 한국역사에서 이러
한 주권재민의 원리와 공화제에 대한 강한 관심은 1880년대 『한성순보(漢
城旬報)』와 『한성주보(漢城週報)』에서도 풍부하게 개진되었다. 그러나 이
것이 하나의 역사적·정치적 이념으로 수용되어 한국인의 정치적 열정을
불러일으킨 것은 만민공동회에서였다.[1] 이 운동들은 근본적으로 '민족'

---

1) 한국역사에서 공화주의적 정치운동의 효시가 된 만민공동회는 일찍부터 조명되었

(nation)과 '독립'(independence)이라는 새로운 정치적 자각 위에 서 있었지만, 정치이념의 측면에서 볼 때는 훨씬 심오한 각성이 내포되어 있었다. 그것은 자신들의 정치적 운명을 스스로의 의지와 판단, 행동을 통해 변혁하려는 정치적 주체, 즉 시민권의 탄생을 시사하고 있기 때문이다.

한국에서 공화주의적 정치운동은 1919년 3·1운동 20년 전에 이미 시작되었다. 독립협회를 중심으로 촉발되었던 1898년의 만민공동회는 민회(people's assembly)를 만들어 공론을 수렴하고 이를 국정에 반영하고자 했던 완전히 새로운 형태의 정치운동이었다.[2] 즉 전통적인 '집단상소'나 '민란'과는 다른 형태였다. 이 민회가 자치(self-rule)에 대한 인민의 자각에 기반하여 동료 인민들과 공동생활의 문제들을 협의하고 함께 행동하였다는 점에서 만민공동회는 공화주의적 맹아를 보여주는 것으로 생각된다. 이것은 자신들이 속한 정치공동체에 대한 소속감과 연대감을 갖지 않고서는 불가능한 현상이다(Sandel 1996, 5~6면). 만민공동회는 법을 통해 자의적이고 전제적인 정부를 제한하려고 했던 『독립신문』의 계몽적 수준을 뛰어

다. 이와 관련한 대표적인 선행연구로는 신용하(1975); 서울대 정치학과 독립신문강독회(2004); 최형익(2004); 이동수(2006; 2007); 김용직(2006); 김홍우(2007); 장명학(2007) 등이 있다.

2) 최정운은 "만민공동회가 바로 현재까지 한국정치에서 중요한 정치행위인 시위(demonstration), 즉 '데모'의 효시"라고 하였다. "이러한 특정한 정치적 목적을 갖춘 반(半)-폭력적 집단행동은 동학란 때 나타난 농민군들과는 의미와 행태를 달리하는 것이었다. 오히려 이러한 시위는 조선의 전통적인 집단상소의 맥을 잇는 것으로 이해할 수 있으나, 그와는 또다른 폭력적 요소와 민중적 요소를 가미한 것이었다. 말하자면 우리 역사에서는 집단상소와 민란의 중간에 있는 형태로 이해할 수도 있지만 또한 서구 근대사에서 나타난 각종 시위, 예를 들어 참정권 확대운동 등의 도입으로 이해할 수도 있을 것이다. 이러한 시위는 결국 수구파들이 보부상을 동원하여 공격하게 되자 민중폭력의 형태로 발전하게 되었다. 1898년 독립협회의 마지막 단계에서 서울은 연일 전쟁터를 방불케 했고 대중시위는 우리 역사에서 중요한 정치적 권력행사의 방법으로 자리잡게 되었다"(최정운 2009, 93~94면).

1898년 개최된 관민공동회로 추정되는 사진. 근대사진연구가 정성길 소장.

넘어, '참여'를 통해 정치체제를 변화시키고자 하였다.[3]

만민공동회는 〈헌의6조〉와 「의회설립안」[4] 등 독립협회가 제기한 다양한 정치적 의견들을 실제 정치현장에서 공동의 의사로 관철시키고자 하였다. 1898년 10월 28일부터 31일까지 4일간 독립협회는 정부와 합의한 「중추원개편안」을 공개적으로 선포하기 위해 관민공동회를 개최했다. 이 관민공동회는 비록 정례화되지는 못했지만, 인민의 집회에 정부 각료를 입회토록 하여 안건을 결의하고 각료들의 서명을 받아 황제에게 재가를 요

3) 『독립신문』은 입헌군주제를 지향했다. 그러므로 특히 '법치'를 강조하였는데, 이를 통해서 전제권력을 제한하고 기본권을 보장하고자 했던 것이다. 〈홍범14조〉는 『독립신문』이 추구하는 대표적인 입헌군주제 지향의 개혁안이었다(『독립신문』1898.8.29; 1898.9.28).

4) 독립협회의 윤치호 등은 중추원을 개혁하여 근대적인 의회로 발전시키고자 하였다. 이러한 요구가 수용되어 1898년 11월 2일 중추원의 관제가 개정된다. 그러나 수구파는 중추원 관제가 공포된 날 '익명서' 사건을 조작하여 독립협회 지도자들을 구속하고 독립협회 해산령을 내렸으며, 중추원 관제의 실시를 중단시켰다. 중추원 관제는 이후 여러 차례 개정되었다가 1907년 그 기능이 정지되었다.

구하는, 실질적 의미에서의 직접민주주의적 민회였다. 예컨대, 1898년 10월 29일 관민공동회에서는 정부 대신들과 독립협회 회원, 서울 인민들이 함께 모여 〈헌의6조〉를 의결하였고 10월 31일 고종은 〈조칙5조〉를 발표함으로써 그 내용을 수용했다.[5] 다음은 관민공동회에서 의결한 내용이다.

〈헌의6조〉

1. 외국인에게 의부(依附)하지 아니하고 동심협력하여 전제황권을 견고케 할사.

2. 광산·철도·매탄(석탄)·산림 및 차관·차병과 모든 정부와 외국인과의 조약(條約)의 일을 만일 외부대신과 중추원의장이 합동으로 서명 날인한 것이 아니면 시행하지 못할사.

3. 전국 재정은 어떠한 세(稅)를 물론하고 모두 탁지부(度支部)에서 구관(句管)하되 다른 부(府)·부(部)와 사회사(私會社)는 간섭할 수 없고, 예산과 결산은 인민에게 공표할사.

4. 지금부터는 무릇 중대한 죄인을 별도로 공개하여 공변되이 심판하되,

---

5) 〈조칙5조〉의 내용은 다음과 같다. "백성과 나라에 마땅한 일이 오늘날에 급히 힘쓸 것을 좌에 개열하여 서울과 각 시골에 포고하노니, 오직 너희 신하들은 늠준하여 소홀히 말고 짐이 다스림을 구하는 지극한 뜻을 써 맞추라 하옵셨는데, 一은 간관(諫官)을 폐지한 후에 말길이 막히어 위와 아래가 서로 권면하여 깨우고 가다듬는 뜻이 없으니 빨리 중추원 장정을 정하여 써 실시케 할 일이며, 一은 각항 규칙을 이미 한번 정한 것이 있는데 각 회와 신문도 또한 가히 방한이 없지 못할 것이니 회규는 정부와 중추원으로 하여금 때에 마땅한 것을 참석하여 제정하고 신문조례는 내부와 농상공부로 하여금 각국 규례를 의지하여 제정하여 시행케 할 일이며, 一은 관찰사 이하 지방관들과 및 지방대 장관들을 현임(現任)과 이미 갈린 것을 무론하고 만일 공전(公錢)을 건몰(乾沒)한 자는 장률을 의지하여 시행하고 백성의 재물을 빼앗은 자는 저저(這這)이 찾아서 본임자를 내어준 후에 법률대로 증감할 일이며, 一은 어사나 시찰들이 작폐하는 자는 그 본토 인민으로 하여금 내부와 및 법부에 호소함을 허락하여 써 사핵하고 궁구하여 증치케 할 일이며, 一은 상공(商工) 학교를 설립하여 써 백성의 업을 권면할 일이라"(『독립신문』 제178호, 1898.11.1).

피고가 도저히 설명하여 필경에 자복한 후에야 시행할 일이며, (…)

6. 장정(章程)을 실천할사. (『독립신문』 제178호, 1898.11.1)

〈헌의6조〉는 형식상 전제황권을 기본정체로 하고 있다. 그러나 그 내용을 보면 재정, 조약체결, 인사 문제와 관련한 전제황권을 제한하여 공공화하고 있다(유영렬 1997; 신용하 1986; 서영희 1996). 왕의 자의가 아닌 '장정', 곧 인민의 의사를 존중하여 인민과 함께 협의하여 정치를 행해야 한다는 내용이다. 따라서 〈헌의6조〉의 군민공치(君民共治)는 '입헌군주제'와 다르지 않다. 공화제는 일반적으로 군주제와 대립적인 의미의 정치체제를 의미하지만, '왕과 인민이 함께 협의하여 정치를 행한다'는 의미의 군민공치적 군주정치는 사실상 '공화주의의 싹'이었던 것이다(정용화 2004, 274~88면). 민주주의 역사에서 한층 더 중요한 것은 '인민이 정치적 시민의 권리를 획득하고자 한 시도'였다는 점이다.

1898년 11월 26일 인민의 의사는 결국 현실화되어, 고종 황제는 200인의 백성 대표를 직접 접견했으며, 그들의 요구를 수용하는 '국태민안(國泰民安) 칙어'를 내려 실행단계까지 이르게 되었다. 당시 한규설의 말대로 "관리와 백성들이 협의"했던 이 사건은 "나라를 세운 지 5백년 이래 처음 있는 일"이었다(정숭교 2004, 248~49면). 김홍우는 이를 "조선조 역사상 최초로 군민이 직접 체결한 '계약'이라는 점에서 한국 최초의 근대적 헌법"으로 평가하였다(김홍우 2004, 57면).

2) 〈대한국국제〉의 전제군주제: 군민공치의 파기

고종은 독립협회와 만민공동회를 강제 해산하고 '전제황권'을 부활하고자 하였다.[6] 박정양 등 개혁성향 대신을 파면하고 독립협회 지도자 17인을 구속함으로써 새로 구성된 개혁파 정부를 해체한 것이다. 그 계기가 된 것은 이른바 '익명서 사건'(1898) ── 독립협회 세력이 황제를 폐위하고 박정양을 대통령으로 선출하려 한다는 ── 과 중추원에서 정부대신에 합당한 인물로 박영효를 선출한 것이었다.

고종이 개혁파 정부를 해체한 것은 황제를 위협하는 빈번한 쿠데타와 정변 시도가 계속 발생했기 때문이었다. 익명서 사건 석달 전, 1898년 7월에도 독립협회의 급진파인 안경수가 김재풍, 윤효정 등과 함께 일부 친위대 및 시위대 군사를 동원하여 황제를 퇴위시키고 황태자 대리를 실현하려는 계획을 도모하다가 발각된 '대한청년애국회' 사건이 발생하였다(정교 2004, 207~208면). 또한 1900년 6월에는 일본 육군사관학교 졸업생인 장호익, 조택현 등 15명이 '혁명일심회'를 조직하여 황제를 폐하고 의화군을 옹립한 후 유길준 등 일본 망명자들의 주도로 신정부를 수립하려는 쿠데타를 계획하였다(서영희 2005, 53면). 이 사건들은 사건 자체의 진위 여부가 모호하지만, 당시 고종 주변에 황제권을 위협하는 정체변혁운동이 지속적으로 전개되고 있었음을 시사한다.

그러나 고종은 정체변혁운동이 상징하는 시대적 요구를 수용하는 방향이 아닌, 황제권의 보위를 강화하는 방식으로 정책을 펼쳐나갔다. 고종은 의심스러운 개혁파 정부를 해체하고, 당장에 신뢰할 수 있는 측근세력과 독립협회 진압에 공로가 큰 보수파 대신들에 의존하고자 했다. 이러한 대응은 을미사변 이후 1896년 2월부터 약 1년간 신변에 위협을 느낀 고종이 왕궁을 버리고 러시아 공관에 옮겨간 아관파천 ── 이 사건은 개화파에게

───────────

6) 학계에서는 독립협회 해산 이후 황제권 강화가 전제권력의 확립으로 나타났다는 사실에 대해서 대부분 동의한다. 그러나 그 역사적 성격과 단계에 대한 평가에 있어서는 견해가 상이하다. 한편에서는 대한제국기 고종의 황제권 강화가 개명전제군주에 의한 근대적 개혁의 모색이라고 높이 평가한다. 이에 대한 비판론자들은 고종이 군주권 회복에 집착한 나머지 근대화 개혁보다는 황실비와 군부예산 등에 국고를 낭비했다고 평가한다. 이상의 평가는 고종의 정치를 전제냐 공화제냐 하는 정체의 관점이 아니라 개혁과 근대화의 관점에서 접근한 것이다.

고종이 '군주의 격'을 잃은 것으로 인식되었다——보다는 진일보한 것이었지만, 시대적 과제의 해결과는 무관한 것이었다. 1899년 4월의 신기선 내각은 더욱 보수적인 방향으로 정국을 이끌었다. 1880년대에 동도서기론(東道西器論)을 주장했던 신기선은 동도(東道), 즉 유교를 국가의 근본으로 확립하고 연좌율 부활을 위시하여 갑오개혁 이래의 신법(新法)은 모두 폐기해야 한다는 보수적인 입장을 견지하고 있었다(권오영 1990; 서영희 2005, 57면).

그러므로 1899년 8월 반포된 〈대한국국제〉는 대한제국의 자주독립을 대외적으로 선포하는 성격을 지니지만, 동시에 '전제황권의 강화'라는 고종의 대안을 극명하게 보여준다. 주지하듯이, 〈대한국국제〉는 군주권의 무한보장——민권 및 대의 개념 부재, 그리고 권력분립의 결여——을 그 내용으로 한다.[7] 구체적 내용은 다음과 같다.

〈대한국국제(大韓國國制)〉

제1조 대한국은 세계 만국의 공인(公認)되온바 자주 독립하온 제국이니라. 제2조 대한제국의 정치는 앞으로 말미암은즉 500년을 전하여지고 뒤로 말미암은즉 만세를 변치 아니하오실 전제정치(專制政治)이니라. (…)

제4조 대한국 신민이 대황제의 두옵시는 군권(君權)을 침손하올 행위가 있으면, 그 이미 행함과 행치 못함을 의논 말고 신민의 도리를 잃은 자로 알지니라. (…) (『독립신문』 제192호, 1899.8.23)

즉 〈대한국국제〉의 요체는 '황제권에 대한 침범'을 절대 용인하지 않겠

---

7) 〈대한국국제〉는 신민의 권리와 의무에 관한 규정과 의회에 대한 언급 등이 없으므로 근대적 의미의 헌법으로는 평가될 수 없고, 국가통치의 조직과 통치권의 행사를 황제의 명령[國制]으로 규정한 국가기본법적 성격을 갖는다. 옐리네크(G. Jellinek)의 고유한 의미의 '헌법' 또는 '대한제국의 기본법' 등으로 인식될 수 있다(전봉덕 1981; 김효전 2000, 42면).

〈대한국국제〉, 『구한국관보(舊韓國官報)』 광무 3년(1899) 8월 22일.

다는 것이다. 〈대한국국제〉의 반포는 다음과 같은 의미를 갖는다. 첫째, 막
연히 '전제'로 표현되던 황제권의 내용을 근대적인 언어로 공식화하였다.
구체적으로는 신민의 군권 침손 행위 처벌, 육해군의 통솔과 편제, 법률의
제정·반포·개정과 사면·복권의 명령, 행정각부의 관할, 관리의 임면, 외
국과의 조약, 선전포고 및 강화, 사신파견 등 입법·사법·행정 3권 일체의
권리가 황제에게 있음을 선언했다.

둘째, 갑오개혁기 개혁파가 추진한 '내각' 중심 정치운영방식의 폐기를
의미하였다. 즉 '군신공치제'에서 '전제군주제'로 반전이 일어난 것이다.
실제 정치에서 이 시기 정부대신들은 더이상 황제의 독주를 견제할 만한
세력이 아니었다. 고종은 일체의 권력을 '의정부'가 아니라 자신의 친위부
서인 '궁내부'로 이관하고, 국가재정 관할권을 왕실재산 관리관청인 내장
원에서 관장하도록 하였다. 궁내부는 갑오개혁 당시 개화파가 군주권 제

한을 위해 설치한 것이었으나, 대한제국 성립 이후에는 황제권의 위상 강화와 함께 오히려 의정부를 압도하는 방대한 기구로 확대되었다.

셋째, 중추원을 개편하여 상원을 개설하고 입헌군주제(군민공치제)를 확립하고자 했던 독립협회(관민공동회)의 지향에 역행하는 것이었다. 1899년 고종은 입법기관으로서의 중추원 개편을 수용하지 않고, 법규교정소(法規校正所)를 신설하는 조서를 내려 이 기관에서 〈대한국국제〉를 제정하게 된다. 이렇게 〈대한국국제〉를 제정하는 방식은 의회설립이라는 시대적 요구를 고종이 수용하지 않았음을 보여준다. 한편 미국인 법률고문 르젠드르(C. W. Legendre, 李善得)와 근왕세력들은 입헌군주제가 일본의 경우와 마찬가지로 당시의 대한제국에 적합하지 않다고 주장하였다(姜相圭 2004, 360면).

요컨대 〈대한국국제〉의 반포는 황제권을 제한하여 공공화하고자 하는 〈헌의6조〉의 민권의식과 에너지를 모두 파괴하는 것이었다. 더욱이 한국역사에서 최초로 이루어진 '왕과 신·민의 사회계약'을 무효화하고, 계약의 한 주체인 인민을 제거하는 결과를 초래했다.[8]

3. 고종황제 퇴위사건: 전제군주제의 종언과 공화제의 시작

19세기 후반 이후 군주주권을 기초로 한 왕정은 민의 안녕뿐만 아니라 국가의 안전을 더이상 보호할 능력이 없음을 여실히 드러냈다. 이 때문에 1882년 『한성순보』 이래 민을 정치적 주체로 확립하려는 민주공화주의의

---

8) 고종의 〈대한국국제〉 반포를 대외적인 자주독립의 측면에서 적극적으로 평가한 연구도 있다. "고종황제는 〈국제〉에서 만국공법이라는 레퍼런스를 전면에 내세워 수차례 강조함으로써 존망의 위기 상황에 놓여 있는 대한제국이 '만국공법적인 기준에 의거한 군주국가'라는 점을 대내외적으로 부각시켜 외국 열강이 기왕의 조선에 대해 가지고 있던 부정적인 이미지를 쇄신하려 하였던 것이다"(姜相圭 2004, 363면).

이상이 싹텄고, 1894년 동학농민운동과 1898년 만민공동회를 통해 역사적으로 운동화되었다. 1899년 〈대한국국제〉 반포는 이러한 시대적 흐름에 반하는 것이었다. 이로 인해 막 탄생한 민권의식과 에너지는 사라져버렸고, 1905년 을사조약이라는 최악의 상황을 맞았다.

1907년을 계기로 〈헌의6조〉의 군민공치적 지향은 거의 사라지고, 정체인식은 더욱 급진화되었다. 이것은 군주제를 더이상 논의하지 않는 방식으로 표출된다. 대한제국의 전제황권은 더이상 관심의 대상이 아니었던 것이다.

그런데 현재 학계에서는 1905년 을사조약 체결 이후 군주권에 대한 인식이 어떻게 변화했는지 거의 밝혀져 있지 않다. 이 절에서는 1907년 고종황제 퇴위사건 이후 정체 인식에 나타난 근본적인 변화를 살펴보고자 한다.[9]

이를 위해 첫째, 황제 퇴위사건에 관한 동정적 태도——동시에 황제 지배에 대한 암묵적 부정——와 일본 지배에 대한 수용적 태도, 둘째, 헌정연구회 및 대한협회의 공화제적 정체 구상, 셋째, 황제 퇴위사건 후의 '인민-정부' '민권-국권'에 대한 인식을 검토하고자 한다.

1) 황제 퇴위사건과 통감정치의 수용

1907년은 한국 국권이 일본에 실질적으로 넘어간 해이다. 동시에 한국이 공화제를 선언한 원년이기도 하다. 뒤에서 살펴보겠지만, 이 해 한국역사에서 처음으로 신민회(新民會)가 군주제 폐지와 공화제 국가 수립을 동회의 공식 목표로 결정했기 때문이다.[10] 그동안 공화주의에 대한 많은 실

---

9) 이와 같은 관점의 선행연구로는 김석근·조진만(2001); 박명림(2003); 정숭교(2004); 정용화(2003); 안외순(2003); 김홍우(2004); 이종은(2004); 박주원(2004); 문지영(2005); 김용직(2005) 등이 있다.

10) 1910년대에 등장한 총 61개의 독립선언서를 분석한 김소진은, 한국의 민주공화정체

제적 논의와 행동이 있었지만, 신민회 이전에는 누구도 그것을 공화제로 분명하게 명명하지 않았다.

이 해 고종도 국권 회복을 위한 마지막 행동을 취했다. 1907년 고종은 이준(李儁), 이상설(李相卨) 등 밀사를 네덜란드 헤이그에서 열리는 만국평화회의에 파견하여 을사조약이 한국 황제의 뜻에 반하여 일본의 강압으로 체결된 것임을 폭로하고자 하였다. 이 사건을 계기로 일본은 친일파 송병준, 이완용 등을 앞세워 고종을 강제 퇴위시켰다.

고종의 마지막 저항은 일본을 저지하기에 늦은 것이었고, 조선 인민들의 마음을 다시 얻기에도 늦었다. 그래서 1907년 7월 20일 고종의 양위식 때 한국인들은 묘한 딜레마에 빠졌다. 황제의 퇴위는 국민주권(민권)의 입장에서 환영할 만한 일이었으나, 국가주권(국권)의 입장에서는 비극적인 일이었기 때문이다. 이 때문에 사건 발생 직후에는 황제에 대한 상대적 동정론이 강하게 일어났지만,[11] 다른 한편 고종의 퇴위를 은근히 반기는 입장도 드러났다.

1907년 8월 3일자 『대한매일신보』[12]는 황제의 양위가 "황제의 성의로

지향이 "갑오개혁 이후 독립협회를 거쳐 신민회에 이르는 동안 발전하여온 내재적인 이념의 변화"에 따른 것이라고 주장한다(김소진 1998, 293면).

11) 고종 퇴위 당시 대한자강회는 동우회와 함께 반대운동을 하였으나, 조직적인 차원에서 전개하지 않고 개별적으로 시위군중에 참가하였다(정숭교 2004, 112면).

12) 본 연구에서는 1905~10년에 이르는 기간 동안의 정체에 대한 인식을 고찰하기 위해 『대한매일신보』의 기사와 논설을 주로 살펴보았다. 『대한매일신보』는 1904년 2월에 일어난 러일전쟁을 취재하기 위해 한국에 왔던 영국인 배설(Ernest Thomas Bethell)이 양기탁 등 민족진영 인사들의 도움을 받아 7월 18일에 창간한 신문이다. 신민회의 기관지였으며, 논설진으로는 양기탁 외에 박은식·신채호 등이 있었다. 『대한매일신보』는 을사조약 체결 이후에도 민권과 국권, 자유와 권리의 문제, 그리고 법률 연구의 필요성을 강조하였다. 창간 당시에는 타블로이드판 6면으로 그중에서 2면이 한글 전용이었고, 4면은 영문판이었다. 이후 1907년 5월 23일부터는 따로 한글판을 창간하여 국한문판·한글판·영문판 3종의 신문을 발행하였으며, 발행부수도 세 신문을 합쳐 1만부를 넘어 당시로서는 규모가 가장 큰 신문이었다.

된 일이면, 전국 백성이 춤을 추고 경축할" 일이며, "우리 황제의 성의로 되었으면 명정리순(明正理順)하다"라고 논평했다(『대한매일신보』 1907.8.3). 즉 강제만 아니라면 황제의 퇴위는 아주 이치에 맞다는 것이다.

> 대한 황제의 지위를 폐하고 세운다. (…) 이튿날 조칙이 반포되자 온 장안 백성들이 물 끓듯하여, 마침내 피를 흘리는 지경에 이르렀으니, 세계 각국 역사의 붓을 잡는 자들이 이것을 어떻게 평론하겠는가? 이번 일이 만일 황제의 성의로 된 일이면 백성이 다 춤을 추고 경축할 터인데, 이제 이같이 백성의 뜻이 분격하고 효상(爻象)이 참담한 것은 이번 일이 외국 사람의 억제와 내각대신이 강제로 청하여 된 일이오.[13]

1907년 체결된 한일신협약에 대한 언론의 태도는 고종황제의 퇴위에 관한 보도와 차이를 보인다. 헤이그밀사 사건을 계기로 고종을 강제 퇴위시킨 일본은 법령제정권·관리임명권·행정권 및 일본 관리의 임명 등을 내용으로 한일신협약(정미7조약)을 제시하였다. 이 협약은 1907년 7월 24일 이완용(李完用)과 이또오 히로부미(伊藤博文)의 명의로 체결, 조인되었는데, 이 협약으로 "일본통감(伊藤博文)은 대한제국에서 면류관이 없는 왕"이 되었다(『대한매일신보』 1907.7.27). 일본통감이 정무를 지도하고, 법령 제정 및 행정처분을 승인하며, 임명권을 모두 장악했기 때문이다.[14] 이로써 대

---

13) "대한 황뎨의 위를 폐ᄒ고 세운다 (…) 잇튼날 죠칙이 반포 되미 온쟝안 빅셩들이 물 쓸툿ᄒ야 필경 피를 흘니ᄂ 디경에 니르럿스니, 이거슨 세계 각국 력ᄉ의 붓슬 잡는 쟈들이 엇더케 평론 ᄒ겟ᄂ뇨 이번 일이 만일 황뎨의 셩의로 된 일이면 전국 빅셩이 다 춤을 츄고 경축 홀터인딕 이제 이ᄀ치 빅셩의 뜻시 분격ᄒ고 효상이 참담 흐거슨 이번 일이 외국 사름의 억제와 닉각 대신의 강박히 쳥홈으로 된 일이오"(『대한매일신보』 1907.7.23).

14) 정미7조약의 내용은 다음과 같다. ① 한국정부는 시정 개선에 관하여 통감의 지도를 받을 것, ② 한국정부의 법령 제정 및 중요한 행정상의 처분은 미리 통감의 승인을 거칠

한제국 황제권은 완전히 해체되고, 통감이 실질적인 최고 통치권자가 되었다.

하지만 한 신문 논설은 한일신협약에 대해 "관리를 일본 사람으로만 두지 말라"라는 정도로 언급하고 있다. 또한 "법을 한국인과 일본인에게 차등하여 적용한 것"만을 지적하였다(『대한매일신보』 1907.7.27). 일본통감에 의한 통치를 사실상 용인하는 논조를 보인 것이다. 이러한 급격한 변화를 어떻게 이해해야 할 것인가? 다소 이른 시기이지만, 1889년 윤치호는 다음과 같이 말하고 있다.

나는 조선의 독립문제는 관심이 없습니다. 현재와 같은 정부를 두고는 독립해도 민족에게 아무런 희망을 주지 못할 것입니다. 반대로 애족적이고 인민의 복지에 호의적 관심을 가진 더 나은 정부를 가진다면 다른 나라에 종속되었다 해도 실제로는 재앙은 아닙니다. 게다가, 건강하고 번성하는 민족은 어느 때고 독립을 회복할 것이지만, 가난하고 무식하며 포학할 정도로 이기적인 정부는 인민을 계속 가난하고 무식하며 허약하게 만듭니다. 독립된다 하여 이러한 인민에게 무슨 좋은 일이 있겠습니까? (윤치호 2005, 16면)

또한 1894년 윤치호는 "소수 독재정치로부터 조선 인민을 구하는 유일한 방법은 현 정부와 낡은 왕조를 완전히 철폐하는 것"이라고 주장하고 있다.

요컨대 1907년 황제 퇴위사건에 대해 다수 백성들은 공분하였지만, 민권운동세력들은 민권 신장과 조선의 개명을 위해서라면 황제의 퇴진은 물

것, ③ 한국의 사법사무는 보통 행정사무와 이를 구분할 것, ④ 한국 고등관리의 임면은 통감의 동의로써 이를 행할 것, ⑤ 한국정부는 통감이 추천하는 일본인을 한국 관리에 용빙할 것, ⑥ 한국정부는 통감의 동의 없이 외국인을 한국 관리에 임명하지 말 것, ⑦ 1904년 8월 22일 조인한 한일외국인 고문 용빙에 관한 협정서 제1항은 폐지할 것 등이다.

론이고 국권 상실조차 받아들일 각오였던 것이다.[15] 이와 관련하여 다음 절에서 계속 살펴보고자 한다.

2) 황제 퇴위사건 전후의 '군주'와 '국가' 인식: 군주제에 대한 회의

1905년 이후 고종은 실질적 권력을 상실했다. 그리고 1907년 황제 퇴위 사건으로 고종의 정치권력은 완전히 사라졌다. 이것은 전제군주권을 제한 하고자 했던 세력들의 오랜 희망이었으나, 그것은 국가주권의 상실을 대 가로 얻은 것이었다. 즉 국민주권(민권)과 국가주권(국권)은 딜레마에 봉 착했다. 하지만 고종의 전제군주권이 무력화되자, 민주공화제에 대한 논 의도 공공연히 개진할 수 있게 되었다.

1898년에만 해도 공화제는 너무나 위험한 것이었다. 1898년 3월 백목전 다락에서 열린 최초의 만민공동회에서 연설했던 이승만은 1899년 1월 쿠 데타 모의혐의로 체포되어 무기징역을 선고받았다. 독립협회의 소장지도 부가 박영효 혁신내각을 추진했다는 이유에서였다. 이승만은 한국 공화주 의 역사의 최초의 수난자였던 것이다. 그러므로 어떤 의미에서 그가 한국 최초의 대통령이 된 것은 우연한 사건이 아니었다.

그러나 1905년 을사조약이 체결된 이후 헌정연구회(1905), 대한자강회

---

15) 민권운동세력이란 1905년 이후, 헌정연구회, 대한자강회, 대한협회의 민권 주창자들 을 말한다. '민권'이라는 용어는 '권리'와 더불어 1890년대를 전후하여 널리 통용되었 다. 이 용어는 1870년 미쯔꾸리 린쇼오(箕作麟祥)가 프랑스어의 민법(droit civil)을 번 역한 것이다. 정숭교는 이들 단체의 활동방식이나 강령이 독립협회의 민회운동을 계승 하면서도, '일제의 국권침탈'보다는 '대한제국의 전제군주권을 비판'한 것으로 보고 있 다(정숭교 2004, 2면). 민권옹호론자들이 현실타협적인 정치지향을 보인 것은 일본을 모델로 한 문명개화론에 바탕하고 있었기 때문이다(정숭교 2004, 126면). 이러한 민권 론에서 벗어나 새로운 이념으로 제기된 것이 국수론(國粹論)이다. 이는 민족의 정수(精 髓), 즉 국수를 보전하는 것을 통해 민족적 정체성을 유지하여야 장차 잃어버린 국권을 회복할 수 있다는 주장이었다.

한성감옥에서의 이승만(맨 왼쪽, 1904). 건국대통령 이승만 박사 기념사업회 소장.

(1906), 대한협회(1907), 서북학회(1908) 등의 공화제 논의는 더이상 위험한 것이 아니었다. 황제 퇴위사건으로 만민공동회를 해산했던 황제의 권력도 함께 사라졌기 때문에 전제군주정은 더이상 역사의 대안이 아니었던 것이다. 이제 한말 이래 성장한 공화주의에 대한 인식은 막을 수 없는 흐름이었다.[16]

이 새로운 국면은 민권운동세력에 근본적인 영향을 미쳤다.[17] 이에 따라

16) 당시 사회단체 조직의 폭발적 형성과 활동은 이때까지의 한국역사에서 유일하며, 이 현상은 '사회의 탄생'을 시사하고 있다. 선행연구에서는 독립협회운동기에 비하여 이 시기에 훨씬 많은 정치적 논의들이 등장하여 "자유민권론과 국민국가건설론, 공화정체론과 입헌대의제론, 그리고 지방자치론 등을 체계화하고 한 단계 발전시켜, 한국사회에 민주주의 정치사상을 정리케 하였다"고 평가하고 있다(유영렬 1997, 311면). 실제 형성된 조직과 활동을 살펴보면, 러일전쟁(1904)을 전후하여 기독교청년회(1903.10), 보안회(1904.7), 국민교육회(1904.8), 공진회(1904.12), 헌정연구회(1905.5), 인민대의회, 동아개진교육회(1905.7), 대한구락부(1905.9) 등 정치사회단체들이 조직되었다. 을사조약 이후에는 대한자강회(1906.4), 대한협회(1907.11), 신민회(1907.4), 기독교청년회, 대한구락부 등의 정치·사회단체, 국민교육회, 서우학회(1906.10) 등의 교육단체, 그리고 『제국신문』『황성신문』『대한매일신보』『만세보』『대한민보』 등의 언론기관, 기타 수많은 단체들이 활동히었다(유영렬 1997, 295면).

17) 1907년 말 민권운동세력이 재편된다. 11월 대한자강회에 천도교 인사들이 가담하여 대한협회를 결성했다. 1908년에는 서우학회(西友學會)와 한북흥학회(韓北興學會)가 통합하여 서북학회(西北學會)를 결성하였다(정숭교 2004, 111면).

54

황제와의 공존을 전제로 한 온건파의 입헌군주제 지향도 거의 사라졌다. 그리하여 더이상 '군민공치'가 아니라, 군주와 국가를 분리한, 나아가 군주를 배제한 정치를 상정하게 되었다.

1905년 5월 이준·양한묵·윤효정 등이 조직한 헌정연구회[18]는 『헌정요의』(憲政要意, 1905.7)에서 '입헌정체론'을 포괄적으로 소개하였다.[19]

이 책의 주장은 크게 네가지이다. 첫째, 국가와 군주를 구별한다. "국가는 국민의 공동체이지 군주 한 사람의 사유물이 아니"며 황실의 흥망이 곧 국가의 흥망을 뜻하는 것은 아니다.

둘째, 정부와 군주를 구별한다. 국가의 정부는 한편으로 군주의 명령을 받지만, 다른 한편으로 국민에게 책임을 진다. 이 때문에 군주는 정부대신을 임명할 뿐 그의 직권을 함부로 침범할 수 없다.

셋째, 국민은 의무와 권리를 가진다. 국민의 권리는 하늘에서 준 것이며 사람이 사람 되는 본분이니, 이것을 잃으면 사람됨을 얻을 수 없다.

넷째, 군주제를 유지하면서도 '국가'나 '정부'를 사유물이 아니라 공적인 사물로 전환할 수 있는 최선의 대안으로 '입헌'을 제시하고 있다. 이것은 서구의 정치적 경험의 산물이다. 즉 군주를 완전히 없앨 수 없다면, 군주의 자의성을 규제하기 위해 법(law)에 의지한다는 것이다.

『헌정요의』는 정치란 군주 1인의 것이 아니라 만인의 것이라는 공화주

---

18) 헌정연구회는 을사조약 직전에 활동한 대표적인 정치단체로, 주로 독립협회 출신 인사들이 중심이 되어 활동하였다. 이 단체는 강령에 "왕실이나 정부도 헌법과 법률을 지켜야 하며, 국민은 법률에 규정된 권리를 누릴 자유가 있어야 한다"고 규정하였다. 즉 입헌정치체제, 인민의 기본권을 지향하였던 것이다. 헌정연구회는 1906년 2월 통감부에 의해 해체된 후 대한자강회로 확대, 개편되었다.

19) 玄采『幼年心讀釋義』제2권, 1907, 31~43면 참조. 이상의 내용은 김우식의 『국민수지』(國民須知, 1905)에 실린 것과 동일하다. 또한 이 글은 『황성신문』이나 『대한자강회월보』(제3호, 1906. 9) 등 당시의 여러 신문 잡지에도 게재되었다. 『국민수지』 전문은 김효전(1996, 420~31면)에 재수록되었다.

의의 보편적 원리를 옹호한다. 그러나 아직 군민공치제의 지평에 머물러 있다.

1907년 황제 퇴위사건 이후 『대한협회회보』에 발표된 대한협회 김성희의 「정당의 사업은 국민의 책임」은 『헌정요의』보다 군민공치제에서 입헌군주제로 한 단계 진전된 인식을 보여준다.[20] 『헌정요의』에서 천명한 국가·정부와 군주의 분리원칙, 즉 '입헌'은 이 글에서 '대의기관' '정당'이라는 좀더 구체적인 정치제도로 진전되고 있다.

(…) 헌법을 세워 실행하면 군왕의 위엄이 높아지고, 정부의 권한이 커져야 국가와 인민이 함께 행복을 누릴 것이니, 그 까닭을 전국의 식견 있는 사람들〔公眼〕들에게 한번 말씀드려보고자 한다.

제1절. 국가에 관해 논함.

(…) 입헌 정치체제의 특징은 대의기관이니, 그 기능은 네가지이다.

1. 전국민을 대표하여 정치체제를 통할하는 것

1. 군권과 민권을 법률에 의해 제한하는 것

1. 입법부의 권한을 가지는 것

1. 행정부의 업무를 감독하는 것

무릇 생명과 재산은 국민의 가장 절실한 이해가 달린 것이기 때문에, 스스로 좋은 법을 제정하여 그 몸을 스스로 보호하고, 그 생명을 스스로 다스

---

20) 1907년 11월 대한협회는 일제 통감부에 의하여 강제 해산된 대한자강회(大韓自强會)를 재정비하여 국민을 개화교도(開化敎導)한다는 취지로 조직되었다. 1908년 4월 25일 『대한협회회보』를 창간, 이를 통해 정지·사상·역사 능을 교양, 계몽하였다. 총재에 남궁억, 부회장에 오세창, 총무에 윤효정, 평의원으로 장지연·권동진·유근·정교·이종일 등이 참여하였다. 대한협회는 국가의 부강, 교육과 산업의 발달을 추구하였고, 관인 폐습의 교정, 근면 저축의 실행, 권리·의무·책임·복종 등 국민의식의 고취를 목적으로 하였다. 교육·법률·재무·실업·지방부 등 5개 부서를 두고 세율 교정, 재산 피탈사건 조사, 강연회 등을 통해서 국민의 권리 보호에 앞장섰다.

『대한협회회보』제1호(1908.4.25). 숭실대학교 한국기독
교박물관 소장.

리고, 일체 다른 사람에게 맡겨서는 안 되며 공동의 뜻에서 스스로 나와야
한다. (…) 그렇게 되면 인민이 정치사상에 생사를 걸고 국가를 책임지고 기
꺼이 희생하고자 하니, 이것이 이른바 국민국가이다.

　제2절. 정부에 관해 논함

　(…) 정부의 행동범위는 여러 공익에 관한 일을 하는 것에 불과한데, 행
정상 나눠 말하면 내각이요 합해 말하면 정부이다. 국민 공동의 사상으로
만든 것이 이른바 국민정부이니, 오늘날 문명국의 책임내각이 곧 이것이다.
무릇 책임내각이라고 하는 것은 영국 정부에서 시작된 것인데, 한쪽으로는
군주에 대하여 행정을 대표하는 책임을 지는 것이고, 다른 한쪽으로는 국민
에 대하여 생명과 재산을 보호하는 책임을 지는 것이다.[21]

---

21) "(…) 立憲 行則 君王之威가 尊고 政府之權이 益伸야 國家人民이 共享幸福리니 其所以然
　之由를 試欲一陳於全國公眼노라. 第一節 論國家 (…) 立憲政體之特質은 卽代議機關也라 其
　作用이 有四事니 一 代表全數國民하야 爲統一政體事 一 君權民權을 法典上制限事 一 立法
　部之權利를 保有事 一 行政官之行爲를 監督事 (…) 夫生命財産은 是民之最關切肌利害也라
　自定良法야 自保其身며 自治其生을 一切不假借於人而自出於共同之意 (…) 故로 欲爲生死
　於政治之思想며 欲爲犧牲於國家之責任者ㅣ 卽 民人이니 此所謂國民的國家니라 第二節 論
　政府 (…) 政府之行動範圍는 止此矣라 不過爲吾群公益之事而行政上分言之則內閣이오 統言

『헌정요의』가 군주권과 민권을 대등하게 보는 반면, 김성희는 군주권을 영국의 입헌군주제처럼 상징적인 것으로 본다. 그는 입헌정체의 특질을 '군주'로부터 설명하지 않고, '대의기관'에 있음을 강조하고 있는 것이다.

김성희는 나아가 '군주국가'가 아닌 국민이 스스로 정치적 책임을 지는 "국민국가"를 논하면서, "근일 문명국의 책임내각"이 이러한 예라고 주장한다. 그는 국민국가를 실현하기 위한 구체적 방법도 제시하고 있다. 정당정치가 그것이다. 정당은 "전국민의 공동의 책임을 대표하고, 자유민의 참정(參政) 정신을 발휘하는 기관"이다.[22] '정당'은 "입헌을 통해 이미 차단된 정부를 견제하도록 하거나, 의회의 다수를 점함으로써 정부를 구성하도록 하고자 하는 것"이다(『대한협회회보』 1908.5.25). 그리고 김성희는 "정당이 있은 연후에 입헌정체를 실행할 수 있고, 입헌정체가 있은 연후에 국가가 세계에 생존할 수 있으며 그렇기 때문에 정당이라고 하는 것은 입헌의 선구이며, 입헌은 국가의 근거"라고 주장하였다.[23] 요컨대 정당이 입헌정치와 대의정치의 핵심적 기관이라는 것이다.

之則政府也라 以國民共同的思想으로 構造者를 謂之國民的 政府니 近日 文明國責任內閣이 卽 是也라. 夫責任內閣云者 始自英政府造而一面은 對君主에 有代表行政之責任이오, 一面은 對國民에 有保護生命財産之責任이 是也니"(김성희 「정당의 사업은 국민의 책임」, 『대한협회회보』 제1호, 1908.4.25).

22) 정당에 관한 한말의 인식은 1884년 『한성순보』 제15호 「법국지략(法國誌畧)」의 소개 이후, 한일합병 때까지 꾸준히 성장하였다. 다음은 정당에 관해 언급된 신문과 잡지의 실례들이다. 「영국당화(英國黨禍)」, 『한성주보』 제54호; 『독립신문』(1896.8.27); 『대한매일신보』(1907.10.29); 안국선 「정당론」, 『대한협회회보』 제3호, 1908; 정교 「정당의 득실」, 『대한협회회보』 제3호, 1908; 윤효정 「시국의 급무」, 『대한협회회보』 제2호, 1908; 김성희 「眞政黨與非政黨論」, 『대한협회회보』 제12호, 1909.

23) "(…) 有政黨 然後에 立憲政體를 可以實行矣오 有立憲正體 然後에 國家를 可以生存於世界라니 夫政黨者 立憲之先驅也오. 立憲 國家之根據也라"(김성희 「政黨의 事業은 國民의 責任(前號續)」, 『대한협회회보』 제2호, 1908.5.25).

58

김성희의 이러한 정체 인식은 황제권 침탈과 일본 통감체제라는 현실적 상황과 당대 조선 인민의 정치적 수준에 대한 현실적 판단이 반영된 것이다. 즉 군주제에는 더이상 기대할 것이 없었지만, 군주에 대한 조선 백성들의 관습적 존경심을 고려하여 군주제를 완전히 폐기하지는 않았다. 대한협회는 새로운 시대의 정치에서 자신들의 조직이 정당정치를 실현할 기관이며, 장차 만들어질 의회의 대표가 될 예비적 조직으로 인식했던 것으로 보인다. 대한협회는 반일적 성향을 유지해온 단체였으나, 1909년에는 이완용 내각과 일진회 사이에서 타협과 반대를 거듭하면서 정권참여를 실현하고자 하는 정치적 결사로서 활동했다(서영희 2005, 381~83면).

3) 황제 퇴위사건 후의 정체 인식: 군주제의 종언과 '민권-국권' 논쟁

1907년 황제 퇴위사건을 계기로 〈헌의6조〉의 군민공치에 대한 지향은 거의 사라졌다. 1907년 이후 신문과 잡지는 더이상 '군주와 인민'의 관계를 말하지 않으며, '인민과 정부'의 관계, '인민과 국가'의 관계를 중심적으로 논의하고 있다. 신민회가 공화제 국가 수립을 목표로 삼은 이후, 군주제냐 공화제냐의 선택문제는 더이상 한국 헌정사의 주제가 되지 못했다. 당장 직면했던 문제는 민권인가, 국권인가의 문제였다.

(1) 한말의 '인민'과 '정부', 그리고 '국가'에 대한 논의

민권 주창자들은 민권을 '천부인권'으로 받아들이고, 국가란 "인민의 권리를 보호하기 위해 창조된 것"이라고 보았다.[24] 또한 정부는 "인민의

---

24) 천부인권의 권리 개념을 최초로 소개한 것은 1884년 『한성순보』 제14호의 「미국지략 속고(美國地略續稿)」이며, 갑신정변의 정령 제2조에서 문벌폐지와 인민의 평등권을 주장하였다(閉止門閥, 以制人民平等之權, 以擇官, 勿以官擇人事). 1888년 박영효의 상소인 「조선내정개혁(朝鮮內政改革)에 관한 건백서(建白書)」, 유길준의 『서유견문』(1895)에서

권리를 보호하는 기관"이라고 역설하였다.[25] 앞에서 살펴본 바와 같이, 헌정연구회와 대한협회 모두 이러한 입장이었다. 이런 민권론자들은 군주의 전제정치 체제를 깊이 증오했다.

　무수한 나쁜 정부가 우리 권리를 박탈하여 정치도 정부에서 마음대로 하고, 법률도 정부에서 마음대로 하여 일반 행동을 모두 정부에서 독단하고 인민은 조금도 참여치 못하였도다. 이뿐 아니라, 인민의 지식을 우매하게 하여 정치에 관한 한 마디 말이나 법률 한 조목이라도 인민이 듣고 알기를 허락하지 아니하였도다. 우리로 하여금 권리가 없게 하고, 우리로 하여금 지식이 없게 한 후에 우리 생명을 빼앗으며, 우리 재산을 빼앗고, 우리를 금수로 보며 우리를 노예로 대접하였도다.[26]

　이 시기 『대한매일신보』는 〈헌의6조〉의 '군민공치'가 순진한 이상임을 주장하고 있다. 정부는 인민을 어떻게 대하고 있는가? 인민은 정부의 주인이 아닌 정부의 노예였던 것이다. 그래서 더이상 정부는 '인민의 권리를 보호하는 기관'이 아니라 '인민의 원수'가 되었다. 이것을 고치는 수단은 민권밖에 없다.

도 천부인권의 관념을 도입하고 있으며, 특히 기본권은 법률의 범위 내에서 보장되어야 한다고 주장한다. 이후 1906년 설태희(薛泰熙)는 「法律上 人의 權義」(『대한자강회월보』 제8호)에서 천부인권이라는 것은 "법률이 있어야 비로소 보장되는 것"이라고 법실증주의에 입각하여 권리를 설명하였다. 이상의 자료는 김효전(2000, 317~25면)을 참조.

25) 한일싱 「긔셔―민권을 부르는 글」, 『대한매일신보』 1909.3.17.

26) "무수흔 악정부기 우리 권리를 박탈흐여다가 정치도 정부에서 천단히 흐고 법률도 정부에서 무음딕로 흐여 일반 힝동을 모다 정부에서 독단흐고 인민은 일호도 참예치 못흐엿도다 이뿐 아니리 인민의 지식을 우틱케 흐여 정치의 흔 말이나 법률의 흔됴목이라도 인민이 듯고 알기를 허락지 아니흐엿도다 우리로 흐여곰 권리가 업게 흐고 우리로 흐여곰 지식이 업게흔 후에 우리의 싱명을 쎗앗으며 우리의 지산을 쎗앗고 우리를 금슈로 보며 우리를 노예로 딕졉흐엿도다"(같은 글).

민권이여, 나쁜 정부의 압제하는 기습이 맹렬한데, 네가 아니면 소탕하기가 어렵고, 약한 민족의 신체와 생명이 거꾸로 달린 이때에 네가 아니면 구할 수 없느니라. 네가 만일 영영 끊고 돌아오지 아니하면 가련한 이 단군자손이 다 죽고 말지니, 너는 빨리 와서 너의 복음을 전파하며, 너의 자비심을 내서 인민에게 하늘이 주신 권리를 보호하여 인민의 국가와 인민의 정부와 인민의 정치와 인민의 법률을 찾아오라. 민권이여, 돌아올지어다.[27]

여기에서 민권은 단순한 '천부의 권리'가 아니라, 일종의 정치적 '메시아'로 인식되고 있다. 민권은 압제적 봉건정부를 타파하고 국가의 독립을 보호해줄 전능한 구원자인 것이다. 즉 인민의 헌신과 힘이 아니면 당대의 위기를 극복할 수 없다고 보았던 것이다. 하지만 인민이 절대적 의미를 갖는 것도 아니다. 국가는 정부와 인민 위에 있는 '특별한 인격'으로서 초월적 존재이다.

천하에 인민이 없는 국가도 없으며 정부가 없는 국가도 없나니, 정부를 인민의 것이라 함도 불가하며 인민을 정부의 것이라 하는 것은 더욱 불가하다. 정부와 인민 위에 특별한 인격이 있어서 국가의 유일무이한 주권을 잡고, 정부와 인민은 그 아래에서 살아간다. 그러므로 인민을 중히 여기는 자는 반드시 말하기를, 국가는 인민이 모여서 된 것인 즉 국가의 주권이 인민에게 있다 하여 그 폐단이 무정부주의에 빠져서 국민으로 하여금 야만이 되

---

27) "(…) 민권이여 악정부의 압제ᄒᄂ 긔습이 밍렬ᄒᄃᆡ 네가 아니면 소탕ᄒ기가 어렵고 약ᄒᆫ 민족의 신톄와 싱명이 걱구로 ᄃᆞᆯ닌 이ᄶᅢ에 네가 아니면 구활ᄒᆯ 수 업ᄂᆞ니라 네가 만일 영영 ᄭᅳᆫ코 도라오지 아니ᄒ면 가련ᄒᆫ 이 단군ᄌᆞ손이 다 죽고 말지니 너ᄂᆞᆫ ᄲᆞᆯ니 와셔 너의 복음을 전ᄑᆞᄒ며 너의 ᄌᆞ비심을 발ᄒ아 인민에게 하늘이 주신 권리를 보호ᄒ여 인민의 국가와 인민의 정부와 인민의 정치와 인민의 법률을 ᄎᆞᄌᆞ오라 민권이여 도라올지어다"(같은 글).

게 하는 자이다. 정부를 중히 여기는 자는 반드시 말하기를, 정부는 국가의 대표인즉 국가의 주권이 정부에 있다 하여 그 폐단이 전제주의에 빠져서 국민으로 하여금 곤란케 하며 문명에 나아가지 못하게 한다. 그러므로 하나의 완전한 국가를 세우고자 하면, 정부와 인민의 권한을 명백히 정하는 것이 가장 중요하다.[28]

이 논자가 경계하는 것은 인민지상주의자들의 무정부주의와 정부지상주의자들의 전제주의이다. 민주공화주의에서 정부에 대한 경계는 잘 알려진 것이지만, 인민에 대한 경계는 새로운 것이다. 그 본의는 '국가'라는 존재를 강조하는 것이라고 볼 수 있다.

그 이유는 두가지이다. 첫째, 인민만 강조할 경우, 인민의 권리만 보장된다면 어떠한 정부라도 좋다는 논리가 가능해진다. 이것은 당시 문명개화파의 친일논리와 연결될 수 있다. 둘째, 인민의 권리는 '천부의 권리'이지만, 현실적으로는 국가 없이는 보전될 수 없는 '정치적 권리'이다. 즉 한국인의 국가가 존재하지 않는 한 한국 인민의 권리는 공상적인 것이다. 그러므로 인민의 권리에 앞서 한국인의 국가가 먼저 존재해야 한다. 요컨대 '국가'는 민족 독립을 위한 강력한 조직적 무기이자 단결의 구심점으로 새롭게 인식되어야 한다고 본 것이다. 이 문제는 아래에서 좀더 자세히 살펴

---

28) "텬하에 인민이 업는 국가도 업스며 정부가 업는 국가도 업느니 정부를 인민의 것이라 홈도 불가하며 인민을 정부의 것이라 ㅎ는 것은 더욱 불가하고 정부와 인민의 우혜 특별흔 인격이 잇셔셔 국가의 독일무이흔 쥬권을 잡고 정부와 인민은 그 아리에셔 싱식ㅎ는 쟈 ㅣ라 그럼으로 인민을 즁히녁이는 쟈는 반드시 골ㅇ딕 국가는 인민이 모혀셔 된 거신즉 국가의 쥬권이 인민에게 잇다ㅎ여 그 폐단이 무셩부당에 쌘져셔 국민으로 ㅎ여곰 야만이 되게 ㅎ는 쟈 ㅣ며 정부를 즁히 녁이는 쟈는 반드시 골ㅇ딕 정부는 국가의 딕표인즉 국가의 쥬권이 정부에 잇다ㅎ여 그 폐단이 전졔쥬의에 쌘져셔 국민으로 ㅎ여곰 곤난케 ㅎ며 문명에 나아가지 못ㅎ게 ㅎ느니 그럼으로 일개 완젼흔 국가를 셩립코져 홀 진딕 정부와 인민의 권한을 볼키 뎡ㅎ는딕 잇는지라"(「론셜—정부와 인민의 권한」, 『대한매일신보』 1910.7.19).

보자.

(2) 일본 통감체제하의 '민권'과 '국권'에 대한 논의

앞에서 기술한 바와 같이, 1907년 고종의 폐위가 결정되었을 때 한국인들은 묘한 딜레마에 빠졌다. 황제의 폐위는 국민주권(민권)의 입장에서 환영할 만한 일이었으나, 국가주권(국권)의 입장에서는 비극적인 일이었기 때문이다. 이처럼 민권과 국권은 타국의 지배하에서는 서로 이질적이며, 또 심지어 적대적인 상황에도 직면할 수 있다. 이 대립의 핵심은 국권이 중요하지 않다기보다, 일국의 국권이 민권을 해칠 경우 어떻게 해야 하는가였다.

우선 국권의 중요성을 주장한 논의를 살펴보자. 인민은 개념상 우선적(primary)이나 현실적으로는 국가의 '독립'이 선행되어야 민권도 있다.

> 슬프다, 대한민국이여. 세계상에 제일 귀중한 것은 독립이 아닌가? 나라에 독립이 있으면 인민의 권리가 있고, 독립이 완전하면 인민의 생애가 완전하지만, 독립이 없어지면 인민의 권리가 없어지고 독립이 완전치 못하면 인민의 생애도 완전치 못하노니, 독립이란 것은 국민의 부모요, 국민의 생명이요, 국민의 수족이요, 국민의 자본이니 (⋯).[29]

국권이 민권의 근원이라는 주장도 같은 의미이다.

---

29) "슯흐다 대한국민이여 셰계상에 뎨일 귀즁흔 거슨 독립이 아닌가 나라에 독립이 잇스면 인민의 권리가 잇고 독립이 완전ᄒ면 인민의 싱애가 완전ᄒ거니와 독립이 업셔지면 인민의 권리가 업셔지고 독립이 완전치 못ᄒ면 인민의 싱애도 완전치 못ᄒᄂ니 독립이란 거슨 국민의 부모요 국민의 싱명이오 국민의 슈죡이오 국민의 ᄌ본이니 (⋯)"(「론셜 ―귀즁흔 줄을 알아야 보슈흘 줄을 알지」, 『대한매일신보』 1907.10.3).

국권이 없고서 민권을 구하니, 민권을 어디서 얻으리오. 근일 한국 안에 어떤 어리석은 무리는 생각하기를, 국가가 망하여 강토가 다른 사람의 물건이 되어도 민권을 얻으면 이를 환영하겠다고 하며, 민족이 다른 사람의 손바닥에 들어갈지라도 민권만 얻으면 이를 노래하며 받겠다고 하니, 슬프다 저 어리석은 무리들이여. 무릇 국권은 민권의 근원이라. 국권이 있어야 민권이 나며, 민권은 국권의 자식이라. 국권을 의지해야 민권이 서니, 국권이 없고서야 어디서 민권을 얻으리오.[30]

그러나 이러한 주장과는 달리 민권을 더 우선하여, 민권을 억압하면 국권이 설 수 없다고 주장하는 논의도 있다.

나라라는 것은 인민이 모여서 이룬 것이요, 정치란 것은 인민을 위하여 설시(設施)한 바이라. 그러므로 인민이 나라를 사랑하는 것은 곧 그 몸을 사랑함이라. 민권이 흥하면 국권이 서고, 민권이 없어지면 국권이 떨어지니, 정부에서 압제정치를 행하면 그 나라를 스스로 멸망함이요, 인민이 그 권리 찾기를 힘쓰지 아니하면 그 몸을 스스로 버림이라.[31]

---

30) "국권이 업고셔 민권을 구ᄒᆞ니 민권을 어듸셔 엇으리오 근일 한국 안에 엇던 어리셕은 무리는 싱ᄒᆞ기를 국가가 망ᄒᆞ여 강토가 다른 사름의 물건이 되어도 민권 엇을진듸 이를 환영ᄒᆞ겟다 ᄒᆞ며 민족이 다른 사름의 쟝즁에 드러갈지라도 민권만 엇을진듸 이를 노래ᄒᆞ며 밧겟다 ᄒᆞ니 슯흐다 뎌 어리셕은 무리들이여 대뎌 국권은 민권의 근원이라 국권이 잇셔야 민권이 나며 민권은 국권의 ᄌᆞ식이라 국권을 의지ᄒᆞ야 민권이 서ᄂᆞ니 국권이 업고셔야 어듸로셔 민권을 엇으리오"(「론셜—국권이 업고셔 민권을 싱각ᄒᆞ는 어리셕은 무리」, 『대한매일신보』1909.10.26.).

31) "나라이란 것은 인민이 모혀셔 일운거시오 정치란 것은 인민을 위ᄒᆞ여 셜시흔 바이라 그럼으로 인민이 나라를 ᄉᆞ랑ᄒᆞᄂᆞᆫ 거슨 곳 그 몸을 ᄉᆞ랑홈이라 민권이 흥ᄒᆞ면 국권이 서고 민권이 업셔지면 국권이 쎠러지ᄂᆞ니 정부에서 압졔정치를 힝ᄒᆞ면 그 나라를 스스로 멸망홈이오 인민이 그 권리 즛기를 힘쓰지 아니ᄒᆞ면 그 몸을 스스로 ᄇᆞ림이라"(「론셜—ᄋᆡ국쟈의 ᄉᆞ샹」, 『대한매일신보』1910.6.28.).

인민이 노예면, 나라가 망하는 환난이 있어도 주인의 일이요 나와 상관없는 일이라고 수수방관하게 된다. 요컨대, 민권이 없으면 주체의식과 책임의식이 결여되고, 정치참여가 없으므로 인민의 의무에도 충실하지 못하다는 것이다.

이상의 논의를 살펴보면, 국권의 강조는 민권의 확립에 선행한 국가의 독립과 국권의 회복을 주장하는 것이다. 민권의 강조는 국권 상실이 민권의 박탈에 기인했으므로 민권 확립이 되어야 국권도 수호된다는 것을 의미했다. 그런데 현실적으로 민권을 강조하는 쪽은 대체로 대한제국보다 일본의 지배가 낫다는 입장이었다.

하지만 일본의 침탈이 현실화되자, 국권론과 민권론을 하나로 통합하려는 운동이 나타났다. 비밀결사조직 신민회가 바로 그것이다. 1907년 4월 신민회는 한국역사상 처음으로 군주제를 폐지하고, 공화제 국가를 수립할 것을 표명하였다.[32] 이리하여 민권론과 국권론은 '실력양성을 통한 독립된 공화정체의 수립 지향으로 수렴'되었다.

동회(同會)의 목적은 한국의 부패한 사상과 습관을 혁신하여 국민을 유신(維新)하며 (…) 유신한 국민이 통일 연합하여 유신한 자유문명국을 성립한다고 운하는 것으로서 그 심의는 한국으로 하여금 열국 보호하에 공화정

---

32) 신민회는 1896년에 안창호의 발기로 창립되었다. 중심인물로는 회장 윤치호, 부회장 안창호, 유학자 출신의 장지연·신채호·박은식, 청년장교 출신의 이동휘·이갑, 평양지방의 자산가인 이종호·이승훈, 그리고 안태국·이동녕·이회영 등이 있다. 이들은 계몽강연운동을 활발하게 전개함으로써 일반 국민에게 애국주의, 국권회복, 민권사상, 구습타파, 민족단합의식 등을 고취하고, 자발적 의무교육을 실시하고자 하였다. 『대한매일신보』는 신민회의 기관지였으며, 최남선을 중심으로 1908년 11월에 창간한 잡지 『소년』 역시 신민회의 입장을 대변했다. 또한 출판물 보급과 사업 연락을 위해서 평양·서울·대구에 태극서관(太極書館)을 두었으며, 조선광문회(朝鮮光文會)를 조직해 출판사업을 이끌었다.

체의 독립국으로 함에 목적이 있다고 운함.[33] (국사편찬위원회 1983, 1023~24면)

신민회는 입헌군주국을 낡은 것으로 인식하고 국권회복 후에는 공화정체를 수립할 것을 목표로 하였다. 당장 힘(민권)이 없어 국권을 박탈당했으므로 이 목적을 달성하기 위해서는 무엇보다도 국권을 회복할 수 있는 실력을 양성해야 한다고 보았다. 그리고 이러한 실력의 양성을 위해서는 '국민이 새로워져야 한다는 신민(新民)' '신민은 자기 스스로의 힘으로 이루어야 한다는 자신(自新)' '자신을 위한 신사상, 신윤리, 신학술, 신모범, 신개혁'을 주창했다(신용하 1976, 44면).

1907년 신민회가 공화정체의 수립을 표명한 것은 독립협회와 만민공동회 이래 새로운 정체에 대한 모색과 고종 퇴위사건 후의 인민과 정부, 민권과 국권에 대한 쟁론이 그 기저에 있었기 때문에 가능했을 것이다. 신민회는 대한협회 등 통감정치체제를 용인했던 정치세력과 일정하게 거리를 두었다. 즉 현실 정치권력에 편입되고자 했던 대한협회와는 달리, 비밀결사를 통해 장기항전을 준비하고자 했다. 다음 장에서는 신민회 이후 1919년 3·1운동까지 정체에 관한 인식을 살펴보고자 한다.

4. 3·1운동과 대한민국임시정부: 민주공화제의 탄생

1) 3·1운동 이전의 민주공화주의 운동: 「대동단결선언」과 「대한독립선언서」

1910년 한일합병 이후 민주공화제, 국민주권 인식은 어떻게 변화했는가? 1910년 합방이 되자 연해주에서 유인석, 이범윤 등 유생들을 중심으

---

33) 1907년의 헌병대장 기밀보고에 신민회 기록이 남아 있다.

로 한 십삼도의군(十三道義軍)은 고종을 해외로 탈출시켜 망명정부를 세우려는 계획을 추진하였다. 1915년에는 이상설, 신규식, 박은식, 이동휘, 유동열 등을 중심으로 한 신한혁명당에서도 황제를 옹립하여 망명정부를 수립하고자 하였다. 이들은 청년기에 대부분 민권운동 및 계몽운동을 전개하다가 한일합병 후 노령이나 만주로 망명하여 독립운동을 지속하고 있었다.[34] 신한혁명당은 국제정세의 판단 결과, 동맹관계를 유지하여야 할 독일과 중국이 군주정치하에 있다는 점을 중시, 각각의 운동노선과 이념의 차이를 일단 유보하고 고종을 독립운동의 구심체로 추대하여 망명정부를 세우려 했다(김소진 1998, 65~66면).

그러나 이들의 계획은 실패하였고, 당시 제1차 세계대전에서 독일이 패전하고 연합국이 전세를 만회함에 따라 한국 독립운동도 일본과 대립한 독일, 중국과의 연합체제로부터 방향전환이 모색되었다. 특히 미국이 전 세계 정세를 주도해나가게 되고 독립운동계에도 외교중심론이 부상하자, 1917년 이후 이미 그 세력이 급격하게 쇠퇴하고 있던 복벽주의 노선은 표면에서 사라지게 되었다.

이러한 국내외 정세 변동에 대응하여 1917년 7월, 신한혁명당 출신의 신규식, 조소앙, 박은식 등 14인은「대동단결선언」을 제창함으로써 공화제로 방향을 전환하였다.[35]「대동단결선언」의 원문은 다음과 같다.

---

34) 예컨대, 신규식과 박은식은 독립협회에서, 그리고 박은식, 이동휘, 유동열은 서우학회, 서북학회, 신민회 등에서 활동한 바 있다(김소진 1998, 65면).

35) 대동단결선언은 본문과 '제의의 강령' 7개항, 선언일자와 서명자, '찬동통지서'와 회신 설명 등으로 이루어져 있다(조동걸 1987, 148, 150면). 제의(提議)의 강령(綱領)의 핵심 내용을 살펴보면 다음과 같다. "3. 대헌(大憲)을 제정하야 민정(民情)에 합한 법치를 실행할 것. 4. 독립평등의 성권(聖權)을 주장하여 동화(同化)의 마력과 법치의 열근(劣根)을 방제(防除)할 것. (…) 7. 우실행방법(右實行方法)은 기성(旣成)한 각 단체의 대표와 덕망이 유(有)한 개인의 회의로 결정할 것."

우리 한국은 예부터 한국인의 한국이요, 비 한국인의 한국이 아니라. 한국사람 간에 주권을 주고받는 것은 역사상 불문법인 국헌이요, 한국사람이 아닌 사람에게 주권을 양도하는 것은 근본적으로 무효이고, 한국의 국민성이 절대 불허하는 바이다. 그러므로 경술년 융희황제의 주권 포기는 우리 국민 동지에 대해 묵시적으로 물려준 것이니, 우리 동지는 당연히 권력을 계승하여 통치할 특권이 있고, 최고통치권을 상속할 의무가 있도다.[36]

조소앙이 기초한 것으로 알려져 있는 이 「대동단결선언」의 내용을 간단히 살펴보면 다음과 같다. 첫째, 주권은 민족의 고유한 것으로, 융희황제(순종)가 주권을 포기한 것은 황제로서의 권한을 포기한 것이지 국민이 주권을 포기한 것이 아니며, 오히려 국민이 주권을 양여받게 된 것이다. 그런데 앞에서 살펴보았듯 민권론자들이 천부인권론에 의해 주권을 주장했던 것과 달리, 이들은 주권을 '민족의 고유한 것'으로 이해했다. 둘째, 이러한 민족 고유의 주권은 국가 없이는 보전될 수 없는 권리이므로 독립을 위한 임시정부——'제2차의 통일국가'——수립과 이를 준비하기 위한 '제1차의 통일기관'(민족대회의)을 구성할 것을 최초로 제안하였다(조동걸 1987, 127~28면; 김소진 1998, 70면).

요컨대 「대동단결선언」은 '일제로부터의 독립의 선언'일 뿐만 아니라 '국민주권을 행사하기 위한 정부의 수립', 곧 민주공화정체 수립을 지향하였다. 그러므로 이 선언은 한일합병 이후 지속되어온 신한혁명당 등의 복벽주의를 종결한 선언이며, 이들의 임시정부 구상은 1919년 상하이 임시정부 수립으로 현실화되었다.

---

36) "我韓은無始以來로韓人의韓이오非韓人의韓이아니라韓人間의主權授受난歷史上不文法의國憲이오非韓人에게主權讓與난根本의無效오韓國民性의絕對不許하난바이라고로庚戌年隆熙皇帝의主權抛棄난卽我國民同志에對한黙示의禪位니我同志난當然히三寶를繼承하야統治할特權이잇고○大統을相續할義務가有하도다."

「대한독립선언서」(「무오독립선언서」, 1919.2). 독립기념관 소장.

한편 대한민국임시정부가 수립되기 두달 전, 그리고 3·1운동이 있기 직전인 1919년 2월 초 지린(吉林)에서 만주·노령의 한인사회를 기반으로 둔 조소앙, 김교헌, 신규식 등 39인은 「대한독립선언서」(「무오독립선언서」)를 제창하였다. 이 선언은 일본의 지배로부터 민족의 독립을 선포함과 동시에, 민족이 지향하는 독립은 '자주독립과 평등복리'의 실현을 통한 근대적 민주공화정체의 민족국가 수립임을 표방하였다. 「대한독립선언서」가 이전에 등장한 다른 독립선언서와 비교해 특징적인 것은 대동평화 등의 국제평화주의와 교육중시사상(等賢)을 특히 강조한다는 점이었다(신우철 2008, 305면). 「대한독립선언서」는 첫째, 독립의 제1의미를 군국전제(君國專制)를 부정하고 민족평등의 공화제에, 둘째, 독립의 본령을 무력○병(武力○併)을 부정하고 균평세상의 실현에, 셋째, 복국(復國)의 사명을 밀맹사전(密盟私戰)을 부정하고 대동평화에, 넷째, 입국(立國)의 기○(旗○)를 동권동부(同權同富), 등현등수(等賢等壽),[37] 사해인류(四海人類)의 실현에 두었다. 요컨대 정치·사회·경제 체제 및 이념의 측면에서 평등·평화 및 균등 국가를 실현할 것을 지향하고 있었다.

2) 3·1운동과 대한민국임시정부의 민주공화제

3·1운동은 19세기 말 이래 전개되어온 다기한 정치사상의 조류가 통합된 사건이기에 한국 독립운동의 역사에서 매우 중요한 의미를 지닌다. 주지하듯이, 한말의 민족적 정치운동은 위정척사운동, 동학농민운동, 개화운동으로 분열되어 상호 적대적이었다. 이 모든 운동은 한민족의 자주독립을 지향하였지만 동시에 분열적이었기 때문에, 민족의 에너지를 결집할 수 없었다. 그러나 3·1운동은 자주독립국가 건설의 정신적인 구심점을 갖도록 할 민족주의적·공화주의적 요소를 충분히 갖고 있었다.[38] 그러므로 헌정사적 의미도 대단히 중요하다.

3·1운동이 일어난 40일 이후인 1919년 4월, 상하이 대한민국임시정부는 (형식상) 국내 13도의 대표가 입법기관(임시의정원)을 구성하고, 임시의정원이 정부를 구성함으로써 수립되었다. 대한민국임시정부의 수립은 3·1운동의 정치적 실현을 의미했다. 대한민국임시정부의 선서문에서는 다

---

37) 배운 사람과 못 배운 사람, 어른과 아이를 평등하게 취급함.

38) 훗날의 일이지만, 1948년 5·10선거로 선출된 제헌국회의원의 3·1운동 참가경험을 양적으로 조사해보면 다음과 같다. 제헌국회의원 209명(정수 200인, 보궐선거 및 재선거 9인) 중 3·1운동 참가가 불가능하거나, 가능성이 낮은 1906년 이후의 출생자 65명을 제외하고 남은, 144명 중 35명(25%)이 3·1운동에 참가하였다. 이들 대부분은 학생의 신분으로 시위에 참가하였으며, 일부는 주도적인 역할을 하였다. 3·1운동 참가의 경험은 제헌국회의원의 다양한 정치적 배경의 중심이자, 공통의 체험이었다(서희경 2004, 359, 362면).

음과 같이 3·1운동을 표현하였다.[39]

존경하고 경애하난 아(我) 2천만 동포 국민이어 민국원년 3월 1일 아 대
한민족이 독립을 선언함으로브터 남과 여와 노와 소와 모든 계급과 모든 종
파를 물론하고 일치(一致)코 단결하야 동양의 독일인 일본의 비인도적 폭행
하에 극히 공명하게 극히 인욕(忍辱)하게 아민족의 독립과 자유를 갈망하난
실사와 정의와 인도를 애호하는 국민성을 표현한지라. (국회도서관 1974, 30면)

즉 1919년의 3·1운동은 민족 내부의 모든 정치적·사회적 차이를 뛰어
넘어 참가자들 사이의 수평적인 일체감을 가져왔고, 그것이 국민의식을
고취했다. 그러나 3·1운동은 민족 외부와의 투쟁이었던 것만이 아니라 민
족 내부의 투쟁이기도 했다. 반제국주의 운동이자, 반군주제 운동이었기
때문이다.

1941년 11월에 공표된 〈건국강령〉 총강을 살펴보자.

〈대한민국건국강령〉

5. 우리나라의 독립선언은 (…) 우리 민족의 3·1혈전(血戰)을 발동한 원기
(元氣)이며, 동년(同年) 4월 11일에 13도 대표로 조직된 임시의정원은 대한
민국을 세우고 임시정부와 임시헌장10조를 창조 발표하였으니, 이는 우리
민족의 자력으로써 이족전제(異族專制)를 전복하고 5천년 군주정치의 구각
(舊殼)을 파괴하고, 새로운 민주제도를 건립하여 사회의 계급을 소멸하는

---

39) 3·1운동 발생 이후 국내외 6곳에서 임시정부가 발표되었다. 그 가운데 헌장과 선포문,
취지문, 격문 등을 갖추고 정부의 형태를 취한 임시정부는 상하이의 대한민국임시정부
와 노령에서 조직된 대한인국민의회(1919년 3월), 국내 한성에서 조직된 한성정부 국민
대회(1919년 4월)였다(이현희 2003). 그러나 대한인국민의회와 한성정부 국민대회 즉,
대표자회의의 성격을 띠는 두 회의체는 사실상 정부 구성에 이르거나, 정부로서의 활동
에까지 이르지는 못하였다.

제일보의 착수이었다. (국회도서관 1974, 21면)

요컨대 대한민국임시정부는 3·1운동의 정치적 '산물'이자 동시에 3·1
운동의 정치적 '해석자'였다. 대한민국임시정부는 3·1운동의 의미를 '독
립'(independence)으로 이해했다. 그것은 두 가지 의미를 지닌 독립, 즉 민
족 밖으로는 일본제국주의로부터의 독립을, 민족 안으로는 계급으로부터
의 독립을 의미했다. 그리고 그 주체를 군주가 아닌 '민족'과 '인민'으로
상정했다.

대한민국임시정부의 〈건국강령〉에 따르면, 임시정부는 정치적으로 제
국주의와 군주정치를 부정하고 독립적 공화정을 제시했으며, 사회적으로
는 신분제도(계급)를 부정하고 평등에 기초한 민주정을 지지했다. 이런 의
미에서 한국민족의 공적(公敵)은 민족 내부에도 엄존했다. 3·1운동과 대
한민국임시정부는 이 모든 공적을 공식적으로 부정함으로써 한국인의 정
치적 삶을 근본적으로 변혁했다. 그리고 향후 1세기 동안 근대한국의 정치
가 나가야 할 비전을 명료하게 제시하였다. 그것은 1919년 4월 11일 제정
된 상하이 대한민국임시정부의 〈대한민국임시헌장〉에서 다음과 같이 표
명되었다.[40]

---

40) 대한민국임시정부의 〈대한민국임시헌장〉 제정과 관련하여 신우철은 〈홍범14조〉〈대
한국국제〉〈명치헌법〉은 모두 입헌군주 내지 전제군주국을 전제로 한 것이었고, 〈한
성정부 약법〉은 내용이 너무 소략해서 민주공화국을 지향한 임시정부에게는 이들 헌법
문서가 결정적인 참고자료가 되지는 않았을 것이라고 주장한다. 다만, 함께 선포된 헌장
의 전문에 해당하는 대한민국임시정부 선포문과 말미에 첨부된 정강의 내용 중에는 "삼
균주의의 맹아적 형태를 담은 「무오독립선언서」와 적잖은 부분에서 내용이 중복"된다
고 주장하였다. 또한 '대한민국' 국호, 국무총리, 6부총장의 직명 등은 중국제헌운동에
서 영향을 받은 대표적인 실례로 들고 있다. 그러나 그는 중국의 경우, 민주공화제라는
국가형태가 헌법문서에서 명시된 것은 "1920년대 중반에 들어서였다는 사실"을 지적
하고 있다. 요컨대, 그는 "임시헌장 제1조의 민주공화제는 일본뿐 아니라 중국의 수많은
헌법문서들 가운데에서도 유례를 찾아볼 수 없는 독창적인 형식과 내용"으로 규정되었

〈대한민국임시헌장〉(1919.4.11). 국사편찬위원회『대한민국임시정부자료집 1』(2005).

〈대한민국임시헌장〉

　제1조 대한민국은 민주공화제로 함.

　제2조 대한민국은 임시정부가 임시의정원의 결의에 의하여 이를 통치함.

　제3조 대한민국의 인민은 남녀 귀천 및 빈부의 계급이 무(無)하고 일체 평등임.

　제4조 대한민국의 인민은 신교·언론·저작·출판·결사·집회·신서(信書)· 주소·이전·신체 및 소유의 자유를 향유함.

　제5조 대한민국의 인민으로 공민 자격이 유(有)한 자는 선거권 및 피선거권이 유함.

　제6조 대한민국의 인민은 교육 납세 및 병역의 의무가 유함. (…)

　제10조 임시정부난 국토회복 후 만 일개년 내에 국회를 소집함. (국회도서관 1974, 3면)

다고 결론짓는다(신우철 2008, 292~300면).

이와 같이, 이 시기 '민주공화제'와 '인민'의 '평등'과 '자유'를 표방한 것은 대한민국임시정부의 〈대한민국임시헌장〉 외에도 국내외 여러 단체에서 있었다. 1919년 4월 23일에 개최된 국내 한성정부 국민대회는 그 대표적인 사례이다.

〈한성정부 국민대회 약법〉

제1조 국체는 민주제를 채용함.

제2조 정체는 대의제를 채용함.

제3조 국시는 국민의 자유와 권리를 존중하고 세계평화의 위운을 증진케 함. (우남이승만문서편찬위원회 1998, 26~29면)[41]

이상에서 한성정부 국민대회는 민주제, 대의제, 국민의 자유·권리·의무 등을 규정하고 있다.[42]

한편, 3·1운동 후 미국에서 최초로 한국인의 정치집회가 열린다. 1919년 4월 14일에서 16일까지 필라델피아에서 개최된 대한인총대표회의(First

---

41) 1919년 4월 23일 종로 일대에서는 '국민대회(國民大會)'와 '공화만세(共和萬歲)' 깃발 아래 만세시위가 있었고, 전단을 통해 '한성정부'의 수립이 선포되었다.

42) 1919년 4월 10일에 조선민국대회·조선자주당 연합회 명의로 발표된 〈조선민국임시 정부 창립장정〉은 총 12장 33조와 부칙으로 되어 있는데 그 구성은, 제1장 조직, 제2장 주권, 제3장 기관, 제4장 입법, 제5장 외무, 제6장 내무, 제7장 군무, 제8장 재무, 제9장 학무, 제10장 법무, 제11장 식산, 제12장 교통, 부칙 등이다. 그 내용을 살펴보면 ① 조선 민국대회의 조선자주당이 연합회의의 명의로 "조선을 조선민국"이라 칭하고, 임시정부 를 조직하고자 함(제1장 조직) ② "조선민국은 2인의 도령(都領)을 선거하여 이를 통할 함"(제2장 주권) ③ "조선민국헌법" "국회조직법" "의원선거법"을 제정하는 "헌법제정 위원회 및 당해위원선거방법을 제정"할 구성절차(제4장 입법) ④ 한일합병조약 및 그 전후의 조선에 관한 대외조약의 무효선언과 더불어 일본과의 새로운 국교 수립시에 제 시할 9개 조항의 요구조건(제5장 외무) ⑤ 의무교육제 실시(제9장 학무) ⑥ 중요 산업의 국영책과 국민균산주의 원칙의 제시(제11장 식산) 등이다(국가보훈처 2002, 215~22면).

『필라델피아 대한인총대표회의 회의록』(1919.4). 독립기
념관 소장.

Korean Congress)[43]에는 서재필, 이승만, 정한경, 임병직, 조병옥, 장택상
등이 참가하였는데, 대회에서 채택한 주요 결의안 중 이후에 '필라델피아
총대표회 종지'(宗旨, cardinal principles)라고 번역한「한국인의 목표와 열
망」의 내용을 인용하면 다음과 같다.[44]

「필라델피아 총대표회 종지」
1. 우리는 정부의 공정한 권리가 관리(管理)를 받는 자에게로 말미암아
나온 것을 믿나니 그런 고로 정부는 관리를〔베풀어〕주는 백성들의 이권을

---

43) 이들은 미국 독립운동 당시 1774,75년 필라델피아에서 두 차례 소집되었던 식민지
   의 '대륙회의'(Continental Congress)와 마찬가지로 대한인총대표회의(제1차한인회의,
   First Korean Congress)라고 명명하였다(김원모 1985, 200면).
44) 대한인총대표회의에서 채택한 결의안은 ①「대한공화국임시정부에 보내는 메시지」
   ②「미국(인)에의 호소문」③「한국인의 목표와 열망」④「사려 깊은 일본인들에게(보내
   는 메시지)」⑤「미국 대통령과 파리강화회의에 보내는 청원서」등이다. 이들 결의안 중
   「대한공화국임시정부에 보내는 메시지」와「미국 대통령과 파리강화회의에 보내는 청원
   서」의 내용 가운데 주목할 점은 대회참가자들이 3·1운동 후에 수립할 새로운 임시정부
   가 "민주주의 공화제 정부임을 믿고 있었다"는 점이다.

위하여 마땅히 동작할 일.

2. 우리는 할 수 있는 데까지 미국의 정체를 모방한 정부를 세우기로 제의하여, 교육을 일치케 할지라. 이 앞으로 오는 10년 동안에는 필요한 경우를 따라서 권세를 정부로 더욱 집중하며, 또 국민인 자 교육 발전되고, 자치(自治)상의 경험이 증가할진대 그에게 대하여 관리상 책임의 공권(公權)을 더욱 허락할 일.

3. 아무커나 우리는 공동투표권을 제의하며 허락하여 지방입법부 임원들을 자유로 공선케 하며 또 지방입법부 임원들은 국회 입법원 대의사를 공선케 할 터이라. (…) 백성의 뜻을 온전히 응종(應從)할 일.

4. 행정부는 대통령·부통령 급(及) 내각임원을 두어 입법부에서 제정한 법률로 행정케 하며 대통령은 내각임원과 각도 수령방백과 행정상의 필요한 관리와 외국에 파송하는 대사들을 자벽(自辟)하여 택용하며 (…)

9. 우리는 언론과 출판 자유를 믿나니 사실상으로 우리가 온전한 공화 종지와 동일한 기회와 평균한 경제상 정치와 세계 열방으로 자유 교섭하는 것을 발전케 하여 (…)

10. 우리는 무슨 일에던지 자유활동을 믿으며, 그 언어와 동작이 타인의 권리를 모손(耗損)하거나 국가 법률과 이권으로 더불어 서로 반대됨이 없을 일.[45]

이상과 같이, 대한인총대표회의 참가자들은 첫째, 정부의 권리가 백성으로부터 나왔으므로 정부는 백성의 이권을 위해 권리를 행사해야 한다고 주장하였고 둘째, 미국식 공화제, 즉 대통령제를 구상하였다.[46] 이들은 이

---

45) 이 결의안의 국문번역본은 1919년 8월 15일에 호놀룰루의 한인기독학원(원장 이승만)에서 발간된 『대한독립혈전긔』에 실렸다. 이 번역문에서는 「한국인의 목표와 열망」이라는 제목을 '필라델피아 총대표회 종지'(宗旨, cardinal principles)라고 번역하였다. 유영익(2003, 370면)을 참조할 것.

결의안을 "장차 대한공화국 정부가 제헌의회를 구성하여 본격적으로 헌법을 제정할 때 참고하게 될 중요한 문헌"으로 인식하였다.[47]

그러나 3·1운동이 이상과 같이 민주공화제만을 지향한 것은 아니었다. 1919년 4월 25일 경성에서 최대 규모로 조직된 대동단은 복벽주의 이념하에 정부수립 운동을 추진하였다.[48] 대동단은 의친왕(義親王) 이강(李堈)을 "왕통정부"의 수반으로 삼아 상하이 임정과는 별도의 정부조직을 수립하려는 계획을 갖고 있었다(국사편찬위원회 1994, 330면). 대동단 독립선언서의 기초를 부탁받은 장지영의 회고에 의하면, 대동단 당수 전협(全協)은 "우리나라가 오래 군주국가로 내려온 터이니 지금 대통령을 세운데야 이 민족의 단결이 이루어지기 어려우니 우리 왕을 하나 세웁시다"라고 하였다(장지영 1974, 204면). 그런데 대동단의 정치구상은 이념적이라기보다 다분히 편의주의적이었던 것으로 생각된다. 명분은 '민족의 단결'이었지만, 어떻

---

46) 유영익은 필라델피아 대표회의 참가자들의 헌정구상이 3·1운동 후 국내외에서 선포된 다른 임시정부들의 예와 비교하여 세 가지 점에서 독특하다고 주장하였다. 그 내용은 첫째, 기독교민주주의 국가건설론이며, 둘째, 미국식 공화제 정부수립론, 셋째, 정부수립 후 10년간 중앙집권적 통치 필요론이다(유영익 2003, 382~85면).

47) 이 결의안의 작성 책임을 맡았던 유일한(柳一韓)은 자신이 이끈 기초위원회의 활동에 대해 다음과 같이 토로하였다. "우리는 이 결의안을 기초하면서 그 작업이 우리의 실력으로써는 〔도저히〕 만족스럽게 완수할 수 없는 힘겨운 일임을 깨달았습니다. 〔그렇지만〕 우리는 〔당장〕 무엇인가 손에 잡히는 것을 〔대회에〕 제출해야 했기 때문에 우리가 주장하고자 하는 기본원칙을 〔역사상〕 처음으로 문장화해보았습니다. 〔이 작업을 하면서〕 우리들은 앞으로 전세계에 〔흩어져〕 있는 한국인들이 〔장차〕 안고(安固)한 정부를 수립하기 위해 조국에서 대규모 〔제헌〕의회(a great Congress)를 개최할 때 그 회의에 참석하게 될 많은 석학들이 무비(無比)의 헌법을 제정할 것이라고 생각했습니다. 지금은 유능한 인재들을 한곳에 모으는 것이 물리적으로 불가능합니다. 현재 우리가 갖고 있는 실력으로써는 우리의 '목표와 열망'을 완벽하게 표출시킬 수가 없었습니다. 그럼으로 〔우리가 제출한〕 이 초안이 우리가 만들어 낼 수 있는 최선의 것입니다"(*First Korean Congress* 1919, 42~43면, 유영익 2003, 377~78면에서 재인용).

48) 대동단의 조직 실상과 활동에 관해서는 조소앙이 개괄적으로 기술한 「대동단(大同團)의 개황(槪況)」을 참조함(한국정신문화연구원 1997, 32~36면).

게 '단결'이 가능한지에 대해서 대한민국임시정부나 한성정부와 의견이 달랐다. 임시정부의 경우는 '독립'에 의한 '자유'와 '평등'이 한국민족의 진정한 단결을 가져올 것으로 생각했으나 대동단은 그 반대였다. 이들의 저항 민족주의는 공화주의로 나아가지 못했다. 예컨대 한성정부 국민대회에서 13도 대표자로 발표된 대동단의 멤버 최전구, 이내주는 국민대회의 정치노선 —— 공화국, 민족자결주의 —— 에 반대하였으며, 13도 국민대표에서 빼줄 것을 요구하였다(국사편찬위원회 1994, 41면).

요컨대, 대동단은 국민대회 추진과정에서 한성정부 주도세력과 정치적 견해를 달리함으로써 이탈했다. 상하이 임시정부가 수립된 후에는 이들과도 대립하여 국내에서 임시정부 수립을 위한 독자적인 활동을 계속했다. 그러나 의친왕 이강의 상하이 망명과 '제2차 시위운동' 등의 계획이 잇따라 실패함으로써 이들의 정부수립 운동은 구상단계에 머물렀다(이현주 2000, 195, 197면).

이상으로 볼 때 3·1운동은 만민공동회 이래 이어져온 공화주의 이념의 구체적 실현이자 군주정과의 마지막 투쟁, 즉 민족 내부의 공화주의와 복벽주의의 투쟁이었다. 대한민국임시정부의 정치이념은 이 투쟁의 산물이었던 것이다.[49]

---

49) 그런 점에서 계보학적 성격을 띠는 한국헌법의 연원 연구는 제고의 여지가 많다고 생각된다. 〈대한민국임시헌장〉(1919.4.11)과 〈대한민국임시헌법〉(1919.9.11) 등 임시정부 헌법문서가 어디에서 유래했는지 조문별 구체분석을 광범위하게 시도한 신우철의 연구(2008)는 그 연구 자체로 큰 의의가 있다고 볼 수 있다. 그의 연구결과가 있기 전에 대한민국임시정부 헌법 등 한국헌법이 얼마나 긴밀히 중국의 제헌운동과 연계되어 있었는지 드러나지 않았기 때문이다. 그런데 필자는 헌법 조문의 직접적 연계성과 계보를 밝히는 것은 헌법 또는 헌법이념의 역사적 연원을 밝히는 것의 출발을 의미한다고 생각한다. 1919년에 신익희 또는 조소앙이 중국헌법 조문을 그대로 갖고 와서 대한민국임시정부 헌법을 작성했다고 해도 그들의 인식은 1898년 이래 20여 년 동안 지속된 민주공화제의 역사적 유산하에서 이루어진 것이기 때문이다.

5. 대한민국 헌법의 기원과 이념

1) 한국 근대헌법에서 '민주주의'의 통합과 분열: 3·1운동과 사회주의운동의 대두를 중심으로

앞장에서 살펴본 3·1운동의 통합은 오래가지 않았다. 그 이유는 1920년 대 이후 사회주의라는 새로운 정치이념이 등장하였기 때문이었다. 사회주의는 3·1운동이 표방한 '독립'의 외적 의미에는 동의했지만, 내적 의미에는 동의하지 않았다. 사회주의는 독립의 내적 의미를 더 구체화하고 심화하고자 하였다. 즉 제국주의의 의미는 군사적 침략주의를 넘어 세계자본주의의 팽창이라는 관점에서, 민족 내부의 계급의 의미는 유산자와 무산자 간의 소유 및 생산관계라는 점에서 재해석되었다. 3·1운동 직후, 1920년 6월 25일 창간된 『개벽』은 이러한 인식을 대표했다. 『개벽』은 창간호 논설에서 다음과 같이 말하고 있다.

생각컨대 인(人)이면 다가티 1로만 표준하고, 1 이상 혹은 1 이하로 계급을 정(定)치 안이한다 함은 원래 최대다수의 행복을 목적하는 법률이 영원의 경험으로부터 득래(得來)한 무상(無上)의 격언이 안이랴. 법률의 전에는 약자 병자도 유일의 가치로 인(認)하며, 강자 우자(優者)도 1 이상의 권리가 유(有)하다 인정치 안이하나니 이 진리를 다만 개인과 개인 간에 용(用)할 자 안이오, 전세계의 국가와 국가, 민족과 민족의 공통한 원칙으로 사유케 됨이 금일 전인류의 신각성(新覺性)인 듯하도다. (…) 세계의 진보과정은 필연으로 이에 도착하고 이에 입각할 일이 불원하엿스리라. 개조의 목표는 구경컨대 이를 견양(見樣)하고 나아가는 중이엇다.[50]

『개벽』의 이념은 법률 앞에 '다같은' 정치적 주체——천부인권 차원의 보편적 권리실현——만을 주장했던 것이 아니라 사회경제적 평등까지 확대되고 있다. 『개벽』은 교육과 농촌문제를 당시 조선의 2대 현안으로 파악하고, 농민의 상황에 대해 "우유도식(優遊徒食)하는 공적(公賊)놈들이 그들로 하야금 고통을 밧게" 하니, 그보다 "더 모순되고 불합리되고 몰경우적인 인류사회가 어대 잇슬가요?"라고 규탄한다.[51] 이에 대한 좀더 상세하고 이론적인 논의는 『개벽』 제2호에서 이루어진다. 논자는 당시 세계 인류의 3대문제로 노동·부인·인종 문제를 들고, 노동문제에 대해 다음과 같이 말하고 있다.

노동문제가 우리 조선에 들어오기는 근일(近日)이엇다. (…) 원래 노동문제라 함을 일언(一言)으로 폐하면 무자산계급이 자산계급에 향하야 경제적 평균을 엇고저 하는 운동이엇다. (…) 이것은 처음에 단(但)히 순수노동자를 표준한 애련구제의 책으로부터 생한 것이엇스나 이 문제가 중복 또 중복하는 간에 노동 사조는 점차 경제적 「데모크라시」 주의로 변하야 노자(勞資)의 충돌이 자(玆)에서 일어낫다. (…) 제3계급의 경제적 권리가 정치상 민본주의로 나타남에 대하야 편히 제4계급의 「데모크라시」가 경제상 민주주의로 나타나게 되엇다. (…) 이 문제를 해결코저 하면 노동을 중심으로 하고 개인 급(及) 사회의 가치 권력을 인정하야 써 노자의 조화 우(又)는 평등 해결을 구코저 함이 금일 노동문제의 중심이엇다. (…) 조선에 이른바 노자의 조화라 함은 대지주와 소작인의 문제가 피(彼)-공업국에 대한 자본주(資本主)와 고용인의 문제와 가티 되엇슴으로 그를 해결함에는 지주와 소작인 간의 각오와 또 그 양 계급의 활동으로 피차 그를 조화 해결함이 가장 득책

---

50) 「論說: 世界를 알라」, 『開闢』 제1호(1920.6.25).
51) 朴達成 「時急히 解決할 朝鮮의 二大問題」, 『開闢』 제1호(1920.6.25).

(得策)일 것이[다.][52]

　이상에서 제3계급의 정치이념은 '정치상 민본주의'이며, 제4계급의 정치이념은 '경제상 민주주의'라고 하였다. 그리고 조선의 노동문제는 지주와 소작인 간의 문제인바, 양 계급의 문제해결은 "노동을 중심으로 하고 개인 및 사회의 가치 권력을 인정하여 노자의 조화 또는 평등 해결"을 추구한다는 것이다.

　요컨대 3·1운동이 조선의 봉건적 양반계급(위정척사파), 농민계급(동학파), 상공계급(개화파)으로 분화된 계급적 적대를 제3계급의 정치이념인 민주공화주의에 의해 통합했던 반면,『개벽』은 이 통합을 제3계급과 제4계급이라는 새로운 계급적 적대 개념에 의해 해체하고, '노동'을 중심으로 한 해결책을 제시하고 있다. 이에 따라 '데모크라시'의 개념도 전환되었던 것이다.

　사회주의자들은 민족의 해방이 사회의 해방과 분리될 수 없다고 생각했다. '독립'에 대한 이러한 인식은 독립운동진영을 민족주의자와 사회주의자로 분열시켰다. 이에 대해 조소앙은 1930년 다음과 같이 말하고 있다.

　이런 종류의 혁명[3·1운동]은 순수한 민족혁명이며 본래 계급적 의식이 없었으나, 3·1운동의 희생과 실패 후에 일반 청년과 민중은 많이 계급의식에 전염되어 한편으로는 민족을 일본에서 분리하려는 운동을 고수하고, 한편으로는 계급적 의식을 노력 고취하게 되었다. 그러므로 3·1운동 이래 국내외 한인이 벌인 일체의 운동은 모두 민족운동과 사회운동이 병행, 교차 또는 분리의 노력이다. (삼균학회 1979a, 73면)

---

52)「社說: 世界 三大 問題의 波及과 朝鮮人의 覺悟如何」,『開闢』제2호(1920.7.25).

3·1운동 이후 독립운동 진영의 정치적 통합운동은 기본적으로 이러한 대립구도를 넘어서기 위한 노력이었다. 이 노력은 근대한국의 헌법정신에 근본적인 영향을 끼쳤다. 특히 조소앙의 '균등이념', 즉 '삼균주의'는 이 점을 대표하고 있으며, 그의 헌법구상은 대한민국임시정부 헌법, 1941년 〈건국강령〉, 1948년 건국헌법의 기본원리로 수용되었다. 여기서 '균등'은 구체적으로 어떤 의미를 갖고, 균등이념은 한국헌정사에서 어떤 연원과 역사를 갖는 것일까? 다음에서는 대한민국임시정부의 헌법구상과 건국헌법에 수용된 조소앙의 핵심이념을 살펴보기로 한다.

2) 조소앙의 균등이념과 민주주의의 재통합: 대한민국임시정부 헌법과 〈건국강령〉의 뉴데모크라시

(1) 조소앙의 좌우합작 노선의 딜레마

조소앙의 삼균주의는 1920년대 사회주의의 대두와 더불어 나타난 한국 독립운동세력의 '민주주의'에 대한 비전의 분열을 극복하려는 과정에서 한층 체계화되었다. 그런데 조소앙의 균등이념을 좌우합작 이념으로 이해하고자 할 때 다음과 같은 몇가지 난점이 존재한다. 첫째, 균등이념은 3·1 운동 이전인 1919년 2월에 이미 제시되었다. 즉 좌우분열이 시작되기 전인 것이다. 둘째, 조소앙은 균등이념이 좌우합작을 위해 제시된 이념임을 명언한 바가 거의 없다. 셋째, 조소앙은 좌우합작의 실현가능성에 매우 회의적이었다. 넷째, 균등이념을 좌도 우도 아닌 제3의 민주주의, 즉 '신민주주의'로 명명하고 있다. 이 점을 차례로 살펴보자.

첫째, 앞서 살펴본 바와 같이 조소앙은 1919년 2월 「대한독립선언서」를 발표하면서 독립 후 입국의 이념으로 "동권동부(同權同富)로 일체동포에 시(施)하여 남녀빈부를 제(齊)하며, 등현등수(等賢等壽)로 지우노유(智愚老幼)에 균(均)하여 사해인류를 탁(度)[함]"을 제시하였다. 즉 권력, 재산, 교

임시정부외무부장 조소앙(1925). 삼균학회 『소앙선생문집
(上)』(1979).

육의 평등을 주장하고 있는 것이다. 그런 의미에서 조소앙의 삼균주의는
좌우 분열을 통합할 목적으로 시작되었다기보다 한말 정치운동이 남긴 정
치적 유산에 대한 독립운동세력의 공동 성찰과 합의였던 것으로 보인다.[53]
　둘째, 조소앙의 삼균주의는 통상 좌우합작을 위한 이념적 구상의 산물
로 이해된다. 이러한 시각은 조소앙의 문집인 『소앙선생문집(素昻先生文
集)』연보(年譜)에서 비롯된 것이다. 연보에 따르면 조소앙은 "1926년에 한
국유일독립당촉성회를 조직하고 삼균제도를 저술"했으며, 또 1927년 국
내 좌우합작의 산물인 신간회(新幹會)에 참가하고, 만주 한국독립당(이하
한독당)의 당강(黨綱)과 당책(黨策)으로 삼균주의를 채택케 했다(삼균학회

---

53) 「대한독립선언서」는 김좌진, 이동녕, 이동휘, 안창호, 이승만, 이시영, 박은식, 신채호
　　등 다양한 사상적 경향을 가진 인물들의 공동명의로 발표되었다. 주지하듯이 이동휘는
　　1920년대 이후 공산주의로 전향하였으며, 이승만은 급진공화파였고, 이시영과 박은식
　　은 개신 유림(儒林)이며, 신채호는 반유교적 민족주의의 주창자였다.

1979b, 495면).[54] 이 세 단체는 모두 좌우합작운동을 위해 조직되었다. 연보의 기사에 따르면, 조소앙은 좌우합작운동에 매진했을 뿐만 아니라 삼균주의 역시 이를 위해 구상된 것처럼 이해된다.

삼균주의는 확실히 좌파를 포함한 여러 독립운동세력의 통합이념으로서 광범위한 지지를 받았던 것으로 보인다. 이 사상이 민족유일당 운동의 이론으로 채택되었는지는 불확실하다. 그러나 삼균주의는 1930년 상하이에서 결성된 한독당의 당의(黨義)로 채택되었다. 그 내용을 살펴보면 다음과 같다.

> 우리의 5천년 자주독립국가는 이민족 일본의 침략을 받은 후로부터 현재 정치적으로 짓밟히고, 경제적으로 파멸되었고 문화적 말살정책 아래 멸망에 이르렀다. 그러나 민족의 생존 없이 세계의 공영(共榮)은 도모할 수 없으므로 이에 본당은 혁명적 수단으로 구적(寇賊) 일본의 모든 침략세력을 박멸하고 국토와 주권을 완전히 회복하여 정치·경제·교육의 평등에 기초를 둔 새로운 민주국가를 건설하고 안으로는 국민 각 개인의 평등한 생활을 확보하고 밖으로는 각 민족과 민족국가와 국가 간의 평등을 실현하여 세계일가(世界一家)를 이루도록 노력할 것이다.[55]

또한 이 한독당의 당의는 1935년 중국 내 좌우 통일전선정당인 조선민족혁명당의 당의로도 채택되었다. 그리고 1940년 중국내 우파 3당(한국국

---

54) 실제로 만주의 한국독립당이 조직된 것은 1930년이다.
55) 『소앙선생문집』에 수록된 「한국독립당 당의 연구방법」은 조소앙이 한독당 당원에게 배부하기 위하여 작성된 것으로 추정되는 유인물에서 전재한 글이다. 이 글은 1932~33년에 집필된 것이다. 이 글에는 당의를 9절로 분절하여 상세히 설명하고 있다(삼균학회 1979a, 196~97면). 여기에 인용한 한독당 당의는 1947년 3월 1일에 발행된 『한국독립당 삼균제도의 전석(銓釋)』에 수록된 것이다(독립운동사편찬위원회 1976, 398면).

민당, 조선혁명당, 재건 한독당)의 통합조직인 한독당도 삼균주의를 기본 노선으로 삼았다. 1935년 조소앙이 참여하지 않은 김구(金九) 중심의 한국 국민당도 삼균주의를 채택했다.

이처럼 조소앙은 이론과 실천 양 측면에서 좌우합작을 위해 매진했던 것으로 보인다. 그런데 조소앙은 자신의 삼균주의를 좌우합작을 위한 통합이념으로 명언한 바가 거의 없다. 이와 관련한 유일한 문건은 1949년에 발표되었다.

> 해방 후의 사회적 병태(를)(…) 완전 치료하자면, 정치·경제·교육상 균등한 사회제도를 건설하는 노선에 노동자·농민·학술층·중소상인 등 3천만 대중이 일치단결하여 공동 분투하여야 할 것을 주장하는 바이며, 이로써 3천만 대중이 무산·무력·무식으로부터 완전 해방될 수 있으며, 남북 사회의 내재적인 교육상·정치상·경제상 모순과 대립을 지양 통일할 수 있음을 확신하는 바이다. (삼균학회 1979b, 121면)

이 선언서는 조소앙이 한독당을 탈당하여 조직한 사회당 명의로 이루어진 것이다. 여기에서 조소앙은 비로소 삼균주의가 남북의 모순과 대립을 지양할 수 있는 통일이념임을 명시적으로 밝히고 있다. 삼균주의가 처음부터 좌우통합을 위한 이념으로 구상되었다는 통상적인 인식을 고려할 때, 이는 시기적으로 상당히 늦을 뿐만 아니라 거의 마지막 순간에 이루어진 것이다.

셋째, 조소앙은 좌우합작의 가능성을 매우 낮게 생각했다. 그러나 처음부터 그랬던 것은 아니다. 1924년 중국의 국공합작을 계기로 한국 독립운동세력은 민족유일당 운동을 전개해 1927년 연합회를 결성하였으나, 1928년 코민테른의 '12월테제'가 일국일당 원칙과 민족주의와의 합작 폐기를 표명함에 따라 붕괴되었다. 하지만 조소앙은 1930년까지 좌우분열의 차이

가 투쟁방법에 있을 뿐, 반일독립운동의 목표에서는 차이가 없다고 낙관
하고 있었다.

3·1운동 이래 국내외 한인이 벌인 일체의 운동은 모두 민족운동과 사회
운동이 병행, 교차 또는 분리의 노력이다. 민족의식운동의 대표적 특징은 무
장전투와 직접행동에 있었고, 계급의식운동의 대표적 특징은 조직선전과 부
문운동에 있다. 이 양 방면의 차이점은 건설 혹은 투쟁방략에 있었고 그 공통
점은 일본의 압제에서 벗어나 먼저 민족의 독립을 쟁취하는 데 있었기 때문
에 무릇 반일운동에 있어서 일치하지 않음이 없었고, 서로의 표리의 관계를
이루어 그 역량을 증대하여 서로 떨어질 수 없는 것이다.[56) (강만길 1982, 68면)

그러나 1931년에는 한독당과 "주의가 서로 같지 않은 단체를 제외하고
는 대개 공동의 보조를 취하여 다시는 알력하는 폐단이 없을 것"(강만길
1982, 15면)이라고 하였고, 민족주의자들과 공산주의자들의 차이를 넘을 수
없는 것으로 인식하게 된다.

그 외에 같지 않은 점을 일일이 다 드러낼 수는 없다. 그러면 국가를 부흥
할 시기에 양쪽이 서로 원수시하여 전쟁할 위험은 없겠는가? 차라리 남이
나를 저버릴지언정 어찌 내가 남을 저버릴 수 있겠는가? 후자가 독립당 타
도를 도모한다면 이것은 잘못된 계획이다. (…) 이러한 시기에 동지적으로
같은 보조를 취할 가능성이 없다면 각자 진영을 정비하여 일본과 투쟁할 뿐
이다. (강만길 1982, 17~18면)

---

56) 본문 중에 "작년도(1929) 통계"라는 구절이 나오는 것으로 보아, 이 글은 1930년에 집
필되었다. 1932년 상하이에서 발간된 『소앙집(素昻集)』에 수록되어 있다.

좌우대립이 독립 후 전쟁을 야기할지도 모른다는 극단적이고 예언적인 전망에도 불구하고, 합작 가능성이 없다면 우선은 각자 반일투쟁을 전개하는 것이 좋다고 주장하고 있다.

그런데 조소앙의 이런 비관적인 생각은 좌우합작운동의 구체적인 경험에서 비롯한 것이었다. 먼저 그는 합작운동에 대한 각 정파들의 저의를 의심했다. 1934년 조소앙은 합작운동이 실패한 요인으로 "조직 동기와 목적이 불순하였던 것"을 들고 있다.

> 전체적이며 일률적인 것은 아니나 과거 통일운동, 대당(大黨, 통일정당) 조직운동은 그 동기와 목적이 동일한 혁명역량을 집중 조직하여 각각 자기가 그 조직의 한 분자로서 최대의 분투와 노력을 다하려는 성의에 있지 않고, 자기 개인 또는 자당파의 당파적 활동기초를 획득하려는, 혹은 타개인 타단체를 억압·견제하려는, 혹은 핍박된 자기의 사회적 지위를 보호하려는 등등의 동기와 목적에서 대당 조직을 시험적으로 운동한 사실이 없지 않는 것이다.[57] (삼균학회 1979a, 124~26면)

현실적으로 합작을 위해 "장구한 시일과 다대한 물력을 소모"했음에도 불구하고, 통합운동은 모두 실패하고 오히려 상황만 악화되었던 것이다.[58]

---

57) 이 내용은 원래 『진광(震光)』에 게재되었다. 연합운동 내의 암투는 상당정도 비정상적이었던 것으로 보인다. "연합조직에 배치되는 야비한 음모적 방법으로써 정면의 대적을 대치하려는 전의보다 타단체 인물공격에 용감하며 적의 내면의 폭로보다 타단체 내용 폭로에 더욱 세밀하며 반일공작의 노력보다 간부급 지위 쟁탈운동에 더 열중하는 등의 행동으로써 영도권 획취운동의 방법을 삼는다 하면 이것은 연합조직과 결정적 충돌현상으로 표현될 것이(다)"(삼균학회 1979a, 129~30면).

58) "모든 단체통일을 목적한 대당 조직운동은 (…) 한번도 성공되지 아니하였을 뿐 아니라 단체통일을 위한 매회의 집회와 매회의 대운동이 있은 후에는 그 전보다 오히려 더 격심한 파당적 대립관계가 혹은 공공연한 투쟁의 형식으로서, 혹은 비밀한 음모적 작용으로 출생되지 않았던가"(삼균학회 1979a, 124~25면).

이 때문에 조소앙은 완벽한 조건을 갖추지 않는 한 통합운동은 하지 말아야 하며, 각 조직과 단체, 개인이 개별적으로 노력하는 가운데 서로 공동사업을 추진하는 것이 좀더 현실적인 연합방안임을 주장하고 있다.

그러나 1931년 일본이 만주사변을 일으킨 이래 좌우합작운동이 재개되어 1935년 조선민족혁명당이 결성되었다. 조소앙 역시 여기에 참여하였으나, 두달 후 탈퇴하였다. 이때 한독당 당원들에게 탈퇴 이유를 상술하고 한독당 재건을 알리는 문서에서 조소앙은 공산주의자들에 대한 불신과 통합운동의 무의미함을 극언하였다.

자립독존의 일개 민족이 강제적으로 합병당한 수치를 씻기 위해 적 병합의 지위를 원상대로 광복하고자 노력하는 민족주의 독립운동은 원칙상 사회주의자의 국제관과는 판연히 다른 감정과 이론을 가지고 있는 것이다. 민족의 경제문제만을 중심으로 하고, 국가의 말살과 주권의 포기, 자기 민족의 과정을 무시하는 공산주의자와는 일층 얼음과 숯이 서로 용납할 수 없는 혈분적(血分的) 상반성을 가진 것이다. 만일 원칙상 서로 배치되는 것을 상호양해시켜 일시 대적전선을 확대과장하려는 공동정책으로부터는, 혹은 자기 중심의 진로를 획득하기 위해 동상이몽적 상호이용의 천박한 소견만으로서는, 백발백중 맞지 않는 결과 서로 속이고 속는[爾詐我虞] 환극(幻劇)을 산출할 뿐으로, [1927년 이후] 국내의 신간회와 국외의 촉성회의 합동이 곧 이러한 환극이었다.[59] (한국사료연구소 1972, 758~59면; 신우철 2008, 426, 428면 참조)

---

[59] 조소앙은 「고당원동지(告黨員同志)」에서 한독당의 정강을 상세히 설명하고 있다. 또한 그는 1937년 중일전쟁 이후 재개된 좌우합작운동에 대해서도 "중국기관 내에 있는 우리 혁명 각 단체는 중일대전이 개시되면서부터 통일 단결의 필요를 절감하고, 이것을 위하여 부단히 노력하여왔고, 또 과거 1년 중에는 이것만을 위하여 시종 노력하여왔으나, 우리가 기대하던 통일은 아직 실현되지 못하였다"고 말하고 있다(삼균학회 1979a, 262면).

여기에서 조소앙은 좌우합작운동에 있어 구성원의 당파적 이기심으로 인한 어려움을 넘어 정치적 비전의 분열이 지닌 심각성을 지적하고 있다. 그것은 요컨대 '민족'과 '계급'을 어떻게 이해하는가의 문제였다. 그는 그 차이를 타고난 피가 다른, 빙탄불상용(氷炭不相容)의 상극으로 표현하고 있다. 민족주의자로서 절대 타협할 수 없는 문제는 공산주의자들이 '노농계급의 세계적 연대를 위해 민족을 부정하는 것'과 '지도적 공산주의 국가에 복종하여 민족국가의 주권을 부인하는 것'이었다.

민족문제에 있어서 세계 무산혁명 입장에서 보는 표준과 관점을 지적 열거하여 본당은 그것이 아님을 간접으로 표시하자. 저들이 주장하는바 1. 국부이익은 전부이익을 위해 희생할 것(한 민족단위 대 세계문제) 2. 무산혁명 기성국가에 가입할 것을 선결조건으로 하고 피압박민족·식민지민족·반식민지민족의 독립을 조성할 것 3. 무산혁명의 이익과 일치한 한도에서만 민족혁명의 독립운동을 방조할 것 4. 본질적으로 무산혁명 성공 전에는 독력으로 독립하기 불가능한 것 5. 무산혁명당의 영도권을 승인하는 한도에서만 민족당과 연맹 혹은 통일전선을 취할 것 6. 피압박민족의 혁명역량을 잠시 이용하여 무산혁명화할 것 7. 피압박민족이 그의 통치국의 문화 및 경제에까지 접근될 때에는 피압박민족의 독립은 불필요로 하는 것(과거 폴란드 문제) 8. 일개 식민지국가의 사회주의혁명은 불가능 또는 불수요(不需要)인 것(제국주의의 통치를 소멸하기 전에는). (삼균학회 1979a, 273~74면)

이런 관점에서 공산주의자들은 임시정부가 "미래의 특수계급의 토대 위에 세력을 건축한다 하여 정부의 조직을 근본으로 부정"했다(삼균학회 1979a, 244~45면). 그러나 조소앙은 공산주의자들이 "비조국의 조국과 타인의 부(父)를 부로 추앙하는 기태(奇態)를 온양(醞釀)하기에 열중하던 부분

〈대한민국건국강령〉 독립기념관 소장.

도 있었으나, 역사적 조건과 민족적 대립을 무시한 허망환상에 빠질 것이
요, 하등의 공효를 거두지 못하였다"(삼균학회 1979a, 244~45면)고 비판했다.

이에 반해 삼균주의를 대한민국임시정부의 기본이념으로 종합, 정리하
여 1941년 11월 28일에 제정, 공포한 〈건국강령〉은 제1장 총강 머리말에서,
"우리나라는 우리 민족이 (…) 우리끼리로서 형성하고 단결한 고정적 집
단의 최고 조직"이라 하여 국가와 민족을 일치시킴으로써, 민족이 단순한
혈연공동체를 떠나 정치적 최고조직임을 천명하였다(삼균학회 1979a, 148~51
면).[60] 또한 "우리라 함은 (…) 협소한 가족·종교를 대명(代名)한 것도 아니
요, 막연한 세계인류를 대명한 것도 아니요, 어떤 계급을 대명한 것도 아니
다. 오직 우리 3천만 한국민족 전체를 일괄 대명한 것"이라고 하여, 정치적
주체로서의 계급을 부정하고 한국민족에 그 지위를 부여하고 있다(삼균학

---

60) 〈건국강령〉은 1944년 제5차 임시정부 개정헌법에서 법제화되었다.

회 1979a, 206면). 따라서 독립 후의 국가상은 당연히 '민족국가'였다.[61]

이에 따라 1941년 공포된 〈건국강령〉에서는 적에 부화한 자, 독립운동을 방해한 자와 함께 건국강령을 반대한 자도 피선거권이 없음을 명기하고 있다(삼균학회 1979a, 148~51면). 독립 후 국가 건립에서 공산주의자의 공직취임권을 인정하지 않은 것이다. 즉 공산주의자와는 건국의 길을 함께 할 수 없음을 선언한 것이다.

넷째, 조소앙은 균등이념을 좌도 우도 아닌 제3의 민주주의, 즉 '신민주주의'로 명명하고 있다. 조소앙에 따르면 인류의 모든 싸움은 단 하나의 원인, 즉 '불균(不均)'에서 나온다.

> 개인과 개인 사이에 생활이 평균을 얻지 못하므로 가정이 불화하며 사회에 혁명이 일어나며 국가에 내란이 일어나는 것이다. 따라서 국가 사이에 평등한 국제적 지위를 보전치 못하게 되면 국제적 대혈전이 발생할 수 있는 것이요, 민족과 민족 사이에 이익이 각각 균형발전을 하기 불능하게 되면 필경 민족적 대전을 연출하게 되는 것이다. 회고하건대 영국 명예혁명, 프랑스 대혁명, 미국 독립전쟁, 소련의 사회주의혁명, 중국의 신해혁명, 그리고 우리 한국의 홍경래혁명, 동학당혁명, 갑신 정치혁명 등은 다 본국 인민 사이에 존재한 불평으로 인하여 폭발한 것이다. 이 밖에 나라와 나라 사이의 지위, 즉 국제적 지위의 불평으로 인하여 난이 일어난 예가 또한 많으니 이를테면 제1차 세계대전과 제2차 세계대전 등이 다 그것이다. (…) 전쟁은 인류의 재앙이요, 평화는 인류의 행복이다. 그런데 전쟁은 균형을 상실하므로 폭발되는 것이요, 평화는 균등을 유지함에서 존재할 수 있는 것이다.[62]
>
> (삼균학회 1979a, 216면)

---

61) 임시정부는 1939년 11월 임시정부 국무원의 6대 임무 중 여섯째 사항으로 "광복된 국토 위에 민족국가를 건설"할 것을 규정하고 있다.

62) 1946년 4월 1일 재판 발행된 「한국독립당 당의해석」을 전재함.

이 때문에 정치, 경제, 교육상의 권리를 균등하게 하여 균권(均權), 균부(均富), 균지(均智)를 실현해야 한다. 이 사상은 자본주의도, 공산주의도 반대한다. 양자는 모두 특정 계급의 독재이기 때문이다.

구민주주의의 결점은 독재를 타도하여 독재를 창조한 것에 있다. 소위 폭력으로 폭력을 바꾼다는 것이다. 프랑스, 미국, 러시아를 보라. 프랑스, 미국 양국은 군주의 독재적 압박으로부터 벗어날 동기로부터 민주주의를 창립했지만, 백여년간 시험해본 결과 식지파(識智派), 유산자의 독재화에 머물러, 의회제도가 전민중을 대리한다는 모토하에 전민중을 물과 불 가운데 빠뜨렸다. 러시아는 군주독재와 지부(智富)계급의 발호에 자극받아 소비에트 제도를 창립했지만, 10여년간 시험해본 결과는 무산독재에 결착되었다. 그리하여 그 대다수민중의 참정권을 박탈한 상태이다. (한국사료연구소 1972, 763면)

삼균주의는 이러한 양자의 결점을 극복하기 위해 "우리 민족 대다수의 집체적 총기관을 설립하려는 것"이다. 그리하여 "소수가 다수를 통치하는 착취기관인 국가 또는 정부를 근본적으로 부인하고, 다수 자신을 옹호하는 자치기능의 임무를 충실히 실천할 수밖에 없는 독립정부를 수립하려는 것"이다. 이런 정치적 시도는 인류 역사상 처음이다. 그러므로 '신민주주의'이다.

정치제도의 중심인 민주주의 진로도 진화의 원칙상의 궤도를 계속 통과하기 때문에, 프랑스와 미국을 좇아 러시아 민주주의가 대두하게 되고, 러시아의 뒤를 좇아 조선의 신민주주의가 제창되었다. 금일까지 시험된 정치제도를 보면, 정치적 민주회, 경제적 민주화, 교육적 민주화를 균등의 원칙으로써 병행시킨 국가는 없었다. 러시아는 경제적 민주화를 균등하게 추구하고자 하지만, 교육적 민주화도 정치적 민주화도 불가능했다. 프랑스와 미국의 정치적 민주화는 형해만 화석화되어, 교육과 경제의 민주화는 꿈에도 볼 수 없었던 것이 분명한 사실이 아닌가. 정치·경제·교육을 민주화하여 병진하는 국가는 아직 세계에 그 전례가 없지 않은가? 균등적 민주화를 정치·경제·교육에 동시 적용하는 표본이 있을 것인가? 전례 없는 신표본·신전형·신범주를 우리 당의 골자로 하여, 우리들의 재건설은 미증유의 창조적 국가를 배태하고, 인류에 신제도를 제출하는 정중한 동기이다. 이러한 신선한 동맥이 활약함으로부터 세계인의 일부인 우리들의 책임을 수행할 수 있고, 동아시아의 유구한 문화적 결정의 광선으로 전인류의 병태적 제도에 대한 통쾌한 살균제가 되며, 오천년간 한민족 독자의 발전상에 신문명의 피의 꽃이 피는 것이다. 이것은 창작의 자부가 없어서는 정치결사의 유원(悠遠)한 생명이 되는 것이 불가능할 뿐더러, 조국 광복의 대임을 짊어지고 과감히 나아가는 것이 불가능하다. (한국사료연구소 1972, 763~64면)

이처럼 이른바 신민주주의는 좌우 양파의 입장을 절충, 조정하려는 것이 아니라, 양자를 초월하려는 것이다. 조소앙은 이를 "자유사회의 최고급 형태"이자 "신인, 신민족, 신세계의 창조에 적합한 것"(삼균학회 1979a, 196~201면)으로 자부하고 있다.

이와 함께 신민주주의는 그 기원을 동양과 한국의 전통이념에서 찾는다. 조소앙은 한독당 당의의 중심사상이 평등사상이며, 그 한국적 전통으로 "수미균평위(首尾均平位)하여 흥방보태평(興邦報太平)함이 홍익인간하고 이화세계(理化世界)하는 최고 공리"라고 들고 있다. 그 뜻은 "상하의 위치를 고르게 하여 나라를 흥왕케 하고 태평하게 함이 인간을 널리 이롭게 하고 진리를 세계에 구현하는 최고 원리"라는 뜻이다. 이 구절의 출전은 『신지비사(神誌秘詞)』이다. 『신지비사』는 한민족 탄생의 신화적 역사와 통치원리를 총 180자로 밝힌 간략한 문헌이다. 다음으로 그는 중국 당나라의 한유(韓愈)와 공자의 균형사상을 들고 있다. 한유는 "무릇 사물이 그 고른 것을 얻지 못하면 운다(凡物不得其平則鳴)"고 하였고, 공자는 "적은 것을 걱정하지 않고 고르지 못한 것을 걱정한다(不患寡而患不均)"고 하였다(삼균학회 1979a, 206면). 조소앙은 이를 "동서고금에 움직일 수 없는 진리"라고 주장하고 있다. 민주주의가 서양의 정치전통에서 비롯되었다는 점을 고려할 때, 이러한 점은 조소앙의 신민주주의를 단순히 좌우 합작을 위한 이론적 노력으로 보기 어려운 또하나의 이유이다.

이상의 네 측면에서 볼 때, 조소앙의 '균등'이념은 좌우합작 이념으로 보기 어려울 것이다. 그러나 그의 의도가 어떠했든 현실적으로는 균등이념이 좌우를 아우를 수 있는 이념으로 받아들여졌다. 1935년 좌우합작을 위해 창당된 조선민족혁명당은 조소앙의 삼균주의를 공식적인 당이념으로 채택했다. 두달 만에 탈당한 조소앙이 이 문제를 제기하자, 조선민족혁명당은 삼균주의가 특정 정파의 전유물이 아니라 "현재 전세계의 가장 광범한 정치이상으로서 삼척동자도 부르고 있는 정치구호"라고 주장했던 것이다.

다른 한편, 조소앙 역시 그의 신민주주의론이 공산주의자들의 이중혁명론, 즉 민족혁명과 계급혁명을 함께 수행한다는 이론을 민족주의자의 입장에서 포섭한 것임을 인정하고 있다.

국가의 본질상 민족적 통일계획이 국가의 중추신경으로 되기 위해, 우리 당은 신민주주의의 기본강령에 기초하여 정치·경제·교육의 균등화를 제창하였던 것이다. 이것이 곧 삼균주의의 안목이기 때문에, 국가를 광복함과 동시에 1차방정식적 신건설로써 이중혁명의 위험을 방지 보장하려는 것이다. 그럼에도 불구하고, 본당의 기본강령을 과도적 구두선과 같이 생각하여 절실한 신앙을 갖지 못한 자는, 본당의 이론과 대립적 태도를 보이는 자, 또는 우리 광복의 성공 후에 일종의 특수한 재혁명을 일으켜 계급적 혈전을

조장하겠다고 암산하는 자라고 보지 않을 수 없다. (한국사료연구소 1972, 760면)

즉 삼균주의는 민족혁명의 성공 후 계급혁명의 재발로 인한 민족적 분열을 방지하기 위해, 공산주의자들의 계급적 요구를 균등이념으로 광범위하게 포섭하고자 했던 것이다. 요컨대 권력과 재산, 교육상의 평등을 실현하려는 삼균주의의 정치적 이상은 넓은 의미에서 공산주의의 정치적 이상을 공유하는 것이었다고 볼 수 있다.

삼균주의가 민족주의자와 사회주의자의 분열 이전에 이미 구상되었다는 점은 앞서 지적한 바 있다. 그러나 삼균주의가 사회주의자들과의 대결 속에서 성장, 보완되었다는 것도 사실이다. 사회주의자들은 민족주의자들, 특히 임시정부나 한독당이 단순한 배일주의를 주장할 뿐 사회에 대한 구체적 계획이 결여되어 있다고 비판했다. 이에 대해 조소앙은 다음과 같이 말하고 있다.

일정한 주의가 없는 것은 정당으로서 가치가 없다. 사람들은 흔히 한국독립당은 배일독립으로서 주의를 삼는다고 말한다. 망국 전후의 일반 지사는 이런 종지를 품는 외에 실로 파괴 건설의 구체적 방략이 없었다. 그러나 그것은 이미 과거의 일이고 지금은 이렇게 막연한 민족감정으로서 주의를 삼는 자는 없다. 그러면 독립당이 내거는 주의는 무엇인가? 사람과 사람, 민족과 민족, 국가와 국가의 균등한 생활을 주의로 삼는다. 어떻게 하여야 사람과 사람이 균등할 수 있는가? 정치 균등화, 경제 균등화, 교육 균등화가 이것이다. 보통선거제를 실시하여 정권을 안정시키고, 국유제를 실행하여 경제를 안정시키고, 국비 의무교육제를 실행하여 교육을 안정시킨다. 이것으로 국내의 균등생활을 실행한다. (강만길 1982, 16면)

이처럼 삼균주의는 사회주의와의 대결 속에서 민족진영의 정치·사회

이론으로 성장했던 것이다. 그 방법은 크게 네 가지다. 첫째, 앞서 기술한 대로 민족주의자들이 단순한 정치적 '감정'이 아니라 사회적 '내용'을 가지고 있으며, 그 내용이 '과학적'임을 주장하였다.

형식상 정치독립에만 침취하던 맹목적 운동은 이미 과거에 속한 운동이다. 우리는 독립의 형식 속에 혁명의 본질을 내포하며, 혁명의 형식 속에 민주적 균등을 내포하며, 민주적 형식 위의 과학적으로 구체화한 실제 시설로써 정치·경제·교육의 실익을 인민 각개에 균등하게 향수하도록 강렬하게 주장하며 역행(力行)하는 중이다. (삼균학회 1979a, 273~74면)

'과학적'이란 용어는 맑시즘이 이른바 '낭만적' 사회주의자들을 비판할 때 사용하는 전형적인 무기이다. 또한 정치가 사회의 산물, 또는 종속변수라는 것도 맑시즘의 중요한 논지이다. 정치독립만의 운동은 '맹목'이거나 '형식'이고, 독립의 형식 속에 '혁명의 본질'을 내포하고 있다는 조소앙의 주장은 이러한 사회적 프로그램을 말하는 것이다. 요컨대 삼균주의 역시 맑시즘과의 대결 속에서 그 인식틀을 수용했던 것이다.

둘째, 이른바 경제중심주의를 수용하였다. 놀랍게도 조소앙은 삼균주의의 가장 핵심적 영역이 경제라고 주장한다. 그 이유는 한독당의 목적의식이 "국민생활의 절대적 조건인 '국민경제의 합리화'에 있고, '민족'의 신비성에 목적의식을 귀착하지 않기 때문"이라고 하였다(삼균학회 1979a, 218면).

경제문제는 8각관계를 분명히 가지고 있다. 경제문제는 일체의 중심이며 일체의 원천인 때문이다. 생산관계 위에 건립된 경제제도 위에 일체가 건축되고 있기 때문이다. 도표로 보아 경제가 각 권(圈)의 중심을 점령한 것이 형식으로 볼 것이 아니다. (…) 한마디로 하자면, 당의의 문자를 9권으로 배

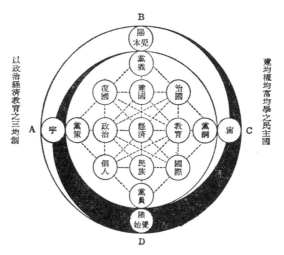

「당의도설내방도」, 삼균학회 『소앙선생문집(上)』 수록

치한 중에 정치·경제·교육이 중심이 되고, 정치·경제·교육 3권 중 경제가 중심이 되는 것이다. (삼균학회 1979a, 201면)

조소앙은 한독당의 기본노선을 쉽게 설명하기 위해 도표화(「당의도설내방 도黨義圖說內方圖」)했다. 그런데 우주를 외연으로 하는 원형의 도표 중앙에 '경제'가 자리잡고 있다. 도표만으로 보면 경제는 우주의 중심이다. 맑시즘의 영향을 깊게 받은 것이다. "생산관계 위에 건립된 경제제도 위에 일체가 건축"되고 있다는 표현은 맑시즘의 '상부-하부구조론'을 원용한 것이다.

셋째, 공산주의자의 논변을 빌려 민족주의자의 입장을 옹호하였다.

국토를 광복하지 못하고는 정치니 경제니 문화니 또 무슨 주의니 사상이니 하는 것이 전혀 지상공론(紙上空論)이 될 것이다. 레닌도 이렇게 말한 일이 있다. "약소민족은 계급혁명보다 먼저 민족혁명에 의한 민족적 단결이 필요하다. 왜 그러냐 하면 약소민족이란 민족적 단위로 보아서 이미 일종의 무산계급에 속하는 것이니 만일 자체 내부에서 다시 계급적 투쟁이나 대립을 전개하면 자체의 분열로 말미암아 한갓 착취계급인 침략국가 혹은 민족——곧 그의 적에 대한 투쟁력을 약화하여서 적을 기쁘게 할 따름인 것이다."(삼균학회 1979a, 213면)

레닌은 『제국주의론』에서 자본주의가 이윤율 저하 경향을 회피하기 위해 제국주의로 발전하며, 식민지 수탈을 통해 모국의 프롤레타리아를 부양하기 때문에 세계혁명이 발발하지 못한다고 말한 바 있다. 그러므로 제3세계의 민족주의혁명은 자본주의를 멸망시키기 위한 우회전략인 셈이다. 그런데 조소앙이 권위있는 공산주의자의 논변을 차용하는 의도는 결국 민족주의혁명에서 공산주의자들과 통일전선을 이루기 위한 것이라고 볼 수 있다.

넷째, 〈건국강령〉에서 공산주의자들의 사회개혁 프로그램을 광범위하게 수용하였다. 그 대표적인 정책이 토지와 산업의 광범위한 국유화이다.

대생산기관의 공구와 수단을 국유로 하고 토지, 광산, 어업, 농림, 수리, 소택(沼澤)과 수상, 육상, 공중의 운수사업과 은행, 전신, 교통 등과 대규모의 농공상기업과 성시공업(城市工業) 구역의 공용적 주요 적산(敵産)은 국유로 하고 소규모는 사영(私營)으로 함. (국회도서관 1974, 25~24면)

이 정도의 국유화라면 공산주의와 다를 바 없다. 〈건국강령〉은 또한 국민의 기본권 중 첫번째 권리로 '노동권'을 들었다.

이처럼 이론적 수용과 더불어 정치적으로도 유연한 태도를 취했다. 1930년대에 조소앙은 좌우합작에 매우 회의적이었다. 그러나 일본의 쇠퇴가 점점 가시화되던 1940년대에는 합작의 여지를 넓히고자 했다. 1944

년 대한민국임시정부 외무부장 명의로 발표된 「임시정부 비망록」에서는 독립 후 국민대회를 소집해 선거로 정부를 수립하겠다고 천명했다(강만길 1982, 132면).[63] 1945년 일본의 붕괴가 예견되는 가운데 조소앙은 일본 통치 지역에 거주하거나 일본군 및 일본정부에 복무하는 한국인의 봉기를 촉구하며, 조직노선으로 다음 세가지 기본강령을 천명했다.

> 1. 독립국가의 건립 2. 민주정부의 완성(임시정부 계통의 형식) 3. 균등사회의 건설(정치·경제·교육의 민주적 사회). 이상 3대강령으로 최대한도로 동지를 규합하시오. (삼균학회 1979a, 326~27면)

이 기본강령은 한독당과 임시정부가 연합할 수 있는 최소조건이라고 할 수 있다. 여기에 임시정부 계통의 민주정부 수립이라는 조건이 들어가 있기는 하지만, 광범위한 연합전선의 결성의지를 표명했다고 볼 수 있을 것이다.

이상에서 조소앙의 좌우합작 노선이 지닌 딜레마와 그 현실적 의미를 검토해보았다. 다음으로 삼균주의의 구체적 내용을 살펴본다.

(2) 삼균주의의 구체적 내용

대한민국임시정부의 모든 헌법과 〈건국강령〉은 건국과 민족통합의 핵심적 이념으로 '균등'을 추구했다.[64] 앞서 살펴본 바와 같이 균등을 추구한

---

63) 그러나 국민대회는 대한민국임시정부의 〈임시헌장〉에 근거하여야 하며 임시정부는 장래 국가건설의 기초이므로, 임시정부가 중심이 되어야 한다고 주장했다.

64) 일부 선행연구에서는 해방 후 조소앙의 삼균주의가 당시의 국내 정치상황 속에서 받아들여지지 못한 것으로 평가한다. 즉 삼균주의가 좌우를 주체적으로 통합시킬 수 있는 성격의 것이었음에도 불구하고, 삼균주의의 사회주의적 요소는 우파로부터, 민족주의적 요소는 좌파로부터 배척당했다는 것이다. 물론 조소앙은 해방 후 이러한 어려움을 타개하기 위해 사회당을 창당하고(1948.12) 삼균주의를 사회민주주의적으로 수정하였다

조소앙의 삼균주의는 조소앙이 「대한독립선언서」 및 〈대한민국임시정부헌장〉(1919. 4)을 기초할 때 피력한 후, 임정의 여러 헌법에 반영되어 오다가 점차로 체계화·종합화되어 1931년 4월 임정이 발표한 대외선언에서 임정의 건국원칙으로 채택되었다. 그후 이 원칙은 임정과 그 산하단체의 이념적 기초가 되었다. 즉 삼균주의는 사회주의와의 대결 속에서 수많은 비판과 심화과정을 통해서 완성된 것이었다. 또한 이 사상은 1944년 4월 임정의 마지막 헌법인 제5차 〈대한민국임시헌장〉의 이념적 토대가 되었다.

1948년 〈대한민국헌법〉의 핵심적 이념 중 하나 역시 '균등'이었다. 이 정신은 제도적 측면과 헌법이념적 측면에서 모두 건국헌법에 강력한 영향을 미치고 있다. 제도적 측면에서 살펴보자. 1941년 11월에 임시정부의 헌정구상을 종합하여 발표된 임시정부 〈건국강령〉은 정치(보통선거제)·경제(토지국유제, 대생산기관의 국영화)·교육(공교육)에서 균등한 제도를 모색하고 있다.

〈대한민국건국강령〉

2. 우리나라의 건국강령은 삼균제도의 역사적 근거를 두었으니 선민(先民)이 명명한바——이는 사회 각층 각 계급의 지력(智力)과 권력과 부력(富力)의 향유를 균평(均平)하게 하며 국가를 진흥하며 태평을 보유하라 함이니 홍익인간과 이화세계하자는 우리 민족이 지킬 바 최고공리임.

3. 우리나라의 토지제도는 국유에 유법(遺法)을 두었으니 선현의 통론(痛論)한바——이는 문란한 사유제도를 국유로 환원하라는 토지혁명의 역사적

(정학섭 1984, 55면). 그 수정된 내용은 다음과 같다. ① 계획경제제도를 확립하여 균등사회의 행복생활을 보장할 것. ② 토지는 국유를 원칙으로 하되 토지법·토지사용법·지가세법 등의 법률을 규정하여 한기(限期) 실행할 것. ③ 국민들이 현재 소유하고 있는 사유토지와 소·중 규모의 사기업은 법률로써 보장할 것. 종래의 경제적 균등정책이 절대성을 갖고 있던 점에 비추면 수정된 정책은 사회보장제도의 강화, 사유재산의 인정, 개량주의적 점진적 방법 등을 채택하고 있다(정학섭 1984, 89~90면).

선언이다. 우리 민족은 고규(故規)와 신법(新法)을 참호(參互)하여 토지제도를 국유로 확정할 것임. (…)

6. 임시정부는 13년 4월 대외선언을 발표하고 삼균제도의 건국원칙을 천명하였으니 이른바 보통선거제도를 실시하여 정권을 균(均)하고, 국유제도를 채용하여 이권을 균하고 공비교육(共費敎育)으로써 학권(學權)을 균하며, 국내외에 대하여 민족자결의 권리를 보장하여서 민족과 민족국가와 국가와의 불평등을 삼제(芟除)할지니. (국회도서관 1974, 21면)

요컨대, 이 당시의 "우리 민족이 지킬" "최고 공리"는 자유가 아닌 "사회 각층 각 계급의 지력과 권력과 부력의 향유를 균등하게" 하는 것이었다. 이 점을 정치적 균등과 경제적 균등으로 나누어 살펴보면 다음과 같다.

① 임시정부의 정치적 균등이념: 보통선거제

대한민국임시정부의 헌법문서들은 정치균등론의 기본원리로 인민의 기본권 보장, 보통선거제, 권력분립 등의 요소를 규정하고 있다. 특히 임시정부 헌법의 보통선거제는 '정치적 균등'을 실현하는 핵심적 요소로 주장되었다(국회도서관 1974, 23면). 만민공동회나 3·1운동의 정치참여 형태가 정치에 의식을 가진 인민이 집회에 참가함으로써 공동의 문제를 공유하고 찬반 의견을 표현하며 시위·싸움 등의 저항형태로 발전해간 것과는 달리, 보통선거제는 대표를 선출하기 위한 인민의 균등한 정치참여를 의미한다. 즉 계급·성별·종파를 초월하여 인민의 참정권을 평등화함으로써 정치적 평등을 실현하는 기본수단인 것이다. 1941년 〈건국강령〉에 나타난 보통선거제의 구체적 내용은 다음과 같다.

보통선거에는 만18세 이상 남녀로 선거권을 행사하되, 신앙, 교육, 거주연수, 사회출신, 재산상황과 과거 행동을 분별치 아니하며, 선거권을 가진만 23세 이상의 남녀는 피선거권이 있으되 매 개인의 평등과 비밀과 직접으로 함. 적에 아부한 자와 독립운동을 방해한 자와 건국강령을 반대한 자와 정신이 결함된 자와 범죄판결을 받은 자는 선거와 피선거권이 없음.

한편 〈건국강령〉 작성 이전인 1941년 5월, 임정 기관지 『광복(光復)』에 실린 「한국독립당당강천석(韓國獨立黨黨綱淺釋)」[65]을 통해 선거에 대한 인식을 살펴보면 다음과 같다.

1. 소수인에게 정치를 맡기면 각인의 특수한 정치적 견해상의 차이 때문에 소수인의 견해대로 일체를 처리하여 결국 자기 이익에만 치우치게 되므로 민주정치를 취해야만 한다.
2. 민주정치하에서는 인민이 의원과 관리를 선출하니, 그들이 인민을 대표하여 인민의 이익을 도모하는 까닭에 선거는 일종의 인민의 권리이다.
3. 선거는 인민의 권리이므로 평등한 입장에서 전국이 참여할 수 있는 보

---

65) 「한국독립당당강천석」은 삼균주의에 대한 체계적인 해설서이다. 임정의 기관지 『광복』(제1권 제3기, 1941.5.20)에 실린 글로서 필자는 사평(四平)으로 되어 있다. 그가 누구인지는 정확하게 밝혀지지 않았지만, 내용상 조소앙으로 추측된다. 「한국독립당당강천석」에서는 기본권을 네 종류로 분류하였다. ① 평등권: 인민이 법률상 국가로부터 평등한 대우를 받는 것을 의미하며 이 종류는 동시에 의무를 수반하는 것이다. 이 평등권에는 종족의 평등, 계급의 평등, 남녀평등이 있다. ② 참정권: 선거권, 피선거권, 복관권(服官權)이 있다. ③ 자유권: 이것은 인민의 소극적인 지위에서 말미암은 것으로 인민이 국가의 간섭을 받지 않을 권리이다. 여기에는 인신의 자유, 정신적인 생활의 자유, 경제적 활동의 자유, 단체생활의 자유 4종이 있다. 인신의 자유에는 신체·거주·천도(遷徙)의 자유가 있고, 정신생활의 자유에는 신교·사상의 자유가 있으며, 경제생활의 자유에는 소유권의 보호·영업·계약의 자유가 있다. 단체생활의 자유에는 통신비밀·집회·결사의 자유 등이 있다. (…) ④ 수익권: 인민의 적극적인 지위에서 말미암은 것으로 국가 행사통치권을 요구할 수 있는 권리이다. 이에는 소원권·소송권·청원권·교육권·경제권 등이 있다. 한편, 〈건국강령〉에서는 노동권·휴식권·피성세권 피보험권·면비(免費)수학권 등을 규정하고 있다(추헌수 1972, 146면).

선제를 실시해야 한다.

4. 납세 또는 재산을 일종의 자격으로 하여 제한선거를 함은 부당하다.

5. 소련의 선거권은 노동계급에만 주는 것이므로 균등원칙에 위배된다.

6. 민주정치의 이상과 균등원칙에 의해서도 보선제가 아니면 안 된다. (추헌수 1972, 145면)

즉 보통선거제는 첫째, 소수인에 의한 정치를 부정하고 다수의 민주정치를 주장한 것이다. 둘째, 민주정치하 권력의 기원 및 인민의 권리인 대표선출에 의한 간접 민주정치를 강조한 것이다. 셋째, 선거를 통한 권리의 실현은 균등하게 이뤄져야 한다는 것이다. 이에 대한 강조는 일제강점기 시대의 납세 또는 재산에 근거한 선거제를 거부한 것이다. 넷째, 선거권을 부르주아와 친일파(민족반역자)를 제외하고 '노동자' '농민'에게만 부여하고자 하는 공산주의자들의 인민민주주의 방식을 반대한 것이다.

이러한 보통선거제가 실질적 효능, 즉 정치적 균등 실현에 이르기 위해서는 다음과 같은 조건을 필요로 한다고 보았다. (1) 인민이 상당한 교육을 받아 적당한 자를 선택할 수 있어야 하며, (2) 인민이 경제적 독립이 되어야만 매표행위가 불가능하고, (3) 인민이 국가정치에 관심을 가져야 한다(추헌수 1972, 145면). 요컨대 '교육'을 통해 정치적 능력, 시민적 덕성을 양성하는 것과 '경제적 독립'을 강조하고 있다. 이를 위해 국가는 적극적으로 경제적·교육적 균등을 보장하여야 한다고 본다. 특히 경제적 균등은 "일체의 중심이며, 일체의 원천"으로 규정되었다.

② 임시정부의 경제적 균등이념: 국유·국영과 노동의 보호

다음으로 대한민국임시정부의 헌법문서들은 경제균등론의 기본제도로서 토지국유제, 대생산기관의 국영화 등을 규정하고 있다. 〈건국강령〉의 경제적 균등을 위한 구체적 방안을 살펴보자.

6. 건국시기의 헌법상 경제체계는 국민 각개의 균등생활을 확보함과 민족 전체의 발전과 및 국가를 건립 보위함에 연환관계(連環關係)를 가지게 하되, 좌열(左列)한 기본원칙에 의거하여 경제정책을 시행함.

가) 대생산기관의 공구와 수단을 국유로 하고 토지, 광산, 어업, 농림, 수리, 소택(沼澤)과 수상, 육상, 공중의 운수사업과 은행, 전신, 교통 등과 대규모의 농공상기업과 성시공업 구역의 공용적 주요 적산은 국유로 하고 소규모는 사영으로 함.

나) 적의 침점(侵占) 혹 시설(施設)한 관공유 토지와 어업, 광산, 농림, 은행, 회사, 공장, 철도, 학교, 교회, 사찰, 병원, 공원 등의 적산과 기지와 기타 경제, 정치, 군사, 문화, 교육, 종교, 위생에 관한 일절 사유자본과 부적자(附敵者)의 일절 소유자본과 부동산을 몰수하여 국유로 함.

다) 몰수한 재산은 빈공(貧工), 빈농(貧農)과 일절 무산자의 사익(私益)을 위한 국영 혹 공영의 집단생산기관에 충공(充公)함을 원칙으로 함.

라) 토지의 상속, 매매, 저압전양(抵押典讓), 유증(遺贈), 전조차(轉租借)의 금지와 고리대금업과 사인(私人)의 고용농업의 금지를 원칙으로 하고, 두레농업 국영공장 생산소비와 무역의 합작기구를 조직 확대하여 농공대중의 물질과 정신상 생활정도와 문화수준을 제고함.

마) 국제무역 전기 자래수(自來水)와 대규모의 인쇄, 출판, 전영(電影), 극장 등을 국유 국영으로 함. (…)

아) 토지는 자력자경인(自力自耕人)에게 분급함을 원칙으로 하되, 원래의 고용농, 자작농, 소지주농, 중지주 등 농인지위를 보아 저급으로부터 우선권을 줌. (국회도서관 1974, 25~24면)

이상에서 핵심적인 내용은 첫째, 토지국유화와 주요 산업 및 생산기관의 국영화, 적산의 국유화이다.[66] 그것은 이상적일 뿐만 아니라 현실적인 것으로 주장되고 있다. 특히 「한국독립당당강천석」에서는 그 이유를 다음과 같이 말하고 있다.

2. 한국은 일본에 합병당한 70%의 토지를 광복 이후 회수하여, 국가가 직접 관리하여 합리적인 분배를 하면 균등원칙에 합당하게 된다. 3. 토지국유화는 다른 나라에서는 사회 환경의 특수한 곤란으로 원칙상 불합리하여 용이하게 운용할 수 없다. 그러나 한국의 경우는 상기한 특수적으로 곤란이 없을 것이다. (추헌수 1972, 147~48면)

이미 한국 전체 경지 면적의 1/11, 전국 농경지의 1/3이 일본인 소유이며, 전체 지주의 635/1000가 일본인이고, 그밖에도 친일매국노가 대토지를 소유하고 있는 상황에서, 광복 후 경제적 재건을 위하여 토지의 몰수, 국유화의 길밖에는 다른 방법이 없다는 것이다.

둘째, 토지를 국가가 소유 관리하고, 생산기관을 국가가 경영하는 것이 균등원칙에 합당하다는 인식 때문이었다. 이러한 경제적 균등원칙은 「한국독립당당강천석」에 따르면, 특정계급이 아닌 한국민족 전체의 균등생활을 보장하기 위하여 한국역사와 한국현실의 특수성에서 도출된 것이다.[66] (추헌수 1972, 146~148면)

그러나 토지국유화 방안에 대해서 대한민국임시정부 임시의정원에서는 많은 비판이 있었다. 특히 1942년 12월 26일에 개회된 임시의정원 약헌수개(修改)위원회에서 민혁당 출신의 신영삼 위원이 토지국유제를 정면으로 반대하였다. 신영삼 위원은 "토지국유 강령은 전민동원에 방해된다"고 하였다. 또한 1944년 10월 28일에 개최된 건국강령수개위원회 회의에서

---

66) 조소앙은 한민족의 불균등이 역사적으로는 계급제도와 노예제도에, 현실적으로는 (일제강점기의) 임의체포, 사상 감시, 언론·집회·결사·출판의 압박(壓迫)에 기인한 것으로 파악하였다.

강홍주 위원은 다음과 같이 토지국유론을 비판하였다.

우선 토지국유제 운운은 전사회의 기조가 되는 일반 사회적 경제기초로 부터 생산력 및 생산관계를 어떠한 정도 어떠한 형태로 칭형(秤衡) 파악함 인지 모르겠으나 내가 보는 바 아는 바로는 우리 대중의 목전 요구에 적응 되지 못하는즉 과학적 발달에 상응하는 기계화의 생산력의 최고도에 저달 (抵達)되기 전 사유제도를 철폐할 수 없는 것도 불구하고, 현실파악이 없는 공유를 말하는 것은 한갓 공허한 이상뿐[이다]. (국회도서관 1974, 388면)

즉 강홍주 의원은 생산력이 최고도로 발달하기 전에 사유제를 폐지하는 것은 공허한 이상일 뿐이라고 반대하였다. 반면에 조소앙은 "자본주의 사 회를 건설한다면 따라올 사람이 하나도 없다"(국회도서관 1974, 325면)[67]라고 주장하면서 임시정부의 국호를 아주 '균치공화국(均治共和國)'으로 할 것 을 제기하였다(국회도서관 1974, 323면).[68] 결국 토지국유제는 1941년 〈건국강 령에 채택되었다.[69] 그리고 대생산기관의 국영화 역시 이상적일 뿐만 아니

[67] 1940년 5월 9일 한독당이 발표한 「한국독립당당강」과 1945년 8월 28일 한독당이 다 시 발표한 「당책」에서 토지제도와 관련된 당강을 살펴보면 다음과 같다. 토지와 대생산 기구는 몰수하고 국유로 하며, 국민생활권의 균등화를 촉구한다(당강3). 계획경제제도 를 확립하고 균등사회의 행복을 보장한다(당책2). 토지는 국유를 원칙으로 하고(당책7) 국민이 현재 소유한 사유토지와 소규모의 개인 기업은 반드시 법률로 보장한다.(당책 10) 매국노와 독립운동을 방해하는 자의 토지재산을 몰수한다(당책6)(국사편찬위원회 1971, 405~406면).

[68] 홍진, 조완구, 김상덕은 '민주공화국'을 주장하였다. 또 차리석은 "총장에 인민의 권리 의무, 광복운동자 자격을 포괄하고 '균치'의 내용을 적당하게 가입하자"라고 절충안을 제시하였다.

[69] 한편 1943년 1월 13일에 열린 임시의정원 약헌수개위원회에서 해방동맹의 박건웅은 건국의 방안과 관련하여 헌법 개정의 목적을 다음과 같이 주장하였다. 헌법 개정의 목적 은 광복운동자를 통일 집중하고, 전민족을 총동원해서, 독립을 완성하고, 진정한 민주공 화국을 건설하는 데 필요한 법을 제정하는 데 있다. 개정의 착안점은 ① 광복운동자에게

라 현실적인 것으로 제시되었다.

1. 경제적 균등을 실현함에 있다. 만일 대생산기관을 개인경영으로 한다면 결과적으로 빈부가 현수(懸殊)한 악현상을 조성하여 사회혁명의 요인이 되어 장래 국가의 무궁한 은환(隱患)이 될 것이다. 2. 한국 생산기관의 85% 이상이 일인 자본이므로 광복 이후에 이 권리를 회수하여 국가 경영을 장악한다면 극히 순담(順擔)하게 이 정책을 실현할 수 있다. 그러나 만일 개인소유로 돌아간다면 허다한 불편이 따를 것이다. (추헌수 1972, 148면)

당시에는 일인들이 토지와 대생산기관을 거의 전부 소유하고 있었으므로, 사유제는 무의미하며, 국가건설 후 이를 국유화하는 것은 당연하다고 주장되었던 것이다. 황폐한 식민지 경제를 부흥하기 위해서는 국가가 토지와 생산기관을 소유, 관리하는 계획경제 실현의 주체가 되어야 된다는 것이다. 그러므로 이는 개인의 정치적·경제적 활동을 보장하기 위해 국가의 행위를 제한하고 억제해야 한다는 자유주의적 관념과는 상당한 차이가 있다. 또한 소유와 재산, 그리고 소비에서 궁극적으로 국가의 소유 및 통제의 원칙을 주장한 공산주의자들과도 달랐다.

요컨대 「한국독립당 당의해석」에 따르면, 이러한 "정치·경제·교육의 균등을 기초로 한 신민주국가"를 "뉴데모크라시의 국가"라고 칭하고 이를 기반으로 하여 국가를 건설하겠다는 비전을 제시하고 있다. 이는 바로 자본주의 국가도 아니고 공산주의 국가도 아닌, 새로운 제3의 사회적 민주주의 국가를 구상한 것이다.[70] 그리고 균등의 경제재건 방식은 곧 국가의 토

특권을 줄 것, ② 장래 건설의 목표를 예시할 것, ③ 철저한 민주주의와 사유제 부인의 입장에서 헌법을 제정할 것. 각 계급, 각 개인의 공동한 이상을 명확하게 규정해야 전민족이 동원된다(국회도서관 1974, 324면).

70) 미군정 고문 퍼글러(Charles Perglar)와 번스(Arthur C. Bunce)는 이러한 경제원칙을

지 몰수·관리·합리적 배분원칙을 그 내용으로 하였다. 즉 국유·국영의 경제정책을 통해, 국민의 균등생활과 민족 전체의 발전, 그리고 국가의 건립 보위를 우선적으로 실현하고자 하였다. 그러므로 국가와 민족 전체의 질서유지와 공공복리를 위해서는 개인의 기본권은 제한될 수 있었던 것이다.

그런데 1945년 8월 해방 이후 한독당의 정강 및 당책은 우향으로 이동하고 있다. 1945년 8월 21일 충칭 출발에 앞서 발표된 〈한국독립당의 당강 및 당책〉은 "시대조류에 순응하기 위하여 이번 대회에서 당강·당책을 수정하였다"고 밝혔다. 구체적으로는 '당책(행동강령)' 7조에서 "토지를 국유를 원칙으로 하되, 토지법·토지사용법·지가세법 등의 법률을 규정하여 한기(限期) 실행할 것"이라고 하고, 10조에서는 "국민의 현유(現有)한 사유토지와 중소규모의 사영기업은 법률로써 보장할 것"이라고 규정하였다(강만길 1982, 233면). 토지국유화를 조건 없이 규정한 〈건국강령〉과는 다르게, 이 수정안은 국유를 '원칙'으로 하고 현재 보유한 토지소유권을 법률로 보장하겠다는 것이다. 소유권을 보장하는 토지의 규모도 명기하고 있지 않다. 그로 인한 문제점은 토지법·토지사용법·지가세법 등의 법률로써 보완하겠다는 의미일 것이다.

3) 대한민국임시정부 헌법: 1948년 〈대한민국헌법〉의 원형헌법

대한민국임시정부는 대한제국의 연장이 아니었다. 1899년의 〈대한국국제〉로의 반전이나 1910년과 1915년의 고종 망명정부 수립계획, 그리고 대동단의 사례에서 보듯, 군주제와 단절하고 근대적 공화주의 정체를 수립한 것은 지난한 과정을 통해 이루어진 것이다. 심지어 앞에서 살펴본 바와 같이 1919년 대한민국임시정부 수립 당시에도 복벽주의 지향이 존재했다.

국가사회주의(state socialism)로 규정하였다(아름출판사 1995(제10권), 266, 271~74면).

그러나 결과적으로 대한민국임시정부는 "대한은 독립국이고, 대한인민이 자유민임을 선언한" 3·1운동의 집단적 의사에 따라, 국가형태를 군주국이 아닌 공화국으로 하고 인민주권 및 자유·평등의 원리에 입각한 인민의 권리와 의무를 헌법에 규정하였다. 또한 삼권분립(임시대통령·국무원, 임시의정원, 법원)에 입각한 정부형태를 취했다(국회도서관 1974, 4면). 요컨대 이러한 민주공화제에 대한 광범위한 합의는 1898년 만민공동회의 정치적 지향 이래 반전을 거듭하면서 장기간에 걸쳐 형성된 것이며, 1919년 대한민국임시정부 헌법에서 공식화되었다.

한편, 대한민국임시정부는 1945년 11월 귀국할 때까지 다섯 차례의 개헌을 통하여 헌정체제를 지속하였다. 우선 망명정부였던 대한민국임시정부가 수정을 거듭한 헌법안을 작성한 것은 당시의 정치적 상황에 적응하기 위한 것이었다. 예컨대 대한민국임시정부의 정부형태의 변동은 리더십의 존재 여부와 정치적 상황의 결합물이라고 할 수 있다. 대한민국임시정부 초기 임시의정원 회의(1919.4.22)에서 '차장제'를 폐지하고 '(국무)위원제', 즉 집단운영체제를 채택한 것은 국무총리와 각부총장이 부재한 상하이의 현실적 여건에서 차장제로는 정부를 운영할 수 없었기 때문이었다. 이후 1927년의 개헌에서는 다시 국무령을 없애고 국무회의제도(내각의 수반을 없애고 국무위원으로 구성된 국무회의가 행정을 총괄하는)를 채택했다.[71]

---

71) 이후 1940년 10월에 개정된 〈임시약헌〉은 종전의 집단지도체제의 〈임시약헌〉을 전시체제에 적용하는 임시약헌으로 개정, 주석을 임시의정원에서 선출하고, 주석에게 비상대권을 부여하고 국군을 총감하게 하며, 대내외적으로 정부를 대표할 권한을 부여하였다. 즉 김구의 주도력을 제도화한 것이다. 또한 대한민국임시정부 5차 개헌(1944.4)의 특징은 주석의 권한을 제고하고, 행정부를 국무위원회(의결기관)와 행정연락회의(집행기관)라는 이중구조를 취하도록 한 것이다. 이것은 각 정파가 집결되는 임시정부 후기의 정치적 상황의 소산이었다. 국무위원회가 독립운동의 대표자들과 각 정당의 대표자들로 안배 구성되는데 비해, 행정연락회의는 현실적인 정책집행능력을 기준으로 구성

그러나 동시에 임정이 근대국가의 3요소, 즉 영토·주권·국민의 부재에
도 불구하고 이 3요소를 전제로 한 헌법안의 작성과 수정을 거듭한 것은
주목할 만한 정치행위였다. 이는 헌법이 정부 정당성과 합법성의 원천이
라는 인식을 분명하게 갖고 있었기 때문에 가능한 것이었다. 만일 대한민
국임시정부가 중앙정부를 자임하지 않은 단순한 독립운동단체의 하나였
다면 헌법 개정을 통해 헌정체제를 지속시키지는 않았을 것이다(서희경·박
명림 2007, 86면).

헌법체제의 지속과 변경을 넘어 더욱 중요한 점은 대한민국임시정부의
헌법이 1948년 대한민국 건국헌법의 체계 및 용어, 기본원칙, 이념 등과 놀
랄 정도로 유사하다는 점, 헌법적 연속성이 분명하다는 점이다. 이를 한국
헌법체제의 일종의 원형헌법이라고 부를 수 있을 것이다.

대한민국임시정부의 헌법들과 대한민국 건국헌법의 연관성 및 그 특
징을 살펴보면 다음과 같다. 첫째, 대한민국임시정부의 헌법은 체계 및 용
어에 있어서 건국헌법과의 고도의 연속성을 보여준다.[72] 〈대한민국임시
헌법〉(1919), 〈대한민국임시헌장〉(1944.4.22)과 건국헌법인 〈대한민국헌법〉
(1948)을 비교해보면, 전문, 총강, 국민(인민)의 권리와 의무, 입법부, 행정
부, 사법부, 경제, 회계·재정, 헌법개정 및 부칙 등 세 헌법이 체계 면에서
거의 유사하다. 이는 1948년 건국헌법의 헌법적 틀이 명백히 독립 이전의
대한민국임시정부 헌법에 기반하고 있음을 의미한다.

하였다. 그리고 의결기관의 성격을 지닌 이 국무위원회 제도는 해방 후 〈남조선과도약
헌안〉, 임시정부수립대책협의회(임협)와 시국대책협의회(시협)의 미소공동위원회 「답
신안」, 「조선임시약헌안」 등에 등장하고 있다(서희경 1993, 18~19, 80~81면).

72) 대한민국의 '민국'은 'republic'(공화국)의 한자식 표현으로, 아시아 국가에서 가장 먼
저 공화제를 선포한 중화민국에서 영향을 받은 것이다. 국호 자체에 대한민국의 성격이
공화국임을 드러내고 있다고 볼 수 있다.

〈표 2-1〉〈대한민국임시헌법〉〈대한민국임시헌장〉〈건국헌법(1948)〉
〈대한민국헌법(1987)〉 비교

명칭	〈대한민국임시헌법〉(1919.9.11)	〈대한민국임시헌장〉(1944.4.22)	〈건국헌법〉(1948.7.12)	〈대한민국헌법〉(1987.10.29)
전문	독립국이고 자유민임을 선언	3·1대혁명정신	3·1운동	3·1운동과 대한민국 임시정부의 법통
총강	제1장(제1조-7조) 인민주권(제2조)	제1장(제1조-4조) 민주공화국(제1조) 인민주권(제4조)	제1장(제1조-제7조) 민주공화국(제1조) 국민주권(제2조)	제1장(제1조-제9조) 민주공화국(제1조 제1항) 국민주권(제1조 제2항)
국민(인민)의 권리와 의무	제2장(제8조-제10조) 신교의 자유, 재산의 보유와 영업의 자유, 언론·저작출판·집회·결사의 자유, 서신 비밀의 자유, 거주 이전의 자유(제8조) 선거권과 피선거권(3항) 입법부 청원권(4항) 재판을 수할 권(5항) 소원권(6항) 공무담임권(7항) 납세의 의무(제10조 1항) 병역에 복(服)하는 의무(2항) 보통교육을 수하는 의무(3항)	제2장(제5조-제8조) 언론·출판·집회·결사·파업·신앙·거주·여행·통신·비밀의 자유(제5조 제1항, 제2항) 취학·취직·부양요구권(제5조 제3항) 선거권·피선거권(제5조 제4항) 신체의 자유(제5조 제6항, 제7항), 재산권의 보장(제5조 제8항) 준법·병역·공역·납세의 의무(제6조) 질서유지·공공복리 등으로 인한 기본권의 제한(제7조) 광복운동자 규정(제8조)	제2장(제8조-제30조) 평등권(제8조), 재산권의 보장(제15조), 교육을 받을 권리, 의무교육(제16조), 근로의 권리·의무, 노동조건의 기준, 여자와 소년의 노동 보호(제17조), 근로자의 단결권, 이익균점권(제18조), 생활무능력자에 대한 국가의 보호(제19조), 선거권(제25조), 피선거권(제26조), 질서유지·공공복리 등으로 인한 기본권의 제한(제28조), 납세의 의무(제29조), 국방의 의무(제30조)	제2장(제10조-제39조) 평등권(제10조) 신체의 자유(제12조), 언론·출판·집회·결사의 자유(제21조) 재산권보장(제23조), 선거권(제24조), 공무담임권(제25조), 청원권(제26조), 교육을 받을 권리(제31조) 납세의 의무(제38조), 국방의 의무(제39조) 국가안전보장·질서유지·공공복리 등으로 인한 기본권의 제한(제37조 제2항)
입법부	제4장 임시의정원(제18조-제34조)	제3장 임시의정원(제9조-제28조)	제3장 국회(제31조-제50조)	제3장 국회(제40조-제65조)
행정부	제3장 임시대통령(제11조-제17조) 대통령제 제5장 국무원(제35조-제41조)	제4장 임시정부(제29조-제44조) 주석제	제4장 정부(제51조-제75조) 대통령제	제4장 정부(제66조-제100조) 대통령제

사법부	제6장 법원 (제42조-제47조)	제5장 심판원 (제45조-제56조)	제5장 법원(제76조-제83조)	제5장 법원 (제101조-제110조) 제6장 헌법재판소 (제11조-제113조)
경제			제6장 경제(제84조-제89조)	제9장 경제 (제119조-제127조)
회계·재정	제7장 재정 (제48조-제54조) 조세법률주의(제48조) 의회재정주의(제50조)	제6장 회계(제57조-제60조) 조세법률주의(제57조) 의회재정주의(제58조)	제7장 재정(제90조-제95조) 조세법률주의(제90조) 의회재정주의(제91조)	
선거관리				제7장 선거관리
지방자치			제8장 지방자치(제96조-제97조)	제8장 지방자치 (제117조-제118조)
헌법개정		헌법개정(제61조)	제9장 헌법개정(제98조)	제10장 헌법개정 (제128조-제130조)
부칙	제8장 보칙(제55조-제58조)	제7장 보칙(제61조-제62조)	제10장 부칙(제99조-제103조)	부칙(제1조-제6조)

둘째, 헌법 틀을 넘어 더욱 주목할 점은 헌법의 근본원칙, 즉 헌법정신과 이념의 문제였다. 기본적으로 세 헌법은 3·1운동의 독립정신을 계승하였고, 민주공화국, 국민(인민)주권, 기본권 보장, 권력분립 등 헌법상의 기본 원칙들을 모두 수용하는 동시에 일치시키고 있었다. 우선 각 헌법안의 전문에서 동일하게 3·1운동 정신을 기본 헌법정신으로 규정하고 있다.

〈대한민국임시헌법〉(1919.9.11)
[1] 아 대한인민은 아국이 독립국임과 아 민족이 자유민임을 선언하였도

다. 이로써 세계만방에 고하야 인류평등의 대의를 극명(克明)하였으며, 이로써 자손만대에 고하야 민족 자존의 정권을 영유케 하였도다. (국회도서관 1974, 4면)

〈대한민국임시헌장〉(1944. 4. 22)

〔2〕(…) 국가의 독립을 갈망하였고, 무수한 선열들은 피와 눈물로써 민족 자유의 회복에 노력하여 3·1대혁명에 일으러 전민족의 요구와 시대의 추향(趨向)에 순응하여 정치, 경제, 문화 기타 일체 제도에 자유 평등 및 진보를 기본 정신으로 한 새로운 대한민국과 임시의정원과 임시정부가 건립되었고 아울러 임시헌장이 제정되었다. (국회도서관 1974, 15면)

〈대한민국헌법〉(1948. 7. 12)

〔3〕(…) 대한민국은 기미 3·1운동으로 대한민국을 건립하여 세계에 선포한 위대한 독립정신을 계승하여 이제 민주독립국가를 건립함에 있어서 정의 인도와 동포애로써 민족의 단결을 공고히하며, 모든 사회적 폐습을 타파하고 민주주의 제 제도를 수립하여 (…) 국민생활의 균등한 향상을 기하고 (…) 헌법을 제정한다.

이렇듯 3·1운동의 자유와 평등, 민주주의는 대한민국임시정부 및 대한민국 국가 수립의 헌법적·국가적 기본정신이 되었고 이른바 헌법화되었다. 성문헌법체제에서 단순히 추상적인 국가정신, 헌법원리로 존재하는 것과 실제의 구체적 헌법조문으로 헌법화하는 것에는 큰 차이가 있다.

셋째, 〈대한민국임시헌장〉에서 건국헌법에 이르기까지 민주공화국(제)에 관한 규정 역시 놀랄 정도의 일치를 보여준다. 대한민국이라는 단순한 국호의 계승을 넘어 국체 역시 사실상 변함이 없다고 하여도 과언이 아니었다. 7개의 헌법(안)을 비교한 것이 〈표 2-2〉이다(서희경·박명림 2007, 88면).

<표 2-2> 민주공화국과 국민(인민)주권 조항의 변천

헌법안 명칭	제정연도, 제정 및 개헌차수	민주공화국·국민(인민)주권 내용
대한민국임시헌장	1919. 4. 11.제정	제1조 대한민국은 민주공화제로 함. 제2조 대한민국은 임시정부가 임시의정원의 결의에 의하여 이를 통치함.
대한민국임시헌법	1919. 9. 11. 제1차 개헌	제1조 대한민국은 대한인민으로 조직함. 제2조 대한민국의 주권은 대한인민 전체에 재함.
대한민국임시헌장	1925. 4. 7. 제2차 개헌	제1조 대한민국은 민주공화국임. 제2조 대한민국은 임시정부가 통치함. 제3조 대한민국은 광복운동 중에서 광복운동자가 전인민을 대함.
대한민국임시약헌	1927. 3. 5. 제3차 개헌	제1조 대한민국은 민주공화국이며 국권은 인민에게 있다.
대한민국임시약헌	1940. 10. 9. 제4차 개헌	제1조 대한민국의 국권은 국민에게 있되, 광복완성 전에는 광복운동자 전체에 있다.
대한민국임시헌장	1944. 4. 22. 제5차 개헌	제1조 대한민국은 민주공화국임. 제4조 대한민국의 주권은 인민전체에 있음. 국가가 광복되기 전에는 주권이 광복운동자 전체에 있음.
대한민국헌법	1948. 7. 12. 제정	제1조 대한민국은 민주공화국이다. 제2조 대한민국의 주권은 국민에게 있고, 모든 권력은 국민으로부터 나온다.

요컨대 이 연표는 민주공화주의 사상 및 체제의 헌법적 연원과 전개를 명백하게 보여준다. 한국의 '민주공화제'에 대한 헌법적 규정과 표현은 1948년에 처음으로 등장한 것이 아니며, 더욱이 이를 미국점령의 영향으로 설명할 수는 없는 것이다. 한국역사상 '민주공화제'를 명시적으로 헌법에 최초로 규정한 것은 1919년 4월 11일 선포된 〈대한민국임시헌장〉이었다. 또한 1925년 〈대한민국임시헌장〉, 1927년 〈대한민국임시약헌〉, 1944년 〈대한민국임시헌장〉은 헌법 제1조에 "대한민국은 민주공화국"임을 명확히 규정하고 있다. 1948년 대한민국 건국헌법은 이를 그대로 이어받았다.

넷째, 주권재민의 원칙을 천명한 주권 관련 규정 역시 1919년 9월 11일에 선포된 〈대한민국임시헌법〉에서 출발한다. 이 헌법 제2조는 "대한민국의 주권은 대한인민 전체에 재함"을 말한다.[73] 인민주권으로 표상되는 시민권의 원칙은 근대 입헌주의의 핵심원리를 구성한다. 그런데 당시 인민(국민)주권은 국민의 정치·경제·교육의 평등을 전제로 하고 있었고, 이것이 결여된 인민(국민)주권은 무의미한 것으로 간주되었다. 때문에 임시정부 헌법의 인민의 기본권은 '자유'보다도 '균등의 원칙'에 근거하고 있었다. 이러한 헌법원칙은 헌법조항과 조문 전체를 지배하였다. 이 원칙을 훼손하는 행위나 원리는 설사 '자유'의 원리라 해도 국가에 의해 규제될 수 있었다. 이와 관련하여 삼균주의의 체계적 해설서인 「한국독립당당강천석」은 다음과 같이 언명하고 있다. 헌법에 삽입된 한국의 근대 정치사상체계에서 자유와 평등의 관계, 자유의 본질, 국가의 역할, 개인과 공동체의 관계에 대해 이보다 더 선명하게 그 헌법적 원칙을 천명한 문서는 찾기 어렵다.

자유는 절대적인 것이 아니고, 선량한 풍속을 해치거나 죄악을 선동하거나 치안을 방해하거나 공공의 이익에 손해를 끼치면, 이것은 평등의 원칙에 어긋나기 때문에 국가가 간섭할 수 있다. (추헌수 1972, 146면)

1919년의 혁명적 분출은 민주공화국과 국민주권 사상과 이념으로 전환되었으며, 이는 1948년 대한민국 헌법 제1조와 제2조로 연결되었다. 대한민국이 민주공화국이라는 규정은 1919년 4월 이래 30년 동안 국가의 기본이념이자 헌법의 구성원리로 규범화되었던 것이다. 이는 신생국가 창설의 시기에도 이론의 여지가 없었다.

---

73) 1925년 이래 임시정부는 원칙적으로 주권이 인민에게 있으나, 일본으로부터 해방되기 전에는 주권이 '광복운동자'에게 있음을 규정하였다. 임시정부('광복운동자')가 대한민국 전인민을 대표하고자 하였던 것이다.

6. 소결: 건국헌법의 시원과 연속성

이 장에서는 대한민국 건국헌법의 역사적 기원을 고찰하기 위해 1898년 만민공동회 활동, 1919년의 3·1운동과 대한민국임시정부의 수립이라는 세 정치적 사건을 추적하였다. 이 사건들은 모두 군주제에서 민주공화제로의 이행이라는 헌정사적 대전환의 의미를 함축하고 있다. 여기서 탄생된 헌법과 규약들은 1948년 건국헌법의 이념(idea), 원칙(principle), 구조(framework)에 그대로 연속되었다. 이를 구체적으로 살펴보면 다음과 같다.

첫째, 1898년 만민공동회는 민회를 통해 공론을 형성하고 이를 국정에 반영시키고자 했던 새로운 형태의 정치운동이었다. 만민공동회는 인민이 스스로 정치적 주체로 참여하여 정치체를 변화시키고자 했던 한국 민주공화주의 정치운동의 기원이다. 만민공동회에서 의결된 〈헌의6조〉는 '군민공치적 군주제'라는 기본원칙을 제시한다. 즉 형식상 전제황권을 수용하고 있으나 그 내용은 전제황권을 제한하여 인민과 함께 협의하여 정치를 행해야 한다는 공화제적 원칙 및 정신을 함축하고 있었다.

반면, 1899년 8월에 반포된 〈대한국국제〉는 〈헌의6조〉의 군민공치적 군주제 지향을 파기하고, 그 반대의 대안으로 제출된 것이었다. 〈대한국국제〉는 대한제국의 자주독립을 대외적으로 선포하고 군주권의 내용을 근대적인 언어로 공식화했다는 의의를 가지지만, 그 기본원칙은 "군권의 침손"을 절대 용인하지 않겠다는 것이었다. 요컨대 〈대한국국제〉는 '군민공치'에서 '전제군주제'로의 반전을 의미했다. 이후 독립협회와 만민공동회 등이 추구했던 민주공화적 민권의식과 정치적 에너지의 상실은 곧, 을사조약이라는 역사상 초유의 정치적 상황에 이르게 되었다.

둘째, 1907년 고종황제 퇴위사건은 한국인의 헌정에 대한 사고와 정체 인식에 근본적인 영향을 미쳤다. 이 사건을 계기로 〈헌의6조〉의 군민공치

지향은 거의 사라졌다. 이는 전제군주제에 저항했던 세력에게는 오랜 희망이었으나, 국가주권의 상실을 댓가로 얻은 것이었다. 하지만 고종황제 퇴위사건으로 인한 군주권 상실이라는 역사적 환경은 오히려 '민주공화'와 '입헌정치'라는 헌법의 기본원칙과 정신에 대한 풍부한 논의가 전개될 수 있는 토양을 제공했다. 그 내용은 정치는 더이상 사유물이 아닌 공적인 것이라는 인식, 이를 공공화하기 위한 입헌의 지향, 그리고 이를 제도적으로 보장할 수 있는 대의정치제도의 모색과 참여 등으로 확장되었다.

1907년 신민회는 한국역사상 처음으로 군주제를 폐지하고 공화제 국가를 수립할 것을 표명하였다. 신민회가 공화제국가 수립을 목표로 삼은 이후, 군주제냐 공화제냐의 선택 문제는 한국헌정사의 주제가 되지 못했다. 당장에 직면한 문제는 민권인가, 국권인가였다. 민권의 강조는 국권상실이 민권의 박탈에 기인했으므로 민권이 확립되어야 국권도 수호된다는 것을 의미했다. 반면에 국권의 강조는 민권의 확립에 선행하는 국가의 독립과 국권의 회복을 의미하였다. 1905년 이래로 민권론과 국권론을 통합하려는 운동이 나타났고, 이 운동은 실력양성을 통한 독립된 공화정체 지향으로 수렴되었다.

셋째, 1910년 한일합병 이후 변화된 정체 인식은 1917년 「대동단결선언」과 1919년 「대한독립선언서」 제창을 계기로 한층 명확해졌다. 합병 이래 지속되어온 복벽주의를 종결하고 민주공화정체 수립을 공식화하였기 때문이다. 「대동단결선언」에서 주권은 국가 없이는 보전될 수 없는 민족의 고유한 권리로 인식되었고, 이를 확립하기 위한 임시정부 수립이 최초로 제안되었다. 또한 「대한독립선언서」에서는 일본의 지배로부터 민족의 독립을 선포함과 동시에, 정치·사회·경제체제 및 이념의 측면에서 평등·평화 및 균등국가 실현을 지향하였다. 이 두 선언의 임시정부 수립구상은 1919년 대한민국 임시정부 수립으로 현실화되었다.

넷째, 1919년 3·1운동은 정치적으로 제국주의와 군주정치를 부정하고,

독립에 기초한 공화정을 제시하였다. 사회적으로는 신분제도(계급)를 부정하고, 평등에 기초한 민주정을 지지했다. 이러한 3·1운동의 이상과 이념은 대한민국임시정부에 의해 해석되고 헌법에 규정됨으로써 한 국가의 기본원칙으로 공식화되었다. 그러나 3·1운동에 대한 해석이 민주공화국만을 의미하지는 않았다. 3·1운동은 민족 내부의 공화주의와 복벽주의의 투쟁을 함축하고 있었고, 대한민국임시정부의 정치이념은 이 투쟁의 산물이었다. 그러므로 민주공화국에 대한 광범위한 사회적 합의는 1898년 만민공동회의 정치적 지향 이래 반전을 거듭하면서 장기간에 걸쳐 형성된 것이며, 1919년 대한민국임시정부 헌법에서 완결되었다.

다섯째, 대한민국임시정부 헌법의 경제원리는 사유재산권 및 사적 경영의 보장과 균등이념이 조화를 이룬 혼합경제였다. 특히 균등이념은 한국 독립운동세력의 '민주주의'에 대한 비전의 분열을 극복하려는 과정에서 한층 체계화되었고, 사회주의와의 대결 속에서 성장하였다. 이 이념의 구체적 실현방안으로 보통선거제를 통한 국민의 균등한 정치참여와 국유·국영의 경제정책이 강조되었으며, 이를 통해 국민의 균등생활과 민족 전체의 발전, 국가의 건립 보위를 우선적으로 실현하고자 하였다. 그러므로 대한민국임시정부 헌법에서는 국가와 민족 전체의 질서유지와 공공복리를 위해서 개인의 기본권은 제한될 수 있었다.

한편 한국 근대헌법에 끼친 조소앙의 기여를 유진오 이상으로 높이 평가해야 할 것으로 생각된다. 조소앙은 1919년 대한민국임시정부 이래 근대한국의 헌법과 헌정을 가장 깊이있게 성찰했다.[74]

---

74) 신우철은 조소앙의 헌법사적 위상을 다음과 같이 평가하였다. "임시헌장(1919)의 기초자로서, 〈임시약헌〉(1940) 개정과 〈건국강령〉(1941) 제정의 주역으로서, 그리고 임시정부 마지막 헌법인 임시헌장(1944) 탄생을 주도한 산파(약헌개정위원장)로서, 또한 해방 직후 우파 헌법 초안인 임시헌법(1946)의 기초위원으로서, 그의 헌법사적 위상은 아무리 높게 평가해도 부족함이 없다. 헌법학에서의 케인지언, 바이마르헌법의 아버지

여섯째, 대한민국임시정부 헌법과 규약들은 원형헌법의 성격을 지녔다. 이들은 모두 1948년 대한민국 건국헌법의 이념, 기본원칙, 구조 등과 매우 유사하다. 예컨대, 대한민국임시정부 헌법의 3·1운동 정신, 민주공화제, 국민(인민)주권, 기본권 보장, 권력분립 등 기본원칙들은 모두 건국헌법에 수용되었다. 또한 대한민국임시정부의 헌법은 체계 및 용어상에서도 건국헌법의 시원적 성격을 지녔다. 〈대한민국임시헌장〉(1944.4.22)과 건국헌법을 비교해보면, 전문, 총강, 국민(인민)의 권리와 의무, 입법부, 행정부, 사법부, 경제, 회계·재정, 헌법 개정 및 부칙 등 두 헌법이 체계 면에서 거의 동일하다.

후고 프로이스(Hugo Preuss)가 맡았던 역할, 사회국가·문화국가의 설계자, 본 기본법의 숨겨진 아버지 헤르만 헬러(Hermann Heller)가 맡았던 역할을 모두 짊어졌던 인물이 바로 임시정부 헌법의 아버지, 대한민국 헌법의 숨겨진 아버지 소앙(素昻) 조용은(趙鏞 殷)이었던 것이다"(신우철 2008, 438면).

제3장

해방정국의 정치투쟁과 헌법논쟁(1945~48)

1. 서론

1945년 이후 한국 정치현실에서 과연 자유민주주의와 공산주의 헌정체제가 조화될 수 있었을까? 이승만은 불가능하다고 보았고, 좌우합작파는 가능하다고 생각했다. 미군정의 경제고문이었던 번스(Arthur C. Bunce)는 사회개혁과 자유민주주의를 조화시킬 수 있다고 믿었다.

제2차 세계대전 후, 이딸리아 공산당의 또글리아띠(Palmiro Togliatti)는 정치전략과 사회전략을 구분하여 사회전략에서는 노동자에 기반하되 정치전략적으로는 의회주의를 선택함으로써, 정치적 적대자를 공정한 절차의 경쟁자로 인정했다. 한국의 경우, 소련이 연합국의 신탁통치안을 실질적으로 수락하고, 좌우 양측이 정치적 열기를 냉각하기 위한 잠정적 유예기간으로 신탁통치안을 받아들인 뒤 사회개혁과 친일파 처리문제에 타협할 수 있었다면 정치통합에 성공할 수도 있지 않았을까?

이 장에서는 1945~48년 시기 국내 세력의 정치노선과 미국의 대한정책이 헌정구상에 어떤 영향을 끼쳤는가를 살펴보고자 한다. 특히 남한에서의 즉각적인 선거를 통해 독립국가를 수립하고자 했던 단정파와 좌우합작을 통해 남북의 타협과 통합을 모색했던 중도파의 정치활동과 헌정구상을 고찰하고자 한다.[1]

더 구체적으로는 첫째, 대한민국임시정부의 국제적 승인에 관한 입장차를 민족자치노선과 국제협력노선으로 나누어 검토한다.

둘째, 이승만의 반신탁통치노선과 좌우합작노선(국제노선)을 살펴본다.

셋째, 1947년 남조선과도입법의원에 제출된 〈남조선과도약헌〉과 〈조선민주임시약헌 초안〉, 그리고 그 종합으로 탄생한 〈조선임시약헌〉의 헌정적 의미를 고찰한다. 이 세 헌법안은 3년간의 해방정국에서 이루어진, 대표적 정치세력들의 헌정구상이 거칠게나마 표현된 문서였다. 〈남조선과도약헌〉에는 우파 중 단정파인 이승만과 한민당(서상일)의 헌정구상이, 〈조선민주임시약헌 초안〉에는 김규식·김붕준으로 대표되는 중도파(좌우합작파)의 헌정구상이 담겨 있다. 그리고 양자를 절충한 〈조선임시약헌〉은 좌우를 통합하기 위한 헌법안이었다.

이를 고찰하기 위해 이 글은 그동안 잘 소개되지 않았던 『미 국무부 한국관계 문서』(Records of the US Department of State Relating to the Internal Affairs of Korea, 1945-1949)를 검토할 것이다. 이 자료는 한국의 정치·경제·군사·사회상황과 관련된 주요 사안에 대해 미국무부

---

1) 이 책에서 중도파라는 용어는 기존의 용례를 따라 극우와 극좌가 아닌 중도우파(김규식 등)와 중도좌파(여운형 등)를 지칭한다. 미국 자료는 "middle of the road" "center group" 등의 용어를 사용하고 있다. NARA. RG 59. *Records of the US Department of State Relating to the Internal Affairs of Korea, 1945-1949*(이하 *IAK*), "E. Merrill Benninghoff to the Secretary of State", 1945.09.29(아름출판사 1995(제1권), 82면); NARA. RG 59. *IAK*, "Record of Conversation, 23 May of Mr. Har, His colleagues, and Mr. Lew, with Messrs. Bunce, Martin, Kinney, and Prostov"(아름출판사 1995(제1권), 100~101면); NARA. RG 59. *IAK*, "Arthur C. Bunce to Mr. Edwin Martin", 1946.12.31(아름출판사 1995(제1권), 137면).

가 한국 현지에서 활동하는 각 기구의 담당자들과 교환한 서신(letter), 전신(telegram), 메모(memo, memorandum) 등으로 구성되어 있다. 이 글에서는 미국 국립기록문서관리청(National Archives and Records Administration)이 소장하고 있는 마이크로필름 총 12롤을 수록한 아름출판사 간행본 총 23권 중 1945~48년 기간의 문서를 참조했다.[2]

2. 민족자치노선과 국제협력노선의 대결(1): 미국의 대한민국임시정부 승인 반대

1945년 8월부터 1946년 6월 이승만의 단정 발언에 이르는 시기는 해방 후 한국민족의 정치적 운명을 결정한 첫 단계에 해당한다. 한국 현대헌정의 기원에 해당하는 이 시기에 제기된 가장 중요한 정치적 문제는 한국의 '독립'과 '좌우통합'이었다. 첫째, 독립을 둘러싸고 한국인 다수는 즉각 독립과 자치를 원했던 반면, 연합국과 미국은 신탁통치(trusteeship)를 경과한 독립을 주장했다.[3] 둘째, 한국민족의 분열을 막고 정치통합을 이루려는

---

2) 이 문서는 첫째, 국무부에 보고한 한국 내정에 관한 상황분석 보고서이며, 동시에 정책 제안 보고서의 성격을 지닌다. 그런데 이 자료를 미국무부의 외교정책 자료집인 *Foreign Relations of the United States*(이하 *FRUS*)의 성격과 비교해보면 흥미롭다. (1) *FRUS*가 '미국에서 세계(지역)를 바라보는 시각'을 갖고 있다면, *IAK*는 '세계(현지)에서 미국을 바라보는 시각'을 지니고 있다고 말할 수 있다. (2) *FRUS*가 매우 정제되고 일정정도 추상화된 자료라면, *IAK*는 말 그대로 원자료(raw data)이다. (3) *FRUS*가 높은 수준의 내용만 담고 있는 반면, *IAK*는 낮은 수준부터 높은 수준의 내용을 모두 포괄하고 있다. 그러므로 좀더 거시적이고 높은 수준의 이해를 얻기 위해서는 *FRUS*가 필요하지만, 당대 한국의 정치상황을 더 리얼하고 원형적으로 이해하기 위해서는 *IAK*가 더 적절한 자료라고 말할 수 있다.
3) 신탁통치 문제와 관련한 미국의 대한정책에 관한 연구는 일찍부터 진행되었다. 조순승(1967)은 한반도에 분단국가가 수립된 원인을 미국에 대한 소련의 비협조에서 찾고, 이

노력이 경주되었다. 좌우합작운동이 그 대표적인 사례이며, 좌우의 헌정구상을 조화시키기 위한 노력이 함께 이뤄졌다. 미국은 이 방안을 지지했으나, 그것은 남한의 민족 우파, 남북의 좌파, 그리고 소련에 의해 거부되었다.

1) 임정·이승만의 민족자치노선: 대한민국임시정부 승인 요청, 한국의 즉각 독립과 민족자치의 주장

먼저 해방 직전 대한민국임시정부와 이승만의 정치통합 노력을 검토해보자. 이들은 해방 후 한국의 정치적 분열을 예측하고, 그 결과를 강하게 우려하고 있었다. 해방 후 초미의 정치적 문제는 첫째, 독립운동 과정 중에 이미 심각해진 좌우분열과 상호불신을 어떻게 극복할 것인가, 둘째, 연

와 같은 소련의 비협조를 예상하지 못한 미국의 한반도 문제에 대한 무지를 비판하였다. 반면에 브루스 커밍스(1986)는 소련에 대한 미국의 봉쇄전략이 미군정으로 하여금 남한 내 혁명세력을 탄압하고 친일적인 우파세력으로 구성된 단독정부를 수립하게 했다고 주장하였다. 미국의 점령정책과 관련한 이러한 상반된 주장을 극복하고자 시도한 연구로는 이정복(2006)이 있다. 그는 특히 이 글에서 미국은 왜 한반도에 대해 4대국 신탁통치를 주장하였는지, 그리고 미국은 어느 정도로 진지하게 신탁통치정책을 추진해갔는지, 그럼에도 불구하고 미국은 왜 신탁통치정책을 한반도에 실현시킬 수 없었는지 하는 점을 검토하였다(이정복 2006). 한편 구대열(1995)은 "한국에 대한 4대국의 신탁통치안을 미국의 동아시아에 대한 전략적 고려라는 시각에서만 접근하는 것은 제2차 세계대전 이후의 냉전적 상황을 염두에 둔 사후적 설명"이라고 비판하였다. 그에 따르면, 신탁통치란 "국제협조체제(concert system)로 운영할 것임을 상정하는 것"이며 "2차 세계대전 후 4대 승전국의 주도적 역할에 의한 세계질서 구축이란 틀 속에서 나온 것"이었다(구대열 1995, 230~32면). 그리고 그는 미국 등 연합국이 한국에 대한 신탁통치가 필요하다고 인식한 것은 "구한말의 역사와 일제 식민지정책에 비추어 한국인들이 자치능력을 갖추지 못했"다고 생각했기 때문이며, 특히 한국민이 근대국가를 경영할 수 있는 능력이 결여되었다는 점은 "일본의 항복 후 일본의 총독부 및 기술요원들을 계속 고용하겠다는 발상에서 극명하게 나타나고 있다"고 주장하였다(구대열 1995, 275~76면).

합국을 설득하여 한국민족이 얼마나 신속하게 독립을 획득할 수 있는가였다. 임정과 이승만은 대한민국임시정부가 중심이 되어야 해방 후 한민족의 통합이 가능하다고 주장했다.

해방 후 한국민족의 운명의 키를 쥔 것은 결국 연합국이었다. 한국인들은 자력에 의해 조국을 해방하지 못했기 때문이다. 한국의 '독립'은 연합국의 승리에 의해 '자동적'으로 주어진 것이 아니라, 연합국의 '호의'에 의해서만 가능한 것이었다. 연합국은 물론 1943년 카이로선언에 따라 적절한 시기에 한국을 독립시키고자 했다. 그러나 미소 양군은 어쨌든 한국을 '해방'하기 위해서가 아니라 '점령'하기 위해 한반도에 진주했다. 일본과 똑같이 그들 역시 한국인들의 동의 없이 한반도에 들어왔고, '자신들이 점령자이며 자신들에게 복종하라'라는 포고 제1호를 선포했다. 남북에 진주한 군대의 정치적 성격은 그 뒤 60년간 남북 양측의 헌정질서가 되었다. 그러나 이는 필연적이기도 했다. 대 파시즘전쟁의 종결은 곧 두 세력 간의 개전을 뜻했다. 이에 대해 스딸린(I. stalin)은 다음과 같이 말하고 있다.

이 전쟁은 과거의 전쟁과 다르다. 영토를 장악하는 측은 누구나 거기에 그 자신의 사회체제를 수립하게 된다. 군사력이 그렇게 할 힘을 갖는 한 그 자신의 체제를 부과할 것이다. 다른 방법으로 되기는 어렵다.[4]

미소의 대결은 이념경쟁을 수반하였다. 그러므로 현대한국의 독립과 헌정체제 형성은 근본적으로 국제적인 문제였다. 국외의 대한민국임시정부뿐만 아니라 국내의 자생적 정치조직인 건국준비위원회와 인민공화국의 운명은 이 점과 깊이 연관되어 있었다. 이 때문에 해방 3년의 정치투쟁은

---

4) Milovan Djilas, *Conversation with Stalin*, London: Rupert Hart-Davis 1962, 90면; 최장집(1989, 17면)에서 재인용.

민족 내부의 경쟁일 뿐만 아니라 근본적으로 한반도의 헌정질서를 한국인 자신들의 의사에 의해 결정하기 위한 국제적 파워와의 투쟁이기도 했다.

이승만과 김구 등 대한민국임시정부 세력들은 해방 후 한국의 정치통합을 실현하기 위해서는 임시정부가 중심이 되어야 한다고 생각했다.[5] 이를 위해서는 임시정부에 대한 연합국의 승인을 획득해야 했다. 만약 그렇게 된다면, 한국민족은 전승국이 되어 즉각 독립할 수 있을 것이며, 임시정부는 해방정국에서 정치적 헤게모니를 장악하기 위한 가장 강력한 수단이 될 것이었다. 즉 임정세력의 입장에서 본다면, 대한민국임시정부의 국제승인은 정치통합, 독립, 헤게모니 장악이라는 3개의 정치적 목적을 달성하기 위한 가장 긴요한 사안이었다. 1945년 7월 이승만은 트루먼에게 다음과 같은 편지를 보낸다.

> 해리 트루먼 미국 대통령께
> 충칭에 망명해 있는 대한민국임시정부의 워싱턴 공식 대표기구인 한국위원단(Korean Commission)은 각하께, 그리고 각하를 통하여 대영제국과 소련의 수반에게 지금 회담에서 조선의 정치적·행정적 주권과 영토적 통일에 영향을 끼치는 어떤 비밀 국제협약이나 협정도 거부하고, 대한민국임시정부를 승인할 것을 약속하는 공동성명을 발표하여, (…) 조선인들에게 공동의 적 일본에 맞서 더욱 자기 몫을 다해 더 광범위하게 싸울 기회를 줄 수 있도록 해주기를 부탁드립니다. (…) 지금까지 연합군 측에서 싸우고 있는 유엔 국가 가운데 인구학적으로 보아 일곱번째로 큰 조선은 일본과 맞서싸운 40년간의 투쟁 동안 어떤 원조나 승인도 받지 못한 유일한 나라였습니다.[6]

---

5) 해방 후 임시정부 세력의 귀국을 전후한 시기에 이승만과 김구의 정치적 연합 및 갈등과 관련해서는 달리 말할 수 있겠지만, 해방 전 '대한민국임시정부의 승인을 통한 한국인들의 자율적인 통치'를 하고자 했던 방안은 양자가 동일했다. 선행연구에서는 종전 시점의 김구의 임시정부 추대운동(임정법통론)이 더 강조되었다.

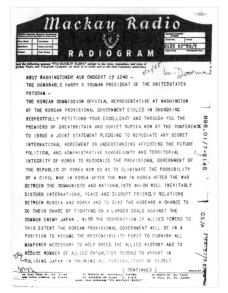

"Syngman Rhee to Harry S. Truman"
(1945.7.21), 『미국무성 한국관계 문서』
제8권 (아름출판사 1995), 373면.

또한 1945년 7월 27일, 매카서(D. Macarthur)에게 보내는 편지에서 이
승만은 "우리 한국인들은 일본인과 40년 동안 싸웠습니다. 진주만 이후 우
리는 연합국을 위해 태평양전쟁에 참여하는 방안을 재차 제안하였습니다.
그러나 지금까지 소련의 영향력 때문에 배제되었습니다"[7]라고 호소하고
있다.

그러나 이 호소에 대해 미국은 처음에는 국제법상의 곤란 때문에, 다

---

6) NARA. RG 59. *IAK*. "Syngman Rhee to Harry S. Truman", 1945.07.21(아름출판사
1995(제8권), 373면). 또한 이 편지 내용은 *FRUS*(1945, 1031~36면)에도 있다. 이하
IAK 문서에는 *FRUS*와 같이 발신인과 수신인의 성명 또는 직위를 기재하여 제목을 붙
였다.
7) NARA. RG 59. *IAK*. "Syngman Rhee to General Douglas Macarthur, Admiral Chester
W Nimitz", 1945.07.27(아름출판사 1995(제8권), 395면).

음에는 소련에 대한 배려 때문에 부정적인 태도를 취했다. 임시정부가 국제법상 주권을 인정받을 수 있는 요건을 갖추고 있는가는 순수하게 법리적인 문제였다. 그러나 소련에 대한 배려는 당대의 국제정치에서 무시할 수 없는 현실적 문제였다. 즉 2차대전의 수행뿐만 아니라, 종전 후 세계문제 처리를 위해서도 미국은 소련을 무시하고 일방적으로 행동할 수 없었다. 미국이 임시정부를 승인한다는 것은 임시정부와 경쟁적인 한인 공산주의 조직들의 정치적 정통성을 무효화하는 것을 의미했다. 소련은 그 점에 동의하지 않을 것이다. 왜냐하면 소련주재 미국대사 해리먼(Averell Harriman)이 간파하고 있듯이 "소련은 역사적으로 대소련 공격의 도약대인 핀란드, 폴란드, 루마니아와 같은 시각에서 조선을 바라보았음이 분명"하기 때문이다.[8] 즉 소련으로서는 소련에 적대적인 정치세력이 한반도를 장악한다는 것은 곧 소련의 안보에 대한 직접적 위협을 뜻했다.

이런 국제정치적 상황 때문에 미국은, 이승만의 서신에서 밝혀진 바처럼 1945년 4월 25일 이후 두달 동안 개최된 "샌프란시스코 회담에 참가한 연합국 50개국은 모두 합법적으로 구성된 정부의 지위를 갖지만, 대한민국임시정부와 다른 조선 정치조직들은 미국의 승인을 획득할 만한 조건을 충족시키지 못한다"고 주장했다.[9] 그리고 2차대전 막바지에는 얄따협정을 고려하여 대한민국임시정부의 승인을 거부했다.[10] 또한 1945년 9월 19

---

8) NARA. RG 59. *IAK*. "Harriman to Secretary of State", 1945.11.12(아름출판사 1995(제8권), 514~16면).

9) NARA. RG 59. *IAK*. "Syngman Rhee to Frank P. Lockhart", 1945.07.25(아름출판사 1995(제8권). 376~78면).

10) 한편 미국의 임정 불승인과 관련하여 구대열은 대외적 관계 또는 상황의 문제도 있었지만, 임정의 주체적 문제를 지적하였다. 그는 다음과 같이 말하였다. "(…) 그러나 중요한 문제는 미국이 독립 후 이 정부가 수행할 기능에 비추어 당시 충칭에서 활동하던 임시정부를 완전히 부정적으로 평가한다는 점이다. 미국은 중국 외교부와의 접촉, 충칭 대사관 관리들과 임정요인들의 직접 대담 및 미국 내 한국 독립운동단체들과의 접촉을 통해 임정에 관련된 정보를 얻고 있었다. 고스(Clarence Gauss) 미국대사는 임정에 대한

일에 수립된 주한미군정은 국내 자생조직인 건국준비위원회와 인민공화국 역시 부인하였다.[11]

한편, 일본의 최종적인 패전이 확정된 1945년 8월 14일, 대한민국임시정부의 외무부장이던 조소앙은 임시정부가 미국의 전후처리 관련 업무를 돕고 싶다는 제안을 했다. 심지어는 미군의 조선 점령에 협력하겠다는 제안까지 했다.[12] 그런데 미국은 점령군 외에 한반도에서 어떠한 정치세력도 합법적인 것으로 인정하지 않았다. 이 때문에 임시정부 요인들은 아무런 정치적 지위도 인정받지 못한 채, 개인 자격으로 귀국할 수밖에 없었다.[13]

바로 이것이 1945년 8월 15일 한국이 처한 국제정치상의 지위였다. 헌정

초기 보고서에서 조소앙이 미국의 승인과 군사원조만을 요구할 뿐 임정의 실상과 계획을 설명하는 데 극도로 모호하고 불만스러웠다고 술회하고 있다. 미국이 원하는 것은 중국정부와 임정의 관계, 만주의 한인 공산주의자와의 관계 등 구체적인 사안들인데, 조소앙은 이에 대해서 유익한 정보를 제공하지 못하고 '이제 모두가 하나로 단결하여 독립운동에 매진한다'는 식의 원론적인 발언만 계속할 뿐이었다"(구대열 1995, 269~70면).

11) 미국의 이러한 정책은, 북한에서 인민위원회 조직을 인정하고 이 위원회를 구성하는 공산주의자들을 공식적으로 지지한 소련 점령군의 정책과는 대조를 이룬다. 미국과 소련이 각각 점령지역에서 어느 특정 정치세력을 공식적으로 지지한다면 그것은 신탁통치안의 실현에 도움이 된다고 볼 수 없다(이정복 2006, 12면). 그러므로 소련의 이러한 정책은 소련이 신탁통치를 진지하게 추진할 의사가 없었음을 보여주는 것이다.

12) NARA. RG 59. *IAK*. "Hurley to Secretary of State", 1945.08.14(아름출판사 1995(제8권), 402면). 제안내용은 다음과 같다. "대한민국임시정부의 외무장관인 조소앙 씨가 8월 14일 대사관에 들렀습니다. 일본의 패망에서 미국이 한 바에 대해 축하의 말을 하고 나서 그는 (1) '대한민국임시정부'는 점령군, 특히 미국의 군대가 조선에 상륙할 때 협력하기를 바라고, (2) '대한민국임시정부'는 극동지역으로 흩어진 일본군대 내에 있는 백만의 조선인들을 무장해제하고 처리하는 데 미군을 보조하기를 바라고, (3) 조선의 혁명지도자들은 조선의 정치적 문제가 관련되어 있는 곳에서 자신들의 목소리를 내기를 소망한다고 말했습니다. 일례로 그는 일본, 만주, 러시아로부터 조선인들을 송환하는 문제와 조선 내 공장들의 처분문제를 언급했습니다."

13) NARA. RG 59. *IAK*. "Atcheson to Embassy (Chungking)", 1945.09.21(아름출판사 1995(제8권), 453면).

과 관련하여 말한다면, 한국인들이 1919년 이래로 어떤 헌정체제를 모색했든 우선 점령군의 의사를 고려해야 한다는 것을 의미했다. 그러므로 현대한국의 헌정은 일차적으로 '선택'이었다기보다 '운명'이었다. 그러나 다수의 한국인들은 이런 현실 상황을 거부했다. 반신탁통치운동은 그러한 의사의 표현이었다.

이승만은 한국의 즉각적인 독립, 즉 한국인에 의한 자치를 주장했다. 그는 1919년 〈대한민국임시헌장〉에 규정한 바와 같이, 자치를 위한 임시정부를 구성하기 위해 '1년 이내'에 총선거를 실시할 것을 주장했다.[14] 그리고 그 전 단계로서 대한민국임시정부 승인을 요청했다. 이승만은 그 논거를 다음과 같이 주장한다.

대한민국임시정부가 어떤 조건을 갖추지 못해 미국의 승인을 획득하는 데 실패하는지 저희는 알지 못합니다. 국제법에서 승인의 첫째 조건인 영속성은 대한민국임시정부에 의해 증명되었습니다. 대한민국임시정부는 반세기 이상 모든 폭풍우를 견디고 조선의 유일한 정부로 여전히 서 있습니다. 국제법상 요청되는 다른 조건은 그 정부에 대한 인민의 자발적인 지지입니다. 이 조건은 이미 조선 인민에 의해 충족되었습니다. 우리는 만장일치의 여론을 주장하는 것은 아닙니다. 그러나 국내외 우리 인민의 압도적 다수는 굳건히 우리를 후원하고 있습니다.

게다가 대한민국임시정부는 1919년 상하이도 다른 어떤 곳도 아닌 서울에서 조선의 13개 도대표에 의해 수립되었습니다. 여기 동봉한 것은 원문 독립선언서(Seoul Proclamation, 한성정부 국민대회 취지서·선포문·약법을 말함)입니다. 이 정부가 조선에서 조직되고 있는 동안, 동시에 상하이와 시베리

---

14) 1919년 4월 11일 공포된 〈대한민국임시헌장〉 제10조에는 "임시정부난 국토회복 후 만 일개년 내에 국회를 소집함"이라고 규정하였다.

아에서도 각각의 정부가 출현하였습니다. 그러나 서울의 성명이 전달되자마자, 다른 두 정부는 자발적으로 자기들의 계획을 철회하고 수천명의 조선인들의 삶을 댓가로 생명을 얻게 된 한성정부에 합하였습니다.[15]

이상과 같이 국제법 승인의 핵심 조건이 정부의 영속성과 정부에 대한 인민의 자발적인 지지이므로, 이승만은 대한민국임시정부가 승인을 받을 근거가 충분하다고 주장하였다. 그러므로 중국과 프랑스도 이미 사실상 임시정부를 승인했고, 재정적인 원조도 했다는 것이다.

그러나 이렇게 반탁을 주장한 이러한 우파 정치지도자들이 원했던 것은 액면 그대로의 민족자치노선이 아니었다. 민중에게 반탁은 말 그대로 즉각독립과 한국인의 자치를 위한 적극적 의사표명이었던 반면, 우파 정치지도자들의 경우는 연합국에 의해 그들의 정치적 정통성이 부인당한 결과 선택할 수밖에 없었던 수동적인 선택의 의미를 지니고 있었기 때문이었다. 임시정부의 신속한 승인을 바랐던 또 하나의 이유는 소련의 지원하에 공산주의자가 주도권을 장악하게 될 가능성이었다. 이승만의 편지를 계속 살펴보자.

---

15) NARA. RG 59. *IAK*. "Syngman Rhee to Frank P. Lockhart", 1945.07.25(아름출판사 1995(제8권), 376~78면). 한성정부로의 통합과 관련한 이승만의 이 주장의 맥락은 다음과 같다. 1919년 4월 상하이 임시정부 수립 후 8월에 대한민국임시정부의 통합문제가 제기되었을 때, 이승만은 자신을 집정관총재(president)로 선출해준 한성정부의 법통성을 주장하고 그 지위에 있기를 고수한 바 있다. 당시 상하이 임시정부의 국무총리 대리였던 안창호는 이승만의 이 주장을 수용하여 임시정부 개조 및 임시헌법 개정을 제안하였다. 그는 세 지역 — 국내(한성), 상하이, 어령(鵝嶺) — 에 구성된 임시정부를 통합하고, 이승만의 직책을 합법화하기 위해 상하이 정부의 '국무총리제'를 한성정부의 '대통령제'로 개조하여 한성정부의 인선을 그대로 수용하고자 하였다. 대한민국 임시의정원은 임시정부 개조안대로 국무원을 조직할 것을 결의하고, 이승만을 대통령으로 선출하였다. 서희경(1993, 20~31면) 참조.

만일 국무부가 조선 공산주의자들이 대한민국임시정부에 반대하는 정부를 수립할 수 있을 때까지 그 문제를 결정하지 않고 내버려둔다면, 그 불가피한 결과로 조선에서는 다수 조선 민족주의자들과 소수 공산주의자들 사이의 유혈사태가 발생할 것입니다. (…) 조선 인민들에게 그들의 선택에 따라 정부를 수립할 공정한 기회를 주겠다는 미국정부의 선의는 소련의 권세 하에서는 불가능할 것입니다. (…) 조선을 댓가로 한 1905년 이래의 일본유화정책이 진주만의 재앙을 낳았던 것과 마찬가지로 조선의 정의를 희생한 소련유화정책은 재앙을 초래할 것입니다.[16]

이승만의 견해는 선견지명을 지닌 것이었다. 그후의 사태가 그의 예견대로 진행되었기 때문이다. 이처럼 민족자치노선은 공산주의자들의 배제를 의미했고, 소련에 대한 유화정책 자체를 반대한 것이었다. 그러므로 이 시기 임정과 이승만의 민족자치노선은 한편으로 한국민족의 자치를 주장하면서도 다른 한편으로 미국과의 협조를 구하는 국제동맹노선이었다고 할 수 있다. 또한 공산주의자들과의 타협보다 투쟁을 염두에 둔 전선형성의 의미를 가지고 있었다. 즉 민족자치노선은 민족자치, 대미동맹, 반공이라는 세 가지 정치적 의미를 동시에 함축한 것이었다. 이 노선은 1948년 남한에서의 단독정부 수립 이후 현재에 이르기까지 대한민국의 기본적인 정치노선이 되었다.

2) 미국의 대한민국임시정부 부인과 한국문제에 관한 「공동정책선언안」

1945년 8월을 전후한 시점에서 미국은 임정과 이승만의 민족자치노선

---

16) NARA. RG 59. *IAK*. "Syngman Rhee to Frank P. Lockhart", 1945.07.25(아틈출판사 1995(제8권), 376~78면); *FRUS* 1945, 1032~36면.

과는 달리 한반도에서 새로운 전쟁을 피하고자 했으며, 소련을 자극하지 않으면서 미국의 이익을 최대한 확대하려는 입장을 취했다. 4강대국의 신탁통치안은 이러한 미국의 전략에 가장 합당했다. 왜냐하면 한국의 독립과 신탁통치와 관련된 사항은 최종적으로 미소 양국을 대표하는 공동위원회에 의해 결정되겠지만, 영국과 중국의 심의를 거쳐야 했기 때문에, 연합국 내 세력 면에서 우세한 미국이 상대적으로 유리한 입장에 있었던 것이다.[17]

소련으로서는 신탁통치안을 그다지 받아들이고 싶지 않았다. 1945년 11월 12일 주소련 미국대사 해리먼의 다음과 같은 보고는 소련의 대한정책의 진의를 잘 보여준다.

소련은 역사적으로 대소련 공격의 도약대인 핀란드, 폴란드, 루마니아와 같은 시각에서 조선을 바라보았음이 분명하다. 그러므로 소련은 조선에서 주도권을 갖고자 할 것이다. 소련의 주도권은 국제적 감독체제를 통해서보다는 '독립적이고 우호적인' 조선정권의 수립을 통해 더 잘 실현될 것 같다. 신탁통치는 소련에게 최고권을 보장해주기는커녕, 소련이 동등한 서너 표중 한 표만을 가지는 것을 의미한다. 결과적으로 조선을 어떻게 할 것인가

---

17) 모스끄바삼상회의 예비회담에서 결정된 한국의 독립과 임시정부수립, 신탁통치 관련 조항은 제3조에 제시되어 있다. 그 내용은 첫째, 한국 민주주의 임시정부를 수립하고, 둘째, 남한의 미군사령부와 북한의 소련군사령부의 대표로 구성된 공동위원회가 한국의 여러 정당 및 사회단체와 협의하여 한국 민주주의 임시정부의 수립을 도와주고, 셋째, 미소공동위원회는 한국 민주주의 임시정부와 협의하여 한국에 대한 5년 이내의 미·영·중·소 4대 신탁통치안을 실현하기 위한 안을 이 네 나라에 제출하고, 넷째, 남북한에 관한 긴급문제를 심의하고 남북한 점령군 사이의 행정적·경제적 문제에 관한 조정을 기하기 위해 양군 사령부 대표로 이루어지는 회의를 2주 이내에 개최한다는 것이었다. 이 최종합의안에는 미국의 초안과 달리, 소련의 주장으로 "한국의 정당, 사회단체와 협의하여 한국 임시정부를 설치한다"는 조항이 포함되었다(*FRUS* 1945, 1150~51면; 이정복(2006, 14면)에서 재인용).

라는 문제가 다른 강대국들에 의해 제기될 때까지 소련은 아마도 논쟁이 아니라 행동에 집중할 것이다. 즉 북조선에서의 정치적 공고화와 남쪽으로의 정치적 침투를 통해 민간통치 문제가 제기될 때까지 소련은 북조선에 정치적 토대가 마련되도록 할 것이다. (…) 만일 소련정부가 뒤에 남겨둘 수 있는 순종적이고 상대적으로 강력한 조선군대와 의용군을 북한이 갖는다면, 소련정부는 붉은 군대를 조선에서 철수하고, 동시에 우리의 군대도 철수하라고 압력을 행사할 것이다.[18]

해리먼의 의견 또한 선견지명이 있었다. 모든 사태가 그의 말대로 흘러갔다. 미소공동위원회가 결렬되면서 소련의 의도는 사실이 되었다.

초기에 미국은 한반도 북쪽에 친소련정부가 수립되는 것을 저지하고 신탁통치에 의해 통일된 한국 독립정부를 세우고자 하였다. 이런 관점에서 보면 임정과 이승만의 민족자치노선은 미국의 전략적 의도를 흔드는 것이 될 수 있었다.

1945년 9월 26일, 국무부 차관 딘 애치슨(Dean G. Acheson), 주미 중국 대사 웨이 다오밍(魏道明), 국무부 극동국장 빈센트(J. C. Vincent)는 한국 문제에 관해 논의하였다.[19] 이 대화에서 딘 애치슨은 미국무부 대한정책의 국제주의노선을 대변하여, 대한민국임시정부의 승인을 반대하고, 한국의 정부수립 문제는 '신탁협상에 참여하는 4강대국 협의의 문제'이며 한국의 미군정을 '신탁통치의 민간행정부'가 대신하여야 한다고 주장하였다.

그러나 미군정은 신탁협상보다 소련의 군사적 위협에 더 민감했다. 아마도 그들은 미국무부의 대소유화정책이 결과적으로 공산주의자들의 세력을 강화해 미국의 의도를 완전히 좌절시킬지도 모른다는 점을 우려했

---

18) NARA. RG 59. *IAK*. "Harriman to Secretary of State", 1945.11.12(아름출판사 1995(제8권), 514~16면).
19) NARA. RG 59. *IAK*. "Korea", 1945.09.26(아름출판사 1995(제8권), 472면).

다. 예컨대 국무부 차관 딘 애치슨의 의견 표명 20일 후인 10월 15일, 매카서의 주일 정치고문 조지 애치슨(George A. Atcheson)은 정부 수준이 아닌 집행위원회 수준의 행정기구를 조직하고자 하였다. 또한 집행위원회를 이끌 대표 인물로 이승만, 김구, 김규식을 지목했다.

　미국 군사정부에 협조하거나 지도를 받는 조직들의 핵심에서 일하면서 대중의 지지와 존경을 받는 지도자, 소규모 조직이 행정기구로 발전해야 한다. 이 핵심 조직의 명칭이 '대한민국임시정부'가 될 필요는 없고, '전한국국민행정위원회'(National Korean Peoples Executive Committee) 정도로 불릴 수 있다. (…) 이 위원회의 초창기에 활동할 인물로는 이승만, 김구, 김규식 등이 적당하다. (…) 한 지도자나 단체를 승인하고 지지하는 것이 과거 미국의 입장과 위배되기는 하지만 이에 대해 긍정적인 입장을 취해야 할 시기가 도래했다. 만일 미국이 긍정적 입장을 취하지 않으면 한국에서 겪는 어려움이 더욱 커질 것이고, 소련의 지시를 받는 공산주의 조직들이 남쪽의 경제상황이 악화된 틈을 노려 영향력을 확대할 것이다. (…) 하지(John R. Hodge) 장군과 이야기를 나누어봤는데 그가 나의 견해에 반대한다고 생각하지 않는다. (…) 위의 위원회를 미군정 밑에 두는 방법이 있다.[20]

---

20) NARA. RG 59. *IAK*. "Atcheson to Secretary of State", 1945.10.15(아름출판사 1995(제8권), 484~85면); *FRUS* 1945, 1091~92면. 애치슨이 주장한 이 구상에 대해 정병준은 "매카서와 하지가 신탁통치구상에 대해 반대하여 이에 대한 대안으로 제출된 것"이라고 주장하였다(정병준 1996, 143, 145, 160, 162면). 정용욱 또한 미군정이 "한국인의 반탁 의견을 집약할 수 있는 대표기관을 만들어 이곳으로 한국의 모든 정치세력을 집결시키고 싶어했다"고 주장하고 이 구상을 매개한 것이 "이승만과 독립촉성중앙협의회였다"고 하였다(정용욱 2003, 313면). 미군정은 1945년 가을 이래 신탁통치가 국내 정국에 미칠 파장을 우려하며 신탁통치라는 용어 대신 다른 용어를 사용할 것과 신탁통치 구상의 변경을 미국무부에 요청했다(주한미군사령부 군사실 1988, 310~22면). 이와 관련하여 커밍스는 남한의 미군정이 미국무부의 정책노선과는 달리, 점령 초부터 대소 봉쇄전략인 민족주의 정책을 채택했다고 비판하고 있다(브루스 커밍스 1986, 298, 300

조지 애치슨은 "한 지도자나 단체를 승인하고 지지하는 것이 과거 미국의 입장과 위배되기는 하지만 이에 대해 긍정적인 입장을 취해야 할 시기가 도래했다"라고 하여, 자신의 견해가 명백히 미국무부의 입장과 다르며, 미국무부의 태도가 전환되어야 할 시점이라고 주장하고 있다. 요컨대 남쪽에 미국에 우호적인 정치세력을 강화해야 한다는 것이다.[21]

그러나 미국무부는 정치고문 조지 애치슨의 입장을 거부하고 종래의 입장을 고수했다. 한달 후인 1945년 11월 16일에 결의된 미국무부 극동국 극동위원회의 공동선언안(Joint Declaration)은 '국제협약을 통한 정부수립'을 재차 권고하고 있다. 즉 신탁통치를 위한 '국제공동정책안'인 것이다. 블레이크슬리(George H. Blakeslee)가 미국무부 극동국장 빈센트에게 보

면). 그러나 필자는 하지가 반탁의 정치적 효과에 주목하여 반탁 입장을 표출했고 신탁을 반대할 대비책과 기구를 고려했다고 해도, 미군정이 미국무부의 점령정책인 신탁통치안에 반대했다고 보기는 어렵다고 생각한다. 하지는 제1차 미소공동위원회가 결렬된 후 국무부의 지시에 따라 김규식을 중심으로 좌우합작노선을 적극 지지하였고, 이들을 중심으로 신탁통치를 실현하고자 하였다.

21) 선행연구에서는 "그 구체적인 실현형태"가 "조직준비 단계에 놓여진 독립촉성중앙협의회"라고 주장하였다. 즉 하지가 "신탁통치대책의 반대 대안으로 이승만, 김구 등 임시정부세력을 중심으로 한 임시한국행정부를 구상하였다"는 것이다(정병준 1996, 145면). 이와 달리, 커밍스는 애치슨의 제안 5일 후에 보고된 미군정 정치고문 랭던(W. Langdon)의 정무위원회(governing committee) 구상(1945.11.20)에 대해 "점령 첫해 동안의 가장 중요한 문서"라고 평가하면서, 이 구상이 "1946년 2월의 민주의원, 1947년의 남조선과도정부, 1948년 이승만 단독정부의 종국적인 정권장악을 초래한 정책"을 설명한 것이라고 주장했다(커밍스 1986, 245면). 필자는 미군정이 신탁통치안과 상당한 거리가 있는 미군정의 독자적인 대안을 수립했다면, 그 핵심내용은 미군정 감독하에 일종의 한국인 위원회(committee, 정부 수준이 아님)를 먼저 구성하고, 이것을 발전시켜 군정을 계승하며 종국에는 정부 수립을 유도하고자 하는 것이었다고 판단한다. 이 위원회는 첫째, 미군정 내의 한인화를 달성하기 위한 기구의 성격을 지닐 뿐만 아니라 둘째, 미소공동위원회 재개를 대비한 대표기구의 성격도 동시에 지녔던 것이 아닌가 생각된다. 독촉과 민주의원, 그리고 남조선과도입법의원도 이러한 특징을 띠었다고 볼 수 있다.

낸 비망록에 첨부된 공동선언안 내용은 다음과 같다.

조선에 대한 일본의 통치를 종식하는 공식적인 성명이 요구된다는 애치슨(Atcheson)의 요청에 대한 답으로 첨부된 공동선언안이 극동위원회의 다수대표에 의해 결의되었습니다. (…) 공동성명안은 애치슨이 고려하고 있던 선언과는 완전히 다르다는 점을 주의해야 합니다. 그러나 극동위원회는 이것이 더 바람직한 절차라고 생각합니다. 문제는 합의와 조기 공동 동시발표를 위해 다른 해당 3개국에 즉각 제시될 조선 신탁통치 및 독립에 관한 4개국 정책선언의 본문을 공식화하는 것입니다. (…) 일본의 항복문서를 받은 연합국 ─미국, 중국, 영국, 소련─ 은 가장 조속한 기회에 다음 공동선언에 합의하고 그것을 발표해야 합니다.[22]

공동선언안

1945년 7월 26일 미국, 중국, 영국 정부가 ─결과적으로 소련사회주의연방공화국 정부를 포함하는─ 발표한 포츠담선언에서 그들의 약속에 따라 〔한국인의〕독립된 정부의 권력행사는 최대 1951년 3월 1일까지 유예된다는 조건하에 이 문서로 한국의 독립승인을 선언한다.[23] 이 기간 동안 한국은 그러한 권력의 완전한 행사를 위해 한국의 인민을 준비시키는 목적을 띤 국제신탁하에서 총괄 관리될 것이다. 그러므로 4개국 정부는 유엔헌장 제12장의 조항 내에서 신탁통치 합의에 대한 협상을 착수하여야 한다. (…) 1945

22) NARA. RG 59. *IAK*. "Enclosure: Joint Declaration of Policy Concerning Korea", 1945.11.13(아름출판사 1995(제8권), 520~23면).

23) 전문에 이와 관련하여 다음과 같이 언급하였다. "극동위원회 위원들은 이 공동성명안에 (…) '1951년 3월 1일'이라는 날짜를 넣는 것이 현명한지에 대해 완전한 의견일치를 보지 못하고 있다. 어떤 경우든, 위원회는 만일 나머지 3개국 중 어느 한 나라라도 특정 날짜에 반대를 표한다면, (…) 이 날짜를 빼버리고 '가능한 빨리'와 같은 일반적인 구절로 대체하는 것도 권고하였다."

년 2월 끄림회담(얄따회담)과 1945년 5월 모스끄바에서의 토의한 결과, 미국, 소련, 중국은 4강대국이 독립정부의 권한을 조선인들이 완전히 행사할 준비가 되도록 한국에 대한 임시신탁통치를 실시해야 한다고 의견을 모았다. 영국은 이 제안에 아직 찬성하지 않았다.[24]

이상과 같이, 해방 초기 독립과 정부수립에 관해 미국과의 인식 차가 줄어들지 않고 미국에 의해 의도적으로 배제되는 상황이 지속되자, 이승만, 김구 등은 1946년 초부터 반탁운동에 돌입했다. 그것은 미군정의 표현대로 '미군정에 대한 쿠데타'이자 미국의 대 한반도 전략의 뿌리를 흔드는 것이었다.

3. 민족자치노선과 국제협력노선의 대결(2): 반탁과 신탁을 둘러싼 정치통합

1) 미군정의 중도파 지원과 남조선과도입법의원 설치: 미국의 '신탁-통일정부안'과 이승만의 '반탁-단독정부안'의 대립

1946년에는 미국의 한반도 통합전략이 결정적인 위기에 직면하여 표류하게 된다. 이 위기는 소련과 남북의 공산주의자들, 그리고 남한 우파들의 저항으로부터 초래되었다. 미국은 전략을 포기할 수도, 그 반대로 전략을 진전시킬 수도 없는 교착상태에 빠졌다. 이 때문에 이 시기 미국의 입장과 정책은 매우 '모호'하고 '유동적'이었다. 그러므로 이 시기 미국의 진정한

---

24) NARA. RG 59. *IAK*. "Office Memorandum: George H. Blakeslee to John Carter Vincent", 1945.11.16(아름출판사 1995(제8권), 519면).

의도에 대한 해석은 매우 논쟁적이다.

다른 한편, 남한의 민족자치론자들은 미국의 신탁통치안을 좌절시키고 즉각 한국 독립정부를 수립하기 위해, 신탁통치에 대한 일반민중의 정서적인 분노를 정치적으로 동원하고 조직했다. 이는 3·1운동 이후 한국 민중을 가장 성공적이고 대규모로 조직, 동원한 한국 현대사 최초의 대중정치운동이었다. 또한 이들은 공산주의자들의 찬탁을 계기로, 미국의 유화적인 대 소련정책을 좌절시키고 우파의 정치적 결집점을 확립하기 위해 반공산주의 정치전선을 형성하였다. 이렇게 1946년은 그동안 잠재해 있던 국제협력노선과 민족자치노선이 대격전을 벌인 시기였다.

1946년 1월 16일, 미국은 앞에서 살펴본 미국무부 「공동선언안」의 구체적 실행을 위해 소련과 신탁통치 합의에 대한 협상에 착수하였다. 그것은 미소공동위원회에서 소련과의 협의를 통해 한국문제를 해결하는 방안이었다. 그러나 미국과 소련은 한반도 임시정부의 성격과 참여단체의 범위를 놓고 합의에 도달할 수 없었다. 신탁통치에 의한 통일임시정부 수립은 소련에 유리한 것이 아니었다. 모스끄바삼상회의 결정이 알려지자 즉각적으로 거국적인 반탁운동을 전개한 한국 우파들은 아이러니컬하게도 소련의 의도를 강화해주었다. 다른 한편 공산주의자들의 찬탁은 소련의 입장을 약화하고, 미국의 입장을 강화해주었다.

그러나 소련은 실질적인 의도를 은폐한 채, 임시정부에 참여할 수 있는 사회단체의 범위를 신탁통치에 찬성하는 집단으로 한정하자고 제안했다. 이러한 제안은 미국이 받아들일 수 없는 것이었다. 그러므로 공산주의자들의 참여범위 한정 제안은 결과적으로 미소공동위원회를 결렬시키는 계기를 마련함으로써 미국의 전략적 의도를 좌절시켰다. 결과적으로 보면 소련의 전략은 한국의 국내 정치세력에 의해 총체적인 지원을 받았지만, 미국의 전략은 어떠한 세력에 의해서도 지원받지 못했다.

1946년 5월, 제1차 미소공동위원회가 소득 없이 끝나자 미국의 전략은 현실적 가능성이 모호해졌다. 1946년 8월 29일 아놀드(A. V. Arnold) 군정 장관은 "미소공동위가 다시 재개될 수도 있지만, 휴회를 야기했던 그 교착 상태에 빠지지 않고 공동위가 재개될 희망은 거의 없다"고 진단했다.[25] 다른 한편 북한의 정치적 상황은 미국의 전략을 더욱 곤란하게 만들었다.

이 시기 북한에서는 소련의 군정이 종식되고 한국 공산주의자들에 의한 실질적인 정부 수립이 진행되고 있었다. 1946년 11월 평양 제24단의 연락 장교는 이에 관한 보고서를 제출했다.[26] 이 보고서는 소련군정의 정책 변화를 언급하고 있는데, 소련이 점차 한국인들에게 자리를 넘기고 있다는 것이다.[27]

> 지난 한달 동안 (⋯) 소련 사령부가 군정의 기능에서 물러나고 대신 임시 인민위원회가 전면에 나서고 있는 것은 분명한 것 같습니다. 지금까지 군정 사령관인 로마넨꼬(J. V. Romanenko) 장군의 본부에는 24시간 경계가 서 있었습니다. 그러나 최근에 미군 연락장교는 어떤 호위도 받지 않고 본부의 어떤 사무실에나 출입할 수 있게 되었습니다. 이것은 소련의 군정이 종식되었다는, 혹은 종식되고 있다는 외견상의 증거입니다. 그럼에도 불구하고 정치적으로는 여전히 소련의 영향력이 활발하다고 믿습니다. (작성자 Walter F. Choinski Lt. Col.)

---

25) NARA. RG 59. *IAK*. "Conversation with Major General A. V. Arnold", 1946.10.09(아름출판사 1995(제1권), 115~17면).

26) 이 보고서는 11월 14일에 만들어졌으며, 서울에 있는 정치고문 랭던이 다시 본국에 보고한 것이다. NARA. RG 59. *IAK*. "Report on Current Events in North Korea", 1946.11.19; NARA. RG 59. *IAK*. "The Situation of Korean Peninsula(Times Nov. 14)", 1946.11.15(아름출판사 1995(제1권), 127~28, 129~33면).

27) NARA. RG 59. *IAK*. "Report from North Korea-Nov. 14"(아름출판사 1995(제1권), 130~33면).

남북 양쪽에서의 교착상황은 미국으로 하여금 모종의 조치를 취하도록 압박했을 것이다. 그 결과가 남조선과도입법의원의 설치였다.[28] 이 기관은 미군정 통제하에 있었다는 점에서 독립 자치의회는 아니었다. 그러나 이 조치는 전술한 1945년 10월 15일, 매카서의 주일 정치고문 조지 애치슨의 제안을 받아들인 것이다. 그는 "'대한민국임시정부'가 될 필요는 없고, '전한국국민행정위원회' 정도로 불릴 수" 있는 한국인의 정치조직을 군정 안에 설치해야 한다고 제안했었다. "한 지도자나 단체를 승인하고 지지"하자는 이 제안은 미국의 입장과 배치되는 것이었지만, 이제는 상황에 따라 미국의 한국 통합전략에 일정한 변화가 발생했던 것이다.

그러나 이 변화가 미국의 본래 전략을 포기하는 것을 의미하는지는 분명하지 않다. 왜냐하면 미군정은 남조선과도입법의원 설치를 위해 중도파인 김규식(金奎植)만을 선택했기 때문이다. 당초 애치슨은 김규식과 함께 이승만, 김구를 추천했다. 미군정은 왜 우파가 아닌 김규식과 좌우합작위원회를 지원하였는가?[29] 이것은 "좌파와의 연립이 불가능한 상태에서 가능한 한 장차 수립될 정권의 지지기반을 넓혀보려는" 전략적 시도 정도였을까?(박명림 1995, 205면)[30] 필자가 보기에, 이 시기에 미국은 어느 하나의 대안을 선택할 수 없는 모호한 상태에 처해 있었다. 그 결과 두개의 가능성을 모두 열어둔 형태의 정치적 선택을 했던 것으로 생각된다. 그것은 이후

---

28) 이와 관련한 선행연구는 다음과 같다. 김혁동(1970; 1995); 김영미(1993).

29) 정용욱에 따르면 미국의 중간파 통합계획은 "좌우익 내부로부터 중간파의 조직적 분리 가능성, 1차 미소공동위원회 결렬 이후 중간파를 중심으로 한 민족통일전선운동의 고양 이에 대한 대중적 기대감의 확대, 중간파를 통해 좌우 대립상태를 완화시켜보려는 정계의 분위기, 중간파 자체의 통일전선 결성 노력의 출현 등을 종합적으로 검토한 뒤에 마련되었다"(정용욱 2001, 152면).

30) 한편 정병준은 "미군정이 사기에 가까운 기만책으로 여운형, 김규식 등 좌우합작세력을 농락했고, 여운형은 좌우·남북으로부터 온갖 비난과 모함에 시달려야 했다"고 주장했다. 또한 하지는 "표면적으로 좌우합작운동을 지지하는 태도를 취했다"고 하였다(정병준 1997, 26, 27면).

미국의 입장이 두개의 대안이 상호 교차되며 경쟁적인 형태로 나타나고 있음을 보아 알 수 있다.

1946년 5월 말경, 김규식과 여운형(呂運亨)은 이미 좌우합작을 시도하고 있었다. 6월 30일, 하지는 좌우합작을 지지하는 공개성명을 발표하였다.[31] 그리고 7월 9일, 미군정은 남한 단독의 입법기관 설치를 성명하였다. 그런데 당시 남한 정치에서 과도입법의원 설치는 '찬탁'이라는 미국의 국제협력노선을 강화하기 위한 국내정치로 이해되었다.[32] 미군정 경제고문 번스는 "남한에서 미군정은 (먼저) 우파의 충고를 수용하였고 우파를 정부 내 요직에 임명했지만, 이들이 하지 장군을 공격하고 반탁시위를 주도함에 따라 김규식과 합작위원회를 지지하였다"고 말했다.[33]

이에 대한 민족주의 우파의 반응은 즉각적이었다. 1946년 6월 3일 정읍에서 이승만은 "무기 휴회된 공위가 재개될 기미도 보이지 않으며, 통일정부를 고대하나 여의케 되지 않으니, 우리는 남방이라도 임시정부 혹은 위원회 같은 것을 조직하여"야 할 것이라고 주장하였다(『서울신문』 1946.6.4).

---

31) 이 시기 아놀드 군정장관은 이승만, 여운형과는 달리, 김규식을 한국의 정치가 중에서 "가장 비이기적인 지도자"라고 높이 평가하였다. 또한 "여운형은 명석하고 인격을 갖추었으나 단호하지 못하며, 김구는 완전히 힘을 잃어버렸고, 이승만은 강한 힘을 가지고 있으나 완전히 자기 목적만을 추구하는 사람"이라고 하였다(NARA. RG 59. *IAK*. "Conversation with Major General A. V. Arnold", 1946.10.09(아름출판사 1995(제1권), 115~17면)).

32) 정병준은 좌우합작을 하면서도 여운형과 김규식의 정치적 의도는 상이했다고 주장했다. "여운형은 중도우파를 극우파로부터 분리시킴으로써 미소공동위원회의 성공을 의도했던 반면, 김규식과 미군정은 정반대로 여운형 세력을 극좌파로부터 분리시킴으로써 독자적 정치세력화와 미군정의 지지기반 강화를 노렸다"는 것이다(정병준 1997, 26면). 선행연구에서 여운형이 '미소공동위원회를 통한 자주적인 임시정부를 추구했다'고는 주장되었으나, 그가 '신탁통치'를 '자주'정부 수립과의 관계에서 어떻게 이해하고 있었는지는 충분히 검토되지 못했다.

33) NARA. RG 59. *IAK*. "Arthur C. Bunce to Edwin M. Martin", 1947.02.24(아름출판사 1995(제1권), 189~96면).

이승만의 정읍 발언 기사, 『서울신문』(1946.6.4).

이 발언은 한국 분단을 공개적으로 주장한 최초의 발언으로 알려져 있다. 그러나 '남방'이라는 지리적 경계를 명시하지 않았지만 처음부터 좌우합작의 가능성을 부인하고 있었다는 점에서, 이러한 입장은 1945년을 전후한 민족자치파의 일관된 입장이었다.

나아가 1946년 10월 이승만은 이러한 미군정의 중도파 지원정책에 반대하여 우선 입법의원의 설치가 아닌 즉각적인 남한 임시정부 수립을 주장하였다. 그 견해는 올리버(Robert T. Oliver)와 미군정 당국의 대화에서 좀 더 자세히 살펴볼 수 있다. 올리버는 첫째, "남한에서 임시정부가 즉각 건립되어야 하며, 정부의 기능은 한국인 자신들에 의해 수행되어야 한다"고 주장하였다.[34] 그러나 그는 또한 "소련의 공격에 대비하여 미국은 소규모

---

34) NARA. RG 59. *IAK*. "Current Situation of Korea", 1946.10.23(아름출판사 1995(제1권), 123~24면). 이 보고서는 1946년 10월 18일에 있었던 토론에 참석자 중 한 사람인 더닝(Dunning)이 정리하여 미국무부에 보낸 것이다. 올리버의 요청에 의해 이루어진 이날 토론에서 그는 한국 상황에 대한 자신의 견해를 제시했다. 그는 씨러큐스 대학의

의 전술군을 계속 유지하여야 한다"고도 말하였다.

둘째, 남한 임시정부 수립의 필요성을 역설하기 위해 미군정이 얼마나 비효율적이고 지지받지 못하는지를 주장했다. 그는 "남한만의 정부라도 미군정보다 효율적"이라고 말했다. 또한 남한에서는 다음 네 그룹만이 미군정을 지지한다고 말했다. (1) 자신들의 조직이 더 잘 정비될 때까지 한국인들에 의한 정부보다 미군정을 선호하는 공산주의자들, (2) 군정하에서 처벌을 피하고 있는 일본 협력자들, (3) 선교사들과 군정과의 접촉을 통하여 이익을 얻는 영어를 사용할 수 있는 한국인들, (4) 군정 직원들.

셋째, 그는 이승만의 실질적인 지도력이 인정되어야 한다고 주장했다. 김규식이 과도입법의원을 이끌게 되겠지만, 모든 가능성에 비추어볼 때, "이승만이 권좌 뒤에서 권력을 차지하게 될 것"이라고 말했다. 이승만은 남조선과도입법의원이 개원되기 직전인 12월 2일 미국정부를 직접 설득하기 위해 도미했다.

과도입법의원은 미국이 기대하는 만큼 효과적이지 않았다. 이와 관련하여 1946년 12월 미군정 정치고문 랭던이 미국무부에 보낸 당시의 정치상황에 대한 요약보고서를 살펴보자.

과도입법의원은 계속해서 대중의 관심의 초점이 되고 있으나, 생각했던 모든 것들은 출발부터 순탄치 않아 보입니다. 20일이 되었을 때, 개원을 보이콧했던 17명의 한국민주당원들이 선서하고 양보하였으며, (…) 이 기간 [12월 16~31일]이 끝날 무렵에는 90명의 의원 중 82명이 등원하였습니다.[35] 8명의 결석한 의원들은 여운형과 인민당의 장건상 박사(미국에서 교육받

언어학 교수로, 당시 보성전문학교에서 여름학기 강의를 하였으며 이승만 노선의 지지 자였다.

35) 90명(민선 45명, 관선 45명)의 남조선과도입법의원 중 민선의원의 소속정당을 살펴 보면 한민당 14명, 독촉 17명, 한독당 3명, 인민위원회 2명, 무소속 9명이었다.

음), 그리고 제주도에서 선출된 인민위원회 소속의 두 의원(이들은 공산주의자들이 지배하는 민주주의인민전선의 방해를 받아 나오지 못함), 세명의 '임명된' 우파인사, 그리고 (…) 조소앙입니다. 그러나 (입법의원의) 문은 계속해서 열려 있으며, 그들에게 등원하도록 간청하고 있으므로 그들이 들어올 수도 있습니다. 입법부는 (…) 의원법안을 이미 기초하였으며, (…) 두 명의 부의장을 선출할 것입니다. 비록 의원들이 의회절차에 미숙하고, 국가적인 문제에 대한 인식이 적절치 못하며, 정치적인 차원에서 순진하고, 당장 해결해야 할 문제를 두고 옆길로 벗어나는 경향 등이 있지만, 그들은 열심히 하고 있고, 스스로를 매우 진지하게 대하며, 위엄있게 행동합니다.[36]

랭던은 의원들의 보이콧과 자질부족으로 과도입법의원의 진로가 순탄하지는 않으나, 낙관적인 전망을 하고 있다. 그러나 1946년 12월 31일 번스의 보고서는 랭던의 보고서와 달리 매우 비관적이다.

입법기구가 정말로 효율적으로 기능하도록 만드는 것은 어려울 것이다. (…) 다양한 그룹들의 정치적 투쟁의 상황 속에서, 입법부가 기능을 유지하도록 하고, 의원들이 입법의원에서 나가버리는 사태를 막는 것은 매우 어려운 일이다. 김규식의 지도하에 있는 비한민당 의원들은 군정에 대해 심각한 적대감을 표시한다. 그들은 매우 분명하게 입법부는 군정의 한 부분이나 도구가 아니라고 말한다. 좌파와 중도파 사람들은 몇몇 경우에 등원을 거부하였는데, 왜냐하면 "입법의원은 군정의 도구일 뿐이고, 우리는 이 속에서 어떤 역할도 할 수 없기 때문이다"라고 말하고 있다. 이러한 태도의 원인 중 하나는 한국인 정부직원들 상당수가 한국민주당 당원이며, 그들이 군과 면

---

36) NARA. RG 59. *IAK.* "The Conditions of the Interim Legislative Assembly and Economic matters in South Korea", 1947.01.14(아름출판사 1995(제1권), 144~48면).

의 지방정부기관에도 많은 통제를 행하고 있다고들 말한다. 또 그들이 대부분 경찰도 통제하고 있다고 한다. 그래서 군정 내에서조차도 하지 장군의 임명에 따른 권력 이전에 강한 반대가 있다.[37]

이처럼 미국의 의도를 지지할 것으로 기대되었던 김규식 지도하의 의원들은 과도입법의원의 정치적 독립성을 지나치게 강조하는 경향이 있었다.[38] 입법의원을 통해 실질적인 권력행사를 기대했던 좌파와 중도파는 행정기관과 경찰 등을 실질적으로 장악하고 있는 한민당 지지자들의 비공식적 권력 앞에서 좌절했던 것이다.[39] 그에 따라, 이는 이승만의 실질적 지도력을 강조했던 올리버의 주장과 상통한다.

---

37) NARA. RG 59. *IAK*. "Political developments in South Korea and other things", 1946.12.31(아름출판사 1995(제1권), 135~42면).

38) 여운형 등의 중도좌파가 입법의원에 불참한 것은 이 점을 상징한다. 좌우합작위원회의 의도는 "좌우합작에 유리한 공간과 조건을 확보하고 미소공동위원회를 재개시키며 나아가 남북합작을 통한 임시정부 수립을 전망"하는 것이었다. 그러므로 좌우합작운동 내지 그 외양을 입법기구의 대표성을 주장할 수 있는 근거로 활용하려고 했던 미군정의 의도와는 상이했다(정용욱 2001, 153면).

39) 번스의 이러한 주장에 기반하여 설립된 것이 과도입법의원연락위원회(Legislative Liaison Committee)이다(1946년 12월 31일). 이 위원회는 한국의 입법부와 연락하고 협력하여 문제들을 해결하려는 데에 목적이 있었다. 군정은 이 특별위원회를 통해 법률을 기초하고 권고안을 만드는 점에 있어서 입법의원을 감독하고자 하였다. 또한 의원들이 군정으로부터 적절한 대우를 받지 못하고 있다고 느낄 때 "충격을 흡수하고 항소법원과 같은 역할을 담당"하도록 하고자 하였다. 위원회의 위원들은 John Weckerling (chairman), E. F. Dukes (co-chairman), A. C. Bunce (economic matters), John K. Cullen (social educational matters), L. J. Lincoln (administrative matters), L. M. Bertsch (political matters) 등이다.

2) 국제협력노선의 좌절과 민족자치파의 승리: 우파의 통합과 중도파의 분열

1947년은 미국의 한국 통합전략이 완전히 좌절되고, 이승만과 김구의 민족자치노선이 마침내 승리를 거둔 해였다. 과도입법의원 출범으로 수세에 몰렸던 반탁운동 그룹은 1947년 초 제2차 반탁운동을 통하여 중도파세력을 침몰시키고, 미국으로 하여금 현실을 인정하게 만들었다.

앞서 언급한 바와 같이, 1946년 말 이승만은 반탁운동으로 압력을 가해 미군정의 의도를 완전히 좌절시키고자 하였다. 그러나 뜻대로 되지 않자, 12월 2일 그는 미국으로 갔다. 미국에서 이승만은 세계적으로 냉전이 강화되어가는 정세를 이용하여 한국문제와 관련한 국무부 극동정책—국제주의자들의 정책—에 불만을 강력히 토로했다.[40] 이에 관해 1947년 1월, 미국무부 극동국장 빈센트가 라이언(Frederic B. Lyon)에게 보낸 보고서를 보자.[41]

이승만은 자신의 특별사절로 일하고 있는 루이즈 임(Louise Yim)을 통해 외국군의 철수, 조선의 즉각적인 자유, 조선의 유엔가입을 위해 로비활동을 전개하고 있다. (…) 이승만의 미국 내 활동전략은 두 가지이다. 첫째는 〔하지와의 갈등을 과대 선전하여〕 이승만 자신을 미국인들의 눈에 억압받고

---

40) NARA. RG 59. *IAK*. "Enclosure 2: Korea", 1947.01.24(아름출판사 1995(제9권), 101면).

41) 빈센트가 라이언에게 보낸 G-2 보고서에는 이승만의 미국 내 활동에서 핵심적인 역할을 하는 여러 인물들에 대한 소개가 있다. 워싱턴에 있던 이승만의 본부(구미위원부)를 감독하는 사람은 벤 림 대령(Ben Limb, 임병직)으로 일본상품들을 판매하는 사람이었다. 존 스태거스(John W. Staggers)는 이 단체의 브레인이다. 루이즈 임(Louise Yim, 임영신)은 미국 내에서 자금을 모으는 데 뛰어나다. 이외에 이승만의 오랜 친구인 굿펠로우(Preston Goodfellow) 대령은 이승만을 위해 광범위한 인맥을 제공해주고 있다. 로버트 올리버 박사는 젊고 야심찬 사람으로 조선에 대한 논문들을 쓰거나 강의를 하며 의회 의원들과 언론인들에게 편지를 보내고 있다(NARA. RG 59. *IAK*. "The Activities of Dr. Rhee and His Supporters in the U.S.", 1947.01.24(아름출판사 1995(제9권), 96면)).

학대받은 조선인들의 지도자로 각인하는 것이고, 둘째는 미국 내의 강력한 반공주의 물결을 업고 반행정부 세력을 강화하여 미국무부의 대 한반도 정책과 이승만에 대한 그들의 태도에 영향을 미치려는 것이다.[42]

반탁운동이 다소 소강상태에 빠졌던 이 시기에 민족자치파의 정치적 입지가 대폭 강화된 것은 두 가지 사건 때문이었다. 첫째는 놀랍게도 1947년 1월 20일 남조선과도입법의원의 다수가 신탁통치 반대결의에 찬성하여 반탁결의안을 통과시켰다는 점이다. 하지는 이것을 '어리석은 행동'이라고 반대했지만, 미국의 의도는 결정타를 맞게 되었다. 그리하여 미국의 반대에도 불구하고, 신탁통치 반대주장은 이승만의 리더십하에 '국가적 이슈'로서 부동의 지위를 획득했다.[43] 그리고 이것은 결국 남한의 헌정체제 형성에 직접적이고도 항구적인 영향을 미쳤다.

둘째, 반탁결의안 통과사건에 고무된 이승만과 한민당, 그리고 임시정부 한독당 계열이 반신탁통치 명분 아래 통합되었다는 사실이다. 이는 공산주의자들과 달리 조직적 구심점이 결여되어 있던 우파들에게 새로운 정치적 무기가 주어졌음을 뜻했다. 랭던은 이와 관련하여 다음과 같이 미국무부에 보고하였다.

승리에 도취되어 이승만과 김구 일파는 그들의 힘을 통합하여 반탁그룹

---

42) NARA. RG 59. *IAK*. "Enclosure 1: Dr. Rhee's Lobby in America and its Recent Activities by Headquarters", 1947.01.09(아름출판사 1995(제9권), 97면).

43) 그러나 반탁을 핵심이슈로 한 민족자치파의 주장은 곧 단독정부 수립을 긍정하는 길로 나아갔고, 그것은 곧 분단을 고착함으로써 강력한 동맹의존정책을 초래했다는 점에서 역설적이다. 미군정의 한인화 과정도 마찬가지이다. 한인화 과정이 "자주성과 민족 독자성을 높이는 것이기도 하였지만, 또한 그것은 분단질서를 수용하여 독자적인 길을 가겠다는 것을 의미했다는 점에서 자기분열적인 것"이었다(박명림 2003, 205면).

을 강화하려고 하였습니다.[44] 〔1947년 1월〕 24일날 그들의 세 ○○인, 독촉, 민족통일총본부, 비상국민회의는 각자의 당과 35개의 집단을 통합하기 위한 모임을 가졌습니다. 25일날 (…) 26개 집단이 작년 4월 25일에 신청하였던 미소공동위원회 교섭단체 등록을 철회하였습니다. 그 집단들은 김구, 조소앙, 그리고 한국민주당 총수인 김성수에 의해 지도되는 반탁독립투쟁위원회에 참여하기로 맹세하였습니다. 반탁 투표에 뒤이어 이승만의 민족통일총본부는 군정 지도부에게 윌리엄스의 신탁통치 발언 철회 등을 요구하는 메시지를 기초하고 결의안을 통과시켰습니다.[45]

반탁으로 분위기를 반전시킨 것은 미소공동위원회의 11개 조항 공표, 신탁통치 관련 윌리엄스(John Williams)의 발언 등이었다. 미국무부 한국문제 국장 윌리엄스가 윌슨 노먼 칼리지에서 "조선인들이 신탁통치에 찬성하는 쪽으로 입장을 선회했다"고 말한 것이 민족자치파를 자극했던 것이다.[46] 반탁운동이 새로이 힘을 얻어가자, 이에 대해 랭던은 반탁진영의 승리가 "다소 의심스럽고 순간적인 가치만을 가지고 있는 것처럼 보"이며, 미군정의 적절한 대응으로 이승만의 쿠데타를 좌절시켰다고 보고하였

---

44) 한편 김구는 1947년 1월 13, 15, 23일 미국 대통령과 국무장관에게 신탁통치에 반대한다는 서신을 보냈다. 그의 서신의 내용은 다음과 같다. "카이로와 포츠담선언을 통해 조선의 독립을 약속받았지만 미군과 소련군의 분할통치 때문에 남과 북으로 갈리어 고통을 받고 있다. 38선이 폐지되고 신탁통치는 취소되어야 한다"(NARA. RG 59. *IAK*. "Kim Koo to President", 1947.01.13(아름출판사 1995(제9권), 70~72, 74, 76면)).

45) NARA. RG 59. *IAK*. "Summary Political Conditions January 1 to 31", 1947.02.09(아름출판사 1995(제1권), 155~62면).

46) NARA. RG 59. *IAK*. "Cho Sungwhan to John Williams", 1947.01.17(아름출판사 1995(제9권), 80면); NARA. RG 59. *IAK*. "Ben C. Limb to George C. Marshall", 1947.01.28(아름출판사 1995(제9권), 79면). 조성환과 벤림(임병직)은 이 발언이 "조선의 상황에 대한 무지에서 비롯된 것"이라고 강력히 비판하였다.

다.[47] 하지만 사태는 전혀 그렇지 않았다. 반탁운동의 민족주의적 대의가 지닌 압력은 너무 강력하여, 좌우합작운동의 정치적 용기와 인내력을 소진시켜버렸다. 그것이 무너지자 반탁운동의 격류를 제어할 힘은 더이상 존재하지 않았다.

남조선과도입법의원은 1946년 12월 12일 개원하였다. 앞서 언급한 바와 같이, 1947년 1월 20일 과도입법의원의 다수가 반탁결의안을 통과시켰으므로 과도입법의원의 정치적 내구력은 불과 한달 정도였다. 이후 좌우합작위원회는 좌우의 극단주의자들로부터 비난받았고, 해산을 강요받았다. 허헌의 지도 아래 있던 극좌파는 박헌영(朴憲永)에 대한 체포영장 철회, 군정이 인민들에게 귀속재산을 이전할 것, 과도입법의원과 좌우합작위원회의 해산 등을 요구하였다. 중도좌파 의원들 역시 반탁투표를 비판하였고, 입법의원이 그 이슈에 대해 국민들에게 말하는 것을 부정적으로 보았다.[48]

그러나 좌우합작위원회는 중도좌파의 지지를 얻기 위하여 정치범 석방 탄원서를 입법기관에 신청하였고, 민주주의임시정부가 등장할 때까지 계속해서 7가지 기본원칙을 위해 싸울 것이며,[49] 여운형을 계속 지지할 것이

---

47) 랭던은 미군정의 대응을 다음과 같이 설명하였다. "아마도 한국에 대한 미국의 정책을 재설명하고 시위가 옳지 않으며 남한 단독의 정부수립이 한국문제를 해결할 수 있다는 주장(이승만 테제)의 부조리함을 설명한 1월 16일의 하지 장군의 연설과, 학생들이 뿌리는 전단에 대한 압수, 시위 주동자 체포, 평화를 깨뜨리는 사람을 엄히 처벌하겠다는 경찰 지도부의 경고, 이승만에 대해 영향력을 가진 미국인들을 통해 이승만으로 하여금 예정된 폭력적 활동을 포기하도록 하는 압력의 결과로, 시위는 실패하였다. 1300명의 학생들만이 모였으나 김구의 훈계로 모두 흩어졌다"(NARA. RG 59. *IAK*. "Summary Political Conditions January 1 to 31", 1947.02.09(아름출판사 1995(제1권), 55~162면)).

48) NARA. RG 59. *IAK*. "Summary Political Conditions January 1 to 31", 1947.02.09(아름출판사 1995(제1권), 155~62면).

49) 좌우합작 7원칙은 다음과 같다. ① 조선의 민주독립을 보장한 삼상회의 결정에 의하여 남북을 통한 좌우합작으로 민주주의 임시정부를 수립할 것. ② 미소공위 속개를 요청하는 공동성명을 발할 것. ③ 토지를 농민에게 무상으로 분배하고, 중요 산업 국유화, 시방자치제 확립 등을 토대로 민주주의 건국과업에 매진할 것. ④ 친일파 민족반역자 처리

152

라고 선언했다.[50] 그러나 그들은 좌우합작과 미소공동위원회 속개 등 그들의 정치적 목표를 지탱해줄 현실적 힘을 발견할 수 없었으므로, 반탁결의는 자발적인 무장해제였다.

3) 미국의 마지막 정치통합 전략: 앨버트 브라운의 「정치적 프로그램의 전개」

미국의 정치통합 전략이 모든 국면에서 힘을 소진해가고 있을 때, 1947년 2월 20일 미군정 정치고문 랭던은 미소공동위원회 미국 측 수석대표 앨버트 브라운(Albert E. Brown)이 1947년 2월 4일에 작성한 「정치적 프로그램의 전개」(Development of a Political Program)를 미국무부에 보고하였다.[51] 이 보고서는 미국의 당초 구상을 회생시키기 위한 최후의 노력으로 생각된다.

이 보고서는 크게 3장으로 나뉘어 있다. 그 내용은 (1) 미군정이 남한에서 시행한 정책들을 요약하고, (2) 당시 남한의 주요 정치세력과 정치상황을 기술함으로써 좌우합작위원회와 과도입법의원을 존속시킬 결론을 도출하고 있으며, (3) 이를 뒷받침하기 위해 구체적으로 이 프로그램을 권고하고 있다. 즉 이 보고서는 1945년 미군 점령 이후 1947년 2월에 이르기까

문제에 노력할 것. ⑤ 남북 현정권하에서 검거된 정치운동자의 석방에 노력할 것. ⑥ 입법기구에 있어서는 (…) 합작위원회에서 작성하여 적극적으로 실행을 기도할 것. ⑦ 언론, 집회, 출판, 결사, 교통, 투표 등 자유를 절대 보장하도록 노력할 것.

50) 여운형은 남한의 좌우합작 완성, 좌익내부의 통일 성취, 이에 바탕한 남북연대·연합의 실현을 추구하였다. 해방 직후 여운형의 노선은 좌우합작과 남북합작이란 두 축으로 구성된 것이었으며, 그의 정치적 좌표가 "좌우·남북을 떠난 민족통일 완성과 자주독립국가 건설"이었음을 보여주는 연구는 정병준(1997, 25면)을 참조.

51) NARA. RG 59. *IAK*. "Enclosure: Paper prepared by Major General Albert E. Brown entitled 'Development of a Political Program'", 1947.02.20(아름출판사 1995(제1권), 169~75면).

지 남한에서 행한 미국정책을 종합적으로 평가하고, 그 노선이 옳았으며 그것이 지속되어야 한다는 입장을 표명하는 문건이다.

장문의 보고서가 담고 있는 핵심적 목표는 (1) 남조선과도입법의원과 합작위원회를 적극적으로 활용하여 실질적인 중도정당의 형성을 촉진하고, (2) 이를 통해 한국인들이 모스끄바협정을 현실적으로 수용하도록 설득하는 동시에, (3) 이를 뒷받침하기 위해 경제적 지원과 미군정의 한인화 작업을 추진하자는 것이었다.[52]

보고서 내용을 자세히 살펴보면 첫째, 브라운은 미국이 당초 한국인의 정치적 능력을 불신하고 있었음에도 불구하고, 미국이 남한에서 실시한 정책을 다음과 같이 설명하고 있다. (1) 한국인들의 정치참여를 촉진하고, (2) 모든 정치집단과 그들의 견해에 개방적이며, (3) 그들을 공정하게 대우하고, (4) 선거의 원칙에 의해 미군정 내의 정치적 기회를 제공하려고 했다고 요약하고 있다. 아마 이 정책은 미군정의 점령상황을 현실적인 문제로 수용할 수만 있다면 한국의 민주주의를 신장하고 정치통합을 촉진할 수 있는 훌륭한 정책이었던 것으로 보인다. 물론 이는 소련과의 타협을 전제로 한 미국의 국제협력노선과도 부합하는 것이었다.

그러나 민족자치파는 이러한 정책에 찬성하지 않았다. 민족자치파는 (1) 한국인들의 정치적 능력이 충분하며, (2) 모든 정치집단에 개방적이어서는 안 되고 공산주의자들은 배제해야 하며, (3) 공정한 대우와 미군정 내의 정치적 기회의 제공이 아니라, 한국인들에 의한 자치를 주장했다.

둘째, 브라운은 당시 한국의 대중과 정치세력의 상황을 분석하였다. 브라운은 한국의 정치리더십과 대중들이 확고한 정치적 좌표가 없이 유동적임을 지적하고 있다. 이는 반탁운동의 정치적 양상을 염두에 둔 평가로 생

---

52) 이 브라운의 구상—정용욱은 '정치발전계획'이라 칭함—을 미군정의 김규식 대통령 옹립계획과 관련지은 연구는 정용욱(1995, 321면)을 참조.

각된다. 또한 한민당을 중심으로 한 우파가 지배적인 영향력을 행사하는 가운데, 극좌파가 이들과 권력을 다투고 있다고 설명하였다. 그 반면 중도파는 조직화된 리더십이 취약하지만, 중도좌파의 경우 극좌파의 정치적 지도력을 인정하지 않고 민족적 이익에 충성을 바치고 있으므로, 이들에게 유능한 리더십만 제공한다면 미국의 국제협력노선이 지향하는 중도정당 건설에 중요한 정치적 자원을 제공할 것으로 기대하였다.

셋째, 브라운은 당시의 정치상황을 개괄하고 중도정당을 건설하기 위한 좌우합작위원회의 정치적 가능성을 강조하였다. (1) 당시 상황에서 우파 그룹은 가장 강력하다. 그들의 현실적 힘은 경제적 부와 정치적 장치들의 장악과 통제에 기초하고 있다. 또한 반탁운동을 통해 정치적 이니셔티브를 장악하고, 이를 통해 우파의 조직적 결집을 달성하고 그 세력을 통제할 수 있게 되었다. (2) 그러나 미국은 좌우합작위원회를 지원함에 의해 우파의 정치적 주도권을 약화하는 데 성공하였다. 즉 좌우합작위원회 리더들은 우파의 리더들과 경쟁할 수 있게 되었다. (3) 합작위원회를 통한 중도정당 건설의 모색은 상당히 성공적이었다. 과도입법의원은 살아남았고 대중의 지지를 더 받게 되었으며, 대중들의 정치적 개방성을 확장하는 데 기여하였다.

넷째, 브라운은 이제 좌우 급진파와 중도파에 어떠한 약점이 있는지를 분석하여 중도파를 강화하기 위한 방책이 무엇인지 모색하고 있다. (1) 극우파는 반탁운동을 통해 엄청난 정치적 잠재력을 보유하게 되었으나, 김구와 이승만의 권력경쟁, 한독당과 한민당 내의 반대자들, 좌우합작위원회의 도전, 보수적이지만 비정치적인 사상가들의 존재로 인해 약화될 가능성이 풍부하다. (2) 극좌파는 1946년 10월항쟁의 실패로 위신을 상실했으나 남로당의 건설을 통해 재건되었다. 그러나 남로당 건설에 의한 연합전선 포기와 대미투쟁노선으로의 전환에 의해 핵심세력의 결집에는 성공했으나 온건좌파의 이탈을 초래하였다. (3) 중도파는 1947년 1월 반탁결의

1947년 3월 과도입법의원 의장으로서 미군정 인사와 면담하는 김규식.

안 통과로 인해 혼란에 빠졌으며, 극우파의 입법의원 흔들기, 대중적 인기를 노리는 반군정적인 포퓰리즘, 이들의 압력에 대한 중도파의 수세적 태도로 인해 성공의 전도가 밝지 않다.

다섯째, 이상의 분석을 통해 브라운은 좌우합작위원회와 입법의원의 강화를 촉진하기 위하여 매우 완고하고 강경한 두 가지 결론을 내리고 있다. (1) 미군정의 임무를 계속해야 한다. 즉 이승만과 우파의 즉각적인 한국 자치정부 수립은 허용되어서는 안 된다. (2) 남한에서 대의민주주의 정부를 발전시키려는 노력을 계속해야 한다. 즉 남조선과도입법의원은 계속 발전해야 한다. 요컨대 브라운은 미국의 당초 국제협력노선을 계속 고수해야 한다는 결론을 내리고 있다. 이를 위해 브라운은 김규식의 리더십을 강화하고, 입법의원 내의 우파들로 하여금 권력 획득의 희망을 갖게 만들며, 이 모든 것이 가능하지 않을 때는 최후의 수단으로 새로운 입법의회를 구성하자는 극단적인 처방까지 제시하고 있다.

여섯째, 브라운은 이 목표를 달성하기 위한 구체적인 실천 프로그램을 제시한다.

Ⅲ. 행위 권고

1. [전체 2줄 판독 불가능]

2. 과도입법의원 의장인 김규식 박사의 리더십하에서 재소집되도록 촉구해야 하며, 입법부는 그 유용성에 대해 국민들에게 확신을 주기 위해 건설적인 입법 프로그램을 고려하도록 지도, 설득되어야 한다.

3. 좌우합작위원회는 실질적인 중도(middle of the road) 정당의 형성을 최대한 촉진하기 위해, 그들의 위신을 강화하고 확대할 수 있도록 만들어야 한다.

4. 정부 내에서 극우파의 권력은 점차로 중도파의 구성원들로 대체되어야 한다.

5. 좌우합작위원회가 정치적 통합을 위한 더 많은 프로그램들을 수용하기 위해서는 그들의 7원칙을 확대하고 수정하도록 설득되어야 한다.[53]

6. 한국인들이 모스끄바협정을 현실적으로 생각하고 수용할 수 있도록 하기 위해 강화된 교육 캠페인이 당장 시행되어야 한다.

7. 정치적인 목표를 더 추진하기 위해서는 미국으로부터 기관차나 비료, 식료품 등의 경제적 지원이 더 많은 대중에게 확대되어야 한다.

8. 정부의 한인화(koreanization of the government)는 (…) 방식으로 행해져야 한다.

이상의 실천 프로그램은 앞의 분석에서 이미 제시된 것들이다. 새로운 것은 4, 5, 6, 7항이다. 첫째, 브라운은 경제적 부와 근대적 기능의 습득을

---

53) 토지개혁은 해방 직후부터 가장 중심적인 개혁의제였다. 미군정은 1948년 3월 22일에 토지개혁에 착수하여 8월 1일에 완료하였다. 502,460명의 소작농이 토지를 분배받았으며, 미군정의 토지개혁으로 1944년 자작농 14%, 소작농 50%에서 48년에는 자작농 34%, 소작농 20%로 바뀌었다(Arthur Bunce 「신한공사의 연혁 및 최종보고서」, 1948, 169면; 박명림 1995, 211면에서 재인용).

통해 미군정의 정치적 장치들을 장악한 한민당 세력을 제거하고 이들을 중도파로 대체해야 한다고 권고하고 있다. 이 사항은 입법의원에 참여한 중도파 정치가들이 명목상의 입법권에도 불구하고 실질적인 행정권력을 갖지 못함으로써 야기되는 곤란을 타개하려는 것이었다. 이는 정치적 추방으로 볼 수 있을 만큼 매우 강경한 조치라고 할 수 있다.

둘째, 좌우합작위원회는 더욱 포괄적인 정치적 프로그램을 가짐으로써 정치적 지지층을 확대해야 한다고 본다.

셋째, 미국의 국제협력노선을 설득시키기 위한 대중운동이 필요하다. 즉 그동안 미군정이 행정적 입장만을 취해온 결과 좌우 극단파에게 점유되어왔던 대중을 상대로 미군정이 직접 정치에 나서야 한다는 것을 권고하고 있다. 그것은 미군정이 공정한 심판관이 아니라 직접적 행위자가 되어야 한다는 것을 의미한다.

넷째, 정치적으로 중도온건노선이 성공하기 위해서는 저열한 사회경제적 상황을 개선해야 한다. 극단적인 정치노선은 통상 극단적인 사회경제적 궁핍에 뿌리를 내리고 있기 때문이다.

브라운의 이 보고서는 미국이 신탁통치를 통한 한국의 정치통합에 어느 정도 깊은 관심을 가지고 있었는지를 보여준다. 그러나 그것이 가능한 모든 현실정치의 조건은 사라져가고 있었다. 한국의 사회경제적 상황은 급속히 개선될 가능성이 없는 것이었고, 그러한 상황에서 한국 대중들과 정치가들의 정치적 판단이 신중하고 온건하게 될 가능성은 거의 없었다. 소련과 한국의 공산주의자들을 설득하는 것은 더 쉽지 않았다. 미국 또한 점점 강화되고 있는 세계적인 규모의 냉전적 상황을 무시하고 한국만을 예외로 취급할 수 없었다.

이 때문에, 브라운의 열정에도 불구하고 그의 분석과 결론, 권고에는 현실감이 결여되어 있다. 그의 보고서는 우파의 정치적 영향력을 너무 낮게 평가하고 한국 대중의 가능성을 너무 높이 평가했으며, 중도파가 얼마나 취약한지, 그리고 1947년 1월 이미 그들의 가능성이 스스로에 의해 파괴되었음을 간과하고 있다. 더욱이 그는 냉전의 확대를 전혀 고려하고 있지 않다.

브라운의 보고서가 작성된 지 불과 20일 뒤인 1947년 2월 24일, 미군정 정치고문 번스는 브라운과는 전혀 다른 관점의 보고서를 제출했다. 그의 진술은 절망적이고 비통한 것이었다.

미소공동위원회가 재개되지 않을 경우 발생할 수 있는 문제들에 대해 생각해보라는 수신자의 요청에 대해 현재 한국 상황에 대한 감을 가질 수 있도록 생각나는 바를 적어 보낸다. (…) (1) 배경—한국 인민의 60~80%는 정치적으로 둔감하다. 감정적 지도자에게 쉽게 휩쓸리는 경향이 있다. 남한에는 서로 협상이 불가능한 극단적인 정치세력이 존재한다. 하나는 이승만과 김구를 필두로 하는 반공 극우파로 지주, 부유층, 관료 들로 구성된다. 다른 하나는 친소파 공산주의집단으로 박헌영이 수장이다. 만일 이 두 집단 중 하나가 권력을 획득하게 되면 반대파를 분쇄할 것이 분명하다. (…) 남한에서 미군정은 우파의 충고를 수용하고 우파를 정부 내 요직들에 임명했지만, 이들이 하지 장군을 공격하고 반탁시위를 주도함에 따라 최근 하지 장군은 김규식과 합작위원회를 지지하고 있다. 최근 선거는 우익정당 구성원인 관료들에 의해, 그들을 위해 운영되었기 때문에 형식적인 것에 지나지 않는다. 합작파는 경찰 통제권이 없기 때문에 정치권력이 없고, 그 추종자는 공식적인 자리에 있는 자가 소수이다. (…) 정부기구에 대한 통제 때문에 우파는 그들이 입법기구를 완전히 장악할 수 있을 거라 기대하며, 그래서 가능한 빠른 시간 안에 온전히 선출된 남한 입법기구를 세우기를 원한다. (…) 러치는 우파에게 권력과 책임을 주어야 한다고 믿고 있다. (…) 미군정을 관찰할수록 변화가 절대로 필요하다고 생각하게 된다. 만일 소련이 통일된 독립한국을 원한다면, 미소공동위원회를 통해 그 목적을 이룰 수 있을 것이다. (…) 그러나 새로운 협상의 가능성은 거의 없다.[54]

이 보고서에서 번스는 한국의 정치현실을 솔직히 인정하고 있다. 첫째, 한국 인민의 대다수는 이성적으로 정치를 판단할 능력이 없다. 둘째, 한국의 좌우 극단주의자들은 협상할 가능성이 없다. 셋째, 합작파는 실질적인 권력이 없다. 넷째, 소련이 미소공동위원회에 복귀하여 통일된 독립한국을 원할 가능성은 없다. 다섯째, 이러한 정치현실을 인정하여 러치(Archer L. Lerch) 군정장관은 남한 정치에서 우파에게 권력과 책임을 주어야 한다고 주장하였다. 결론적으로 번스는 미국이 희망하는 통합정책을 포기하는 "변화가 절대로 필요하다고 생각하게 된다"고 진술하고 있다.

그러나 놀랍게도 미국은 국제협력노선을 포기하지 않기로 결정한다.[55] 1947년 2월 25일 미국무부 특별위원회는 다음과 같은 정책지침을 제시하였다.

한국문제와 관련해 장관들에게 정책조언을 주기 위해 설립된 한국 관련 부처간 특별위원회(The Special Inter-Departmental Committee on Korea)에서 미국의 정책에 대한 일반 합의가 도출되었다. 첫째는 다가오는 모스끄

---

54) NARA. RG 59. *IAK*. "Arthur C. Bunce to Edwin M. Martin", 1947.02.24(아름출판사 1995(제1권), 189~96면).

55) 소련의 비타협적 자세와 미군정의 회의에도 불구하고 미국정부가 신탁통치노선을 계속 추진한 이유와 관련하여 이정복은 다음과 같이 말한다. 첫째로 미·영·중·소의 신탁통치를 통해서 미국은 한반도 전체에 대한 소련의 지배를 막고 미국을 비롯한 서방권의 영향력 행사를 확보할 수 있다고 판단하였을 것이다. 둘째로 네 나라에 의한 신탁통치로 이와 같은 목표를 달성하는 데 필요한 비용을 최소한으로 줄일 수 있다고 판단하였을 것이다. (…) 셋째로 워싱턴의 정책입안가들은 한반도 문제를 이와 같은 방식으로 해결할 때에 한하여 미국의 한반도 원조계획에 대한 의회와 국민의 지지를 받을 수 있나고 생각하였다. 넷째로 미국은 신탁통치를 통해 미소에 의해 분할점령된 한반도의 통일을 이룩함으로써 한반도 분단의 책임을 면할 수 있다고 판단하였을 것이다(이정복 2006, 16~17면 참조).

바삼상회의가 끝나기 전에 소련정부와 접촉할 것, 둘째는 한국을 위한 경제 재건, 교육과 정부 부문의 개선, 정치적 지도 프로그램을 실행하는 데 필요한 적절한 비용을 의회가 특별법안으로 승인할 것 등이다.[56]

즉 이상의 내용은 첫째, 미소공동위원회 정책을 유지하는 것에 변동이 없으며, 둘째, 중도파의 통합지도프로그램을 유지할 것이며, 셋째, 이를 지원하기 위한 비용(경제개혁 비용도 포함)을 승인하도록 하겠다는 것이었다.[57]

4. 미군정과 남조선과도입법의원의 헌정구상, 그리고 미국의 대응

1946년 남조선과도입법의원 설치를 앞두고 있던 미군정은 과도임시정부를 구상하였다. 그리고 이 임시정부의 과도적 헌법안 역시 구상했다. 미군정 법률고문이자 사법부장을 역임한 에머리 우돌이 그 실무책임을 맡아 〈조선헌법〉을 작성했다. 그가 남긴 문서에 따르면, 이 헌법안과 남조선과도입법의원에서 기초한 일부 법안은 미군정과 한국 정치지도자들의 협의

---

56) NARA. RG 59. *IAK*. "Korea", 1947.02.25(아름출판사 1995(제9권), 139~41면). 이 특별위원회에서는 이외에 기존의 대한정책을 수정하는 내용들도 제안되었다. 동봉된 보고서 초안에는 그 내용이 잘 드러나 있다. 즉 소련과의 합의가 없을 경우 ① 현 정책과 프로그램의 지속 ② 남한에서의 독립정부 인정 ③ 유엔에 위임 ④ 남한을 위한 적극적 공세적 프로그램 도입 등을 하고자 하였다(NARA. RG 59. *IAK*. "Enclosure: Report of Special Interdepartmental Committee on Korea"(아름출판사 1995(제9권), 142~73면)).

57) 정용욱에 따르면, 이 시기 미국은 중도파 탈락에 따른 남한 내 대중적 지지기반의 상실, 철군시 남북간 무력대결의 가능성, 미소공동위원회 결렬에 따른 국제적 비난 여론과 미소관계 악화를 감수하면서까지 정책변화를 수행할 처지가 아니었다(정용욱 1995, 324면).

하에 이루어졌다.

이후 남조선과도입법의원의 우파와 중도파 양측도 헌법 초안을 제출하였다. 우파의 헌정구상인 〈남조선과도약헌〉은 이승만의 남한단독정부 수립구상을, 중도파의 〈조선민주임시약헌 초안〉은 김규식 등 좌우합작위원회의 정부 수립구상을 대변하는 것이었다. 이 글에서는 특히 선행연구에서 밝혀지지 않은 미군정 정치고문들의 이들 헌법안에 관한 논평을 중심으로 검토하고자 한다. 아래에서는 미군정과 남조선과도입법의원에서 각각 제안된 헌법안을 살펴보고, 이에 대한 미국의 대응을 살펴보고자 한다.

1) 미군정의 헌정구상과 그 영향: 에머리 우돌의 〈조선헌법〉과 〈남조선과도행정조직법 초안〉

1946년 미군정은 과도임시정부를 추진하기 위한 과도적 헌법안을 구상했다. 이 글에서는 에머리 우돌의 지휘하에 작성된 〈조선헌법〉을 중심으로 남한 헌정에 끼친 미국의 영향을 살펴보고자 한다.[58] 특히 이 글은 〈조선헌법〉의 성격과 그 영향을 검토하기 위해 이 헌법의 기초 목적과 내용을 언급한 우돌의 「남조선과도정부 제안에 대한 지지 개략」 문서[59]와 남조선

---

58) 〈조선헌법〉 원문과 관련해서는 고려대학교박물관 편 『현민 유진오 제헌헌법 관계 자료집』(2009)에 수록된 「우돌의 The Constitution of Korea」를 참조함. 이 자료집에 소개된 〈조선헌법〉은 유진오가 노트에 옮겨적은 필사본이며, 노트 표지에는 "헌법초안 사법부 미인고문 우드월 초안"이라고 기록되어 있다. 한편 신용옥은 「유진오 제헌헌법 관계 자료 해제」라는 글에서, 존 코넬리(John W. Connelly, 미군정 사법부장 대리 1946.5.23~1947.2.15)가 모리스 울프(Morris Wolf)에게 보낸 1954년 3월 24일자 메모랜덤 "Report on Economic Provisions of the Constitution of the Republic of Korea"에 근거하여 〈조선헌법〉이 우돌의 관할하에서 작성되었음을 분석하였다(신용옥 2009, 19면). 이 문서의 출처는 NARA. RG 84. Foreign Service Posts of the Department of State, Korea Embassy General Records, 1953-1955이다.

59) 이 문서는 로버트 올리버가 당시 미국무부 차관보였던 존 힐드링(John H. Hilldring)

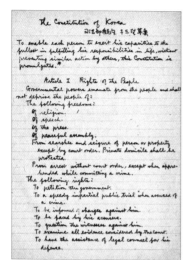

우돌의 〈조선헌법〉(1946). 고려대학교박물관 소장.

과도입법의원에서 기초한 〈행정조직법 초안〉 관련 미국무부 자료 등을 검토하고자 한다.[60]

에게 보낸 1947년 2월 14일자 서신에 동봉된 자료다. 원문의 제목은 "Supporting Brief for Proposed Interim Government for South Korea" by Emery J. Woodall, Ll., B., Ph.D. (Chief Legal Advisor to American Occupation Forces in Korea, from their landing in September, 1945, until July, 1946)이라고 되어 있다. 이 서신에는 또 하나의 글이 동봉되어 있는데, 그것은 이승만 명의의 "A Solution of the Korean Problem"(조선문제 해결책)이라는 글이다. 이승만은 이 문서를 마셜 국무장관에게 보내고자 하였으며, 올리버는 이승만이 주장하는 조선문제 해결책을 우돌이 지지하고 있음을 힐드링에게 알리고자 했다(NARA. RG 59. *IAK*. "Robert T. Oliver to General John H. Hilldring" 1947.02.14(아름출판사 1995(제9권), 105면); NARA. RG 59. *IAK*. "[Enclosure 1] "A Solution of the Korean Problem" by Syngman Rhee"(아름출판사 1995(제9권), 106면); "[Enclosure 2] "Supporting Brief for Proposed Interim Government for South Korea" by Emery J. Woodall, Ll., B., Ph.D. (Chief Legal Advisor to American Occupation Forces in Korea, from their landing in September, 1945, until July, 1946)(아름출판사 1995(제9권), 107~17면)).

60) 이 글에서는 이와 관련된 문서로 미군정 정치고문 제이콥스(Joseph E. Jacobs) 작

에머리 우돌은 미군정의 법률고문이면서 사법부장을 역임했다. 그의 지휘하에 작성된 것으로 알려진 〈조선헌법〉의 내용에 관해 먼저 살펴보자. 〈조선헌법〉은 제1조 인민의 권리, 제2조 정부권력의 한계, 제3조 행정기관(22절로 구성), 제4조 입법기관(12절로 구성), 제5조 사법기관(2절로 구성), 제6조 발효(1절로 구성) 등 총 6조 37절로 구성되어 있다. 제1조 인민의 권리는 미국의 헌법 수정조항 제1조(종교, 언론, 출판, 집회의 자유 및 청원의 권리)와 유사하며, 제2조 정부권력의 한계 또한 미국헌법 수정조항의 제1조(국교창설 금지), 제3조(군인의 숙영), 제5조(형사사건에서의 권리), 제6조(공정한 재판을 받을 권리), 제8조(보석금, 벌금 및 형벌 관련) 등의 내용을 담고 있다(고려대학교박물관 2009, 20면).

이 헌법의 정부형태는 혼합 형태이다. 대통령과 부통령은 의회에서 선출되며(제2조 제2절), 의회는 대통령을 불신임할 수 있으나(제3조 제4절, 제4조 제6절) 대통령 또는 국무회의의 의회 해산권은 규정되어 있지 않다.[61] 특히 〈조선헌법〉은 대통령·부통령 등의 행정기관, 그리고 입법기관, 사법기관의 권한과 책임을 규정한 외에 행정기관 및 의회의 구성 및 운영에 관한 사항까지 포괄하고 있다는 점이 특징적이다.

다음은 이 〈조선헌법〉에 대해 언급한 문서를 살펴보자.[62] 우돌은 「남조

성 문서와 존 웨컬링(John Weckerling)의 "Examination of Interim Constitution and Administration of Government Bills Now before the Legislature" 문서를 참고하였다.

61) 〈조선헌법〉의 '민정장관'의 권한은 1946년 3월 말경에 민주의원이 작성한 〈대한민국임시헌법〉의 '국무총리'와 유사하며(제3조 10절), 행정각부 규정과 관련해서는 〈대한민국임시헌법〉의 12부의 행정각부 중 내무부를 제외한 11부를 동일하게 규정하고 있다(제3조 15절). 이 점으로 볼 때 〈조선헌법〉이 〈대한민국임시헌법〉의 영향을 받았다고 할 수 있다(신용옥 2009, 20~21면).

62) 1946년 5월 23일~1947년 2월 15일 기간 동안에 미군정청 사법부장 대리였던 존 코넬리는 1954년 헌법개정과 관련하여 1948년 대한민국헌법 경제조항에 관한 분석보고서를 제출하였다. 여기에서 코넬리는 "1946년 초반 사법부의 한 미국인 법률가가 향후 토론에 사용될지 모를 한국헌법의 대강을 마련하였다. 내가 1946년 4~5월경에 사법

선과도정부 제안에 대한 지지 개략」이라는 글에서 논의의 목적이 "남조선 과도정부의 수립을 허용하자는 제안과 관련된 사실들을 열거해 보이고, 남한의 지도자들과 남한 점령을 책임지고 있는 미국 관리들〔에게〕 (…) 적절한 해결책을 제시하는 것"이라고 기술하고 있다. 또한 그는 이 문서에서 "이렇게 수립된 정부〔남조선과도정부〕가 임시적(provisional)이고 잠정적(interim)인 정부라는 것과 러시아와의 협력을 통해서 조선에 정부를 수립하기는 요원하다"라는 견해를 전제하면서 헌법 제정과 관련하여 다음과 같이 기술하였다.[63]

과도정부의 권한은 과도헌법(interim constitution)의 공표에 의해 드러나게 될 것인바, 만약 사전에 구상된 계획과 남한 정치지도자들의 잠정적인 양해가 실현된다면 그러한 헌장(과도헌법) 아래에서 남한의 과도정부가 운영될 것이다. 주한미군정의 법제장관(General Counsel of USAMGIK)은 검토의 목적으로 〈조선헌법〉 초안(a draft of a constitution for Korea)을 준비한 적이 있는데, 이것이 남한 지도자들과의 협의에 있어서 기초가 되었다. 이미 민주적 정부형태와 정부조직에 대한 상당한 합의가 이루어져 있다. 이제 남은 것은 상기의 초안과 실질적으로 유사하고 미국정부가 만족할 만한 임시헌법을 공표함으로써 이 사안을 최종적으로 완성하는 일뿐이다. 과도정부의 권한에는 다음과 같은 내용을 포함해야 할 것이다.
    a. 과도정부를 남한의 합법적 정부로 승인한다고 명시할 것.

부를 맡게 되었을 때 젊은 군 장교가 이 문제를 담당하고 있었으나, 나는 이에 대해 어떤 업무지시도 받지 않았다"고 언급하였다(NARA. RG 469, Records of the U.S. Foreign Assistance Agencies, 1948-61, Office of a Far Eastern Operations, Korea Subject Files, 1953-59, Entry 422, Box 2, "Report on Economic Provisions of the Constitution of the Republic of Korea" 16면).

63) NARA. RG 59. *IAK*. "Supporting Brief for Proposed Interim Government for South Korea (by Emery J. Woodall)"(아름출판사 1995(제9권), 110면)

b. 과도정부가 과도적 또는 현상적(現狀的) 존재로서의 한계를 넘지 않도록 법률, 양여(讓與), 협약, 조약에 관한 과도정부 권한의 한계를 명시할 것.

c. 1945년 12월 6일자 포고령 제33호에 의해 군정에 귀속된, 조선 내 일본과 일본국민의 재산에 대한 미국과 유엔의 보류된 이권이 존재하는 경우 이를 규정할 것. 그리고 배상금, 회계책임, 점령비용, 선금 및 남한에서 주한미군과 주한 미군정이 사용할 수 있도록 전유되고 할당된 미국기금(U.S. funds)의 신용대부 변제, 그리고 이전 또는 이후 미국기금에서 지출된 자금 등에 관한 여타 조항을 규정할 것.

d.* 과도정부와 주한미군 또는 안전보장세력으로서나 다른 목적을 위해 조선에 남는 미국의 군 또는 민간 인원들 사이의 상호관계를 명시할 것.[64]

[*원문에는 4로 되어 있는데, 오기임].

요컨대 우돌은 이 문서에서 첫째, 남한의 과도정부 수립을 위해 주한미군정의 법제장관이 한국의 임시헌법인 〈조선헌법〉을 준비했음을 밝히고 있다. 둘째, 이 헌법의 토대하에 주한 미군정과 남한 정치지도자 간에 이미 민주적 정부형태와 정부조직에 대한 상당한 합의가 이루어졌다고 주장하

---

64) 그는 계속해서 다음과 같은 내용을 기술하고 있다. "이상이 함의하는 바는 다음과 같다. ① 합법정부로 승인함은 남한에서 민정활동에 대한 완전한 책임을 계속해서 맡고 있는 미국의 부담을 경감해주는 것으로 이는 적절하며, 권고할 만하다. ② 과도정부 승인을 통해 일상적인 인적·물적 교류를 위한 대외관계는 과도정부가 현재의 대외무역활동을 조절하고, 외환을 관리·통제하고, 불완전한 송환문제들을 결말지을 수 있도록 하기 위해 허용되어야 한다. ③ 배상이나 다른 회계문제들은, 향후에 체결될 것이라고 전제되는 국제협약에 따라 일본과 해결하고자 할 때, 그 해결의 일환이든 아니면 그 해결에 부속적인 것이든 장래에 해결하도록 유보되어야만 한다. ④ 주한미군은 과도정부의 경찰과 군대를 돕는 안전보장세력(security force)으로 남을 것이다. 그리고 다른 미국 관리들은 고문관의 자격이나 공적 혹은 사적 자격으로 조선에 남을 것이다." NARA. RG 59. *IAK*. "Supporting Brief for Proposed Interim Government for South Korea (by Emery J. Woodall)"(아름출판사 1995(제9권), 110~11면)

였다. 셋째, 그러므로 이후 미국정부가 과도정부 권한을 명시한 헌법을 공표하여 과도정부를 남한의 합법정부로서 승인할 것을 주장하였다. 남한과도정부의 승인과 그 권한을 명시한 과도헌법에 기반하여 미군이 승인한 남한과도정부를 운영해야 한다는 것이다.

〈조선헌법〉과 에머리 우돌의 「남조선과도정부 제안에 대한 지지 개략」 문서가 정확히 언제 작성되었는지는 확실하지 않다. 우선 우돌의 미군정 재직기간과 관련해서 〈조선헌법〉의 기초 시점을 살펴볼 수 있을 것이다. 우돌은 1945년 9월에서 1946년 7월까지 주한미군의 법률고문이었으며, 특히 1946년 4월 2일에서 5월 17일 기간 동안에 미군정청 사법부장(director of department of justice)으로 있었다. 그러므로 이 시기를 전후하여 〈조선헌법〉이 기초된 것으로 볼 수 있을 것이다.[65]

「남조선과도정부 제안에 대한 지지 개략」 문서는 1946년 10월 말경 이후부터 1947년 2월 14일 사이에 작성된 것으로 보인다. 그가 〈조선헌법〉의 기초 목적을 언급한 이 문서에서 1946년 10월 1일에 발생한 대구 10월항쟁과 1946년 10월에 개최된 남조선과도입법의원(민선의원) 선거 등에 관해 기술하고 있기 때문이다.

---

65) 1946년 3월 29일에 미군정은 법무국 명칭을 사법부로 변경하였으며, 1946년 5월 16일에 법령을 개정하여 '사법부장은 조선군정장관의 법률고문'임을 규정하였다. 이는 사법부의 법률국 담당이 한인으로 대체되면서 미국인 담당자들이 법률고문 역할을 하게 된 것을 반영한 것이다. 사법부 법률심의국에는 퍼글러(Charles Pergler), 프렝클(Ernst Fraenkel), 스콧(Denny F. Scott), 스타일스(Roy C. Stiles)가 활동하였고, 법률기초국에는 올바움(Stanley N. Ohlbaum), 로빈기어(Charles S. Lobingier)가 활동했으며, 법률조사국에는 프렝클이 활동하였다. 11월 9일에 한미법학협회(Korean-American Legal Academy)를 조직하였고 한인 법률가들과 함께 모임을 가졌다. 미군정기에 이들이 한국의 헌법 제정과 관련하여 많은 영향을 주었겠지만, 이들에 관해 상세한 연구는 향후의 과제가 될 것이다. 김수용은 다수의 문헌을 조사하여 미군정 사법부 내에서의 헌법 관련 논의를 고찰하여 많은 성과를 냈는데, 그는 주로 미군정 사법부의 조직 개편과 활동에 초점을 두었다(김수용 2008, 171~73면).

주지하듯이 이 시기는 1946년 3월 20일에 시작된 제1차 미소공동위원회가 무기한 휴회되고 있던 시기이다. 즉 모스끄바삼상회의 결정에 따른 미소간 협의가 난국에 직면한 상황이었고, 이에 미군정은 좌우합작파를 중심으로 남조선과도입법의원을 설치하기로 하였다. 1946년 11월 2일에는 남조선과도입법의원(민선의원) 명단이 발표되었다. 그러자 12월 2일에 이승만은 도미하여 남한단독정부 수립을 주장하였다.[66] 12월 20일에는 남조선과도입법의원이 개원하였으며, 12월 30일에는 〈남조선과도입법의원법안〉이 가결되었다.

요컨대 우돌은 미군정의 이러한 정책의 연장선에서 남한과도정부 수립을 위한 임시헌법을 작성했다고 볼 수 있다. 이후 1947년 3월 10일 미국무부 차관보 힐드링은 남한단독정부 수립을 시사하였으며, 3월 12일에는 국무차관 에치슨이 한국문제 해결에서 소련의 협조가 없으면 미국은 단독조치를 취할 것이라고 하였다.

다음은 이러한 우돌의 〈조선헌법〉이 남조선과도입법의원에서 기초한 법안 작성에 어떠한 영향을 끼쳤는지 살펴보자. 특히 〈행정조직법 초안〉과 〈남조선과도입법의원법안〉과 관련하여 검토하고자 한다.

〈행정조직법 초안〉은 남조선과도입법의원 행정조직법기초위원회 위원장 신익희가 제안하였다. 이 법안은 제1장 총장, 제2장 중앙행정부, 제3장 지방행정, 제4장 지방자치단체, 제5장 부칙 등 총 57조로 구성되어 있다.[67] 행정부의 장으로 주석, 부주석, 행정총장 3인을 두고 있으며(제2장), 주석과

---

66) 이와 관련하여 국내 언론에서도 1947년 2월 21일 「재미 이승만, 조선문제 해결방법에 관한 성명서 발표」라는 제하의 보도가 있었다. 『조선일보』『동아일보』『경향신문』『서울신문』의 1947년 2월 21일 보도기사.

67) 〈행정조직법 초안〉은 1947년 3월 10일 제28차 회의에서 법제사법위원회에 회부해 심사, 보고하기로 결정되었으나 이후 보류되었다. 그 이유는 〈남조선과도약헌안〉과 〈조선민주임시약헌 초안〉이 제출되었기 때문이다.

부주석은 남조선과도입법의원에서 선거하도록 규정하였다(제2장 제4조). 또한 3처 12부의 행정부처를 두었다(제11조).

이 〈행정조직법 초안〉 제1조에는 "본 법은 북위 38도와 남조선의 행정을 미군정으로부터 이양을 받아 민주주의 원칙에서 발전시킴을 목적으로 함"을 규정하고 있다. 또한 제57조에는 "본 법은 남조선 미주둔군 사령관의 권한을 침해하지 못함"이라고 규정하였다. 그리고 이 〈행정조직법 초안〉 제출이유에 대해 신익희는 "행정기능 이양에 관해서는 필요한 법적 보장이 있어야 명실상부한 이양이 되겠으므로 본 초안은 그 목적 아래서 기초된 것"이라고 설명한 바 있다.[68]

요컨대 〈행정조직법 초안〉은 미군정장관의 권위와 권한을 인정하였다.[69] 반면에 다음에 살펴볼 〈남조선과도약헌〉과 〈조선임시약헌〉은 한국인에 의한 완전한 자치정부를 전제하고, 미국(미군정) 당국의 권한을 규정하지 않았다.

그러므로 이러한 〈행정조직법 초안〉은 우돌의 「남조선과도정부 제안에 대한 지지 개략」 문서에서 "미군정이 과도정부를 남한의 합법정부로 승인한다고 명시할 것"과 "과도정부 권한의 한계"를 규정하고자 한 내용에 따른 것이다. 이와 관련하여 웨컬링도 〈행정조직법 초안〉이 "군정의 한국화, 즉 군정장관의 집행권한은 고스란히 놔둔 채 행정권만을 한국민에게 이양하는 방안에 대한 기초안"이라고 평가하였다.

따라서 이 〈행정조직법 초안〉은 행정·입법·사법 세 기관의 권한과 책임을 규정함과 동시에 행정기관의 구성 및 운영 사항까지를 포괄한 〈조선헌법〉에 영향을 받은 것이며,[70] 우돌의 문서에서 "상당한 합의가 이루어졌

---

68) 남조선입법의원 비서처 『남조선과도입법의원 속기록』 제2권, 1947, 65면.

69) NARA. RG 332. "Examination of Interim Constitution and Administration of Government Bills Now before the Legislature" 문서 참조.

70) 다음에 살펴볼 미군정 정치고문 제이콥스의 보고서에 따르면, 미군정은 이 〈행정

다"고 언급한 남한의 지도자들은 신익희 그룹이었음을 알 수 있다.

신익희도 남조선과도입법의원 제32차 회의에서 이와 관련하여 다음과 같이 발언하였다.

오는 수요일에 시방 통지를 받은 것인데 여기서 미인 측이라든지 여기 군정청의 책임있는 몇분들과 또 입법의원 방면으로 행정조직법기초위원회의 동지하고 한데 모여서 여기에 관한 문제를 의견교환을 해보자는 말을 들었어요. 아까 보고해드렸지만 미국인의 '퍼그러' 박사가 직접으로 관계하였고 여기에 대하여 의견도 말하고 여러가지 부탁도 했습니다. (남조선입법의원 비서처 1947, 227면)

여기에서 신익희 위원장은 〈행정조직법 초안〉과 관련하여 미인 측, 군정청의 책임자 등과 의견을 교환할 것이며, 특히 퍼글러 박사가 직접 관계하였다고 발언하고 있다.

요컨대 〈행정조직법 초안〉은 우돌과 퍼글러 등의 법률고문과 신익희 등 과도입법의원이 긴밀히 협의하여 기초하였으므로 이후에 상정되는 〈남조선과도약헌〉과 〈조선임시약헌〉과는 달리 이 법안에는 미군정의 군정장관의 권한을 규정하는 조항을 넣게 되었던 것이다.

또한 1946년 12월 30일에 가결된 〈남조선과도입법의원법안〉 제2조에서도 '미군정'이라는 용어를 직접 사용하지 않았으나 '행정권의 이양'을 규정하였다. 이 법안은 제1자 소집 개회 휴회, 제2장 의원, 제3장 의장 부의장, 제4장 의원자격 심사, 제5장 위원회, 제6장 회의, 제7장 예산과 결산 등 총 14장 제101조로 구성되어 있다. 이 가운데 〈조선헌법〉 제4조 입법기관

조직법 초안〉을 헌법적 법안(a constitutional bill)으로 간주했다(NARA. RG 59. *IAK* "Temporary Constitution of Korea (by Joseph E. Jacobs)", 1947.09.03(아름출판사 1995(제10권), 144면); 신용옥 2009, 22면).

의 내용과 이 의원법의 내용이 유사하다.

그런데 흥미로운 것은 〈조선헌법〉에는 직접적으로 미군정의 행정권 이양에 관한 내용과 과도정부의 권한 등의 내용을 담지 않았다는 점이다.[71] 또한 그 명칭도 '남조선'이 아닌 '조선'이라고 명명하였고, '임시'라는 용어도 사용하지 않았다. 그러므로 이 〈조선헌법〉은 1946년 5월 6일 제1차 미소공동위원회가 휴회되기 전에 작성되었을 수도 있다. 이제 제4장에서 살펴보겠지만, 이 시기 작성된 시민사회헌법안은 남조선이 아닌 '한국'(행정연구위원회의 〈한국헌법〉), '대한민국'(민주의원의 〈대한민국임시헌법〉)이라는 명칭을 사용하였는데, 〈조선헌법〉 또한 '조선'(Korea)이라는 명칭을 사용한 것이다.

이는, 미소공동위원회가 무기 휴회되고 북한의 단독정부수립이 점차 진행되자, 우돌은 남조선과도정부 수립을 지지하고 그 운영의 토대를 마련하기 위해 이미 준비해둔 이 〈조선헌법〉을 제시한 것이라고 해석된다.

이상의 내용을 요약하면 첫째, 미군정은 남한의 과도정부 수립을 제안하기 위한 과도헌법으로서 〈조선헌법〉을 작성하였으며, 이 헌법의 토대하에서 미군정 법률고문과 남한 정치지도자 간에 민주적 정부형태와 정부조직에 대한 상당한 합의를 이룰 수 있었다. 둘째, 우돌의 지휘하에 마련된 〈조선헌법〉은 행정·입법·사법 세 기관의 권한과 책임을 규정함과 동시에 행정기관 및 의회의 구성과 운영에 관한 사항까지를 포괄하였는데, 이는 〈행정조직법 초안〉과 〈남조선과도입법의원법안〉 등에 영향을 미쳤다. 셋째, 미국(미군정)은 〈조선헌법〉의 기초 목적에 따라 1947년 6월 3일 민정

---

71) 우돌의 문서 내용과는 달리, 〈조선헌법〉에는 미군정의 행정권 이양에 관한 내용 또는 과도정부의 권한 등의 내용을 담지 않았다. 이는 남한의 정치지도자들이 동의하지 않았기 때문일 것으로 추측되지만, 자세한 내용은 알 수가 없다. 〈조선헌법〉 제6조 발효 제1절에는 "이 헌법은 초대 대통령이 취임했을 때부터 효력이 있고 그로부터 18개월 이후에만 개정될 수 있다"라고 규정하였다(고려대학교박물관 2009, 126면).

이양을 위한 과도기적 집행부로 남조선과도정부를 출범하도록 하였으나, 남조선과도입법의원에서 통과된 〈조선임시약헌〉은 인준하지 않았다. 이와 관련해서는 아래에서 상세히 살펴보기로 한다.

2) 남조선과도입법의원의 헌정구상과 대립: 우파의 '〈남조선과도약헌〉-단정노선'과 중도파의 '〈조선민주임시약헌 초안〉-중도통합노선'의 대립

1947년 3월 11일 서상일 등 54명[72]이 제안한 〈남조선과도약헌〉이 과도입법의원에 상정되었다. 이는 남한 우파의 헌정구상으로, 2월 8일에 제출된 것이었다. 4월 18일에는 남조선과도입법의원의 임시헌법기초위원회가 또다른 헌법안인 〈조선민주임시약헌 초안〉을 제출하였다.[73] 이는 중도파(좌우합작파)의 헌정구상이다. 이 헌법안들이 제출된 시기에 좌우합작위원회의 현실적 성공가능성은 이미 희박해졌지만, 그것이 함축하고 있는 정치적 가치는 매우 중요했다. 왜냐하면 이 헌법안들은 해방 이후 정치통합을 둘러싸고 전개된 정치적 대립이 최종적인 형태로 응축된 이념과 구

---

72) 제안자 54명의 구성은 독촉 18명, 한민당 12명, 무소속 9명, 한독당 6명, 기타 9명이다.

73) 이 약헌안을 당시 신문에서는 〈조선민주임시약헌 초안〉〈조선민주임시헌법안〉〈임시헌법초안〉 등으로 기술하였다(『자유신문』 1947.4.2; 『서울신문』 1947.4.3, 4.5, 4.6; 『조선일보』 1947.4.2, 4.8 참조). 1947년 3월 11일 제29차 입법의원 본회의에서는 〈남조선과도약헌〉 제1독회(제안이유 설명 및 질의응답)를 진행한 후, 이 헌법안을 법제사법위원회, 임시헌법기초위원회(임시약헌·보통선거법기초위원회), 행정조직법기초위원회의 연석회의에 넘겨서 심사, 보고하도록 결정하였다. 이후 3월 31일에 세 연석회의의 심사를 마친 수정안이 김규식 의장에게 제출되었다. 이 수정안은 4월 17일 본회의에 상정되었으나, 임시헌법기초위원회가 기초한 또다른 헌법안인 〈조선민주임시약헌 초안〉이 상정되었기 때문에 심의가 보류되었다. 이후 4월 21일 제56차 입법의원 본회의에서 〈조선민주임시약헌 초안〉 제1독회를 진행하였는데, 이 회의에서 〈남조선과도약헌〉과 〈조선민주임시약헌 초안〉을 법제사법위원회와 임시헌법기초위원회 연석회의에 회부하여 통일안을 작성하여 다시 상정할 것을 가결하였다(「남조선과도입법의원속기록」 제29차 (1947.03.11), 265~66면; 『대동신문』 1947.4.19, 4.22; 김수용 2008, 102~103면).

〈조선임시약헌〉(1947.8.6). 고려대학교박물관 소장.

체적인 사회경제적 프로그램을 보여주고 있기 때문이다.

〈남조선과도약헌〉과 〈조선민주임시약헌 초안〉의 제정경위 및 심의과정에 관한 연구는 부분적으로만 진행되었다. 그 이유 중 하나는 이 두 법안의 심의기록인 「남조선과도입법의원속기록」이 결락되어 약헌 제정 관련 기록을 부분적으로만 확인할 수 있기 때문이다.[74]

〈남조선과도약헌〉은 총강, 입법의원, 행정부(행정부주석·부주석, 정무회의, 감찰원, 지방제도), 사법, 재정, 부칙 등 총 6장 45조로 구성되어 있고 기본권은 규정되어 있지 않으며, 정부형태는 의원내각제를 취하였다.

그리고 〈조선민주임시약헌 초안〉은 총강, 국민의 권리·의무, 입법권, 행정권(대통령·부통령, 국무원·국무회의, 국무총리·행정회의, 법제장관·감찰장관·고시장관, 행정각부 총장·차장, 지방행정·도장관, 문무관 임명), 사법권, 회계, 보칙 등 총 7장 67개 조문으로 규정되었다. 이 약헌안은 〈남조선과도약헌〉과는 달리——그 명칭에서도 드러나듯이——남북을 통한 임시정부 수립을 지향한다. 또한 국민의 권리·의무가 상세히 규정되어 있다. 정부형태는 의원내각제와 대통령중심제를 혼합한 형태를 취하였다. 이 헌법안은 제4장에서 후술하는, 민주의원이 기초한 〈대한민국임시헌법〉과 국호와 정부형태 관련 몇몇 조항을 제외하고 그 체계와 내용 면에서 동일하다.

1947년 8월 6일에 남조선과도입법의원은 이상의 두 헌법안의 단일안으로 〈조선임시약헌〉을 통과시켰다.[75] 최종통과된 약헌안은 총강, 국민의 권리·의무, 입법권, 행정권(정부주석·부주석, 국무회의, 법제위원장·고시위원장·감찰위원장, 지방제도), 사법권, 재정, 보칙 등 총 7장 제58조로 구성

---

74) 「남조선과도입법의원속기록」 결락호는 제51호(제47차 회의, 1947년 4월 8일)에서 제109호(제105차 회의, 1947년 7월 9일)까지이다. 그러나 당시의 신문과 미군정의 입법의원 관련 기록물 등의 발굴에 의해 점차 제정과정이 보완되고 있다. 최근의 주목할 연구는 김수용(2008)의 연구이다. 이와 관련하여 남조선과도입법의원 비서처(1946; 1947); 선인문화사(1999); KILA Daily Summary (by C. N. Weem), Reports of Legislative Liaison Committee; 정용욱(1994); 일본국회도서관 RG 407 KILA Daily Summary (by R. S. Watts); G-2 Periodic Report, G-2 Weekly Summary 등을 참고하였다.

75) 1947년 7월 7일 제103차 입법회의 본회의에 법제사법위원회와 임시헌법위원회 연석회의가 제출한 통일안을 상정하였다. 약 3개월이 지난 후에 통일안이 상정된 것은 그 사이 제2차 미소공동위원회가 개최되는 등 정세변화에 따른 것이다. 이 통일안에 대한 제1독회는 거의 이루어지지 않았으며, 제2독회는 7월 16일 제109차 입법의원 본회의에서 진행되었다. 4월 21일에 제출된 임시헌법기초위원회의 〈조선민주임시약헌 초안〉과 이후 통일안 조항의 상세한 비교 검토는 김수용(2008, 149면)을 참조.

되었다.[76]

한편 남조선과도입법의원에서 〈조선임시약헌〉이 통과된 한달 후, 1947
년 9월 3일 미군정 정치고문 제이콥스는 국무장관에게 이들 헌법안과 관
련한 보고서를 제출하였는데, 그는 세 헌법안이 상정된 경과와 내용상의
차이에 대하여 다음과 같이 말하고 있다.

국무장관께

1947년 8월 6일 남조선과도입법의원에서 통과된 헌법안─조선임시약
헌(Temporary Constitution of Korea)─의 영어번역본을 이것과 함께 동
봉합니다. (…) 남조선헌법안(〈남조선과도약헌안〉)은 우익계 서상일 의원에 의
해 3월 12일〔한국 일자는 3월 11일임〕에 입법의원에 상정되었고, 그것은 미당국
에 대한 어떠한 언급도 없습니다. 이같은 내용의 생략과 그것이 분명하게
이승만 박사가 지지하는 남조선 정부를 의도하였다는 사실은 당시에 상당
한 논쟁을 불러일으켰습니다. 4월 18일에는 임시약헌·보통선거법기초위원
회가 '전조선을 위한 헌법안'〔a constitution for all of korea, 〈조선민주임시약
헌 초안〉〕을 제출하였습니다. 이 헌법안은 서상일 의원의 헌법안에는 존재하
지 않는 많은 민주적이고 계획경제적인 요소가 포함되어 있었습니다. 4월
22일에는 이 위원회의 헌법안과 서상일 의원의 헌법안을 단일안으로 만들
기 위하여 법제사법위원회와 임시헌법기초위원회의 연석위원회에 회부되
었습니다. 그리고 단일안은 7월 7일 입법의원에 제출되었습니다. 초기에 그
단일안이 시기상조일 뿐만 아니라 미소공동위원회의 활동을 어렵게 할 것
이라는 생각을 가졌던 몇명의 좌익계 의원들에 의해 전체 구상에 대한 몇가
지 반대가 있었지만, 그러한 반대는 소수의견으로 그쳤고 그 헌법안은 7월

---

76) 김수용의 연구에 따르면, 제3독회를 통과한 최종 〈조선임시약헌〉은 공보부 여론국 정
치교육과에서 발간한 『민주조선』과 한민당 당보인 『한국민주당특보』에 수록되어 있다
(김수용 2008, 156면).

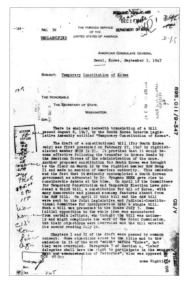

"Temporary Constitution of Korea" (by Joseph E. Jacobs). 『미국무성 한국관계 문서』 제10권(아름출판 사 1995), 144면.

16일 제2독회에 들어갔습니다.[77]

　이상에서 제이콥스는 두 헌법안의 차이를 세 가지로 기술한다. 첫째, 〈남조선과도약헌〉이 이승만을 지지하는 남조선 정부, 즉 남한의 단독정부 수립을 의도하고 있는 반면에, 〈조선민주임시약헌 초안〉은 '전조선을 위한 헌법안'이라는 것이다. 둘째, 〈조선민주임시약헌 초안〉은 민주적이고 계획경제의 요소가 포함되어 있으나 〈남조선과도약헌〉에는 이런 요소가 존재하지 않는다고 하였다. 〈조선민주임시약헌 초안〉은 사회경제적 프로그램에 있어 좌우통합을 지향하였던 것이다. 셋째, 〈남조선과도약헌〉은 미국 당국을 의도적으로 누락하고 있다고 하였다. 즉 〈남조선과도약헌〉은

---

77) NARA. RG 59. *IAK*. "Temporary Constitution of Korea (by Joseph E. Jacobs)"(아름출판사 1995(제10권), 144면).

한국인에 의한 완전한 자치정부를 전제였다.

첫째 주장과 관련하여 미군정 정치고문 랭던 또한 〈남조선과도약헌〉이 '우파의 대안헌법안'이라고 말하였다. 그리고 〈남조선과도약헌〉 제안설명서에서 서상일도 이 약헌에 기반하여 창출되는 "민정이 남조선을 대표하여 대외교섭을 하게 되면 그것은 곧 ─ '과도적 임정단계'이긴 하지만 ─ 이승만 박사가 제창하는 남조선과도정부가 될 것"이라고 하였다.[78] 심지어 미소공동위원회 대표단의 정치고문 웨컬링 준장은 "서상일 헌법안이 특정한 정치적 집단에 의해 사용되어 합법화로 가장될 수 있다"고 주장하였다. 그는 다음과 같이 〈남조선과도약헌〉을 평가하였다.

b. 서상일 법안(〈남조선과도약헌〉을 말함)이 남한의 비합법적 단독 정부에게 입법의원의 승인을 제공하기 위해 제출되었다고 하는 어떤 직접적인 증거도 없다. 그러나 정황적 증거와 법안의 내용 및 제안설명서는 그러한 의도를 가지고 있다는 강한 인상을 준다.

c. 서상일 법안은 이승만 박사의 목적에 〔입법의원의 승인을 통해〕 의사합법성(pseudo legality)을 제공하기 위한 최고의 고안물이다. 설사 투표를 거친다고 하여도 입법의원 통과는 많은 한국민들에게 한국정부가 성립되었음을 믿게 할 것이다.[79]

미군정의 정치고문은 약헌 제안자들이 〈남조선과도약헌〉을 입법의원에서 통과시킴으로써 남한에 단독정부가 수립 ─ 특히 이승만이 주장하는 ─ 되었음을 공식화하려는 의도를 지녔다고 인식했던 것이다.

---

78) 남조선과도입법의원 비서처 1947, 249~50면.
79) NARA. RG 332 Box No.84 Political Activity: Press Releases + Translation of Korean Papers. "Examination of 'Interim Constitution' and 'Administration of Government' Bills Now before the Legislature".

두번째로 제이콥스가 지적한 바와 같이 〈남조선과도약헌〉과는 다른, 민주적이고 계획경제의 요소가 포함되어 있는 〈조선민주임시약헌 초안〉의 내용을 살펴보자.[80] 국민의 권리·의무에서 '생활균등권'의 내용을 보면 다음과 같다. 이 내용은 앞서 언급한 바와 같이 1946년 3,4월경 민주의원이 기초한 〈대한민국임시헌법〉의 내용과 동일하다.

제4조 조선의 국민은 좌기(左記) 각항 정책의 확립에 의하여 생활균등권을 향유함.
　　1. 국민의 기본생활을 확보할 계획경제의 수립
　　2. 주요한 생활필수품의 통제 관리와 합리적 물가정책의 수립
　　3. 세제의 정리와 누진율의 강화
　　4. 토지사유 제한과 농민본위의 경작권 확립[81]
　　5. 대규모 주요 공업 및 광산의 국영 또는 국가관리
　　6. 노동자의 생활을 안정키 위한 최저임금제의 확립
　　7. 공장의 경영관리면에 노동자대표 참여
　　8. 봉급자의 생활을 안정키 위한 가족급여제의 확립
　　9. 중요 공장 내에 보건 후생 교육 및 오락시설의 정비
　　10. 실업보험 폐질(廢疾)보험 기타 사회보장제의 실시

이 내용은 조선의 국민이 토지와 생산기관을 재분배 관리하여, 계획경제 수립의 주체가 됨을 규정하고 있다. 이러한 규정은 개인을 자유롭게 할 목적보다는 실제 생활에 있어서 국민 전체가 균등해지도록 하기 위한 목적에 부합하는 것으로 보인다. 또한 경제생활 및 경제질서를 기본권(생활

---

80) 제4장의 〈표 4-2〉와 〈표4-4〉 참조.
81) 최종 통과된 약헌안인 〈조선임시약헌〉 제4조 4항은 "농민본위의 토지분배"로 수정되었다.

균등권)에 규정하였다. 제2장에서 살펴본 〈대한민국임시헌장〉과 마찬가지로 〈조선민주임시약헌 초안〉은 경제장(章)을 따로 두지 않았으며, 경제생활 관련 조항들을 기본권에 편입시키고 있다. 이와 관련한 상세한 내용은 제4장에서 살펴보기로 한다.

미군정 정치고문 제이콥스는 최종통과된 약헌안인 〈조선임시약헌〉이 "그 명칭으로만 보자면 임시적이지만 그 성격은 영속적"이라고 하였다.[82] 왜냐하면 이것은 해방 후 특정 정치집단이 아니라 좌우파가 함께 심의과정을 거쳐 합의한, 한국인들의 국가구상을 보여주는 최초의 헌법이었기 때문이다. 이것은 좌우의 중도파를 주축으로 한 번스의 자유주의정부 구상과도 일치했다. 그러므로 실현 가능성 여부와 별개로, 당시 『경향신문』은 "남북통일에 쓰도록 연구케 할 것"이라고 논평했다.

제이콥스는 이 헌법안이 현실적으로 "향후 4강대국에 의해 수립될 임시정부와 북조선 정부를 고려치 않았으므로 실용적인 목적에서 보자면 미소공동위원회에 제출된 답신서 이상의 가치를 지니지 못한다"고 하였다. 그러나 이 헌법안은 한국인의 정치통합이라는 항구적인 목적에 비추어 본다면 큰 가치를 가지고 있었다.

그런데 이 헌법안은 현실에서는 폐기될 운명을 안고 탄생했다. 〈조선임시약헌〉은 시행일자 등 보통의 추가조항들 없이 동봉의 형태로 군정장관의 승인을 받기 위해 공식적으로 발송되었다. 그러나 미군정은 그 인준을 거부했다. 1947년 11월 20일 군정장관 대리 헬믹(G. Helmick)은 "반관반민의 입법의원이 헌장제정에 대하여 국민으로부터 위임받았다고 하기 어렵고, 〈조선임시헌장〉이라지만 남조선만을 대상으로 하는 것으로, 그것을 채택하면 조선의 통일과정에 지장을 줄 것이다. 장차 조선통일의 영구한

---

82) NARA. RG 59. *IAK*. "Temporary Constitution of Korea (by Joseph E. Jacobs)"(아름출판사 1995(제10권), 144면).

헌장을 위하여 노력하기 바란다"는 취지로 〈조선임시약헌〉의 인준을 거부했다.[83] 한편 제이콥스가 밝힌 군정 법률고문들의 반대 주장은 다음과 같이 다양했다.

(남조선과도입법의원은) 점령군의 사령관에 의해 절반이 임명되고 절반만이 선출된 의회이며, 현 정부의 법률을 만드는 것으로 그 기능이 제한되어 있으므로, 의회에 헌법 제정의 권한을 부여하는 것은 부당하다는 것이다. 또한 이 법안을 승인하는 것은 군정당국의 권한을 폐기하는 것과 같다. 그리고 그렇게 하는 것은 군정장관의 권한을 넘어서는 것이다. 제안된 법의 권한은 의회의 법적 물리적 범위를 넘어서는 것이다. 법률고문관들은 이 법안이 보이는 것만큼 단순하지 않을 수도 있고, 현상유지와 권력획득을 결합하려는 시도라는 데 동의하였다.[84]

인준거부 이유는 다섯 가지로 요약할 수 있다. (1) 과도입법의원의 정치적 대표성이 제한적이며, (2) 미군정의 권한과 〈조선임시약헌〉이 상정하는 한국인의 독립적 주권이 충돌하며, (3) 한국의 독립주권을 인정하기에는 미군정의 정치적 권한이 제한적이며, (4) 〈조선임시약헌〉이 실질적으로 시행될 수 있는 관할영역이 제한되어 있으며, (5) 〈조선임시약헌〉이 독립정부 수립을 사실상 공식화하여 엄청난 정치적 파장을 몰고 올 것이라고 우려했기 때문이다.

그러나 좀더 큰 흐름에서 보면 미군정의 인준거부는 미국의 대한정책 변화에 기인한 것이었다. 즉 전술한 대로 남조선과도입법의원의 약헌 제정은 유엔 감시하에 구성될 국회에서의 헌법 제정문제와 충돌을 일으킬

---

83) 남조선과도입법의원 비서처 1947, 325면.
84) NARA. RG 59. *IAK*. "Temporary Constitution of Korea (by Joseph E. Jacobs)"(아름 출판사 1995(제10권), 144면).

우려가 있었고, 약헌 제정을 이유로 미군정이 남한단정수립을 기도했다는 비난을 받고 싶지 않았기 때문일 것이다. 이제 미소공동위원회를 통해서가 아니라 국제사회를 통해 한국문제를 해결하는 것으로 변화된 미국의 대응을 살펴보고자 한다.

3) 국제협력노선의 패퇴와 미국의 위엄있는 철수: 한국 정치통합의 포기와 국제사회를 통한 해결의 모색

미소공동위원회 대표로 평양을 방문하고 돌아온 미군정 정치고문 제이콥스는 1947년 7월 7일 국무장관에게 "소련은 이미 북한에 모든 형식을 갖춘 한국인 공산주의 국가의 수립을 완료하였다"고 보고하였다. 그는 또한 "미소공동위원회가 궁극적으로 모스끄바협정을 이행하는 데 성공한다고 하더라도 남한과 북한을 통합하기는 어려울 것"이라고 보고하였다.[85] 이제 한국에서의 독립국가 수립문제는 모스끄바협정 이전의 상태로 원상 복귀되었다. 그러므로 또다른 국제적 결의 외에는 해결방법이 없었다. 그러나 미국은 국제협력노선의 현실적인 패퇴에도 불구하고, 그것이 공식화되는 것을 끝까지 거부했다. 또한 이 문제가 미국과 한국 정치세력 간의 틀 속에서 결정되는 것을 원하지 않았다. 그 결과 미국은 이 문제를 유엔에 상정하여 국제사회의 추인을 받는 형식으로 해결책을 마련하고자 하였다.

그것은 첫째, 미군정의 정치적 지위를 보존하기 위한 것이었다. 연합국의 협의에 따른 한국 임시정부가 수립되기 전까지 미군정은 남한의 유일한 권위체이며, 따라서 한국의 어떠한 정치세력이나 정치가도 미국과 동등한 자격을 지닌 정치적 협상자가 될 수 없었다. 미국의 이러한 인식은 앞서 살펴본 남조선과도입법의원에 제출된 헌법안에 대한 미군정 정치고문

---

85) *FRUS* 1947, 690~91면.

들의 견해에서도 확인된다.

둘째, 미국의 대의를 국제사회에서 공인받음으로써 국제협력노선 실패의 책임을 소련에 전가하고, 미국은 위엄있게 철수하기 위한 방책이었다. 남한에서의 정치적 곤경으로 인해 미국 스스로 모스끄바협정을 깨고 남한 단독정부를 인정한다면, 미국은 소련의 책임을 물을 수 없을 뿐만 아니라 반대로 소련의 비난을 받게 될 것이다. 따라서 이 단계에서 미국의 의도는 더이상 미국의 국제협력노선을 실질적으로 지속하는 것이 아니라, 자국의 위신을 보호하는 것이었다.

이 때문에 미국은 외견상 변함없이 국제협력노선을 추진했다. 이를 위해 하지는 귀임 이후 김규식 등의 중도파를 중심으로 좌우합작의 재개 가능성을 타진하는 한편, 이들에게 보통선거법 실시를 통한 과도정부 수립을 촉구하였다. 이러한 정책의 연장선에서 번스는 중도파에 의한 개혁적 자유주의 정부를 권고하고 있다.

북한 지역에서 소련의 경제침투가 가속화하고 있다. 모든 분야에서 소련의 침투를 막기 위해서는 소련의 직접적·간접적 영향에서 자유로운 전조선 임시정부를 수립해야 한다. (…) 만일 실제로 민주적 임시정부가 수립된다면, 미국은 물질적 원조와 미군정이 맡고 있는 귀속재산의 분배 등을 통해 미국의 통제력을 유지하도록 최선을 다해야 한다. 만일 공산당이 장악하는 임시정부가 수립되거나, 임시정부 수립 이후 공산당들이 이 정부를 장악하면 미국의 군대와 원조는 즉각 철수되어야 한다. 미소공동위원회의 결정에 의해 임시정부가 수립될 수 없다면, 미국은 한국에 머무르면서 개혁조치들을 취해야 한다. 모든 공산주의자들을 배제하고 중도우파와 중도좌파로 구성된 자유주의 정부를 발전시켜야 한다.[86]

---

86) NARA. RG 59. *IAK*. "Arthur C. Bunce (Minister) to Mr. Edwin Martin",

그런데 번스의 이 권고는 심리적으로 복잡한 것이다. 평소 그가 보여온 현실상황에 대한 명료한 판단에 기초하지 않고 대립적인 가정에 기초하여 권고를 행하고 있기 때문이다. "북한 지역에서 소련의 경제침투가 가속화"하고 있고 미국이 그것을 저지할 구체적인 실력행사를 할 수 없다면 "소련의 직접적·간접적 영향에서 자유로운 전조선임시정부를 수립해야 한다"는 권고는 현실적으로 불가능한 것이다. 그럼에도 불구하고 그러한 주장을 계속해야 하는 이유는, 이 문제가 국제사회의 공론장으로 이전될 때까지 미국은 공식적으로 현실을 인정해서는 안 되었기 때문이라고 볼 수 있다.[87]

이러한 번스의 구상은 3부조정위원회(State-War-Navy Coordinating Commitee)의 한국 원조법안 승인에서도 반복된다. 1947년 6월 4일 3부조정위원회의 대외정책 분과위원회는 비공식 결의를 통해 SWNCC-FPI 2/4를 승인하였다.[88] 그 핵심내용은 다음과 같다.

미국의 새 정책: 미국에게 세 가지 방책이 있다. (…) 경제·정치적 상황의 개선이라는 목표를 위해 우리 진영의 낙관적인 정치·경제 프로그램을 실행

1947.07.12(아름출판사 1995(제1권), 323~27면).

87) 물론 번스는 "개혁정책을 좌우합작 정책과 결합하여 추진하려는 생각을 가지고 있었"으며, "일정한 개혁조치를 통해" "공산주의 도전에 대처하는 최상의 방법은 물리적 억압이 아니라 사회개혁이라고 확신"하였다(정용욱 2003, 132면); 번스의 토지개혁안에 관한 연구는 신병식(1992) 참조. 그러나 그것이 미국의 국제협력노선과 관련하여 현실적 의미를 가졌던 것은 1947년 3월 이전까지였던 것으로 생각된다. 전술한 바와 같이 그는 이 시기에 이미 국제협력노선이 실현 불가능하다고 보고하고 있었다.

88) NARA. RG 59. *IAK*. "Public Information Program on the Korean Grant-Aid Program", 1947.○○.○○(아름출판사 1995(제9권), 272~73면); NARA. RG 59. *IAK*. "Public Information Program on Korean Grant-Aid-Program"(아름출판사 1995(제9권), 274~84면).

하여, 통치에 있어서 한국인 참여를 증대하고, 안정된 독립정부를 일찍 수립하도록 촉진한다.

세번째 조치는 가장 실행 가능성이 높은 정책으로 선택되었고, 의회 승인을 요청했고, 필요한 자금을 사용할 수 있도록 승인을 요청할 것으로 결정되었다. (…) 원조 프로그램의 승인은 현재 한국이 38도선을 기준으로 당분간 계속 분단 상태일 것이라는 가정에 기초한다. 미소공동위원회의 협상으로 이 장벽이 걷힌다면, 이 프로그램의 실행이 한국 전체에 효력을 미칠 수 있도록 약간의 조정이 필요해질 것이다.

이 정책을 전반적으로 관리 조정했던 기관이 "미소공동위원회 미국대표단과 산하의 정치고문이었다"(정용욱 2003, 130면)는 점도 시사적이다. 앞서 브라운의 사례에서 알 수 있듯이 미소공동위원회 대표단은 미국의 국제협력노선을 상징하는 기관이었기 때문이다. 그러나 이러한 전향적 조치들에도 불구하고, 앞에서 기술한 바와 같이 미국은 좌우합작운동의 최종 산물인 〈조선임시약헌〉을 비준하지 않았다. 그것은 미국이 국제협력노선을 스스로 부인한 것처럼 보인다. 이런 모순된 행동은 미국이 소련으로부터 비난받을 빌미를 남기고 싶지 않았기 때문에 나온 것이다. 다른 한편 이시기에 미국은 한국정치 안에서의 문제해결을 포기하고, 국제사회에서 추인되는 절차를 모색하고 있었음을 보여준다.

1947년 10월, 미소공동위원회는 최종적으로 결렬되었다. 이보다 앞서 7월 19일에는 여운형이 암살되었다. 1947년 7월 22일 제출된 번스의 보고서는 앞서 살펴본 7월 12일 보고서와 확연히 다르다. 열흘 만에 번스는 180도 선회하여 우파의 지원을 적극적으로 제안하고 있다.

여운형의 암살로 좌우합작위원회가 약화되고 극우파와 극좌파가 득세하고 있다. 좌우합작을 지지하는 정책은 후퇴할 것이고, 미군정 당국은 극우파만이 공산주의에 효과적으로 대응할 수 있다는 생각에 극우파를 지지하는 쪽으로 후퇴할 것이다. 이는 중도파로 하여금 공산주의 진영으로 선회하게 할 것이고, 좌파와 우파 간에 폭력적 갈등이 전개될 것이다. 국무부는 한국에 있는 미군정국을 지원하기 위해 다음과 같은 노선의 행동을 취해야 할 것이다. (1) 극우파, 좌우합작위원회, 선거과정과 관련해서 총사령관이 미래의 진로에 대한 밑그림을 그릴 수 있도록 분명한 지도를 주어야 한다. (2) 원조프로그램 실행에 관한 즉각적인 행동과, 총사령관에게 우리의 과제와 책임을 수행할 수 있을 만큼 넉넉한 자금을 받을 것이라는 사실을 확인시켜주어야 한다. 이 모든 것은 공산당이 지배하는 한국 임시정부 외에는 어떤 것과도 러시아가 타협하지 않아서 미소공동위원회가 결렬될 것이라는 가정을 반영한 것이다. 미국무부가 우파를 지지하고 싶다면 현재 좌우합작을 지지하는 관리들을 교체해야 할 것이다.[89]

그러나 이것은 급작스러운 선회가 아니라, 공식입장과는 달리 미국이 현실적으로 취해야 할 조치를 권고하고 있는 것이다. 그의 설명은 이러하다. 여운형의 암살은 소강상태에 있던 정치지형을 급변시켜 좌우의 대립을 초래할 것이다. 미국에게는 한국문제를 국제적으로 처리할 수 있는 시간이 주어지지 않을 수도 있다. 미국은 비난에도 불구하고 불가피한 선택을 해야 할 상황에 처할 수도 있다. 그 경우 미국은 어떤 선택을 해야 하는가?

결과적으로 1947년 미소공동위원회의 최종결렬을 계기로 좌파가 배제되고, 반공공세가 강화되면서 좌우연립의 시도는 좌절되었다. 좌우합작의 결렬은 남한에서 중도적 진보적 대안을 갖고 정치통합을 추진할 노선의 최종적 실패를 상징하였다.

---

89) NARA. RG 59. *IAK*. "Arthur C. Bunce to Edwin Martin," 1947.07.22(아름출판사 1995(제1권), 354~56면).

5. 소결: 해방정국에서 정치통합의 실패와 그 함의

1947년 6월과 7월에 국내 정치세력들은 반탁이냐 미소공동위원회 협조냐 하는 최종선택의 기로에 직면했다. 미국 역시 동일한 선택의 기로에 섰다. 하지는 7월 초 미국의 국제협력노선의 실패를 소련과 좌파, 한국 국민, 우파 지도자들에게 돌렸다.[90] 그러나 1947년 8월 8일 김규식은 오히려 미국의 정책적 판단 오류와 실기(失機)를 지적하고 있다.

> 만약 공동위원회가 또다시 실패한다면, 오스트리아나 유럽의 다른 소수 인종들처럼 한국의 독립을 승인하고, 한국인들이 자신들의 정부를 자신들의 선택에 따라 설립할 수 있도록 승인하는 게 나을 것이다. 만약 그들이 1945년 겨울에 그런 조처를 취했다면, 이러한 혼란은 없었을 것이다. 그동안 한국인들의 정치·경제적인 고통은 줄어들었을 것이고 우리 모두가 고대하고 있는 독립이 2~3년씩이나 늦춰지지도 않았을 것이다.[91]

이딸리아처럼 어느 한 진영이 한국을 점령했다면 문제는 좀더 간단했을 것이다. 그러나 분할점령으로 인해, 그리고 미소 두 강대국의 포기할 수 없는 이해관계로 인해 한국의 정치통합과 단일독립국가 수립은 처음부터 대단히 작은 가능성만을 가지고 있었다.

그리고 그 작은 가능성을 확대할 수 있는 단서는 어떤 의미에서 신탁통치안이 최선이었는지 모른다. 전술한 바와 같이, 미국은 한반도에 대해 소

---

90) NARA. RG 59. *IAK*. "Conditions in Korea," 1947.07.02(아름출판사 1995(제1권), 309~12면).

91) NARA. RG 59. *IAK*. "Conditions in Korea," 1947.07.02(아름출판사 1995(제1권), 309~12면).

런보다 더 자유주의적인 정책을 시행할 자세를 가지고 있었다. 그것은 역사적 정의나 사회경제적 정의를 실현하는 데 있어서는 미흡했을지 몰라도 거친 정치적 대결이 초래할 재앙은 완화할 수 있었다.

한국의 정치세력이 이 점을 이해하고, 해방을 전후한 좌우의 급격한 대결을 완충할 시간적 유예기로 신탁통치를 받아들였다면 상황이 훨씬 유화되었을 것이다. 그러나 공산주의자들은 사회경제적 대의에, 우파들은 민족주의적 대의에 의탁하여 대중을 정치적으로 동원하고 대립적인 정치지형을 고착시킴으로써, 신탁통치안이 가진 긍정적 의미를 간과하거나 경시했다.

이 기회가 사라지자, 한국의 독립은 모스끄바삼상회의 이전 상태로 돌아가 결국 새로운 국제협약, 즉 유엔의 권고를 따를 수밖에 없었다. 그것은 결과적으로 남북 분단을 초래했다.

이 장에서는 1945~48년 사이에 남한에서 전개된 정치노선과 헌정구상의 대립을 '민족자치노선과 국제협력노선의 대결'이라는 관점에서 다루었다. 이를 구체적으로 살펴보면 다음과 같다.

첫째, 해방 전후 한국인의 다수는 즉각독립과 자치를 원했던 반면, 미국은 신탁통치를 경과한 독립을 주장했다. 하지만 미군정은 미국무부의 국제협력노선이 결과적으로 공산주의자들의 세력을 강화해 미국의 의도를 완전히 좌절시킬 것을 우려했다. 그럼에도 불구하고 미국무부는 극동위원회의 공동선언안에서 언급한 것처럼 '국제협약을 통한 정부수립'을 완강하게 고수했다.

둘째, 1946년은 민족자치노선과 국제협력노선이 대격전을 벌인 시기로, 미국의 좌우통합정책은 결정적인 위기에 직면하여 표류했다. 위기의 원인은 소련, 남북의 공산주의자들, 그리고 남한 우파들의 저항으로부터 초래되었다. 이를 타개하기 위해 미군정은 좌우합작파를 지원하여 남조선과도입법의원을 설치하였다.

셋째, 1947년 미국의 통합전략은 완전히 좌절되고, 이승만과 김구의 민족자치노선이 승리를 거두었다. 반탁운동그룹은 중도파 세력을 침몰시키고 미국으로 하여금 현실을 인정하게 만들었다. 또한 과도입법의원 스스로가 신탁통치 반대 결의안을 통과시킨 것은 국제협력노선의 포기를 의미했다.

넷째, 앨버트 브라운의 「정치적 프로그램의 전개」는 미국의 당초 구상을 회생시키기 위한 최후의 노력이었다. 이 보고서의 핵심적 내용은 (1) 남조선과도입법의원과 합작위원회 활용을 통한 실질적인 중도정당의 건설, (2) 모스끄바협정의 수용, (3) 경제원조와 미군정의 한인화 작업 추진이었다.

다섯째, 미군정은 남한의 과도정부 수립을 제안하기 위한 과도헌법으로 〈조선헌법〉을 작성하였으며, 이 헌법을 토대로 미군정 법률고문과 남한 정치지도자 간에 민주적 정부형태와 정부조직에 대한 상당한 합의를 이룰 수 있었다. 우돌의 지휘하에 마련된 〈조선헌법〉은 행정·입법·사법 세 기관의 권한과 책임을 규정함과 동시에 행정기관 및 의회의 구성과 운영에 관한 사항까지를 포괄하였는데, 이는 〈남조선과도행정조직법 초안〉과 〈남조선과도입법의원법안〉 등에 영향을 미쳤다.

여섯째, 남한 우파의 헌정구상인 〈남조선과도약헌〉과 중도파의 〈조선민주임시약헌 초안〉은 두 정치적 지향의 대립을 보여주었다. 이승만은 〈남조선과도약헌〉을 과도입법의원에서 통과시켜 미국이 국제협력노선을 포기하게 만들고자 했고, 남한의 임시정부 수립을 도모했다. 〈남조선과도약헌〉과 〈조선민주임시약헌 초안〉을 단일화한 〈조선임시약헌〉은 해방 이후 공식기구에서 좌우파가 함께 심의과정을 거쳐 합의한, 한국인들의 국가구상을 보여주는 최초의 헌법이었다. 이 약헌안은 정치통합을 둘러싸고 전개된 대립이 최종적인 형태로 응축된 이념과 구체적인 사회경제적 프로그램을 보여준다. 그러나 미군정은 〈조선임시약헌〉의 인준을 거부했다. 이는 미국의 대한정책의 변화에 기인한 것이었다.

　결론적으로 이 모든 정치투쟁이 지나간 뒤 한반도 남쪽에 남은 유일한 정치적 대안은 우파의 것이었다. 그러나 신생 대한민국의 헌법은 중도파 구상을 상당부분 수용하고 있다. 그것은 1920년대 이후 계속된 독립운동 진영의 좌우투쟁이 도달한 최종 결론이었다.

제4장

해방정국의 시민사회 헌법안들(1946~47)

1. 서론

　해방이 되어 국가건설의 시기가 도래하자, 시민사회의 정치단체들은 경쟁적으로 헌법을 기초하기 시작했다.[1] 이 헌법안들에 담긴 구상은 제2장에서 살펴본 바와 같이 기본적으로 19세기 말 이래 독립운동을 거치며 형성된 것이다. 해방 이후 3년 동안 다양한 정치적 실험들이 현실 속에서 검토되었다. 특히 1946년은 우리 역사상 헌법이념과 국가체제 구상, 그리고 비전이 가장 풍부하게 제시되었던 시기이다.

　이 장에서는 해방 이후 등장한 시민사회의 여러 헌법안들을 각 정치세

---

1) 이 글에서는 시민사회를 1948년 이전에 국가건설 활동에 참여한, 공적 문제에 관심 있는 개인·정당·조직·사회단체를 아우르는 개념으로 사용하고자 한다. 특히 여기서의 시민사회란 1946~47년에 등장한 헌법안을 기초한 정치·사회단체를 통칭한 것이다. 시민사회의 '시민'은 근대입헌주의 체제의 주체됨을 의미한다. 인간의 보편적 권리는 이러한 시민적 권리에 의해 뒷받침되지 않을 경우 무용한 개념일 것이다. 국가의 시민은 이 권리를 통해 자신의 견해와 정체성을 표현할 수 있으며, 공동체 문제에 대해 자유롭게 토론하고 심의, 결정할 수 있다.

력별로 분류하고 비교, 검토하여 이들 헌법안과 헌법구상이 1948년 건국 헌법의 기본 원칙과 내용에 어떠한 영향을 미쳤는지를 살펴보고자 한다.[2] 헌정구상을 정치세력별로 살펴보려는 이유는 건국헌법이 한 법률가의 창작물[3]이나 특정 정치가의 영향력 또는 의도[4]에서 비롯한 것이 아니라 시

---

2) 홍기태는 선구적인 연구업적을 쌓았다. 그의 논문은 첫째, 1948년 헌법 제정을 해방 이후 각 정당과 단체의 헌법구상과 연속적인 과정에서 살펴보았다. 둘째, 제헌국회의 헌법 초안 심의과정 중에 제기된 논쟁, 즉 권력구조 논쟁, 노동자권익 논쟁, 경제관련규정 논쟁, 반민족행위자처벌 논쟁 등을 검토하였다. 이러한 홍기태의 접근은 2000년 이후의 한국헌법 연구자들에게 계승되고 있다. 이러한 장점에도 불구하고 이 논문은 헌법 제정세력의 정치적 의도 분석에 치중했다는 한계를 가진다. 그는 "제헌국회에서 만들어진 헌법은 분단을 권력의 장악과 유지의 근거로 삼는 헌법 제정주체세력의 산물"이라고 평가했으며, 특히 헌법 제정의도를 "단정주체세력의 정통성의 결여와 반민족주의적 성향을 은폐하기 위한 시도"라고 주장하였다(홍기태 1986, 113면). 그는 헌법의 의미를 정치세력에 대한 평가로 바꾸어놓음으로써 자신의 규범틀 속에 헌법에 관한 논의를 고정했다고 볼 수 있다.

3) 박광주는 대한민국 헌법이 유진오 개인의 논리와 구상에 의하여 그 틀이 짜여진 것이라는 입장을 취하였다. "유진오가 헌법안을 구상할 때 각 정당의 강령과 정책과 제2차 공위에 제출된 각 정당 사회단체의 답신, 임시정부의 헌법, 민전의 헌법안, 그리고 심지어 조선민주주의인민공화국 헌법까지도 참고하였다고 하나 이는 단순한 참고에 그쳤을 뿐 오히려 그가 더욱 주목하였던 것은 인민의 기본권에 대한 미국헌법, 정부형태에 대한 구라파 각국 헌법, 그리고 경제민주주의에 대한 바이마르헌법 등 선진외국의 사례였다"(박광주 1998, 263~64면). 이러한 주장은 법학 분야에서도 일찍이 등장했다. 한태연은 유진오를 "헌법의 부(父)"로 명명하면서 "제헌헌법의 기본적 성격은 유박사의 구상을 그대로 정초한 유진오 헌법을 의미했다"고 평가했다(한태연 1988, 40면). 최근 정치사상 분야의 연구 등에서도 "헌법 제정과정에서 전제군주론에 대한 치밀한 검토와 국민주권 개념에 대한 천착 등의 깊은 논의는 없었던 것으로 보"이며 "서구 국가의 헌법 조문을 적당히 모방하고 짜깁기하는 차원에서 헌법 제정이 이루어졌다"고 주장하였다(양승태 2010, 387~88면).

4) 김철수는 건국헌법의 정부형태가 전적으로 "이승만의 고집과 권력욕"이라는 권력자 개인의 의지에 의해 결정되었다고 주장하였다(김철수 1992, 75면). 그에 따르면 "제헌헌법이 대통령중심제를 채택하게 된 것은 미국에서 생활했던 이승만의 고집 때문"이었다(김철수 1992, 59면).

대가 만들어내는 공동의 역사적 산물임을 보여주기 위해서다.

1945년 12월 모스끄바삼상회의에서 한국문제 해결을 위한 결정을 내리면서, 이 결정에 따라 1946년 3월과 1947년 5월 두 차례에 걸쳐 임시정부 수립준비를 위한 미소공동위원회가 개최되었다. 미소공동위원회는 1946년 4월 제5호, 제6호 성명을 통해 조선 내 민주주의 정당·사회단체와 협의할 항목을 채택하는 성명을 발표하였다. 그 내용은 "조선민주주의임시정부 조직의 기구 및 조직원칙에 관한 헌장을 제출할 것"과 "조선민주주의 임시정부의 정강, 기타 적의(適宜)한 법규문제를 작성할 것" 등이었다(『동아일보』1946.4.19;『조선일보』1946.4.25). 이러한 내용들은 헌법의 골격을 형성하게 된다. 이후 5월 1일 미소공동위원회는 공동성명 제7호에서 민주주의 정당과 사회단체에 설문할 항목을 구체적으로 발표하였다.[5] 이것은 임시정부 수립에 필요한 헌법 제정을 목적으로 하는 것이었다.

그러나 한국인의 생각은 달랐다. 1946년 미군정청 여론국 조사에 따르면, 대다수 대중은 미소공동위원회가 선출한 헌법위원회가 아닌 '민선헌법회의'가 헌법을 제정해야 한다고 생각했다.[6] 각 정치세력 간에 미소공동

---

5) 그 구체적인 설문 내용은 다음과 같다. (가) 조선민주주의임시정부와 지방행정기구의 조직과 원칙에 관한 건, ① 인민의 권리, ② 앞으로 수립될 임시정부의 일반체제와 성질, ③ 중앙정부의 행정 및 입법권 시행기구, ④ 지방행정기구, ⑤ 사법기구, ⑥ 〈임시헌장〉의 변경 및 수정방법, (나) 조선민주주의 임시정부의 정강에 관한 건, ① 정치대책, ② 경제대책, ③ 교육 및 문화 대책(『서울신문』1946.5.3).

6) 1946년 8월 13일자 『동아일보』기사에 따르면, 미군정청 여론국은 "조선 국민이 어떠한 종류의 정부를 요망하는가"를 조사하기 위해 30항목의 설문을 열거하고 여론을 조사하였다. 그 내용은 다음과 같다. "(문1) 일신상의 행복을 위하여 가장 중요한 것은 어느 것이라고 생각합니까? (가) 생활안정을 실현할 기회 3,473인(41%) (나) 정치적 자유 4,669인(55%) (…) (문2) 귀하께서 찬성하시는 일반적 정치형태는 어느 것입니까? (…) (다) 계급독재(타 계급의 의지와는 무관계) 237인(3%) (라) 대중정치(대의정치) 7,221인(85%) (…) (문3) 귀하의 찬성하는 것은 어느 것입니까? (가) 자본주의 1,189인(14%) (나) 사회주의 6,037인(70%) (다) 공산주의 574인(7%) (라) 모릅니다 653인(8%) (문4) 귀하는 조선정부가 개인의 권리의 자유, 시민의 의무, 정부의 책임과 구조

위원회 공동성명에 대한 의견도 달랐다. 1946년 1월 7일, 임시정부 수립절차를 통합해보고자 좌우중도파가 협의하여 모스끄바삼상회의의 조선문제 결정에 대한 공동코뮤니케 작성을 시도하기도 하였으며,[7] 7월에는 좌우합작 회담을 통해 합의를 이끌어내고자 노력하기도 하였다. 그러나 각 정파들은 1947년까지도 여전히 제각각의 미소공동위원회 답신안을 제시했다.[8]

선행연구에서는 미소공동위원회 제5호, 제6호 성명에 대한 「답신안」을 중심으로 '1948년 건국헌법 이전의 정치·사회단체의 헌법구상'을 구체적으로 분석하였다(홍기태 1986; 심지연 1986; 정병준 1996; 정상우 2007; 김수용 2007; 2008).[9] 최근의 대표적 선행연구는 신우철(2008), 김수용(2007; 2008), 정상

등을 규정한 성문법에 의거하여야겠다고 생각합니까? (가) 예 7,356인(87%) (…) (문5) 만일 예라면 이 헌법작성 시기는 언제여야 하겠습니까? (가) 지금 1,857인(17%) (나) 전조선인이 통일된 때 5,222인(71%) (…) (문6) 이 헌법은 하자(何者)가 작성할 것입니까? (가) 민선헌법회의 5,907(70%) (나) 중요 정당이 선출한 위원회 1,134인(13%) (다) 미소공위가 선출한 헌법위원회 610인(7%) (라) 미군정이 선출한 헌법위원회 159인(2%) (마) 미소공위 145인(2%) (바) 미국정부 49인(1%) (사) 모릅니다 447인(5%) (문7) 조선의 최고법이 되기 전에 이 헌법은 누가 통과시켜야 하겠다고 생각합니까? (가) 이 헌법을 작성하는 단체 926인(2%) (나) 조선 인민 6,785인(80%) (다) 미소공위 239인(3%) (라) 기타 155인(2%) (마) 모릅니다 347인(4%)."

7) 김병로는 1946년 1월 7일에 발표된 인민당, 공산당, 국민당, 한민당의 4당공동코뮤니케를 작성하기도 하였다.

8) 이와 관련하여 심지연은 미소공동위원회 답신안을 분석한 논문에서 "정부 수립방안과 정책에 대한 구상이 주요 정치집단마다 달랐기 때문에 합의에 의한 정부 수립은 이룰 수 없었"고 "따라서 갈등과 견해 차이를 해소하기 위한 대화와 협상이 아무리 진행되었다고 할지라도 결과는 자신의 주장을 대외적으로 확인하는 것 외에는 아무런 결실도 얻을 수 없었다"고 평가했다(심지연 1986, 147면).

9) 새한민보사 편 『임시정부수립대강: 미소공위 자문안 답신집』 자료에는 민전(좌익 측), 시협(중간 측), 임협(우익 측), 남조선과도입법의원(과정 측)의 답신안이 수록되어 있다. 이 답신안들은 좌파와 중도파, 우파 및 과도입법의원의 헌법구상을 비교, 심토할 수 있는 가장 유용한 자료이다(새한민보사 1947).

우(2007), 신용옥(2008) 등의 연구이다. 그 특징을 살펴보면 다음과 같다.

첫째, 신우철은 해방 후 등장한 헌법안들을 대한민국임시정부 헌법문서와 관련지어 분석하였다. 방대한 전거 분석을 통한 그의 실증적인 연구는 한국헌법학에서 독보적이다. 그는 특히 「임시정부 헌법문서의 헌법사적 의미: 그 계승과 단절」이라는 글에서 〈한국헌법〉〈대한민국임시헌법〉〈조선임시약헌〉〈조선민주공화국임시약법〉〈유진오 헌법 초안〉이 대한민국임시정부헌법과 중국헌법에 영향을 받았음을 상세히 분석하였다(신우철 2008, 478~504면). 특히 "유진오 헌법사상이라고 일컬어지는 것들 가운데는 '임시정부 헌법이념'으로 명명하는 편이 오히려 실질에 더 부합하는 예가 많다"고 주장하였다(신우철 2008, 500면). 둘째, 김수용의 연구는 해방 후부터 1948년 정부 수립에 이르는 3년 동안의 헌법논의를 발생시기별로 다루었다. 이 연구는 해방 후 각 헌법안들의 등장배경과 작성주체, 심의내용들을 충실히 정리하여 건국헌법 기초 이전의 헌법 논의과정의 사실적 측면을 잘 드러내주었다(김수용 2007: 2008).[10] 셋째, 정상우는 중간파 헌정구상의 형성과 좌절 과정을 분석하였다. 그러므로 이 논문은 중도파 활동과 노선을 종합적으로 검토한 논문이라는 점에서 의의가 크다(정상우 2007, iv). 넷째, 신용옥은 민전과 비상국민회의, 민주의원의 헌법 제정과정을 분석하였다. 이 연구는 선행연구에 미비했던 세 조직의 헌법 제정과정에 대한 사실관계를 보완하고, 특히 우익세력 내 경제체제 지향의 차이를 규명하고자 했다는 점에서 의의가 있다.[11]

이 장에서는 헌법기초위원회 전문위원 유진오의 『제헌헌법 관계 자료집』[12]을 토대로 하여, 1946년에 등장한 각 이념지형을 대표하는 세력들의

---

10) 그런데 이 연구는 헌법논의와 관련한 미소공동위원회 활동의 중요성에 착안하였음에도 불구하고 좌파의 헌법논의는 검토하지 않았다는 한계를 지닌다.

11) 이 논문에서는 비상국민회의에서 헌법논의의 토대가 된 안이 행정연구위원회가 기초한 〈한국헌법〉이었다고 추정한다(신용옥 2008a, 143, 144면).

헌법안과 1947년 미소공동위원회 「답신안」을 좀더 연속적인 관점에서 분석한다. 이를 통해서 1946~47년 시민사회의 헌법구상과 1948년 건국헌법과의 연속성을 고찰하고자 한다.

분석대상이 되는 헌법안은 좌파의 〈임시약법 시안〉 〈임시헌장정부및행정기구조직요강〉(이하 〈임시헌장 요강〉)과 민전의 미소공위 「답신안」, 우파의 〈한국헌법〉과 임협[13]의 미소공위 「답신안」, 그리고 중도파의 〈대한민국임시헌법〉, 시협[14]의 미소공위 「답신안」 등이다.

2. 좌파의 〈임시약법 시안〉 〈임시헌장 요강〉, 민전의 「답신안」

1) 헌법안 기초의 배경과 경위, 영향

좌파의 집결체인 민전[15]의 헌법안은 미소공동위원회 활동과 관련하여 작성된 것이었다. 제3장에서 살펴본 바와 같이, 민전은 모스끄바삼상회의의 결정에 따라 미소공동위원회 '승인'을 통한 임시정부 수립을 지지한다는 입장을 취했고, 미소공동위원회 자문활동에 적극적으로 참여했다. 그

---

12) 이 자료집은 시민사회의 전체 영역에서 각 정파의 헌법안들이 각기 어떤 특징을 띠며, 어떠한 위치를 점하는지 좀더 연속적이고 포괄적으로 분석할 수 있도록 한다는 점에서 그 의의가 매우 크다(고려대학교박물관 2009).

13) 임시정부수립대책협의회는 한민당, 대한노총 등의 우익진영이 결성한 단체이다.

14) 시국대책협의회는 1947년 6월 중순 김규식, 여운형, 안재홍, 원세훈, 홍명희 등 중도파 100여명이 결성한 단체이다.

15) 민전은 1946년 1월 19일에 좌파 계열의 29개 정당 및 사회단체가 회합하여 2월 15일에 결성식을 개최한 조직이다. 2월 1일 민전은 자신들이 "삼상회의 결정의 원칙에 의거한 미소공동위원회의 조선민주주의 임시정부 수립조치에 있어 조선민족의 유일한 정식 대표"라고 선언하였다. 민전 의장단에는 여운형, 허헌, 박헌영, 김원봉, 백남운 등이 선정되었다(민주주의민족전선 1999, 105~106, 152면).

〈조선민주공화국임시약법 시안〉(1946년 1월 기초). 고려대학교박물관 소장.

것은 첫째, 유진오의 『제헌헌법 관계 자료집』에 포함된 〈임시약법 시안〉
겉표지에 "1946년 제1회 미소공위에 제출하려고 준비되었든 민전 측 〈조
선민주공화국임시약법 시안〉"이라고 기록되어 있고,[16] 둘째, 민전의 「답신
안」에 내각 구성이 "민주주의 정당·사회단체의 건의에 기초하며 미소공
동위원회에서 조직되며 4개국 승인으로써 성립한다"고 규정한 점에서도
확인된다.

　그동안 헌법학계에서는 민전이 작성하였다는 〈임시약법 시안〉을 인정
하지 않아왔다. 만일 〈임시약법 시안〉이 있다면, 민전의 공식안이 아닌 좌
익에 관계한 법률가 개인이 만든 안일 것이라고 평가했다(홍기태 1986, 25면;

16) 제1차 미소공동위원회는 1946년 3월 20일 개최되어 5월 8일 결렬되었다.

이영록 2000, 82면).[17] 그러나 유진오의 『제헌헌법 관계 자료집』에 포함되어 있는 〈임시약법 시안〉을 살펴보면 그의 회고내용은 사실이라는 것을 알 수 있다. 그는 "1946년 1월 민전의 박문규가 허헌 등이 작성한 〈조선민주공화국임시약법 시안〉을 가지고 와서 이를 검토해달라는 부탁을 했으나 거절한 바 있었다"고 회고한다(유진오 1980, 15면).[18] 여기서 보듯, 민전의 〈임시약법 시안〉은 비록 시안이지만 완성되어 있었으며, 그 국가 명칭은 조선민주공화국이었다.

그러나 정확한 작성주체, 기초 시점 및 경위, 그리고 민전의 공식안인지 여부 등은 여전히 불확실하다. 민전의 헌법안 작성은 〈임시약법 시안〉의 기초단계와 〈임시약법〉의 기초단계로 나누어 살펴볼 수 있다. 민전의 〈임시약법 시안〉은 미소공동위원회에 제출하기 위해 허헌 등 소수의 민전 관계 법률가들이 비공개적으로 작성했다. 이후 이를 토대로 작성된 〈임시약법〉은 민전의 공식기구인 임시약법기초위원회에서 축조 검토되었다.

〈임시약법〉의 기초과정을 먼저 살펴보면 다음과 같다. 1946년 2월 4일 민전준비위원회는 인민당본부에서 위원회를 개최하여 2월 15일에 서울에서 민전결성대회(전국대회)를 열기로 결정하고, 더불어 사무총국(총국장 김두봉(金枓奉))과 5개 부서, 그리고 헌법기초위원회 등 7개 전문위원회 설치를 발표하였다(『조선일보』 1946.2.6).[19] 이후 1946년 3월 6일에는 '임시

---

17) 그러나 유진오 자료를 활용한 최근의 논문들은 이를 정정하고 있다(정상우 2007; 김수용 2007; 2008; 신용옥 2008a).

18) 당시 박문규는 민전 사무국 기획차장이었다(민주주의민족전선 1999, 155면).

19) 이 민전 결성대회에서 개회사를 한 허헌은 모스끄바삼상회의 결정에 관하여 다음과 같이 연설하였다. "막사과(莫斯科, 모스끄바)삼상회의 결정은 우리 조선의 민주주의적 임시정부를 수립하는 데 원조해주는 것이다. 우리는 여기에서 미소중영 등 연합국에 대해 충심으로 감사드리지 않으면 안될 것이다. 그러나 조선문제의 해결은 조선인민 대다수의 지향과 의욕을 무시하고서는 도저히 달성될 수 없는 것이다. (…) 그리고 이 대회는 조선의 완전독립을 달성하는 한 계단사업으로 민주주의적 임시정부 수립에 있어서 결정적인 발언권을 확보하여야 할 것이다"(심지연 1994, 307면).

약법기초위원'(신문보도에서는 이를 임시헌법기초위원이라 쓰고 있다)의 위원으로 허헌, 김용암, 김약산, 성주식, 조평재, 정진태, 김응섭, 이강국, 한길언, 정경모 등 10인을 선정하였다(『조선일보』 1946.3.7; 민주주의민족전선 1999, 162면).[20] 또한 이날 임시약법기초위원회에서 허헌을 책임자로 정하고, 헌법기초 집필자 3인도 선출하였다.[21] 유진오의 회고에서도 드러나듯이, 민전 의장단에 속했던 허헌이 〈임시약법〉 작성을 주도했던 것이다(심지연 1995; 정상우 2007, 104면). 3월 19일에는 〈임시약법〉과 행정기구문제를 토의하기 위한 임시약법기초위원회와 행정기구연구위원회 연합회의가 개최되었다고 보도되었다(『조선인민보』 1946.3.20). 또한 3월 25일에는 임시약법기초위원회에서 "〈임시약법〉 초안을 축조 검토했는데 조만간 결정될 것"이라고 보도되었다(『조선인민보』 1946.3.27). 그러나 〈임시약법〉 초안의 내용은 알려지지 않았다. 그런데 1946년 3월 6일부터 3월 25일까지 축조 검토된 〈임시약법〉 초안은 유진오가 검토를 요청받은 〈임시약법 시안〉을 토대로 하여 작성된 것이라고 볼 수 있다. 〈임시약법 시안〉과 그 명칭도 동일한 '임시약법'기초위원회가 불과 20여일 만에 헌법안을 작성할 수 있었던 것은 이미 마련된 '시안'이 있었기 때문에 가능했을 것이다.

다음으로 〈임시약법 시안〉의 기초에 관해 살펴보자. 1945년 9월 8일 제1차 인민위원회에서 조선인민공화국의 선언·강령·시행방침 등이 토의된 것으로 미루어볼 때, 헌법안에 대한 좌파세력의 논의 또한 이 시기부터 시작되었을 것으로 생각된다.[22] 미군정의 정보보고에 따르면, 1945년 10월경 조선인민공화국 중앙인민위원회가 허헌에게 헌법 초안의 작성을 의뢰하였다(주한미육군사령부 정보참모부 1986, 407면; 심지연 1994, 101면). 유진오가 〈임

---

20) 민전사무국 편 『조선해방연보 1946년』에는 정경모 대신 정노식으로 되어 있다.
21) 집필자 3인은 정진태, 김용암, 조평재였다(『조선일보』 1946.3.8).
22) 허헌의 전기에 따르면 일제시대 변호사 활동을 했던 허헌은 8·15 해방 전부터 헌법을 구상하였다고 한다(심지연 1994b, 87~88면; 신용옥 2008b, 130면).

시약법 시안〉의 검토를 요청받은 것은 1946년 1월경이었다. 〈임시약법 시안〉의 내용에 따르면 이 시안은 2월 15일에 개최되는 민전의 전국대회에 대비해 작성되었던 것이다.[23] 물론 최종목적은 3월 20일 개막되는 미소공동위원회에 제출하여 민전 중심의 통일임시정부수립을 준비하기 위함이었을 것이다. 앞서 기술한 바와 같이, 미소공동위원회 개최시기인 3월 25일에 〈임시약법〉이 결정될 것으로 보도되었다.

그런데 〈임시약법 시안〉 제28조에 따르면 "전국대회는 임시약법을 제정 및 수정"할 것을 규정하고 있다(고려대학교박물관 2009, 47면). 그러므로 2월 15일 민전 전국대회에서 〈임시약법 시안〉의 수정이 이루어졌을 것으로 추측되지만, 그 수정 내용은 알 수가 없다. 민주주의민족전선출판부(편집위원 이강국, 박문규, 최익한, 이석태)에서 간행된 『조선해방연보』에는 1946년 2월에 발표된 민전의 「선언」「강령」「규약」은 수록되어 있으나, 〈임시약법 시안〉은 수록되어 있지 않다.[24]

이로써 이 〈임시약법 시안〉의 기초절차는 매우 비공개적으로 진행되었으며, 더욱이 심의위원 선임절차 없이 비공식적으로 유진오에게 심의를 요청했다고 볼 수 있다. 아래에서 살펴볼 다른 정치세력들의 헌정작업과는 달리 〈임시약법 시안〉은 소수 전문가들만 참여하여 작성되었으며, 실제 헌법을 작성하는 동안에 어떤 쟁점들이 문제되었는지 거의 밝혀진 바가 없다. 이러한 헌법 제정과정은 만인의 참여와 자치를 공언해온 인민민주주의 정신에 어울리지 않는 것이다. 단지 '국호' 관련 의견대립이 조선

---

23) 『제헌헌법 관계 자료집』의 〈조선민주공화국임시약법 시안〉이라는 제목 아래에는 "1946년 ○월 ○일 민주주의민족전선전국대회결의"라고 되어 있다. 일자는 공란이지만 민전의 전국대회가 1946년 2월 15일에 개최된 것을 고려하면 〈임시약법 시안〉은 민전이 결성되는 2월 15일에 대비해 작성된 것이다(신용옥 2008b, 128면; 고려대학교박물관 2009, 43면).

24) 민전은 2월 21일 개최된 제2차 상임위원회에서 '강령·규약 수정의 건'을 통과시켰다(『서울신문』 1946.2.21; 민주주의민족전선 1999, 105~17면).

공산당 기관지 『해방일보』의 기자였던 박갑동의 회고를 통해 확인된다. 미군이 인천에 상륙하기 이틀 전인 1945년 9월 6일 전국인민대표자대회를 개최하였는데, 여기에서 여운형 그룹은 "인민이란 게 너무 과격하니 조선민주공화국으로 하자고 제의"하였고, 반면에 박헌영 그룹은 인민공화국을 주장하였다(박갑동 1983, 102면).[25]

그리고 이 〈임시약법 시안〉은 1946년 4월 20일 민전이 발표한 좀더 공식적인 성격의 〈임시헌장 요강〉을 작성하는 데 기초가 되었다. 〈임시헌장 요강〉은 민전 중앙위원회 제2차 회의에서 부의장 이여성이 보고한 것인데, 현재는 총 39항 중 19항의 정부 및 행정기구조직 요강의 내용만 알 수 있다(『조선인민보』 1946.4.21).[26] 그런데 흥미로운 것은 앞서 제정되었다는 〈임시약법 시안〉이 이후에 발표된 〈임시헌장 요강〉과 민전의 「답신안」에 비하여 훨씬 체계적이라는 점이다.

2) 헌법안의 특징: 기본권, 정부형태, 경제체계를 중심으로

민전의 〈임시약법 시안〉은 전문이 없고, '조선민주공화국 임시국가조직 약도'를 포함하여 총 9장 103조로 구성되어 있다.[27] 민전의 〈임시약법 시안〉을 〈임시헌장 요강〉 및 미소공동위원회에 제출했던 민전 「답신안」과

---

25) 요컨대 〈임시약법 시안〉의 국호는 여운형 그룹의 입장이 반영된 것이다. 한편 1945년 9월 6일 '인민공화국'으로 국호가 결정된 것과 관련해서 이동화는 "대회 주최측의 복안은 조선민주공화국이었는데, 좌익계열이 다수 참여하였던 회의장에서 어떤 대의원이 '인민공화국'으로 하자고 열렬히 주장하여 이를 찬성, 지지하는 의견이 장내 분위기를 지배함으로써 인민공화국이 되었다"고 하였다(이동화 1978, 128면).

26) 〈임시헌장 요강〉의 내용은 제4장 〈표 4-1〉 참조.

27) 〈임시약법 시안〉은 제1장 총강, 제2장 인민의 기본적 권리·의무, 제3장 민주주의민족전선, 제4장 인민회의·상임의원회, 제5장 임시대통령·임시민주정부, 제6장 사법, 제7장 군사, 제8장 재정, 제9장 약법수정으로 구성되었다.

비교하여 그 특징을 살펴보면 다음과 같다.

첫째, 총강에는 국호로 '조선민주공화국'(《임시약법 시안》)과 '조선인민공화국'(「답신안」) 두 명칭을 명시하였으며, 인민주권(《임시약법 시안》, 《임시헌장 요강》, 「답신안」)과 민주주의적 인민정부(「답신안」)를 규정하고 있다.

둘째, 인민의 기본적 권리와 의무에서 《임시약법 시안》과 《임시헌장 요강》 「답신안」은 거의 동일하다. 대한민국임시정부의 기본권, 자유권, 청구권, 참정권 등을 계승하고 있다. 그런데 《임시약법 시안》에는 '중소개인자본의 기업경영의 자유' 등을 규정하였고, 《임시헌장 요강》에는 '재산사용의 권리'를 보장하고 있다. 즉 사영과 사유를 보장한 것이다. 또한 민전 「답신안」에는 초등교육을 받을 권리, 노동의 권리가 추가되었다.[28]

셋째, 정부 형태 및 조직과 관련해서는 "인민이 주권자가 되고, 인민의 복지와 행복을 민주주의적 방법에 의하여 철저히 보장, 향상하는 형태를 가져야 한다"고 규정하면서, '민주주의적 인민정부'를 구성할 것을 강조하였다. 최고기관으로는 임시정부 단계에서는 내각, 정식정부 단계에서는 인민대표대회를 두고, 조선 내의 민주적 정당과 사회단체를 광범하게 참가시켜 행정과 입법의 직무를 수행토록 하고자 하였다. 이러한 규정은 《임시약법 시안》과 《임시헌장 요강》에서 동일하다. 《임시약법 시안》에는 잠정 인민대표대회 구성원이 약 1,000명 — 《임시헌장 요강》에는 600명 — 이며, 그중에서 약 300명 — 《임시헌장 요강》에는 200명 — 을 잠정 인민의회 의원으로 선출할 것을 규정하고 있다. 요컨대, 좌파 민전은 권력의 기원을 인민과 인민회의에 두어 인민 중심의 '계급연합정권' 수립을 목표로 하였다. 주지하듯이 이러한 인민민주주의 이론은 북한헌법 제정의 기본원칙

---

28) 한편 좌파 남로당 답신안에는 일제 잔재를 숙청할 것과 남로당이 민주주의 과업을 수행할 지위를 갖는다는 것, 친일파 민족반역자는 선거권과 피선거권이 부여되지 않는다는 것을 규정하였다. 그리고 노동과 병역으로 인한 불구 또는 질병에 대해서는 국가적 보호를 받을 권리가 있다는 것을 규정하였다(심지연 1986, 154면).

이 되었다.[29]

그런데 특히 정부형태와 관련하여 이례적인 점이 있다. "조선민주공화국의 원수를 임시대통령으로 할 것"(〈임시약법 시안〉)과 "대통령이 국가행정을 통할하며 국외에 대하야 국가 및 정부를 대표한다"(〈임시헌장 요강〉)라고 규정하면서도, 민전의 5호에 대한 「답신안」에서는 "대통령을 단독제기관으로 하여 거기에 권력을 모다 집중시키는 것은 민주주의 원칙으로 보아도 올치 않을 뿐 아니라 현실의 조선에는 더욱 타당치 않다"고 하여 반대하고 있다는 점이다(새한민보사 1947, 43면). 나아가 민전의 6호에 대한 「답신안」에서는 "조선인민의 총선거가 실시되기까지는 대통령제 또는 주석의 제도를 채용치 말고, 수상 또는 부수상회의제도를 채용하며 각부는 그 책임자와 부책임자의 회의결정제도를 채용하고 내각회의에 최대의 구성을 부여하는 제도를 채용하여야 한다"고 하였다(새한민보사 편 1947, 104면). 즉 민전은 대통령을 중심으로 하는 정부구성을 민주주의와 배치되는 것으로 이해하였으며, 집단적 민주주의 정치제도, 특히 인민위원회제도가 개인의 권력 전횡을 막는다는 측면에서 대통령제보다 우월하다고 주장하였다.

넷째, 경제조항과 관련해서 〈임시약법 시안〉과 〈임시헌장 요강〉은 이를 구체적으로 진행하지 않았다. 그것은 민전 전국대회에서 해결할 문제로 이를 남겨두었기 때문이다. 그러나 민전의 「답신안」에서 좌파의 당시 경제구상을 살펴볼 수 있다. 답신안에 표명된 '조선민주주의임시정부 경제정책'의 내용을 살펴보면 다음과 같다.

우선 적산 및 민족반역자 소유의 토지(조선인 지주 포함)와 중요 산업기관, 그리고 중요 운수기관은 모두 몰수하여 국유화해야 한다고 주장하

---

29) 1948년 9월 2일에 소집된 북한의 최고인민회의 제1차 회의에서 허헌은 김두봉의 '조선민주주의인민공화국 헌법에 관하여'라는 보고에 대한 토론에서 동일한 인민민주주의 이론을 개진하였다(허헌 1994b, 380~81면; NARA. RG 242. SA 2009-8-39, 김두봉 1948).

새한민보사 편 『임시정부수립대강—미소공위자문
안답신집』(1947.7).

였다. 이는 제2장에서 살펴본 대한민국임시정부 〈건국강령〉의 경제정책과
동일하다. 또한 「답신안」에 표명된 토지소유정책의 구체적인 내용을 살펴
보면 (1) 일제강점기에 행한 토지이용과 소작제에 관한 대책은 "이를 근
본적으로 개혁하여 일체의 지주의 토지소유 및 소작제도를 철폐하고, 토
지의 소유 및 이용권을 농민이 가지게 해야 한다"고 규정하였다.[30] (2) 농
민에게 토지소유 및 완전자유처분권을 부여할 것인가 하는 점에 대해서는
"토지는 사유하나 국가로부터 농민에게 분여되는 토지는 매매 및 저당 등
자유처분권을 금지하여야 한다"고 규정하였다. (3) 소작인에게 분할되는
조선인지주의 토지는 "무상으로 몰수하여야 한다"고 규정하였다. 「답신
안」에서 무상몰수를 주장한 이유는 다음과 같다.

---

30) 민전의 「제6호에 대한 답신서」에는 "일본통치시대에 있든 토지이용과 소작제에 대한
우기(右記)한 개혁은 구체적인 다음과 같은 요강으로 실시한다"고 규정하였다(새한민
보사 편 1947, 106면).

지주에 의한 보상금은 거액이 됨으로써 국가재정으로서는 부담하지 못하고, 만일 국가재정에서 지출한다면 정부의 산업 문화 기타의 부흥비 및 건설비 지출이 불가능할 뿐 아니라 최소한도의 정부유지비도 지출 곤란한 상태로 되고 더구나 이것을 대중과세에 의한 재원에 구한다면, 대중의 생활을 파탄시킬 만한 고율의 세금징수를 하여야 할 것임으로 불가능하다. 혹은 토지를 분여받은 농민에게 지출한다면, 농민의 토지획득은 곤란할 것이며, 또 분여받은 농민이 채무농민화하여 지주토지의 농민분여의 의미가 없어진다. (새한민보사 편 1947, 107~108면).

다음으로 민전의 「답신안」에 표명된 산업 소유권과 경영형태에 관한 정책을 살펴보면,[31] (1) 대산업(철강화학공업)의 경우는 국유로 규정하였다. 그 이유는 대산업이 "경영과 건설에 거액의 자본과 기술이 필요한 까닭에 조선과 같이 사(私)자본의 발전이 빈약한 곳에 있어서는 오직 국가의 힘에 의하여서만 그 발전을 기할 수 있는 것"이기 때문이었다. (2) 중산업(섬유, 제화)은 국유 또는 공유로 규정하였다. 이들 중산업도 대부분이 일본인 및 민족반역자의 소유였으므로 조선인민 전체의 이익을 위하여 국가에 의하여 경영되어야 하며, 또한 인민들의 긴급한 생활자료를 생산하기 위해서는 국가경영 또는 개인자본의 협애한 한도를 타파할 수 있는 협동조합적 경영에 의해야 할 것이라고 하였다. (3) 소산업(가구, 농구)은 모두 사유로 하고 일부만 공유로 할 것이라고 규정하였다. 소산업을 사유로 하는 것은 "대부분 소산업이 사자본의 소유이며, 또한 사자본으로서 경영하여 나

---

31) 미소공동위원회 공동결의 제6호는 소유권을 공유(公有, public ownership), 공유(共有, cooperative ownership), 사유(私有, private ownership)로 나누어 질의하였다. 이에 민전의 답신안은 공유(公有) 대신에 국유(國有)라는 용어를 사용하였고, 그 경영형태는 국영(國營)으로 하였으며, 공유(共有)에 대응하는 경영형태는 협동조합 경영으로 하였다.

갈 수 있는 까닭으로 이들 사자본에 의한 소산업을 보호, 육성하며 사자본의 생산의욕을 조장하는 것이 생산력 발전에 큰 도움이 되기 때문"이었다. (4) 은행 보험업은 국유로, 그리고 도매업은 국유 또는 공유로, 소매업은 사유 또는 공유로 할 것을 규정하였다. (5) 광물(지하자원), 삼림, 철도, 선박회사, 공리기관(전력, 수도, 통신기관 등), 대어업은 전부 국유로 하고 소어업은 사유 또는 공유해야 한다고 규정하였다(새한민보사 편 1947, 111면).

요컨대 민전의 핵심적인 경제원칙이 된 국유화 및 공유화는 첫째, 당시의 경제적 여건하에서 국가만이 대규모 자본과 기술의 동원이 가능하다는 인식에 기반한 것이며, 둘째, 적산 처리를 위한 당연한 정책이었으며, 셋째, 사적 자본의 경제독점과 집중을 막기 위한 정책을 의미했다. 그리고 산업조직 면에서 국유·국영의 범위를 확대하고 사유·사영의 범위를 축소하고자 했으며, 국유·국영을 촉진하는 과도적 형태로서 협동조합 경영을 구상하였다.

〈표 4-1〉 〈임시약법 시안〉 〈임시헌장 요강〉 민전 「답신안」 비교

	〈조선민주공화국임시약법 시안〉 1946년 1월 기초	〈임시헌장정부및행정기구 조직요강〉 1946년 4월 21일 발표[32]	민전 「답신안」 1947년 7월 제출
총강	제1장 총강(제1조~6조) 제1조 조선민주공화국은 조선 민족의 민주주의통일국가임을 선언함.(…) 제3조 국가의 전권력은 전조선 인민에게 속함 제4조 모든 국가기관은 인민의 기관이며 합의제를 대원칙으로 함.(…)	1. 국가의 전권력은 인민에 속함. 1. 임시정부의 일반적 형태 조선인민공화국, 인민주권, 민주주의적 인민정부.	

---

32) 1946년 3월 21일 제2회 상임위원회에서 수정통과된 민전의 강령과 거의 동일함. 강령 전문은 민주주의민족전선 1999, 107~15면 참조.

인민의 권리· 의무	제2장 인민의 기본적 권리 및 의무(제7조~21조) 제7조 전조선인민은 남녀를 물론하고 모든 법률 앞에 평등함. (…) 제9조 만18세에 달한 조선인민은 (…) 선거권과 피선거권을 향유함. 제10조 조선인민은 언론·출판·집회·결사·행동의 자유를 향유함. (…) 제11조 (…) 청원·서원 내지 소송할 권리를 향유함. 제12조 (…) 거주, 이전, 신서비밀의 자유를 향유함. 제13조 (…) 신체의 자유를 향유하며 (…) 제17조 조선인민은 재산 사유의 권리, 계약, 영업의 자유를 향유하며 법률에 의한 외에는 이를 침탈할 수 없음. 제18조 (…) 반봉건적 토지관계로부터 해방될 권리가 법률로써 보장됨. 제18조의 일 (…) 중소개인자본은 기업 경영의 자유가 법률로써 보장됨. (…)	1. 인민은 법률 앞에 일체 평등함. 1. 인민은 법률에 의하여 권리와 자유를 박탈당한 자를 제외하고는 모다 ○ ○○○○○ 문화, 사회, 생활의 각 영역에 나아갈 권리가 보장됨. 1. 만 18세에 달한 조선 인민은 선거권과 피선거권을 향유함. 1. 인민은 언론, 출판, 집회, 결사, 신앙, 연구, 행동의 자유가 보장됨. 1. 인민은 거주 이전의 자유가 보장됨. 1. 인민은 신체의 자유가 보장됨. 1. 인민은 통신, ○○ 비밀의 자유가 보장됨. 1. 인민은 재산 사유의 권리가 보장됨. (…)	1. 민권 1. 인민은 성별, 재산, 사회출신, 교육, 신앙 등 여하를 불구하고 법률의 앞에 절대 평등하다. 2. 만 20세에 달한 인민은 성별, 재산, 사회출신, 교육, 신앙, 거주장단 등 여하를 불구하고 평등하게 선거권, 피선거권을 갖는다. 3. 인민은 민주주의적 언론, 출판, 집회, 결사, 신앙, 시위의 권리를 가진다. 4. 인민은 신체의 자유, 거주의 불가침, 신서의 비밀에 관한 권리를 가진다. (…)
입법	제3장 민주주의민족전선(민전) (제22조~30조) (…) 제24조 민주주의민족전선은 조선임시민주정부가 수립된 후 1년 이내에 정식 전국인민대표자대회를 소집할 의무 부(負)함. 제25조 민전 전국대회(약칭 전국대회)는 (…) 민주주의적 각 정당의 대표, 대중단체, 사회단체, 학술문화단체의 대표, 지방거주자의 대표 및 당해 사회층을 대표할 만한 무소속 개인으로서 구성됨. 구성원의 수는 일천명을 초과함을 요함. (…) 제28조 전국대회는 좌기 사항을 처리함. (…) 임시약법의 제정,	1. 정식 선거에 의하여 정식 인민대표대회가 성립될 때까지 잠정 임시대표대회를 소집하여 이것을 최고권력기관으로 함. 1. 잠정 인민대표대회는 세계민주의 노선에 입각하여 진실하게 민주주의를 실천하는 정당·단체의 대표자(비례대표제에 의함) 지방대표자 및 당해 각 계층을 대표할 만한 무소속 개인으로써 구성함(약 600명). (…) 1. 잠정인민대표대회에서는 그 속에서 잠정인민 의회의원(약 200명)을 선출	행정 및 입법기능을 수행할 중앙정부의 기관 혹은 기관들 총선거에 의한 입법기관을 창설하기 전에 조선임시정부에게 법률제정권을 부여해야 한다. (…) 최고정권기관은 내각이다. 정식정부가 수립될 때에는 인민대표회의가 최고권력기관인 것이나 (…) 내각은 수상, 부수상 2명, 내무상, 외무상, 재정상 (…) 내각은 좌의 직무를

입법	수정. **제4장 인민의회 및 상임의원회** (제31조~45조) 제31조 인민의회는 중앙의회와 지방의회로 함. 제32조 중앙의회는 전국대회에서 선출된 3백명 이하의 중앙의원으로써 구성됨. (…)	하여 잠정인민의회를 구성함. 잠정인민의회는 입법기관으로서의 권능을 가지며, 잠정인민○○○○ 대회 중 그 임무의 일부를 대행함. (…)	수행한다. (…)
행정	**제5장 임시대통령 및 임시민주정부**(제46조~70조) 제46조 조선민주공화국의 원수를 임시대통령으로 하고 중앙정부를 임시민주정부로 함. (…) 제49조 대통령은 반드시 부통령전부와 합의하고 모든 집행은 3인 일치된 결정에만 의함. 제50조 대통령은 여하한 경우에도 인민의회를 해산할 수 없음. 제51조 대통령, 부통령은 정무위원회의 결의에 대하야 결재거부권을 행사할 수 있음.(…)	1. 대통령은 국가행정을 통할하며, 국외에 대하야 국가 및 정부를 대표함. 1. 부대통령은 대통령을 보좌 대리함. 1. 대통령 및 부대통령은 합의하야 중앙인민위원회(정무위원회)의 결의사항을 결재함(거부권이 유함). 1. 대통령은 중앙인민위원회(정무위원회)의 결의에 의하야 행정조직, 조약체결, 계엄, 특사, 행정부서의 임면 등에 관한 권한을 행사함. (…)	대통령 1인을 단독기관으로 하여 거기에 권력을 집중시키는 것은 민주주의 원칙에 어긋남.
사법	제6장 사법(제71조~83조)	1. 재판소(…) 1. 검찰소(…)	
군사	제7장 군사(제84조~제91조)	1. 군사위원회 (…)	
		1. 지방은 중앙(해독불능)야 잠정지방인민위원회, 잠정지방인민(해독불능)(…)	
재정	제8장 재정(제92조~102조)		
부칙	제9장 약법수정(제103조)		

3. 우파의 〈한국헌법〉, 임협의 「답신안」

1) 헌법안 기초의 배경과 경위, 영향

행정연구위원회의 〈한국헌법〉은 당시 우파 진영에서 제시된 가장 체계적인 헌법안이었다. 먼저 이 헌법의 기초 시점과 작성주체를 살펴보면 다음과 같다. 1945년 12월 17일에 첫 모임을 가진 행정연구위원회는 신익희가 주도하여 약 70명의 식민시대 고등문관 출신인물들로 조직되었다.[33] 선행연구에서 이미 알려진 바와 같이, 이 조직은 건국에 대비하여 건국방략과 시정방침을 마련할 목적으로 일제강점기 행정경험을 지닌 인물들을 중심으로 구성되었으며, 이러한 목적을 위해 국토계획, 행정조직, 법제, 재정, 보안 등 총 19개 전문위원회를 구성하였다.[34] 요컨대 우파의 건국준비위원회 또는 인수위원회의 성격을 띤 것이다.

행정연구위원회의 헌법 기초활동은 민전이나 비상국민회의, 그리고 민주의원의 활동과는 달리 당시의 언론에서는 거의 찾아볼 수가 없고, 관련자들의 회고를 통해서 부분적으로 확인된다. 이는 이후 건국헌법 헌법기초위원회 전문위원이 된 윤길중이 회고한 바와 같이 "정계 일각에서는 일제 관료들을 모아서 정권을 잡으려 한다는 비난"이 제기될 것을 우려해 비밀리에 진행되었기 때문이다(윤길중 1991, 78면).

---

33) 이 조직의 명칭은 미군방첩대보고서(CIC보고서)에서는 '행정연구위원회'였고, 유치송은 '행정연구반'으로, 유진오, 장경근은 '행정연구회'로 칭했다. CIC보고서와 유치송은 행정연구위원회 위원이 약 70여명이라고 기록하고 있다. 행정연구위원회 관련 문헌은 다음과 같다. 최하영(1968, 134~35면); 유치송(1984, 445면); 중앙일보 현대사연구소(1996, 416~21면).

34) 최하영(1968, 134면); 유치송(1984, 445~46면); 중앙일보 현대사연구소(1996, 419~21면); 정상우(2007); 김수용(2008, 24~25면); 신용옥(2008b, 9면).

대한민국임시정부 귀국 환영사를 낭독하는 신익희(1945.11).

행정연구위원회의 제헌활동과 관련하여 유진오는 "장경근, 최하영 양씨(등은) 그 회가 조직되자마자 재빨리 활동을 개시하여 1946년 1월 10일부터 동 3월 1일까지에 이미 헌법 초안 작성을 완료했다"고 회고하였다(유진오 1980, 32면). 〈한국헌법〉을 기초한 것으로 알려진 당시 미군정청 농상국장 고문 최하영은 헌법 기초과정에 대해 이렇게 설명한다.

우리들이 한 헌법 초안의 기초 및 심의에 있어서는 두 단계가 있었는데, 제1단계에 있어서의 헌법기초 및 초안의 심의는 해방 익년인 단기 4279년 1월 10일부터 3월 1일까지인데 죄송합니다마는 제가 학식부족의 남부끄럼을 참어가면서 그해 1월 14일부터 동월 30일까지 사이에 초안을 작성했지요. 소위 기초를 한 것이지요. 이 초안을 가지고 2월 초부터 꼭 2월 한달 동안을 걸려서 3월 1일까지 연일 심의를 거듭해서 제2안 제3안 제4안 제5안 제6안까지 6차나 심의를 거듭하여 제6안이 제1단계로서의 최종안으로 작성한 것입니다. (국회사무처 1958, 40면)

또한 당시 서울지방법원장이었던 장경근도 "일제 때 법률공부한 사람들이 헌법을 연구하고 이런 사람들이 행정연구회를 만들어가지고 헌법분과위원회를 했는데 거기에서 만들기 시작"했다고 하였다(국회사무처 1958, 35면).

요컨대, 행정연구위원회(위원장 신익희)는 헌법분과위원회를 두었고, 1946년 1월 중순부터 3월 1일 사이에 여섯 차례 회합을 가지면서 헌법 초안을 작성하였던 것이다(국회사무처 1958, 59~64면; 정종섭 2002, 158~67면).[35] 작성주체와 관련하여서 윤길중은 "사법부 계통에 이상기 씨와 장경근 씨, 행정계통에 강명옥 씨와 황동준 씨와 김용근 씨, 그리고 나와 조선총독부 서무과장이었던 최하영 씨 등으로 (…) 본격적인 헌법연구에 들어갔다"고 하였다(윤길중 1991, 78~79면; 김수용 2008, 31면).[36] 이와 같이 작성된 〈한국헌법〉은 총 7장, 부칙 제2편 88조로 되어 있으며, 국회·정부·사법기관 등의 용어를 최초로 사용하였다.

이상과 같이 〈한국헌법〉 기초과정은 헌법 제정자들의 회고를 통해 비교적 잘 확인되지만, 이 헌법안이 작성된 배경과 의미는 상당한 논의를 필요로 한다. 앞서 살펴본 바와 같이 행정연구위원회는 1946년 3월 20일 제1차 미소공동위원회가 개막되기도 전에 헌법 기초를 완료했다. 또한 아래에서 살펴보겠지만, 헌법 기초작업이 결국 유야무야된 비상국민회의와 달리 행정연구위원회는 신속히 헌법을 기초하였다. 이는 행정연구위원회 설립이 대한민국임시정부 내무부장 신익희의 주관으로 임정의 산하기구로 조

---

35) 이들 문헌은 최하영, 장경근 등이 언급한 대로 행정연구위원회의 헌법 초안을 〈제1단계 헌법 초안〉이라 지칭하였다.

36) 행정연구위원회 헌법분과위원회에서 〈한국헌법〉을 작성할 당시에 참고했던 자료에 관한 상세한 소개는 김수용(2008, 32~34면)을 참조할 것.

직되었기 때문이다(유치송 1984, 444면).[37] 행정연구위원회의 간칙(簡則) 제1조는 "임시정부건국강령을 실천함에 필요한 행정과정을 준비하기 위하야 행정연구위원회를 치함"이라고 규정하고 있다(중앙일보 현대사연구소 1996, 416면).

그런데 모스끄바삼상회의의 결정이 발표된 1945년 12월 28일 이후에 행정연구위원회의 활동은 반탁운동에 집중되었다(유치송 1984, 452~53면). 특히 1945년 12월 31일에는 임정 내무부장 신익희 명의로 국자(國子) 제1호와 제2호 포고문을 배포하였는데, 그 주요 내용은 "군정청 소속의 경찰 및 내무 행정의 한인 직원은 전부 본 정부 지휘하에 예속케 한다"는 것이었다(유치송 1984, 453~55면; 신창현 1992, 267, 332면).[38] 이는 모스끄바삼상회의 결정에 따른 임시정부 수립을 반대하고 대한민국임시정부가 과도정부를 구성하려는 의도에서 나온 것이었다. 그러므로 행정연구위원회의 제헌활동은 임정의 과도정부를 준비하기 위한 기초작업이었다고 볼 수 있다. 그러나 임정법통론에 기반한 과도정부 수립은 당시에 실현되기 어려웠다. 오히려 이로 인해 행정연구위원회는 1946년 5월 "임시의정원과 국무회의의 연석회의의 의결"로 해산되었다(신창현 1992, 244, 333면). 미군정이 임정의 국자 포고 등의 반탁운동을 쿠데타로 규정하고 김구를 압박하자 임정에서 행정연구위원회의 해산을 결정했던 것이다(유치송 1984, 460~61면; 박진희 1996, 197~98면; 신용옥 2008b, 10면).

행정연구위원회는 임정 산하기구로부터 해체된 후에도 신익희의 영향력하에서 활동하였다. 행정연구위원회 조직이 해체되자 6월 13일 신익희

---

37) 신창현에 의하면, 행정연구위원회와 정치위원회, 정치공작대의 결성은 충칭의 대한민국임시정부가 환국하기 직전에 개최한 정부와 의정원 연석회의에서 의결된 사항이었다(신창현 1992, 243, 538면; 신용옥 2008b, 4~5면).
38) 국자 포고문은 행정연구위원회의 최하영(행정조직전문위원회)과 한동석(저산전문위원회)이 작성하였다.

신익희가 주도한 행정연구위원회의 〈한국헌법〉(1946.3.1 기초, 왼쪽)과 〈유진오-행정연구위원회 공동안〉(한국헌법 초안, 1948.5.31 기초, 오른쪽). 유진오 『헌법기초회고록』(1980).

는 독촉의 부위원장이 되었다(『조선일보』 1946.6.15; 유치송 1985, 462면; 신창현 1992, 293~94면). 임정의 〈한국헌법〉은 독촉의 〈한국헌법〉이 될 여지가 있었던 것이다. 〈한국헌법〉 어디에도 '임정의 법통성을 계승한다'거나 '임정의 독립운동자를 우대한다'는 조항은 들어 있지 않았다. 더욱이 임정의 '대한민국'과는 다른 '한국'을 국호로 사용하고 있었다. 대한민국임시정부는 행정연구위원회의 친일관료 세력들을 활용하여 헌법안 등을 기초하고, 그들을 반탁운동에 참여하도록 하였다. 그러나 애초에 친일파 처벌을 주장하는 임정의 방침과 식민관료 중심의 행정연구위원회는 같이 갈 수 없는 운명이었다. 이 시기 신익희는 일제강점기의 행정경험자들을 '처벌'의 대상이 아니라 국가건설의 '조력'의 대상으로 포용하는 실용주의자가 되었다.[39] 그리고 이후 임정의 쿠데타가 실패하고 제1차 미소공동위원회가 결렬되자, 신익희는 한독당을 탈당하고 이승만에 동조함으로써 정치현실주의자의 면모를 전면에 보여주게 된다.

비록 임정의 산하조직하에서 임정 중심의 과도정부를 추동할 목적으로 기초된 〈한국헌법〉이었지만, 이후에 〈한국헌법〉은 남조선과도입법의원 내 우파세력의 〈남조선과도행정조직법안〉과 〈남조선과도약헌안〉 제정에 영향을 주었다. 그리고 1948년 총선 이후 정부 수립일정이 구체화되자 행정연구위원회는 자신들의 〈한국헌법〉을 재검토하는 작업 ─ 앞서 최하영이 말한 '2단계 헌법 초안 심의' ─ 에 유진오와의 협력을 요청하였다. 이들은 1948년 5월 14일부터 5월 31일까지 10여 차례 회합하여 〈한국헌법(초안)〉(〈유진오-행정연구위원회 공동안〉)을 기초한다. 여기에는 1946년 〈한국헌법〉 기초작업에 참여했던 최하영, 장경근, 이상기, 윤길중, 김용근, 강명옥 외에 유진오, 차윤홍, 노용호, 황동준이 새로 참여하였다(유진오 1980, 39~41면).[40]

요컨대 행정연구위원회 〈한국헌법〉 작성의 가장 큰 의의는, 건국헌법 헌법기초위원회 전문위원이 되는 유진오가 작성한 헌법안(〈유진오 헌법초안〉)과 합작하여 제헌국회 헌법기초위원회의 주축안(헌법원안) ─ 이른바 〈유진오·행정연구위원회 공동안〉(〈제2단계 헌법 초안〉) ─ 의 토대

---

39) 유치송에 따르면, 신익희는 다음과 같이 행정연구위원회 회원을 고무하였다. "애국이니 구국이니 하며 왜적과는 타협하지 않고 왜놈잡이 하겠다고 천방지축 돌아다니던 사람들, 그러니까 나부터도 행정에 대한 능력과 수완이라고는 터럭끝만치도 없는 게 사실입니다. 비록 여러분은 일제의 폭정 아래서 자신의 명맥과 가족의 안위를 위하여 조금 친절을 왜인에게 표시했다 하더라고 해방된 조국에 헌신 노력하여 건국의 기초와 공로를 세움으로써 지난날의 약간의 과오는 속죄되는 것이니, 여러분들은 각 분야에서 응수 노력하길 부탁합니다"(유치송 1984, 445면).

40) 1946년 〈한국헌법〉과 1948년 5월 〈유·진오-행정연구위원회 공동안〉 기초작업에 참여했던 일원 중 윤길중, 김용근, 유진오, 차윤홍, 노용호 등은 이후에 제헌국회에서 헌법 및 정부조직법 기초위원회 전문위원으로 위촉되었다.

가 됨으로써 1948년 건국헌법의 탄생에 직접 기여했다는 점이다.[41] 그러므로 건국헌법 제정에 유진오, 이승만 못지않게 신익희와 행정연구위원회의 역할이 컸다. 윤길중의 회고를 통해 행정연구위원회 조직 등 헌법 제정과 정에서 신익희의 중심적 역할을 확인할 수 있다.[42]

2) 헌법안의 특징: 기본권, 정부형태, 경제체계를 중심으로

〈한국헌법〉의 특징을 앞서 살펴본 헌법안들과 비교해보면 다음과 같다.
첫째, 이 헌법안은 국가의 조직(제1편)이 국민의 권리·의무편(제2편)에 앞서 구성되었다는 점이 특징적이다. 이는 선행연구에서 지적한 바와 같이 바이마르헌법의 영향이다(최하영 1968; 홍기태 1986, 24면).[43] 그러나 이 헌법안의 구성이 설사 바이마르헌법과 동일하다 해도 이러한 체제를 택했던 것은 최하영의 다음과 같은 헌법인식에서 비롯하였다.

---

41) 신용옥은 "행정연구위원회가 신익희의 사조직으로 변모해 이승만의 단정 수립노선에 가담하면서 충칭 임정을 중심으로 한 헌법 기초의 의미는 상실되게 되었다"고 하였는데 이러한 〈한국헌법〉에 대한 논평은 임정의 관점에서만 접근한 것이다(신용옥 2008b, 37면).

42) 이와 관련하여 윤길중은 다음과 같이 말하였다. "해공의 구상은 미군정하에서 제헌국회가 마련되고 정권을 인수했을 때 누가 행정을 담당해야 할 것인가에 신경을 썼다. 해공은 해외나 국내에서 독립운동을 한 분들은 애국심은 강하나 기술을 요하는 행정을 담당할 수 없는 것을 간파하고 행정분야는 일제하에서 고등문관 합격한 사람과 행정경험이 있는 사람, 그리고 의사 등 인텔리를 기용해야 된다고 생각하고 행정연구반을 일제하의 관료중심으로 구성했다"(윤길중 1991, 78면).

43) 독일의 바이마르헌법은 제2장 독일인의 기본권과 기본의무 안에 제1절 개인, 제2절 공동체생활, 제3장 종교와 종교단체, 제4절 교육과 학교, 제5절 경제생활을 규정하고 있다(송석윤 2002, 353~86면 참조). 또한 윤길중은 헌법을 초안할 때 "당시 입수할 수 있었던 자료로는 맥아더 사령부에서 마련한 일본헌법과 패전 후의 이태리 헌법 그리고 전후의 프랑스 헌법과 헌법의 고전이라고 할 수 있는 와이말 헌법 등이 있었다"고 회고했다(윤길중 1991, 79면).

헌법은 역시 국가의 구성요소, 국가권력의 구조, 국가권력의 행사절차를 규정하는 것이죠. 그런데 '불란서'나 '영국'은 인권이 소중하다고 해서 인권 규정을 헌법의 첫머리에 내놓고 있죠. 이러한 나라들은 역사적으로 보아서 국민들의 민권옹호 투쟁하에서부터 입헌민주국가가 출발한 것이므로 그러한 헌법조문 나열체제가 의미가 있는 것입니다. 그러나 우리는 그런 인권옹호투쟁의 정치적 의의라고 할까 역사적 의의는 희소하고 오히려 상실하였던 국가를 찾는다는 점 즉, 광복한다는 점에 우리 대한민국 건국의 특수성이 있지 민권투쟁에 의한 즉 민주혁명에 의한 건국이 아닙니다. (최하영 1968, 43면)

즉 행정연구위원회 헌법분과위원들은 '상실한 국가를 새로 조직한다'는 의미에서 건국을 이해했고, 그들이 이해한 이러한 건국은 '민권옹호투쟁 없는 건국' '민주혁명 없는 건국'이었다.[44] 그들은 헌법을 "국가의 구성요소, 국가권력의 구조, 국가권력의 행사절차를 규정하는 것"으로 이해했다. 이러한 헌법에 대한, 그리고 헌법 제정행위에 대한 접근은 이들이 헌법을 만드는 행위를 어떻게 이해했는지를 단적으로 보여준다. 즉 그들은 건국을 시민권의 획득과정으로, 나아가서 헌법 제정을 통해서 공동합의를 이끌어내는 과정으로 이해한 것이 아니라 권력의 관점에서 형식적으로 이해했던 것이다.

둘째, 행정연구위원회의 〈한국헌법〉은 통치권력이 대통령과 총리에게 이분화되어 있는 정체(政體)를 규정하였다. 이는 평상시에는 입법부와 행정부의 마찰을 피할 수 있고, 비상시에는 신속한 국정처리가 가능하도록 한 것이었다. 대통령은 국민이 직접 선출하는 방식을 취하였으며, 임기는

44) 헌법분과위원 스스로 시민권 획득을 위한 민권투쟁을 하지 않았기 때문에 이에 대한 깊은 이해도 없었던 것으로 보인다. 우리 역사상 지식인들에게 있어서 이러한 열등감은 이후 1960년 4·19혁명에 가서야 어느정도 회복되었다고 볼 수 있다(서희경 2011, 54~55면).

6년이며 연임이 가능하도록 하였다. 입법부는 대의원과 참의원 양원으로 구성하였으며, 그 소집은 대통령이 하도록 하였다. 그리고 대통령에게 국무총리를 임명하도록 함으로써 내각을 통할할 권한을 부여하였고, 전시 또는 기타 국가비상시에 대통령은 긴급권을 발동할 수 있도록 하였다. 내각은 국무총리와 국무위원으로 조직되고, 국무총리가 내각회의의 의장이 되었다. 대의원은 내각불신임권을 가지고, 이에 대하여 내각은 연대책임을 지며, 대통령은 의회를 해산할 수 있었다. 이러한 규정들은 대한민국임시정부 전통과는 달리 대통령제 요소를 강화한 것인데, 이는 이념 대립 및 정당 난립 등의 혼란한 건국상황에서 대통령이 각 계층, 각 단체의 대표로 구성되는 입법부를 소집하고, 국무회의를 통할할 정치적 필요에 따른 것이었다.

셋째, 〈한국헌법〉은 다음에 살펴볼 민주의원의 〈대한민국임시헌법〉과 마찬가지로 제2편 국민의 권리·의무 제3장에 경제생활을 아주 구체적으로 규정하고 있다는 점이 특징적이다. 그 내용도 당시 시민사회 헌법안 중 가장 상세하다. 〈한국헌법〉의 기본원칙을 살펴보면 계약 및 영업의 자유, 소유권 보장, 토지의 분배 및 이용 원칙, 공공성을 가진 기업 및 대외무역의 국가 공영, 노동정책(부녀·아동노동 특별보호, 결사의 자유), 사회보험(농민복지, 보험제도) 등으로 요약될 수 있다. 〈한국헌법〉은 당시에 등장한 헌법안 중 가장 우파적인 헌법임에도 불구하고, 제75조에 '국민 각개의 균등생활의 확보'와 '민족 전체의 발전' 및 '국가보위'를 위한 정의의 원칙을 경제의 기본원칙으로 규정하였다. 그리고 개인의 경제상 자유도 이 한계 내에서만 보장하고 있다. 이러한 〈한국헌법〉의 기본원칙은 임시정부 헌법 및 1948년 건국헌법과도 거의 동일하다. 국민의 권리·의무 및 경제생활 관련 조항을 앞선 헌법들과 구체적으로 비교, 검토하면 다음과 같다.

1) 계약 및 영업의 자유(제76조) 등 경제상의 자유를 인정한다. 그러나 그 자유는 '균등'원칙과 '법률이 정하는 한계 내에서'였다. 또한 노동의 권리를 계약·영업의 자유와 함께 자유권(노동의 자유)으로 분류한다.

2) 소유권(재산권)은 '법률의 한계 내에서' 및 '공공복리'의 목적하에 보장한다(제77조). 이 점은 〈대한민국임시헌법〉과 유사하다. 이 가운데 토지의 분배 및 이용, 사영사업 등은 국가가 감독하고 상당한 보상을 지급한 후에 공용 징수하도록 초점을 둔 것이 조금 다르다(제78조, 제81조). 이 점은 건국헌법에 연속적인 것으로, 민전 및 뒤에서 살펴볼 민주의원안에는 수용되지 않았다. 민전안에는 소규모 사영기업만이 허용된다.

3) '공공기업의 국가 공영'(제79조)과 '국민의 생산사업 및 대외무역의 국가 지도 및 보호'(제80조) 등은 민전안·민주의원안과 동일하며, 건국헌법과도 동일하다.

4) 노동자의 생활 개량, 생산기능 증진, 실업방지 구제를 위한 노동정책 실시와 부녀 또는 아동 노동자의 특별보호를 위한 좀더 구체적인 내용을 담고 있다. 이러한 노동보호정책 조항은 노동력의 특별보호와 노동법 제정만을 규정하고 있는 바이마르헌법 제157조와도 비교된다. 〈한국헌법〉은 바이마르헌법보다 노동보호정책 조항이 더 많고 구체적이다.

그러나 〈한국헌법〉은 앞선 모든 헌법안 및 답신안이 채택한 균평·균등 이념을 매우 조심스럽게 다루고 있다. 즉 노동상황의 보호와 개선에 세심한 배려를 하고 있는 반면, 〈건국강령〉, 민전안, 민주의원안이 규정하는 토지국유화, 적산몰수, 중요 산업의 국유화는 언급하지 않는다. 소유권을 제한해야 하는 경우에는 '재산권의 보상'을 전제로 한다. 민전안 및 민주의원안의 '토지국유' 부분은 "토지의 분배 및 이용은 국가가 이를 감독하에서 그 남용 겸병을 방지"한다고 규정하였으며, 적산에 관해서는 구체적으로 규정하지 않았다. 중요 산업의 국유화와 관련해서는 "공공사업 및 기타 독점성을 유하는 기업은 국가의 공영을 원칙으로" 하도록 규정하였다. 즉 국가의 '소유'가 아닌 국가의 '감독', 국가의 '공영'이었던 것이다.

다음으로 임협의 「답신안」에서 규정하는 경제정책을 구체적으로 살펴보자(새한민보사 1947, 26~34면). 첫째, "산업운영에 있어서는 개인의 창의를 존중하며 노자협조 정신을 기본"으로 하면서도, "국민의 생활을 확보하며 국력을 신장하기 위하야 국가의 계획과 통제정책이 필요하다"고 규정하였다. 둘째, "토지제도의 개혁을 단행하되 자경자농의 원칙하에 적산토지와 정부에서 매상한 대중지주의 토지는 경작농민에게 유상분배하야 소유케 한다." 셋째, "산업발전을 위하야 자본 기술 물자 및 노력을 총동원하되 경영체는 산업의 특수성에 의하야 국영, 공영, 사영, 영단(團營의 오기) 등을 선택케 할 것"이라고 규정하였다.

토지소유 정책을 살펴보면 다음과 같다. 첫째, "토지를 농민에게 사유하게 하되 자작자농의 원칙하에서 최대한도 소유면적(요컨대 1호당 최고 5정보)을 정하고 처분에 대하야는 이를 제한하야 국가 또는 공공기관의 허가를 요케 하야 토지 겸병의 폐를 방지한다." 둘째, "토지의 사유권을 인정하되 국가는 법령을 제정하야 매매 혹은 저당권을 제한한다." 셋째, 지주의 토지를 국유화하여 무상으로 영구사용권만을 부여하는 것은 "농민에게 소유권을 인정치 아니하는 것으로 농민의 생산의욕을 저감하야 농토보존과 농업생산력의 발전을 기하기 난할 뿐만 아니라 농민을 영구히 농노화하는 것"이라고 반대하며, 토지를 국유화함에 있어서 무상몰수하는 경우에는 "사유재산제를 근본적으로 부인하는 것이며, 유상몰수하는 경우에는 국가재정상 부담이 과중함으로 불가하다." 넷째, "일본국가 개인·단체 소속의 토지는 전부 이를 몰수하야 농민에게 분여할 토지의 대상으로 한다." 다섯째, "조선인 지주의 토지를 국가에 매수하여 소작인에게 분할하는 경우에 지주에게는 누진체감율에 의하야 보상한다."

산업 생산 및 분배에 관한 정책에서는 중앙정부의 경제기획원을 통하여 산업 전체에 대한 국가의 기획과 통제를 수립한다고 규정하였다. 소유권 종류와 관련해서는 대산업(예를 들어 강철·화학공업)은 원칙적으로 공유(公有, public ownership) 혹은 공유(共有, cooperation ownership)로 하되 국가경영으로 하고, 종류에 따라서는 위임경영제도 취할 수 있게 하며, 중

산업(섬유, 제화 등)은 원칙적으로 사유·사영으로 하고 국방상 필요한 것은 예외로 하였다. 반면에 소산업(예를 들어 가구, 농구) 사유·사영에 방임한다고 규정하였다. 은행업에서는 중앙은행, 특수은행은 공유(共有)로 하고, 보통은행은 국가의 감독하에 사유·사영으로 하였다. 광물(지하자원)은 공유(公有)로, 삼림은 농가소유의 최고한성민직(10정보) 이외는 공유(公有)로 함을 원칙으로 하나 조선 현상(現狀)에 있어서 임업을 장려할 필요상 일정한 기간 허가제로 그 경영에 필요한 면적의 점유권을 허한다고 규정하였다. 철도는 또한 공유·국영으로 하며, 어업에 있어서 연안어장은 공유로 하되 경영은 허가제에 사영케 하고 원양어업은 국가경영 또는 보조로써 사영을 장려하게 한다고 규정하였다(새한민보사 1947, 26~29면).

요컨대 우파의 경제체제는 국가의 소유와 통제가 요청되는 특정 산업에 한정하여 공유·국영을 규정하였고, 대산업을 포함한 그외 산업기관과 관련하여 그 소유구조가 공유(公有) 또는 공유(共有)라고 하더라도 운영 여하에 따라서 국가의 통제가 축소되고 사유·사영이 확대될 수 있도록 구상되었다. 이러한 경제체제는 자유경쟁체제를 원칙으로 하면서도 국가에 의한 경제관리를 수용한 수정자본주의를 지향한 것이었다.

〈표 4-2〉〈한국헌법〉「답신안」〈남조선과도약헌안〉비교

	행정연구위원회 〈한국헌법〉 (1946년 3월 기초)	임시정부수립대책협의회 「답신안」 (1947년 7월 제출)	남조선과도입법의원 〈남조선과도약헌안〉 (1947년 2월 상정)
총강	제1편 국가의 조직(제1조-제55조) 제1장 국가(제1조-제3조) 제1조 한국은 민주공화국임. 제2조 한국의 주권은 국민으로부터 발함. (…) 제3조 한국국민의 요건은 법률의 정하는 바에 의함.	二. 수립할 임시정부의 일반적 형태 혹은 성격 1. 국호 대한민국. 2. 국체 민주공화의 단일국가(비연방국가). 3. 주권 대한민국의 주권은 국민전체에 속함. 대한민국 국민에게서 빌원히지 아니하는 권력은 이를 행사할 수	총강(제1조-제2조) 제1조 북한 38도선 이남 남조선은 인민이 민주주의 원칙에 의하여 통치하며 입법 행정 및 사법권은 본법에 의하여 이를 행사함. 제2조 인민은 법률상 평등이며 민주주의의 모든 기본적 자유와 권리를 향유함.

총강		없으며 또한 일부계급만의 독재정치를 허용할 수 없다. 4. 판도 대한민국의 영토는 대한의 고유한 판도로 한다. (…) 6. 정체 삼권분립 즉 입법권은 대한민국임시국회, 행정권은 임시대통령내각제의 행정부, 사법권은 사법원에 각히 속한다.(…)	인민의 자유 또는 권리를 제한 혹은 박탈하는 법률의 제정은 사회안전을 보위하거나 혹은 공공의 이익을 증진함에 필요한 경우에 한함.
입법	제2장 국회(제4조-18조) 제4조 국회는 대의원 참의원의 양원으로써 구성함. (…) 제5조 국회는 매년 11월에 대통령이 차를 소집함. 제6조 대통령은 대의원을 해산함을 득함. (…) 제11조 양의원·그 위원회는 국무총리·국무위원의 출석을 구함을 득함. 대통령은 양의원에 대하야 교서를 발함. (…) 제13조 입법권은 국회가 차를 행함. 제14조 법률은 국회가 차를 의결함. 법률안은 각의원 또는 정부에서 제출함 과세 또는 예산에 관한 법률안은 먼저 대의원에 제출함을 요함.(…)	입법기관 가. 전국적 유일한 입법기관으로 국회를 둔다. 나. 국회는 단원제로 하고 전국적으로 계급, 재산, 교육, 종교, 성별의 구별이 없이 보통 평등 직접 비밀 투표의 방법으로 선거된 의원으로써 조직한다. 다. 국회는 국권의 최고기관으로 그 권한은 아래와 같다. (…) 라. 국회의원의 임기는 2년으로 한다. (…)	제2장 입법의원(제3조-제14조) 제3조 남조선과도입법의원(이하 입법의원이라 칭함)은 선거법에 의하여 공선된 의원으로써 조직함 제4조 의원은 내란외환에 관한 범죄 또는 현행범 이외에는 입법의원의 허락이 없이 개원 중에 체포, 심문을 받지 아니함. (…) 제6조 입법의원은 행정부주석이 차를 소집함. 단 의원 삼분지일 이상의 요구가 있을 때에는 행정부주석은 차를 소집하여야 함. 제7조 행정부주석은 입법의원에 대하여 10일 이내의 정회 또는 해산을 선포할 수 있음. 단, 동일사유에 의한 해산은 일회에 한함. (…) 제12조 입법의원의 권한은 좌와 여함. (…) 6. 정무총장·정무위원에 대한 불신임 또는 탄핵의 의결 (…) 제13조 행정부주석·부주석에 대한 탄핵이나 정무총장·정무위원에 대한 불신임 또는 탄핵이나 의원의 제명은 의원 삼분지이 이상의 출석과 출석의원 삼분지이 이상의 찬성이 있어야 함. (…)

행정	제3장 대통령 및 정부(제19조-제50조) 제1절 대통령 제19조 대통령은 국가의 원수이며 한국을 대표함. 제20조 대통령은 부통령과 같이 대통령선거법의 정하는 바에 의하여 국민이 동시에 차를 선거함. 40세 이상의 국민은 대통령 또는 부통령에 선거됨을 요함. 대통령·부통령은 양 의원의 의원됨을 부득함. 제21조 대통령·부통령의 임기는 6년으로 함. 단, 연선됨을 득함. (…) 제2절 내각 제34조 내각은 국무총리·국무위원으로써 조직. 제35조 국무총리는 대통령이 차를 임명함. 국무위원은 국무총리의 추천에 의하여 대통령이 차를 임명함. (…) 제38조 내각은 대의원에 대하여 책임을 부함. 제39조 대의원은 내각불신임결의를 함을 득함. (…) 제40조 내각은 대의원에 심임결의안을 제출함을 득함. (…) 제41조 대의원에서 불신임결의가 성립되거나 내각제출의 신임결의안이 부결된 경우에는 내각은 총사직함을 요함. (…) 제3절 회계심사원·고시원 (…)	행정기관 행정집행기관으로 대통령제·부통령제를 채용하고 대통령지속하에 중요한 국책결의기관으로 국무위원회를 두고 다시 행정을 각부문으로 나누어 국무총장 통할하에 총장제를 채용하는 동시에 행정집행을 보좌감시하는 법제, 고시, 감차리관을 설치하며 특히 국민경제의 계획적 발전을 위하여 경제계획원을, 기술향상을 위하여 기술원을 특설한다. 가. 대통령부통령 (…) 나. 국무위원회 ㄱ. 국무위원회는 국무총장·국무위원 10인 이상 20인 이내로써 조직하고 국무총장이 그 위원장이 된다. (…) 다.국무총장 (…) 라.행정각부총장 (…) 마.법제위원장, 고시위원장, 감찰위원장 (…) 바. 경제계획원장 (…) 사. 기술원장 (…) **지방정권체의 구성조직권한·책무** (…)	제3장 행정부(제15조-제30조) 제1절 행정부 주석·부주석 제15조 행정부 주석·부주석은 입법의원이 차를 선거함. (…) 제16조 행정부 주석·부주석의 임기는 남북조선이 통일이 된 임시정부가 수립되어 후계자가 결정될 때까지로 함. (…) 제2절 정무회의 제21조 정무총장은 행정부 주석이 임명하되 입법의원의 동의를 요함. 정무위원은 정무총장의 추천에 의하여 행정부 주석이 임명하되 입법의원의 동의를 요함. (…) 제22조 정무총장·정무위원은 정무회의를 조직하고 입법의원에 대하여 공동으로 책임을 부함. 정무총장은 정무회의의 의장이 됨. (…) 제3절 감찰원 제25조 감찰원은 공무원에 대한 탄핵 징계·회계검사를 행함. 제26조 감찰총장은 행정부 주석이 임명하되 입법의원의 동의를 요함. (…) 제4절 지방제도 (…)
사법	제4장 사법기관(제51조-제55조)	사법기관	제4장 사법(제31조-제37조)
	제2편 국민의 권리의무(제56조-85조) 제1장 국민(제56조-제68	ㅡ. 민권 1. 생명보장의 기본권 2. 자유권(인신, 주택불가	

인민의 권리 의무	조) 제56조 국민은 법률상 일 률 평등함. 제57조 국민은 신체의 자 유를 향유함. (…) 제58조 국민은 법률에 정 한 재판관의 재판을 받을 권리를 유함. (…) 제60조 국민은 이전의 자 유, 언론저작출판의 자유, 통신의 자유, 종교 신앙의 자유, 집회·결사의 자유를 향유함. 법률에 의하지 아 니하면 차를 제한함을 부 득함. (…) 제66조 국민의 기타의 자 유 또는 권리는 사회질서 와 공공이익을 방해하지 않는 한 균히 헌법의 보장 을 받으며 법률에 의하지 아니하면 차를 제한함을 부득함. 제67조 국민의 자유 또는 권리를 제한 또는 박탈하 는 법률의 제정은 국가의 안전을 보장하거나 긴급 한 위난을 피하거나 혹은 공공이익을 보장에 필요 한 경우에 한함. (…)	침, 거주이전, 언론 저작 간 행 집회 및 결사, 신서비밀, 신앙 사상 학문, 영업 노동 및 계약, 기타 인간발달의 필요한 모든 자유), 국민권리를 제한 혹은 박탈 하는 법률은 국가의 안전, 사회의 질서 또는 공공의 이 익을 보장하는 데 필요한 것 이 아니면 제정치 못함을 원 칙으로 함. 3. 재산소유권(불법한 재산 의 징발 몰수 혹은 추세를 받지 아니하는 권리) 4. 국가기관에 대한 요구권 (청원권, 진정권, 행정재판 요구권, 법관심판을 받을 권 리). 5. 참정권(공직취임권, 보통 선거 및 피선거권). 6. 평등권(법률상 평등우대 권, 계급특권 불허권, 경제 적 기본생활 균등권, 문화후 생의 균점권).	
	제2장 교육(제69조-제74 조)	교육문화정책	
경제	제3장 경제생활(제75 조-85조) 제75조 국민생활의 경제 질서는 국민각개의 균등 생활의 확보, 민족 전체의 발전, 국가보위를 목적으 로 하여 정의의 원칙에 적 합함을 요함. 각인의 경제 상의 자유는 차세계에서 보장됨. 제76조 계약·영업의 자유 는 법률의 정하는 제한 내 에서 차를 보장함.	경제정책 (…) 농업 1. 토지제도의 개혁을 단행 하되 자경자농의 원칙하에 적산토지와 정부에서 매상 한 대중지주의 토지는 경작 농민에게 유상분배하여 소 유케 한다. (…) 산업 1. 산업 전체에 대한 국가의 계획통제정책을 수립한다. 2. 산업의 발전을 위하야 자 본 기술 물자·노력을 총동	

경제	제77조 소유권은 법률의 정하는 제한 내에서 차를 보장함. (…) 제78조 토지의 분배·이용은 국가가 차를 감독하여서 그 남용 겸병을 방지하며 자작농 및 스스로 토지를 사용하는 자를 부식(扶植)함으로써 원칙으로 함. (…) 제79조 공공사업·기타 독점성을 유하는 기업은 국가의 공영을 원칙으로 함. 단, 필요에 의하여 국민의 사영을 허가함을 득한. 국가는 국방상 긴급한 수요에 의하여 특허한 사영사업을 임시관리하며 또는 법률에 의하여 차를 상당한 보상으로써 공영에 귀수(歸收)함을 득함. (…)	원하되 경영체는 산업의 특수성에 의해 국영, 공영, 사영, 영단 등 같은 것을 선택케 한다. 3. 산업운영에 있어서는 개인의 창의를 존중하며 노자 협력정신을 기본으로 한다. 4. 토지개혁에 관련하여 농토자본을 계획적으로 산업자본에 전환케 한다.(…) **산업조직** 1. 중앙정부의 경제계획원을 통하여 산업 전체에 대한 국가의 기획과 통제를 수립한다. (…) **노동·임금·사회보험** (…) **통상과 물가** (…)	
		재정	제5장 재정(제38조-제41조)
부칙	부칙(제86조-제88조) 제86조 제1회 국회가 성립될 때까지는 (…)로써 국회를 대행케 함. 제1회 대통령·부통령이 취임될 때까지는 그 직권은 (…)이 차를 행함. 제87조 제1회 국회는 차헌법시행일로부터 일년 이내에 차를 소집함을 요함. (…)	임시헌장 수정·첨삭의 방법 임시헌장 수정·첨삭은 대통령(국무위원회의 결의를 요함) 또는 국회의원 사분지일 이상의 제안에 의하여 국회의원 사분지삼 이상의 출석과 출석의원 삼분지이 이상의 가결이 있어야 한다.	제6장 부칙(제42조-제45조) (…) 제43조 본법은 공포 후 30일로부터 시행하여 남북조선이 통일된 임시정부가 수립될 때까지 효력이 있음. 제44조 현행법령은 본법의 규정에 의한 법령이 제정 실시될 때까지 본법에 저촉이 되지 않은 한 그 효력을 존속함. (…)

226

4. 중도파[45]의 〈대한민국임시헌법〉, 시협의 「답신안」

1) 헌법안 기초의 배경과 경위, 영향

1946년 초부터 헌법작성에 대해 비교적 공개적으로 논의한 정치사회단체는 비상국민회의였다. 이 점이 앞서 살펴본 민전의 〈임시약법 시안〉과 행정연구위원회의 〈한국헌법〉 작성과정과 상이했다. 임시정부 관련자들이 대거 참여한 이 단체가 헌법 작성을 첫번째 당면과제로 채택한 것은 지극히 이해할 만하였다. 이 조직에 참여한 다수 인물은 이미 여러번 수정을 거친 헌법안을 기초한 경험을 갖고 있었다. 1946년 2월 1일 비상국민회의가 개막된 바로 다음날, 제2차 회의에서 법제위원회 위원으로 신익희, 최동오, 김정호, 김준연, 한근조, 김병로, 이봉구를 선출하였다. 또한 헌법 제정방향을 결정하고 헌법선거법기초위원을 선정하기 위해 장시간 논의하였다. 앞에서 살펴본 바와 같이, 신익희는 행정연구위원회를 조직하여 1월 10일부터 헌법 기초작업을 시작한 상황이었다. 이날 논의된 내용을 살펴

---

45) 중도파는 좌우합작파 또는 중도우파와 중도좌파를 포괄하는 정치세력을 의미한다. 즉 일제강점기 대한민국임시정부 내외의 좌우합작과 통일전선을 추구한 세력, 그리고 해방 후에는 민족주의세력과 사회주의세력의 협력적 통일전선을 모색한 세력 등을 의미한다. 그런데 이 장에서 기술하는 비상국민회의와 민주의원은 일반적으로 우파로 지칭되는데, 이는 특히 1946년 제1차 미소공동위원회의 활동이 전개된 국면에서 이들 조직이 신탁통치에 찬성하는 좌익과 구분됨으로써 우파로 규정된 것이다. 즉 신탁통치 논쟁은 정치세력을 우파와 좌파로 양분되도록 함으로써 중도파의 입지를 좁혔다. 그런데 비상국민회의와 민주의원의 헌법 기초자들은 결과적으로 중도적 성향의 내용을 담은 헌법안과 정강, 정책 등을 마련하였다. 더욱이 제3장에서 살펴본 바와 같이 남조선과도입법의원에서 중도파가 중심이 되어 제출한 〈조선민주임시약헌 초안〉은 민주의원에서 기초한 〈대한민국임시헌법〉과 거의 동일한 헌법안이었다. 그런 점에서 〈대한민국임시헌법〉 등의 헌법작성을 주도한 세력을 중도파(중도우파)라고 해도 무리는 없을 듯하다.

보면 다음과 같다.

헌법선거법기초위원 선거에 드러가서 임시정부에서 제정한 헌장이 있으니 차에 기하여 제정할 것인가의 여부를 선결하여야 할 것이라고 유림(柳林) 씨 발언이 잇자 법제위원이 선거되였으니 법제위원에게 임정의 헌장을 수정하야 제정하자는 의견을 이종현(李宗鉉) 씨 제의, 김병로 씨 발언 임정의 헌장수정 운운하나 금일의 정세에서 요구되는 진정한 헌법선거법을 기초하는 것이 하등 모순이 없는 것이다. (…) 헌법선거법의 제정은 건국의 기본이며 따라서 중요한 전문적 위원으로 선거하야 위촉하자는 개의를 제의, 유림 씨 재발언 수립될 과정(過政)의 헌법인가 장래 정권의 입법인가를 규명함이 가하고 과정의 입법이면 먼저 써오든 임정의 헌장에서 발전적으로 연철(連綴)적으로 나오는 입법임이 가하다는 것을 강조, 이어서 원세훈 씨 조헌영 씨의 대동소이한 의견이 속출되엇는데 개의 동의 타협으로 여러 의견이 종합되여서 법제위원을 전형위원으로 하야 대의원[46] 외라도 전문적 인사를 선임하야 임시헌장을 수정해서 제정하는 수정위원회를 조직하야 일임하기로 가결되었다. (『동아일보』 1946.2.4; 『조선일보』 1946.2.4)

헌법작성과 관련하여 비상국민회의가 당면한 것은 대한민국임시정부 헌법을 수정하여 헌법을 기초할 것인가 아니면 전문위원을 선출하여 당시의 정세에 요구되는 새로운 헌법을 제정할 것인가 여부였다. 김병로는 후자를 주장하였지만, 대체적인 분위기는 임시정부 헌장을 수정하자는 것이

---

46) 2월 1일에 천주교대강당에서 민중지도자 8명, 임시정부의정원 14명, 단체대표 90명, 지방대표 65명, 주비회의원 80명 등 총 257명이 참석하여 비상국민회의를 개최하였다. 이 회의에서 이승만, 김구, 김규식, 권동진, 오세창, 김창숙, 조만식, 홍명희, 이시영, 조성환, 조완구, 유림, 김원봉, 홍진, 최동오, 엄항섭, 조경한, 유동열, 조소앙, 김상덕, 문덕용, 장건상 등 총 22명의 대의원을 선출하였다.

었다. 결국 양 견해를 절충하여 "새로 선출된 법제위원 7인이 현 임시정부의 임시헌장을 기준으로 헌법선거법을 수정할 위원을 선정하되, 그 선출방법은 현 대의원 중에서나 또는 사계의 권위자 중에서 선출하도록 가결"하였다(『조선일보』 1946.2.4).

이후 2월 10일 비상국민회의는 법제위원 7인 외 15명을 추가 선임하여 22명으로 구성된 헌법선거법수정위원회를 구성하였다.[47] 추가로 선출된 15명에는 대의원 조만식과 조경한이 포함되어 있고, 나머지 13인은 "사계의 권위자"였다. 그리고 위원장에 김병로, 부위원장에 이인을 선정하였다. 이들은 임시정부 헌법안 기초의 주축세력이 아닌 사법계의 대표적인 인물들로 한민당 소속이었으며, 이후 미군정청의 사법관련 업무를 담당하였다. 그런데 조소앙은 비상국민회의 대의원과 최고정무위원회에는 선임되었으나, 헌법선거법수정위원회 위원에는 선임되지 않았다. 유진오는 선거법분과위원회 명단에 들어 있었지만, 그 자신은 이 위원회에 참석하지 않았다고 회고했다(국회도서관 1958, 31면; 유진오 1980, 13면). 비상국민회의는 이날 "과거 6·7차나 수정하여온 대한민국임시정부의 임시헌장을 그대로 계승할 것과 그외 다른 여러나라의 헌법을 참작하여 기초"할 것을 결의하였다(『조선일보』 1946.2.12).

그러나 비상국민회의의 헌법선거법수정위원회에서 대한민국임시정부의 임시헌장을 수정하여 기초했을 것으로 기대되는 헌법 초안은 아직 확인되지 않는다.[48] 1946년 3월 22일 "비상국민회의 법제위원회에서는 24일

---

47) 헌법선거법수정위원회 위원은 다음과 같다. 김병로, 안재홍, 최동오, 김약수, 김용무, 강병순, 조만식, 원세훈, 김붕준, 김준연(이상 헌법분과위원회 총 10명), 이인, 유진오, 장택상, 조병옥, 고병국, 한근조, 조경한(이상 선거법분과위원회 총 7명), 신익희, 고창일, 이봉구, 김정설, 정인보(이상 의원법분과위원회 총 5명)(『조선일보』 1946.2.12).

48) 신용옥은 비상국민회의 헌법선거법수정위원회에서 토의한 안이 행정연구위원회가 기초한 〈한국헌법〉이었을 것으로 추정한다(신용옥 2008a, 143면).

오전 10시 한미호텔 회의실에서 헌법선거법수정위원이 모여 분과회의를 열리라 한다"고 예보되었을 뿐이다(『조선일보』 1946.3.22). 한편 신익희 등의 행정연구위원회는 3월 1일 이미 〈한국헌법〉을 완료하고 있었다. 그런데 이인은 이 위원회의 이후 활동과 관련하여 다음과 같이 말하였다.

　　헌법 초안 (…) 기초 후에 축조심의를 하는데 조소앙 씨가 그때 정부 편에 가서 국무위원은 독립운동을 20년 이상 한 사람이라야 한다고 이야기한 일이 있어서 김준연 씨한테 호되게 핀잔을 먹은 일이 있었지요. 그후에 기초위원회 자체가 유야무야가 되고 말았지만 (…). (애산동문회 1961, 94~95면)

　　요컨대 비상국민회의의 헌법 기초자들은 임시정부의 헌장을 수정하여 헌법을 기초하는 데 대체적으로 동의하여 이른바 '임시헌장수정헌법 초안'을 기초했지만, 조소앙 등이 주장하는 국무위원 자격기준을 헌법에 규정하는 문제에 대해서는 합의할 수 없었던 듯하다.[49] 이인이 회고한 대로 이러한 인식차이로 인해 헌법선거법수정위원회 활동은 지속되지 못했다.
　　국무위원 자격에 관련된 조소앙 등 임정세력의 인식이 어떠한 의미를 지니는지 살펴보기 위해 이에 적극 반대했던 김준연의 입장과 비교해보기로 한다. 1948년 1월 1일 김준연은 『동아일보』에서 다음과 같이 언급하였다.

　　나는 작년〔실제로는 1946년임〕 춘(春)에 민주의원에 있어서 헌법문제 토의에 당한 적이 있었는데 그때에 해외파에서는 '대통령은 30년 이상, 국무총리

---

49) 1944년 4월 22일에 제정된 〈대한민국임시헌장〉에는 국무위원 자격과 관련하여 다음과 같이 규정하고 있다. "제34조 국무위원회 주석·부주석과 국무위원의 자격은 제8조 원항상 일단 규정에 해당한 10년 이상의 역사가 있고 연령 만 40세 이상 된 자로 함. 제8조 광복운동자는 조국광복을 유일한 직업으로 인(認)하고 간단없이 노력하거나 또는 간접이라도 광복사업에 정력 혹 물력의 실천 공헌이 있는 자로 함. 단, 광복운동에 위해를 가하는 행위가 있을 시에는 광복운동자의 자격을 상실함."

는 20년 이상, 각부부장은 10년 이상 독립운동을 유일한 취지로 하여 계속해서 활동한 사람'으로 하자는 것을 주장하였었다. 그래서 나는 '대통령, 국무총리는 그래도 좋으나 각부부장에 부하여는 그런 문항을 붙일 필요가 없다. 국내에 있었던지 해외에 있었던지 막론하고 각부부장에는 적재적소주의로 나가야 한다. 만일 당신네들 주장대로 하면 국내에 있던 사람으로서는 한 사람도 부장될 사람이 없을 것'이라고 하였었다. (『동아일보』 1948.1.1)

여기서 말하는 상황은 아래에서 기술할 민주의원에서의 헌법논의를 언급한 대목이며, 해외파는 조소앙 등의 임정세력을 말하는 것이다. 비상국민회의 헌법논의와 마찬가지로 민주의원에서도 조소앙 등이 주장한 국무위원 자격기준이 문제가 되었던 것이다. 해외파의 이러한 주장에 대한 김준연의 불만은 각부부장의 참여·불참여라는 단순한 문제가 아니었으며, 정치통합의 관점에서 볼 때 한층 근본적인 갈등과 균열의 의미를 함축하고 있었다. 요컨대 대한민국임시정부 및 독립운동가의 정통성 주장은 해방 후 정치현실에서 받아들여지기가 매우 어려웠다. 미군정뿐만 아니라 한민당과 조선공산당을 포함해 이미 국내에서 확고한 정치적 기반을 구축하고 있던 정치세력들은 대한민국임시정부의 정부로서의 지위를 인정하지 않았다.

이러한 현실정치적 상황을 고려하여 조소앙의 제헌 인식을 살펴보면, 그는 해방된 후의 새로운 제헌과정을 대한민국임시정부의 헌법 개정으로 인식했다. 조소앙은 1919년 대한민국임시정부가 수립된 이래 근대한국의 헌법과 헌정을 독립운동의 정치과정에서 가장 깊이있게 성찰해온 인물이었다. 따라서 그의 이러한 인식은 이해할 만하지만, 그럼에도 불구하고 해방 후 그의 제헌에 대한 인식 및 활동은 상당한 한계를 지녔다고 볼 수 있다. 그런데 조소앙의 이러한 임시정부 독립운동자 우대 주장은 행정연구위원회가 임정 산하의 조직이었음에도 불구하고 〈한국헌법〉 기초 때에는 전혀 문제되지 않았던 것으로 보인다. 조소앙이 제헌과정에서 임정의 정통성을 주장하기보다 권위체를 새롭게 창출해야 하는 제헌행위 그 자체에 더 주목했다면, 상황이 달라질 수 있지 않았을까. 또한 제헌과정에 참여하는 구성원들의 상호동의가 새로운 권위의 기반이 되도록 했어야 했다.

한편, 1946년 2월 14일 민주의원이 미군정청 내에 개원되었다.[50] 민주의원은 앞서 언급한 비상국민회의 조직에서 추천하고 미군정이 선임하여 구성하였으며, 의결기관이 아닌 자문기관의 성격을 띠었다.[51] 이 책에서 활용하는 유진오의 『제헌헌법 관계 자료집』에는 민주의원에서 작성한 총 6장 74조의 〈대한민국임시헌법〉이 포함되어 있다.[52] 이 헌법안의 기초경위

---

50) 2월 13일에 발표된 비상국민회의 최고정무위원회(이승만, 김구, 김규식, 여운형, 조소앙, 안재홍 등 28명으로 구성)는 민주의원으로 개편되었다. 민주의원은 2월 14일 군정청 제1회의실에서 성립식을 가졌는데, 28명 중 여운형, 함태영, 김창숙, 정인보, 조소앙은 불참하였다(『동아일보』 1948.2.15).

51) 선행연구에서 민주의원은 미군정과의 협상 대표로서의 '과도기의 대표기구' '미군정의 자문기구' '각당각파의 연석회의' 등으로 평가되었다(이기하 1961; 한태수 1961; 중앙선거관리위원회 1968; 김혁동 1970). 이와 달리 김수용은 "미군정이 미국무부의 다자간 국제신탁통치 구상과 달리 남쪽해방공간에 과도정부를 설립하려는 구상을 가지고 있었다"고 하였다(김수용 2008, 66면). 그리고 "미군정이 민주의원을 임시정부의 국무회의로서뿐만 아니라 임시의회(특히 상원)의 역할을 담당하는 것으로 생각한 것 같다"고 주장하였는데(김수용 2008, 70면), 이는 과도한 해석으로 보인다. 물론 김준연 등 당시의 우파 정치가들은 민주의원이 대한민국임시정부 의정원을 계승한 조직이며, 과도정권수립을 준비하는 조직이기를 원했다. 그러나 제3장에서 살펴본 바와 같이 미국은 1947년 미소공동위원회 결렬 시점까지 공개적으로 국제협력노선을 포기하지 않았다. 따라서 미군정이 신탁통치안과 거리가 있는 독자적인 대안을 수립했다고 보기는 어렵다. 미국은 민주의원 등—심지어 남조선과도입법의원조차도 그러한데—과 같이 군정감독하에 일종의 한국인 위원회(정무위원회 governing commission, 이는 정부 수준이 아님)를 두고자 하였다.

52) 〈대한민국임시헌법〉 전문은 『독립운동사자료집: 조소앙편(3)』에도 수록되어 있다. 그런데 이 책의 전문은 총 7장 83개조로 구성된 것이다. 이를 밝힌 신우철은 "행정회의비서장에 관한 규정이 유진오 소장본에는 국무총리, 행정회의 절에 포함된 반면(제35조), 조소앙 소장본은 그것이 법제장관, 감찰장관, 고시장관의 절에 포함되어 있다(제39조).

민주의원의 〈대한민국임시헌법〉(1946년 4월 기초). 고려대학교박물관 소장.

를 당시 자료에 기반하여 검토해보면 다음과 같다.

1946년 2월 18일 개최된 민주의원 제2차 회의에서 "한국헌법 기초와 식량문제를 연구하기 위한 각 전문위원을 임명"하였는데, '조직조례작성위원'으로 '김준연, 원세훈, 안재홍, 정인보, 조완구'를 임명하였다(『동아일보』 1946.2.20). 이들 중 조완구를 제외한 4인은 비상국민회의 헌법선거법수정위원회 위원 22명 중에 속했던 인물이다. 이후 2월 23일에는 민주의원의 각부 조직과 직무를 규정한 23개조의 '민주의원규범'을 의결하고, 2월 24일에는 의장 이승만, 부의장 김규식, 총리 김구 등 간부를 선임하였다(『조선일보』 1946.2.26). 그러나 민주의원은 3월 2일 성명서를 통해 "모스끄바삼상

따라서 전자가 후자에 비해 편제상으로는 약간 더 정리된 형태의 건이다. 그밖에 양자는 거의 차이가 없이 일치한다"고 하였다(신우철 2008, 489면).

회의에서 운운하는바 탁치문제는 우리 독립자주에 손상되므로 우리는 시종일관하여 이를 단연 거부함이 가장 정당한 민족총의인 것을 또다시 성명한다"고 하였다(『동아일보』 1946.3.3). 신탁통치를 찬성하고 미소공동위원회 활동에 적극적이던 민전과는 달리, 민주의원은 미군정의 지원하에 개원하였지만 신탁통치를 거부하는 성명을 발표하였던 것이다.

그러나 1946년 3월 20일 제1차 미소공동위원회가 개최되자, 민주의원은 대표자를 선출하여 이 회담에 파견하는 한편, 회담에 대비하여 헌법 기초도 완료하였다. 그런데 이 헌법안은 행정연구위원회의 〈한국헌법〉보다 한 달 늦게 완료되었다. 이와 관련하여 『동아일보』 4월 2일 기사를 살펴보자.

미소회담에서 막부삼상회의를 바더서 토의될 조선문제에 있어서 조선정권 수립은 조선민족 자체가 수립할 것이며 따라서 당당한 발언권을 갓고서 참석하여야 하겟다는 성명서를 미소회담에 제출하야 (…) 지난 3월 30일 제3호의 공동성명서의 발표로 조선의 민주적 과도정권 수립의 구체적 방책을 명시하였고 이를 준비토의하기 위한 삼분과회의가 조직되엇다. 민주의원에서는 성의 있는 회담에 대응하야 김규식, 조소앙, 안재홍, 원세훈, 고창일, 김준연, 백상규 7씨의 대표자를 선거하야 출석케 하기로 결의하였으며, 미소회담에 임하여 토의할 문제로서 38선철폐 문제, 임정수립 후 미소양군철퇴 문제, 자주독립으로서 연합국과의 우호적 통상문제 등에 관한 문제를 심의하고 있는 것으로 예측되며 남북을 통한 조선민의의 여하와 우리의 당면하여 있는 현실에 대하야 만반준비로써 기대 중에 있으며 헌법 기초도 기초위원 5명을 선정하여 비상국민회의에서 선정된 기초위원과 전문가와 연락하여 기초를 마치고 민주의원에 상정하야 수정 통과되었다는데 내용은 엄비(嚴秘)에 부하므로 전연 규지(窺知)할 수 없다.[53]

---

53) 「미소공동회담과 민주의원: 전권수립의 성안 완료」, 『동아일보』 1946.4.2.

이 보도에 따르면 첫째, 민주의원은 미소공동위원회의 회담에 김규식, 조소앙, 안재홍, 원세훈, 고창일, 김준연, 백상규 7인의 대표자가 참석하여 "조선정권 수립은 조선민족 자체가 수립할 것"을 표명하고자 하였다. 둘째, 민주의원은 "과도정권 수립의 구체적 방책"을 준비토의하기 위한 분과회의를 조직하고, 헌법 기초위원 5인 등을 선정하여 헌법 기초를 완료하였다. 이상에서 확인되는 것은 민주의원의 〈임시헌법〉이 비상국민회의와 민주의원 두 기관의 헌법 기초 관련자들의 연석회의를 통해 기초되었고, 최종적으로 민주의원에서 통과되었다는 것이다. 그러나 그 헌법의 내용은 당시에 알려지지 않았다. 여기서 비상국민회의에서 선정된 기초위원이란 앞서 기술한 헌법선거법수정위원회 위원이고, 민주의원에서 선임된 5인의 기초위원은 앞서 선임된 김준연, 원세훈, 안재홍, 정인보, 조완구 등 조직조례작성위원 5인과 새로 헌법대책위원회에 선임된 김붕준, 최익환, 김도연 등이었다(『조선일보』 1946.4.3). 양 기구에 모두 참여한 이들 중 김준연은 비상국민회의와 민주의원에 대해 다음과 같이 논평했다.

민주의원은 비상국민회의로부터 발원한 최고정무위원회이니 그 임무는 과도정권수립에 있는 것이오 비상국민회의는 충칭서 들어온 대한임시정부에서 기획한 비상정치회의와 이승만 박사가 창설한 중앙협의회와의 합성체로서 대한임시정부의정원의 직능을 계승하야 멀리 3·1운동에 연계된 것이다. 그러므로 입법의원이 성립되어도 엄연한 독립운동기관으로서 그 존재는 민족국가 완성에 공헌을 할 수 있을 줄로 생각되는 바이다. (김준연 1947, 47면)

즉 그는 민주의원이 비상국민회의로부터 발원한 기구이며, 비상국민회의는 대한민국 임시의정원의 직능을 계승한 기구임을 주장하고, 이들 조직간의 연계성을 강조하였던 것이다. 임시정부 인사가 아니고 한민당에 속한 김준연이 이런 발언을 한 것은 주목할 만하다. 더욱이 앞에서 기술한 바와 같이 그는 임시정부의 우선성을 주장하는 조소앙과 입장차이가 아주 컸다.

그러나 이러한 김준연의 입장과는 달리, 비상국민회의 의장 홍진은 민주의원과 비상국민회의가 별개의 기구임을 표명하였다. "미군정 자문기관인 민주의원과의 관계는 말하고 싶지 않으나, 비상국민회의는 자주적 국권존재를 자임하는 전국적인 민의의 기관, 즉 민주의원 최고권력기관인 동시에 금후 과도정권 수립에 적극 매진하지 않으면 안 된다. 그러므로 민주의원과 비상국민회의는 그 임무가 다른 것을 이 기회에 언명 강조하는 바이다"(『서울신문』 1946.3.20). 즉 그의 주장에 따르면, 두 조직은 임무와 구성배경에서 상당한 차이를 보인다. 그러므로 헌법안 제정과 관련해서도 비상국민회의 헌법선거법수정위원회와 민주의원의 헌법대책위원회(또는 헌법기초위원회)는 인물의 연속성은 있으나 별개의 조직이었고, 헌법안 제정활동 및 기초된 헌법안도 각기 독립적인 것으로 이해할 수도 있을 것이다.

비상국민회의 헌법 초안이 발견되지 않아 명백한 사실은 알 수 없으나, 흥미로운 점은 민주의원이 최종적으로 제정한 〈임시헌법〉은 〈표 4-3〉에서 확인되는 바와 같이 국호 및 정체, 주권, 기본원칙, 이념의 측면에서 한국 헌법체제의 기원과 원형을 형성한 대한민국임시정부 헌법과 거의 유사하다는 점이다.[54] 그런 점에서 김준연의 주장대로 민주의원은 대한민국임

---

54) 민주의원에서 기초한 〈임시헌법〉 초안과 관련하여 김준연이 작성한 『창랑교유록(滄浪交遊錄)』의 「민주의원의 성립과 나」라는 글에는 다음과 같은 흥미로운 기록이 있다. "민주의원이 성립된 후에 미군사령관 하지 중장은 임시정부를 조직하기 위하여 임시헌법의 기초를 위탁하였다. 기초위원은 조완구, 조소앙, 김붕준 3인이었다. 기초위원들은 임시헌법을 기초하여 민주의원 본 회의에 제출하였다. 중요한 골자는 대통령 30년 이상, 국무총리는 20년 이상, 각부 장관은 10년 이상 독립운동을 유일한 직업으로 알고 계속해서 활동한 사람이라야 될 수 있다는 것이었다. 나는 항의하였다. (…) 그 자리에 있

시정부(대한민국임시의정원)가 제정한 〈대한민국임시헌법〉과 〈대한민국임시헌장〉을 실질적으로 계승하였다. 이는 정치세력에서 대한민국임시정부의 우선성 인정 문제와 별개로, 당시에 대한민국임시정부의 헌정구상이 해방 후에도 여전히 헌법구상에서 중심적 위치를 점하고 있었음을 의미하는 것이다.

그리고 민주의원의 〈대한민국임시헌법〉은 제3장에서 살펴본 바와 같이 이후 남조선과도입법의원에 제출된 〈조선민주임시약헌 초안〉과도 거의 동일하였다.[55] 국호가 '대한민국'에서 '조선'으로 수정되고 그외 몇 조항이 변경되었을 뿐이다. 이 〈조선민주임시약헌 초안〉은 '김붕준안'으로도 불리는데, 김붕준은 민주의원과 남조선과도입법의원 두 기관의 헌법 제정에 모두 관여했다.

던 정인보 씨와 김선 여사는 그 규정에 찬의를 표하면서 처음으로 세우는 정부만큼은 깨끗한 사람으로 조직하여야 되겠다고 하였다. 그리고 기초위원 조소앙 씨는 대답하기를 "장관은 한 사람이지마는 차관은 두 사람씩 두기로 하였으니 국내 인사는 얼마든지 등용할 길이 있다"고 하였다. 그래서 나는 대성(大聲)으로 이야기해서 말하기를, "충청서 온 양반들로만 정부를 조직하십시오. 나는 모르겠습니다" 하고 퇴장하여버렸다. 나의 항의는 고려도 되지 않은 채 그 초안은 그대로 통과되었다. 나는 분개해서 그 사실을 창랑(장택상)께 이야기하였다. 그랬더니 창랑은 그후에 내게 이야기하기를 "하지 미군사령관이 초안을 받아가지고 갈갈이 찢어버렸다"고 하였다"(김준연 1969, 194면; 낭산 김준연선생기념사업회 1998, 419~20면). 이 회고는 상당히 과장되어 있지만, 임정세력의 우대에 대한 당시 여론의 단면을 보여준다. 현재 알려진 민주의원의 〈임시헌법〉에는 1944년 〈대한민국임시헌장〉 제34조에 있는 국무위원 자격관련 조항은 규정되어 있지 않다. 최종 통과된 〈임시헌법〉은 초안을 세 차례에 걸쳐 수정한 것이었다(안재홍 1948, 11면; 김수용 2008, 58면에서 참조).

55) 〈표 4-4〉 참조. 1947년 4월 22일 제56차 남조선과도입법의원 본회의에서는 임시헌법·임시선거법기초위원회 위원장 김붕준 의원이 이 위원회가 작성한 〈조선민주임시약헌 초안〉을 낭독, 설명하였다. 이후 이 헌법안은 남조선과도입법의원에 이미 제출된 〈남조선과도약헌〉과의 통합안을 작성하기 위해 법제사법위원회, 임시헌법·임시선거법기초위원회, 행정조직법기초위원회로 구성된 연석회의에 회부되었다.

〈표 4-3〉 대한민국임시정부의 〈대한민국임시헌법〉, 〈대한민국임시헌장〉과 민주의원의
〈대한민국임시헌법〉 비교

명칭	〈대한민국임시헌법〉 (1919.9.11)	〈대한민국임시헌장〉 (1944. 4.22)	〈대한민국임시헌법〉 (1946년 3월말 또는 4월 기초)
전문	독립국이고 자유민임을 선언	3·1대혁명정신	
총강	제1장 강령 (제1조-제7조) 제1조 대한민국은 대한인민으로 조직함. 제2조 대한민국의 주권은 대한인민 전체에 재함. 제3조 대한민국의 강토는 구한제국(舊韓帝國)의 판도로 함. 제4조 대한민국의 인민은 일체 평등함. 제5조 대한민국의 입법권은 의정원이, 행정권은 국무원이 사법권은 법원이 행사함. 제6조 대한민국의 주권행사는 헌법 범위 내에서 위임함. 제7조 대한민국은 구황실을 우대함.	제1장 총강 (제1조-제4조) 제1조 대한민국은 민주공화국임. 제2조 대한민국의 강토는 대한의 고유한 판도로 함. 제3조 대한민국의 인민은 원칙상 한국민족으로 함. 제4조 대한민국의 인민은 인민전체에 있음. 국가가 광복되기 전에는 주권이 광복운동자 전체에 있음.	제1장 총강(제1조-제4조) 제1조 대한민국은 민주공화국으로 함. 제2조 대한민국의 주권은 국민 전체에 속함. 제3조 대한민국은 대한인민으로 조직함. 제4조 대한민국의 강토는 경기도, 충청북도, 충청남도, 전라북도, 전라남도, 경상북도, 경상남도, 황해도, 평안도, 평안북도, 강원도, 함경남도, 함경북도의 13도로 함.
국민 (인민) 의 권 리·의 무	제2장 인민의 권리의무(제8조-제10조) 제8조 대한민국의 인민은 법률 범위 내에서 좌열 각항의 자유를 유함. 1. 신교의 자유 2. 재산의 보유와 영업의 자유 3. 언론, 저작출판, 집회, 결사의 자유 4. 서신 비밀의 자유 5. 거주 이전의 자유 제9조 대한민국의 인민은 법률에 의하야 좌열 각항의 권리를 유함. 1. 법률에 의치 아니하면 체포, 감금, 신문, 처벌을 수(受)치 아니하는 권 (…) 3. 선거권과 피선거권 (…) 제10조 대한민국의 인민은 법	제2장 인민의 권리의무 (제5조-제8조) 제5조 대한민국의 인민은 좌열 각항의 자유와 권리를 향유함. 1. 언론, 출판, 집회, 결사, 파업·신앙의 자유 2. 거주, 여행·통신,비밀의 자유 3. 법률에 의하여 취학, 취직·부양을 요구할 권리 4. 선거·피선거권의 권리 5. 공소, 사송·청원을 제출하는 권리. (…) 8. 법률에 의치 않으면 재산의 징발, 몰수 혹 추세(抽稅)를 받지 않을 권리 (…) 제6조 대한민국의 인민은	제2장 국민의 권리의무 (제5조-제10조) 제5조 대한민국 국민은 좌기 각항 정책의 확립에 의하여 생활균등권을 향유함. 1. 국민의 기본 생활을 확보할 계획경제의 수립 2. 주요한 생활필수품의 통제관리와 합리적 물가정책의 수립 3. 세제의 정리와 누진율의 강화 4. 토지사유의 제한과 농민본위의 경작권 수립 5. 대규모의 주요 공업 및 광산의 국영 또는 국가관리 (…) 제6조 대한민국 국민은 좌

238

	률에 의하야 좌열 각항의 의무를 유함. 1. 납세의 의무 2. 병역에 복(服)하는 의무 3. 보통교육을 수하는 의무	좌열각항의 의무가 있음. (…) 제7조 인민의 자유와 권리를 제한 혹 박탈하는 법률은 국가의 안전을 보위하거나 사회의 질서를 유지하거나 혹은 공공이익을 보장하는 데 필요한 것이 아니면 제정하지 못함. 제8조 광복운동자는 조국광복을 유일한 직업으로 (…) 실천공헌이 있는 자로 함. (…)	기 각항 정책의 확립에 의하여 문화 및 후생의 균등권을 향유함. (…) 제7조 대한민국은 좌기 각항의 자유권을 향유함. (…) 제8조 대한민국 국민은 국가기관에 대하여 좌기 각항의 요구권을 향유함. (…) 제9조 대한민국 국민은 좌기 각항의 참정권을 향유함. (…) 제10조 대한민국 국민은 좌기 각항의 의무에 복종함. (…)
입법	제4장 임시의정원(제18조-제34조) 제19조 임시의정원의원의 자격은 대한민국 인민으로 중등교육을 수한 만 이십삼세 이상된 자로 함. (…) 제21조 임시의정원의 직권은 좌와 여함. 1. 일체 법률안을 의결함. 2. 임시정부의 예산결산을 의결함. (…) 5. 임시대통령을 선거함. (…) 10. 법률안을 제출함. (…) 12. 질문서를 국무원에게 제출하여 출석답변을 요구함을 득함. (…) 15. 국무원 실직 혹 위법이 유함을 인(認)할 시는 총원 사분의 삼 이상의 출석, 출석원 삼분의 이 이상의 가결로 탄핵함을 득함. 제22조 임시의정원은 매년 2월에 임시대통령이 소집함. 필요가 유할 시에 임시소집함을 득함. (…) 제28조 임시의정원의장 부의장은 기명단기식 투표로 의원이 호선하야 투표총수의 과반	제3장 임시의정원(제9조-제28조) 제9조 임시의정원은 대한민국인민이 직접 선거한 의원으로 조직함. 제10조 임시의정원은 경기, 충청, 전라, 경상, 함경, 평안각도에서 각 6인, (…) 선거권을 대행할 수 있음. (…) 제17조 임시의정원의 직권은 아래와 같음. (…) 3. 의원이나 정부에서 제출한 일체 법안의 의결 (…) 6. 국무위원회 주석·부주석과 국무위원의 선거 (…) 제17조 임시의정원은 국무위원회주석부주석·국무위원이 실직위법 또는 내란외환 등 범죄행위가 있거나 혹은 신임할 수 없다고 인정할 때에는 탄핵안 혹은 불신임안을 제출하여 (…) 그가 자행(自行) 사직함. (…) 제21조 임시의정원은 매	제3장 입법권(제11조-제19조) 제11조 대한민국의 입법권은 국민의회에 속함. 제12조 국민의회는 각 도·시·부·군·도로부터 선출된 의원으로 이를 조직함. (…) 제14조 국민의회의 직권은 좌와 여함. 1. 법률안의 제출 2. 법률의 의결 3. 법률에 의할 명령 및 법률의 집행에 관한 명령의 제정 발포를 행정기관에 위임하는 의결(…) 제15조 국민의회는 대통령이 소집함. (…)

	을 득한 자로 당선케 함. (…) 제34조 임시의정원은 완전한 국회가 성립되는 일(日)에 해 산하고 기(其) 직권은 국회가 차를 행함.	년4월11일에 임시정부 소재지에서 자행 소집함. (…)	
행정	제3장 임시대통령(제11조-제 17조) 제11조 임시대통령은 국가를 대표하고 정무를 총람하며 법 률을 공포함. 제12조 임시대통령은 임시의 정원에서 기명단기식 투표로 선거하되 투표총수의 삼분의 이 이상을 득한 자로 당선케 함. (…) 제15조 임시대통령의 직권은 좌와 여함. 1. 법률의 위임에 기하거나 혹 은 법률을 집행케 하기를 위 하야 명령을 발포 또는 발포 케 함. 2. 육해군을 통솔함. 3. 관제 관규를 제정하되 임시 의정원의 결의를 요함. 4. 문무관을 임명함. 단 국무 원과 주외대사 공사를 임명함 에는 임시의정원의 동의를 요 함. 6. 법률에 의하야 계엄을 선포 함. 7. 임시의정원 의회를 소집함. (…) 9. 법률안을 임시의정원에 제 출하되 국무원의 동의를 요 함. (…) 제5장 국무원(제35조-제41 조) 제35조 국무원은 국무원으로 조직하야 행정사무를 일체 처 판(處辦)하고 그 책임을 부함. 제36조 국무원에서 의정할 사 항은 좌와 여함. (…) 제37조 국무총리와 각부 총장	제4장 임시정부(제29조- 제44조) 제29조 임시정부는 국무 위원회주석과 국무위원 으로 조직한 국무위원회 로써 국무를 총판함. (…) 제30조 국무위원의 직권 은 아래와 같음. 1. 복국과 건국의 방책을 의결함. (…) 제32조 국무위원회 주석 의 직권은 아래와 같음. (…) 제34조 국무위원회주석· 부주석과 국무위원의 자 격은 제8조 원항상 일단 규정에 해당한 10년이상 의 역사가 있고 연령 만40 세 이상된 자로 함. 제35조 국무위원회 주석· 부주석과 국무위원의 임 기는 3개년으로 정하되 연임될 수 있음.(…) 제43조 중앙기관의 주무 책임자는 주석의 제천(提 薦)으로 중앙기관의 소속 지권은 각해기관 주무책 임자의 천보(薦報)로써 국무위원회에서 임면함. (…)	제4장 행정권(제20조-제 65조) 제1절 대통령, 부대통령 제20조 대통령은 국민의 회에서 차를 선거함. (…) 제23조 대통령은 행정권 을 통할하고 좌의 권한이 유함. (…) 11. 의회의 소집·정회 및 해산(…) 제2절 국무원·국무회의· 국무의회비서장 제26조 국무회의는 대통 령·부대통령·국무총리 및 국무원으로써 조직하 고 대통령이 의장이 됨. 제27조 국무총리 및 국무 원은 대통령의 추천으로 의회에서 선거함. 국무원 은 9인 이상으로 함. (…) 제3절 국무총리·행정회의 제4절 법제장관·감찰장관· 고시장관 (…) 제5절 행정각부 총장(…) 제6절 지방행정-도장관 (…) 제7절 문무관 임면(…)

240

행정	과 노동국총판을 국무원이라 칭하야 임시대통령을 보좌하여 법률 급(及) 명령에 의하야 주관행정사무를 집행함. (…) 제39조 국무원은 임시대통령이 법률안을 제출하거나 법률을 공포하거나 혹은 명령을 발포할 시에 반드시 이에 부서(副署)함. 제40조 국무원 급 정부위원은 임시의정원에 출석하여 발언함을 득함. (…)		
사법	제6장 법원(제42조-제47조)	제5장 심판원(제45조-제56조)	제5장 사법권(제66조-제71조)
회계	제7장 재정(제48조-제54조)	제6장 회계(제57조-제60조)	제6장 회계(제72조-제74조)
보칙	제8장 보칙(제55조-제58조)	제7장 보칙(제61조-제62조) 헌법개정(제61조)	

2) 헌법안의 특징: 기본권, 정부형태, 경제체계를 중심으로

다음은 〈대한민국임시헌법〉과 시협의 「답신안」을 비교하여 그 특징을 검토하고자 한다. 첫째, 총강에는 국호로 대한민국을, 그리고 민주공화국(〈임시헌법〉〈약헌 초안〉), 주권재민(〈임시헌법〉 시협의 「답신안」〈약헌 초안〉)을 규정하고 있다. 특히 〈임시헌법〉에는 "대한민국의 강토가 (…) 13도로 함"이라고 규정하였다. 〈임시헌법〉의 이 영토조항은 이후 1948년 〈대한민국헌법〉의 제4조 영토조항에 영향을 주었다.[56]

둘째, 국민의 권리·의무와 관련해서 〈임시헌법〉은 '생활균등권' '문화

---

56) 영토조항을 둔 헌법안은 대한민국임시정부의 〈임시헌법〉과 민주의원의 〈임시헌법〉, 〈유진오 헌법 초안〉, 〈유진오-행정연구위원회 공동안〉(1948.5.31), 그리고 〈대한민국헌법〉 등이다. 민주의원의 〈임시헌법〉의 영토조항 내용은 〈표4-4〉 참조.

후생균등권' 등을 규정하고 있다. 이는 국가의 계획경제 수립, 통제관리, 토지사유의 제한, 주요 산업의 국유 또는 국영 등이 국민의 실질적 평등을 보장한다는 원칙하에 규정된 것이다.[57] 기본권에 경제생활과 경제질서 관련된 내용을 규정한 것은 국민의 자유와 평등의 실현이 계획경제, 산업 국유화라는 생산 및 소유 방식과 직결되었다는 인식에 기반한 것이다. 특히 『임시정부수립대강: 미소공위 자문안 답신집』 서문에서 설의식은 "'생활'이라는 개념이 '물심(物心)' 양면을 통함이 물론이려니와 생활의 기초가 '물(物)'에 있으매 생활권의 중심구상이 '경제 제 생활'에 있다"고 하였다 (새한민보사 1947, 12면). 이러한 인식은 〈건국강령〉과 남조선과도입법의원의 〈조선민주임시약헌 초안〉에서도 동일하게 드러난다.

기본권의 측면에서 〈임시헌법〉과 민전 「답신안」을 비교해보면, 〈임시헌법〉은 균등권을 우선 강조하면서도 근대적인 자유권을 구체화하였고, 민전 「답신안」은 국유화를 우선 강조하면서도 사적소유권을 인정하였다.

특히 시협의 「답신안」은 〈임시헌법〉에 비해 재산권을 한층 강조하고 있는데, 다만 "재산권의 내용은 사회이익과 조화"되어야 하며, "정당한 보상의 전제하에 공공복리를 위해 사유재산을 사용할 수 있다"고 규정하였다. 이러한 규정은 개인을 자유롭게 할 목적보다는 전체가 실제 생활이 균등해지도록 하기 위한 목적에 부합한 것으로 보인다. 이러한 내용은 앞장에서 살펴본 바와 같이 〈임시헌법〉 및 〈건국강령〉에서 제시한 골자를 따른

---

57) 민주의원은 1946년 3월 18일에 '임시정책대강' 27개조를 발표하였는데, 그 핵심내용은 계획경제에 입각한 균등사회 건설이었다. 즉 균평·균등이념을 추구한 임시정부의 헌정구상을 수용하였던 것이다. 이보다 앞선 1946년 2월 말 이승만 당시 민주의원 의장은 '과도정부당면정책 33항'을 발표하였는데 이 헌정구상도 균등사회를 지향하고 있다는 점에서 유사했다. 그러나 1946년 6월 3일 이승만의 정읍 발언에서 더욱 명확히 표현된 바와 같이, 1945년 해방 전후부터 우파의 경우 좌우합작의 가능성을 부인했고 반탁을 강력히 주장해온 것을 고려한다면, 이승만의 이러한 중간지향적인 발표는 오히려 과도기적 헌정구상으로 볼 수 있을 것이다.

것이며, 1948년 〈대한민국헌법〉의 "모든 국민에게 생활의 기본적 수요를 충족할 수 있게 하는 사회정의의 실현과 균형있는 국민경제의 발전을 기함을 기본으로 삼는다. 각인의 경제상의 자유는 이 한계에서 보장된다"라는 규정과 연속된다.

셋째, 정부형태에 있어서는 〈임시헌법〉, 시협의 「답신안」 그리고 〈조선민주임시약헌 초안〉이 대의제와 입법권·행정권·사법권의 삼권분립제를 취했다. 이는 앞서 살펴본 민전의 인민위원회제와 구별되며, 대한민국임시정부의 〈임시헌법〉의 영향을 받은 것이다. 〈임시헌법〉은 내각책임제 정부형태를 취하고 있지만, 대통령에게 강한 권한을 준다. 이 점은 행정연구위원회의 〈한국헌법〉과 매우 유사하다. 그런데 국민의회(입법부) 소집조항과 관련해서는 〈임시헌법〉과 〈한국헌법〉의 경우 대통령이 소집하지만, 〈조선민주임시약헌 초안〉에서는 국민의회가 '자행 소집'한다고 규정하였다.[58] 흥미로운 것은 민주의원의 〈임시헌법〉과 〈조선민주임시약헌 초안〉은 대통령이 국무회의의 의장이 되도록 규정하였는데,[59] ──〈한국헌법〉은 국무총리가 내각회의의 의장이 됨── 이 규정은 대한민국임시정부의 전통과 차이가 있다.[60] 즉 대한민국임시정부의 〈임시헌장〉 등과는 달리 대통령

---

58) 전자는 대한민국임시정부의 1919년 제정본 〈임시헌법〉을 따른 것이며, 후자는 1925년 개정된 〈임시헌법〉을 따른 것이다.

59) 그러나 남조선과도입법의원에서 1947년 8월 6일 최종 통과된 〈조선임시약헌〉은 이와 관련하여 다음과 같이 수정되었다. "제19조 정부주석급부주석은 별로히 정하는 법률에 의하여 국민이 선거함. 단, 본법시행 최초의 정부주석급부주석은 입법의원에서 선거함 (…). 제25조 국무회의는 국무총장급 국무위원으로서 조직함. 〈제28조〉 국무총장은 국무위원의 수반으로서 국무회의의 의장이 되며 행정각부장을 감독함."

60) 대한민국임시정부는 1919년 9월 〈임시헌법〉에서만 대통령제를 두었는데, 이 〈임시헌법〉의 대통령은 국무회의의 의장이 아니었다. 〈임시헌법〉은 이와 관련하여 다음과 같이 규정하였다. "제35조 국무원(國務院)은 국무원(國務員)으로 조직하야 행정사무를 일체 처판(處辦)하고 그 책임을 부함. 제37조 국무총리와 각부총장과 노동국총판을 국무원이라 칭하야 임시대통령을 보좌하여 법률급 명령에 의하야 주관행정사무를 집행함."

제 요소를 강화한 것인데 이는 대통령이 각 계층, 각 단체의 대표로 구성될 국민회의를 소집하고 국무회의를 통할할 정치적 필요에 따른 것이다.[61] 뒤에서 살펴보겠지만, 대통령이 국무회의 의장임을 규정한 조항은 1948년 6월 23일 제헌국회 본회의에 상정된 대통령중심제 헌법 〈대한민국헌법 초안〉의 규정과 연속적이다. 그리고 〈임시헌법〉과 〈조선민주임시약헌 초안〉은 국무총리와 국무원 선출문제와 관련해 "대통령의 추천으로 의회에서 선거"하도록 규정하였다.

넷째, 경제정책과 관련해서는 시협의 「답신안」에 구체적으로 표명된다. 그 핵심정책은 다음과 같다. "(1) 토지개혁을 실시하여 사유를 제한하고, 농민본위의 경작권을 확립한다. (2) 산업체제는 계획생산·계획분배를 원칙으로 한다. (3) 대규모의 중요 공업·광업은 국영 또는 국가관리로 한다. (4) 노동자의 생활을 안정화하기 위해 최저임금제를 확립하여야 한다."

다음으로 토지소유에 대한 정책은 다음과 같다. (1) 일본통치시대에 있던 토지이용과 소작제에 관한 대책으로는 "일본 국책본위의 모든 식민지 토지정책과 지주본위의 모든 법령 및 제도는 전부 철폐하야 조선민족 및 농민본위 신토지정책을 확립하고 농민본위로 경작권을 확립하여야 한다"고 규정하였다. (2) 토지소유에 관한 정책은 "몰수, 유조건 몰수, 체감매상하야 경자유전의 원칙에 의하야 무상으로 분배하여야 한다"고 규정하였다. 또한 조선경제의 현단계에 있어서는 "토지를 완전히 국유로 하야 영구 사용권만을 부여하고 농민에게 소유권은 허락지 않아야 한다"고 규정하였다. 일본인이 소유하던 토지와 관련해서는 "일본국가, 개인단체소속의

---

61) 이와 관련하여 신용옥은 〈임시헌법〉에 내재한 강한 대통령 권한과 외형상 내각책임제는 김수용이 지적한 "임정과 한민당의 입장이 절충된 결과"라기보다 "해방정국에 대처하기 위한 임시헌장 자체의 변화라고 보는 것이 타당하고 동시에 한민당을 포함한 민주의원내의 각 정파들이 동의할 수 있는 수준을 나타낸" 것이라고 주장하였다(신용옥 2008b, 149면).

토지는 전부 이를 몰수하야 농민에게 분배할 토지의 대상으로 한다"고 하였다.

다음으로 산업조직·산업생산 및 분배에 관한 정책에서는 계획경제를 원칙으로 한다. 산업조직은 "종래의 기업가본위의 방법을 양기(揚棄)하고 노동자 기술자에 대하여 어느정도 발언권을 허용함으로써 3자협력의 정책을 취한다"고 규정하였다. 소유권 종류에서는, 대산업은 원칙적으로 국가가 경영하며, 중산업(섬유, 제화 등)은 관민합변(官民合辨)으로 하며, 소산업(가구, 농구)은 사유·사영에 방임한다고 규정하였다. 중앙은행은 전부 국영으로 하며, 광물(지하자원)은 공유(公有)로, 삼림은 "농가소유의 최고 한정면적(10정보) 이외는 공유로 함을 원칙으로 하나 조선현상에 있어서 임업을 장려할 필요상 일정한 기간 허가제로 그 경영에 필요한 면적의 점유권을 허한다"고 규정하였다. 철도는 공유국영(公有國營)으로 하며, 선박회사는 국제항로에 있어서는 공유사영(共有私營)으로 하고 기타는 사유사영으로 한다. 어업에 있어서는 연안어업은 원칙적으로 공유(公有)로 하고 경영권은 허가제로써 국가의 감독하에 사영한다고 규정하였다(새한민보사 1947, 63~64면).

이들 헌법안 및 답신안은 첫째, 정치·경제·교육의 균등 원칙을 기초로 한 균평·균등사회의 건설을 지향하였으며, 둘째, 민주공화제·보통선거제에 의한 국민의회 구성, 대의제, 권력분립 등을 추구하였다. 셋째, 적산몰수, 주요 중공업·광산·산림 등의 국유·국영, 농민의 경작능력에 따른 대지주 토지 및 몰수 토지 재분배 정책 등을 펼치고 있다. 즉 토지개혁과 적산처리문제, 일본인소유 토지와 관련해서는 대한민국임시정부 헌법과 〈건국강령〉에서 크게 벗어나지 않았으며, 이러한 기본원칙은 대체로 1948년 〈대한민국헌법〉에도 연속되었다.

<표 4-4> 〈대한민국임시헌법〉 시협 「답신안」 〈조선민주임시약헌 초안〉 비교

	남조선대한국민대표민주의원 〈대한민국임시헌법〉 (1946년 3월 말 또는 4월 기초)	시국대책협의회 「답신안」 (1947년 7월 제출)	남조선과도입법의원 〈조선민주임시약헌 초안〉 (1947년 4월 공개)
총강	제1장 총강(제1조-제4조) 제1조 대한민국은 민주공화국으로 함. 제2조 대한민국의 주권은 국민 전체에 속함. 제3조 대한민국은 대한인민으로 조직함. 제4조 대한민국의 강토는 경기도, 충청북도, 충청남도, 전라북도, 전라남도, 경상북도, 경상남도, 황해도, 평안도, 평안북도, 강원도, 함경남도, 함경북도의 13도로 함.	임시정부의 일반적 형태 혹은 성격 1.조선의 주권은 인민전체에 속함. 정권형태는 전국민을 대표하는 민주공화정체라야 하며 일부 계급만의 공화정체는 허용하지 못한다. 2. 기본적인 인권의 보장을 확실하게 하기 위하여 삼권분립의 정치이념을 토대로 한 임시정부를 구성하여야 한다. 3. 임시정부의 구성은 공위대상의 각정당·사회단체가 대표자협의로 산출하여야 한다. (…)	제1장 총강(제1조-제3조) 제1조 조선은 민주공화국임. 제2조 조선의 주권은 국민 전체에 속함. 제3조 조선의 국민은 국적법에 규정한 국적을 가진 자임.
국민의 권리 의무	제2장 국민의 권리·의무(제5조-제10조) 제5조 대한민국 국민은 좌기 각항 정책의 확립에 의하여 생활균등권을 향유함. 1. 국민의 기본 생활을 확보할 계획경제의 수립 2. 주요한 생활필수품의 통제관리와 합리적 물가정책의 수립 3. 세제의 정리와 누진율의 강화 4. 토지사유의 제한과 농민 본위의 경작권 수립 5. 대규모의 주요 공업 및 광산의 국영 또는 국가관리 (…) 제6조 대한민국 국민은 좌기 각항 정책의 확립에 의하여 문화 및 후생의 균등권을 향유함. (…)	민권 1.조선 인민의 정의 조선에 국적을 가진 자, (…) 2.주권의 소재 (…) 3. 자유권 인신의 자유(체포 감금 심문 처벌을 당하지 않은 자유), (…) 신앙사상학문의 자유, (…) 언론출판결사의 자유, 거주이전의 자유, 기타 인간의 천부의 자유 4. 재산권 재산권은 보장한다. 재산권의 내용은 사회이익과 조화되도록 법률로써 규정한다. 사유재산은 정당한 보상으로서 공공복리를 위하여 사용할 수 있다. 5. 선거권(…) 단 임시정부는 전국의 진정한 애국적	제2장 국민의 권리·의무(제4조-제9조) 제4조 조선 국민은 좌기 각항 정책의 확립에 의하여 생활균등권을 향유함. 1. 국민의 기본 생활을 확보할 계획경제의 수립 2. 주요한 생활필수품의 통제관리의 합리적 물가정책의 수립 3. 세제의 정리와 누진율의 강화 4. 토지사유의 제한과 농민 본의의 경작권 수립 5. 대규모의 주요 공업 및 광산의 국영 또는 국가관리 (…) 제5조 조선 국민은 좌기 각항 정책의 확립에 의하여 문화 및 후생의 균등권을 향유함. (…)

입법	제7조 대한민국은 좌기각 항의 자유권을 향유함. (…) 제8조 대한민국 국민은 국가기관에 대하여 좌기 각항의 요구권을 향유함. (…) 제9조 대한민국 국민은 좌기 각항의 참정권을 향유함. (…) 제10조 대한민국 국민은 좌기 각항의 의무에 복종함. (…)	혁명운동자 중심으로 조직할 것(부일협력자 친일파 간상배를 제외할 것) (…) 6. 평등권(법률상의 평등, 경제적 문화적 평등한 기본생활권 확보할 권리, 노동의 권리와 의무) 7. 국가기관에 대한 권리(청원의 권리, 변호인을 선정할 권리, 손해배상 청구권리)	제6조 조선 국민은 좌기각 항의 자유권을 향유함. (…) 제7조 조선 국민은 국가기관에 대하여 좌기 각항의 요구권을 향유함. (…) 제8조 조선 국민은 좌기 각항의 참정권을 향유함. (…) 제9조 조선 국민은 좌기 각항의 의무에 복종함. (…)
입법	제3장 입법권(제11조–제19조) 제11조 대한민국의 입법권은 국민의회에 속함. 제12조 국민의회는 각도·시·부·군·도로부터 선출된 의원으로 이를 조직함. (…) 제14조 국민의회의 직권은 좌와 여함. 1. 법률안의 제출 2. 법률의 의결 3. 법률에 의할 명령 및 법률의 집행에 관한 명령의 제정 발포를 행정기관에 위임하는 의결 (…) 9. 국무총리·행정각부총장에 대한 불신임의 결의 (…) 제15조 국민의회는 대통령이 소집함. 대통령은 국민의회에 대하여 10일 이내에 정회 또는 해산을 명함을 득함. (…)	행정 및 입법 기능을 수행할 중앙정부의 기관 혹은 기관들 (…) 미소공위 대상의 각정당·사회단체의 대표자회로 임시입법권을 대행함이 가하다. (…) 입법기관 전국 유일한 입법기관으로 국회를 둔다. 국회는 단원제로 하고 전국적으로 계급 재산 교육 종교 성별의 구별 없이 보통 균등 직접 비밀 투표방법으로 선거된 의원으로써 조직한다. 국회는 국권의 최고기관으로 그 권한은 아래와 같다. (…) 국회의 임기는 2년으로 한다. (…)	제3장 입법권(제10조–제17조) 제10조 조선입법권은 국민의회에 속함. (…) 제12조 국민의회는 각도·시·부·군·도로부터 선출된 의원으로 이를 조직함. (…) 제14조 국민의회는 원이 자행 소집함. (…)
행정	제4장 행정권(제20조–제65조) 제1절 대통령, 부대통령 제20조 대통령은 국민의회에서 차를 선거함. (…) 제23조 대통령은 행정권을 통할하고 좌의 권한이 유함. (…) 11. 의회의 소집·정회 및 해	(나) 이상 정무를 수행하는 기관 혹은 기관들의 성질 및 구성 행정기관 행정기관으로 대통령, 부대통령제를 채용하고 대통령 직속하에 국가결의기관으로 국무위원제를 채용하는 동시에 행정집행을 보	제4장 행정권(제18조–제49조) 제1절 대통령, 부대통령 (…) 제18조 대통령은 국민의회에서 차를 선거함. (…) 제21조 대통령은 행정권을 통할하고 좌의 권한이 유함. (…)

행정	산 (…) 제2절 국무원·국무회의·국무의회 비서장 제26조 국무회의는 대통령·부대통령·국무총리 및 국무원으로써 조직하고 대통령이 의장이 됨. 제27조 국무총리 및 국무원은 대통령의 추천으로 의회에서 선거함. 국무원은 9인 이상으로 함. (…) 제3절 국무총리·행정회의 제4절 법제장관·감찰장관·고시장관 (…) 제5절 행정각부 총장 (…) 제6절 지방행정 – 도장관 (…) 제7절 문무관 임면 (…)	좌감시하는 법제고시 감찰기관을 특설함. 가. 대통령, 부통령 대통령은 외국에 대하야 국가를 대표하고 법률을 성실히 집행하여 좌의 권한을 행사한다. (…) 국무위원회 국무위원회는 국무총장 및 국무위원 10인 이상 20인 이내로써 조직하고 국무총장이 그 위원장이 된다. (…) 행정각부장 법제위원장, 고시위원장, 감찰위원장 지방정권체의 구성조직 권한 및 책무	제2절 국무원·국무회의 (…) 제24조 국무회의는 대통령·부대통령·국무총리 및 국무원으로써 조직하고 대통령이 의장이 됨. 제25조 국무총리 및 국무원은 대통령의 추천으로 의회에서 선거함. 국무원은 9인 이상으로 함. (…) 제3절 국무총리·행정회의 (…) 제4절 법제장관·감찰장관·고시장관(…) 제5절 행정각부 총장·차장 (…) 제6절 지방행정 – 도장관 (…) 제7절 문무관 임면 (…)
사법	제5장 사법권(제66조–제71조)	사법기관	제5장 사법권(제50조–제55조)
회계	제6장 회계(제72조–제74조)		제6장 회계(제56조–제63조)
부칙		기타 국호는 고려공화국이다. (…)	제7장 보칙(제64조–제67조)(…) 제65조 임시정부조직은 입법의원에서 이를 행함. 제66조 임시대통령 취임후 6개월 내에 본 약헌에 의한 임시국민의회를 소집하고 이 임시국민의회가 소집될 때까지는 본 입법의원이 임시국민의회의 직능을 대행하고 이 임시국민의회가 소집된 지 1년 이내에 국민투표에 의한 정식 국민의회를 소집함. (…)

5. 소결: '균등사회'를 지향한 시민사회 헌법안과
헌법 통합 실패

이 장에서는 해방 이후 등장한 시민사회의 다양한 헌법안들을 연속적 관점에서 비교, 검토하고자 하였다. 구체적으로 첫째, 각 정치세력들의 헌법구상과 헌법안이 등장하는 정치적 배경, 기초 경위를 살펴보았다. 둘째, 각 헌법안의 특징을 기본권과 정부형태, 경제체계를 중심으로 비교, 검토하여 건국헌법과의 연속성을 규명하고자 하였다.

첫번째 주제와 관련하여 1) 좌파 집결체인 민전의 헌법안은 미소공동위원회 활동과 관련되어 있다. 민전의 〈임시약법 시안〉은 미소공동위원회에 제출하기 위해 허헌 등 소수의 민전 관계 법률가들이 비공개적으로 작성하였으며, 이후 이를 토대로 작성된 〈임시약법〉은 민전의 공식기구인 임시약법기초위원회에서 축조, 검토되었다. 그런데 좌파의 〈임시약법 시안〉은 그 기초과정에서 어떤 쟁점들이 논의되었는지 거의 밝혀진 바가 없다. 이러한 〈임시약법〉의 제정절차는 인민민주주의 정치제도를 취하는 그 약법의 내용과는 상당한 대조를 보인다.

2) 우파인 행정연구위원회는 신익희가 주도한 대한민국임시정부 산하기구로서, 일제강점기 고등문관 출신 법률가들을 중심으로 조직되었다. 행정연구위원회는 제1차 미소공동위원회 개막 이전에 신속하게 헌법안을 작성하였다. 이들 〈한국헌법〉의 기초작업도 매우 비밀리에 진행되었기 때문에 당시 언론 등 공식기록에는 거의 드러나지 않는다. 행정연구위원회는 모스끄바삼상회의 결정에 따른 임시정부 수립을 반대하고 대한민국임시정부의 과도정부 수립을 준비하기 위한 기초작업으로 〈한국헌법〉을 작성하였다. 그러나 미군정하에서 임정법통론에 기반한 과도정부 수립은 당시에 실현될 수 없는 대안이었다. 이후에 〈한국헌법〉은 남조선과도입법의

원 내 우파세력의 〈남조선과도행정조직법 초안〉과 〈남조선과도약헌안〉 제정에 영향을 주었으며, 1948년 5월 건국헌법 헌법기초위원회 전문위원이 되는 유진오가 작성한 헌법안과 합작하여, 헌법기초위원회의 주축안(〈유진오-행정연구위원회 공동안〉)을 마련함으로써 건국헌법의 탄생에 직접 기여했다.

3) 중도파의 헌법 작성과정은 좌우파와 상이했다. 비상국민회의와 민주의원은 헌법논의를 비교적 공개적으로 다루었다. 그런데 비상국민회의 헌법 기초자들은 임시정부 헌장을 수정하여 헌법을 기초하는 데 대체로 동의하였으나 "국무위원 자격을 20년 동안 독립운동에 전사한 자로 한정하자"는 조소앙 등 임정세력의 주장에는 동의하지 않았다. 임정의 독립운동자 정통성 주장은 해방 후 정치현실에서 받아들여지기 어려웠다. 조소앙은 1919년 임정수립 이래 근대한국의 헌정을 독립운동의 정치과정에서 가장 깊이있게 성찰해왔던 인물이지만, 그의 제헌인식은 한계를 지닌 것이었다.

한편 미군정이 승인한 조직으로서 비상국민회의에서 재탄생한 민주의원은 비록 신탁통치를 반대했지만, 제1차 미소공동위원회 회담에 대비하여 헌법 기초를 완료하였다. 민주의원의 〈임시헌법〉은 비상국민회의와 민주의원의 연석회의를 통해 기초되었고 최종적으로 민주의원에서 통과되었다. 〈임시헌법〉은 국호 및 정체, 주권, 기본원칙, 이념의 측면에서 한국 헌법체제의 기원과 원형을 형성한 대한민국임시정부 헌법을 계승하였다. 그리고 이 〈임시헌법〉은 이후 남조선과도입법의원에 제출된 〈조선민주임시약헌 초안〉과도 거의 동일하였다. 국호가 '대한민국'에서 '조선'으로 수정되었고, 그외 몇 조항이 변경되었을 뿐이다.

두번째 주제와 관련해서 살펴보면 다음과 같다.

1) 좌파 민전의 〈임시약법〉은 인민위원회제도가 개인과 특정 십난의 권력 전횡을 막는다는 측면에서 대통령제보다 우월하다고 주장하였다. 그러

나 민전의 인민민주주의는 실제로는 '반대'보다는 '전인민의 일체화된 의사'를 강조함으로써, 전체주의를 초래하였다.

또한 민전의 핵심적인 경제원칙이 된 국유화와 공유화는 첫째, 당시의 경제적 여건에서 국가만이 대규모 자본과 기술의 동원이 가능하다는 인식에 기반한 것이다. 둘째, 적산 처리를 위한 정책이었으며, 셋째, 사적 자본의 경제 독점과 집중을 막기 위한 정책이었다. 산업조직 면에서는 '국유·국영'의 범위를 확대하고 '사유·사영'의 범위를 축소하고자 했으며, 국유·국영을 촉진하는 과도적 형태로 협동조합 경영을 구상하였다.

2) 우파 행정연구위원회의 〈한국헌법〉은 통치권력이 대통령과 총리에게 이분화되어 있는 정체였다. 이는 평상시에는 입법부와 행정부의 마찰을 피할 수 있고, 비상시에는 신속한 국정처리가 가능하도록 한 것이었다. 특히 대한민국임시정부 전통과는 달리 대통령제 요소를 강화했다. 이는 이념 대립과 정당 난립 등의 혼란한 건국상황을 대비하여 대통령이 각 계층 각 단체의 대표로 구성될 입법부를 소집하고 국무회의를 통할해야 하는 정치적 필요에 따른 것이었다.

행정연구위원회 〈한국헌법〉은 민주의원의 〈임시헌법〉과 마찬가지로 국민의 권리·의무장에 경제생활을 구체적으로 규정하고 있다는 점이 특징적이다. 그 내용도 당시 시민사회 헌법안 중 가장 상세하다. 〈한국헌법〉의 기본원칙을 살펴보면, 계약 및 영업의 자유, 소유권 보장, 토지의 분배 및 이용 원칙, 공공성을 가진 기업 및 대외무역의 국가 공영, 노동정책(부녀·아동 노동 특별보호, 결사의 자유), 사회보험(농민복지, 보험제도) 등으로 요약할 수 있다.

요컨대 우파의 〈한국헌법〉과 임협 답신안의 경제체제는 국가의 소유와 통제가 요청되는 특정 산업에 한정하여 공유·국영을 규정하였다. 대산업을 포함한 그외 산업기관과 관련하여 그 소유구조가 공유(公有) 또는 공유(共有)라고 하더라도 운영 여하에 따라서 국가의 통제가 축소되고 사유·

사영이 확대될 수 있도록 구상되었다. 이는 자유경쟁체제를 원칙으로 하면서도 국가에 의한 경제 관리를 수용한 수정자본주의를 지향한 것이었다.

3) 중도파의 경우를 살펴보자. 기본권의 측면에서 〈임시헌법〉과 민전「답신안」을 비교해보면, 〈임시헌법〉은 균등권을 우선 강조하면서도 근대적인 자유권을 구체화하였고, 민전안은 국유화를 우선 강조하면서도 사적 소유권을 인정하였다. 정부형태에서 〈임시헌법〉은 대의제와 입법권·행정권·사법권의 삼권분립제를 취했다. 이는 프롤레타리아 계급의 공화정체를 지향한 민전의 인민위원회제도와 대비된다.

경제생활과 경제질서 관련 내용을 기본권에 규정한 것은 국민의 자유와 평등의 실현이 계획경제, 산업 국유화라는 생산 및 소유 방식과 직결되어 있다는 인식에 기반한 것이다. 특히 〈임시헌법〉은 국가의 통제관리와 계획경제를 통해 합리적인 생산과 공정한 소득분배를 추구하며, 기업의 경영관리 부문에서 노자협조 및 노동자의 공동결정권을 증진하는 등 각종 생활균등권리를 확대하고자 하였다. 이러한 특징은 앞서 제정된 대한민국임시정부의 〈임시헌장〉에도, 그리고 〈조선민주임시약헌 초안〉의 경우에도 드러난다.

요컨대 중도파의 헌법안 및 답신안은 정치·경제·교육의 균등원칙을 기초로 한 균평·균등사회 건설을 지향하였다. 이를 실현하기 위해 첫째, 민주공화제, 보통선거제에 의한 국민의회 구성, 대의제, 권력분립 등을 추구하였다, 둘째, 적산몰수, 주요 산업·광산·산림 등의 국유·국영, 농민의 경작 능력에 따른 대지주 토지 및 몰수 토지에 대한 재분배 정책을 규정하였다. 이는 사유제를 바탕으로 하고 공공산업영역에서 국유·공유화가 실현되는 혼합경제체제였으며, 노자협조에 바탕한 분배의 사회화와 국가의 합리적인 통제관리와 계획경제를 통해 사회민주국가를 실현하고자 하였다.

결론적으로 말하면, 한국 헌법의 원형인 대한민국임시정부의 헌법은 그 내용에 있어서 민주적이며, 공화적 특징을 강하게 담고 있었다. 또한 대한민국임시정부 이래 시민사회 헌법안의 기본권, 정부형태, 경제체제 구상의 핵심은 균평·균등사회 실현이었고, 이를 사회적으로 실현할 수 있는 조건을 마련하고자 한 것이었다.

〈표 4-5〉 대한민국 헌법안(1919~48)

헌법안 명칭	시기	초안기초·심의기관	주요 인물
대한민국임시헌장	1919.4.11 제정	대한민국임시의정원	조소앙, 신익희 등
대한민국임시헌법	1919.9.11 제정	대한민국임시의정원	신익희 등
대한민국임시헌법	1925.4.7 개정	대한민국임시의정원 임시헌법기초위원회	도인권, 장붕, 윤기섭, 홍진 등
대한민국임시약헌	1927.3.5 개정	대한민국임시의정원 헌법기초위원회·약헌 기초위원회	김구, 윤기섭, 이규홍, 김붕준, 김갑 등
대한민국임시약헌	1940.10.9 개정	대한민국임시의정원	조소앙 등
대한민국건국강령	1941.11.28 (1946. 1.8 재발표)	대한민국임시의정원 약헌개정위원회·건국 강령수개위원회	조소앙 등
대한민국임시헌장	1944.4.22 개정	대한민국임시의정원 약헌개정위원회	조소앙, 차리석, 유자명, 최석순, 신영삼, 박건웅 등
조선민주공화국 임시약법 시안	1946.1 기초	조선인민공화국 중앙 인민위원회	허헌, 김약산, 성주식 등
한국헌법	1946.3.1 기초	행정연구위원회 헌법 분과위원회	신익희, 최하영, 장경근 등
임시헌장정부 및 행정기구조직요강	1946.4.21 발표	민주주의민족전선 임시약법기초위원회	허헌 등
대한민국임시헌법	1946.3 기초	남조선대한국민대표민 주의원 헌법대책연구 위원회와 비상국민회 의 헌법선거법수정위 원회	김붕준, 조소앙, 김준연 등
남조선과도약헌	1947.2.8 제출	남조선과도입법의원 법제사법위원회	이승만, 서상일 등
남조선과도행정조 직법	1947.2.27 제출	남조선과도입법의원 행정조직법기초위원회	신익희 등

조선민주임시약헌 초안	1947.4.18 제출	남조선과도입법의원 임시헌법기초위원회	김규식, 김붕준 등
조선임시약헌	1947.8.6 제정	남조선과도입법의원	남조선과도입법의원
유진오 헌법 초안	1948. 5. 기초	미군정청 사법부 법전 기초위원회 제출	유진오
한국헌법 초안	1948.5.31 기초	유진오-행정연구위원 회 (대한민국국회 헌법기 초위원회제출)	유신오, 최하영, 장경 근 등
헌법 초안(법전편 찬위원회안)	1948.5. 기초	미군정청 사법부 법전 편찬위원회 헌법기초 분과위원회(대한민국 국회 헌법기초위원회 제출)	권승렬 등
대한민국헌법 초안	1948.6.18 기초	대한민국 국회 헌법기 초위원회	이승만, 신익희 헌법기초위원· 전문위원
대한민국헌법 초안	1948.6.23 상정	대한민국 국회 헌법기 초위원회(대통령제 헌 법 번안)	이승만, 신익희 헌법기초위원· 전문위원
대한민국헌법	1948.7.12 제정	대한민국 국회 본회의	제헌국회의원

제5장

건국헌법 제정(1948) I:
제헌국회의 헌법 초안 논의

1. 서론

이 장에서는 대한민국 제헌국회의 구성과 헌법 초안이 기초되는 과정을 다루고자 한다. 제헌국회에 관한 연구에서 가장 먼저 유의해야 할 점이 있다면, 그것은 제헌국회가 당시 대한민국의 구성원 중 매우 한정된 구성원들의 동의에 의해서 형성되었다는 점이다.[1] 그것은 남북한 총선거가 아닌 남한만의 단독선거에서 비롯했고, 그것도 단정옹호자들에 의해 형성되었기 때문이다. 그러므로 국회가 구성되고 이에 기초한 정부가 수립된 후에도 반대세력들의 도전은 정부 파괴의 압력 및 반란의 형태로 지속되었다. 타협이 불가능해지자, 한편에서는 특정인에 대한 테러와 암살로부터 시작

---

1) 제헌의원 유진홍(독촉)은 제헌국회의 정치적 대표성에 대해 다음과 같이 말하였다. "38이북은 벌써 떨어져나가고, 또 이남으로 말씀하더라도, 우리와 노선을 달리하는, 사상의 구별이 있는 좌익계열이 떨어져나가고, 또 중간노선도 떨어져나[갔습니다]"(국회사무처 1948(제56호), 18면). 요컨대 대한민국을 건국했던 국회세력은 한정된 세력을 대변하는 집단이었다.

해 정치적 폭력사태가 야기되었으며, 1950년 마침내 참혹한 내전으로 확대되었다.

한 국가가 탄생하는 과정에서 제기되는 가장 핵심적인 사안은 국가의 체제를 어떻게 구성할 것인가 하는 문제를 합의하는 것이다. 대한민국의 경우 남한 국가의 틀 내부에서만, 그것도 자유민주주의 체제를 주장하는 단정옹호자 사이에서만 이에 대한 합의가 가능했다. 그외의 정치세력들은 자유민주주의 체제를 먼저 선택해야 한다는 점에 동의하지 않았다.

그렇다면 건국과정에서 이들 제한된 구성원들이 동의한 내용은 무엇이었는가? 그들의 합의에 기반한 국가는 어떠한 과정을 거쳐 형성되었는가? 1948년 5월 선거를 통해서 선출된 대한민국의 건국세력은 입법부를 먼저 구성하고, 헌법을 제정하였다. 즉 입법부와 헌법제정기구를 분리하지 않았던 것이다.[2] 그리고 이 헌법에 기초하여 국회에서 대통령을 선출하였으며, 이후 선출된 대통령을 중심으로 정부를 구성하였다.

이 장에서 밝히고자 하는 바는 세 가지이다. 첫째, 헌법 제정자들이 헌법 제정을 둘러싼 정치현실을 어떻게 인식하였으며, 그것이 건국헌법의 제정에 어떤 영향을 미쳤는가 하는 점이다. 이 글에서는 특히 정치적 '분열'과 '안정'에 대한 인식을 검토하고자 한다.

둘째, 헌법이 현실적인 정치과정에서 어떻게 탄생되는가 하는 점이다. 헌법은 한 정치공동체의 공약(general rule)이며, 한편으로 그 정치공동체의 영혼(soul)이라고 부를 정도로 중요하다. 하지만 헌법 제정과정은 이미 그 자체가 하나의 정치이다. 따라서 현실적인 헌법 제정과정은 어떤 의미

---

2) 미국의 경우에는 헌법제정회의(Constitutional Convention)가 헌법을 제정한 후, 그 헌법에 기반하여 행정부의 수반인 대통령과 입법부를 구성할 상하 양원을 선출하였다. 그러므로 미국의 경우에는 헌법 제정기구와 통상적인 입법부를 분리한 반면, 한국의 제헌국회는 2년의 임기로 이 두 역할을 모두 담당하였다. 따라서 한국의 헌법은 제정자들의 이해관계에 따라서 제정될 여지가 훨씬 더 많았다.

에서 제도(institution)와 인격(personality)의 경쟁과정이기도 하다. 즉 정치적 인간이 정치공동체의 목적에 따를 것인지, 아니면 정치공동체가 정치적 인간을 위해 제도를 창설할 것인지의 문제이다. 대한민국 건국을 위한 헌법 제정과정에서도 동일한 문제에 직면했다. 즉 이승만이라는 강력한 정치적 인격과 헌법을 어떻게 조화시키는가가 핵심적인 논의사항이었다.

셋째, 대통령중심제와 독재체제의 관계를 살펴보고자 한다. 일반적으로는 건국헌법이 대통령중심제를 선택함으로써 이후 대한민국이 독재체제로 나아가는 단초를 열었다고 이해된다. 현대 한국사에서 본다면 그렇게 이해할 수도 있겠으나, 헌법 제정과정, 그리고 제정된 헌법의 실제 운영을 둘러싼 정치투쟁을 살펴보면 다르게 보인다. 대통령중심제와 내각책임제를 주장했던 각 정파와 정치가들은 모두 자신들이 권력을 장악하기를 원했다. 하지만 그렇다고 해서 시대적 상황과 동떨어져서, 정치적 설득력도 없이 각자의 주장을 제기할 수는 없었다. 그렇게 볼 때 대통령중심제는 권력만을 위해, 내각책임제는 민주주의만을 위해 주장되었다고 볼 수는 없는 것이다.

이와 관련한 선행연구는 대체로 두 경향으로 나누어볼 수 있다. 첫째, 정치학 분야에서는 건국기의 정부형태 선택을 주로 '권력정치'(power politics)적 관점에서 다루었다.[3] 즉 이승만과 한민당 간의 권력 대립과 경쟁의 산물로 본다. 이것은 역사적으로 사실이긴 하지만, 헌정의 수립은 특정한 개인이나 정치집단의 권력욕 이상의 의미도 동시에 지닌다. 즉 한국의 지배적인 정치이념과 제도로 수용된 자유민주주의를 당대의 헌법 제정자들은 어떠한 원리로 이해하였는지, 그리고 현실정치 관계 속에서 어떤

---

3) 정치학 분야의 연구는 대체로 헌법 초안 작성의 권력정치적 측면을 강조하였는데, 대표적으로 백운선(1992); 박찬표(1997); 박광주(1998)가 있다. 예컨대 박찬표는 헌법 제정이 '한민당과 독촉진영 대 중도파세력'의 권력경쟁에 의해 이루어졌으며, 박광주는 '이승만과 한민당 사이에 합의된 사항'에 따라 진행된 것이라고 주장했다.

논리로 수용되고 변화되었는지에 대한 검토 역시 필요하다고 생각한다.

둘째, 법학 분야에서는 건국기의 정부형태 선택을 주로 정치가 개인의 '권력의지의 확대'[4] 또는 법률가 개인의 '헌법적 소신의 좌절'이라는 관점에서 다루었다.[5] 앞서 지적한 바와 같이 이승만이라는 강력한 정치가의 압력, 그리고 당시 헌법의 최고 권위자의 민주주의적 소신의 굴절은 역사적 사실이다. 그러나 헌법은 당대 정치가들의 정치적 견해들의 경합으로 구성되는 정치적 협약(political contract)의 산물이라는 점에서, 헌법과 관련한 개인의 견해는 한 개인의 고립된 시각일 수 없다. 예컨대 이승만의 대통령제는 제헌의원들 사이에서 폭넓게 인지, 수용되고 있었으며, 의원내각제는 유진오에게 있어서 '정치의 안정'과 '독재방지'를 의미했지만, 한민당에게도 이승만의 권력을 제약할 수 있는, 나아가 상징적인 권력 정도로

---

4) 정부형태 변경에 관한 법학 분야의 선행연구에서는 당시 국회의장이었던 '이승만의 압력'을 가장 큰 이유로 든다. 예컨대, 김철수는 "〔헌법〕기초위원회 토의과정에서 이 박사의 강요에 따라 i) 단원제 국회, ii) 대통령중심제로 변경되었고, iii) 헌법위원회제를 채택하기에 이르렀다"고 하였으며, "제헌헌법이 대통령중심제를 채택하게 된 것은 미국에서 생활했던 이승만의 고집 때문"이라고 주장하였다(김철수 1992, 59, 75면). 김영수의 연구에서는 "그〔유진오〕의 노력에도 불구하고 의원내각제 구상은 당시의 국회의장이고 부동의 대통령 후보였던 이승만 박사의 완강한 반대에 부딪혀 결국 헌법기초위원회에 의해 대통령제로 선회되었다"고 기술하였다(김영수 2000, 409~11면). 허영은 "헌법기초위원회의 토의과정에서 단원제 국회의 대통령제를 강력히 주장하고 나선 이승만 국회의장과 그 동조세력들 때문에 타협과 절충이 불가피했다"고 기술하였다(허영 2002, 99면).
5) 이영록은 다음과 같이 주장하였다. "유진오〔는〕(…) 내각책임제를 고수하기 위하여 필사의 노력을 기울이지만, 이미 정파간의 타협이 이루어〔졌고〕(…) 이승만의 설득과 압력에 굴복하여 하룻밤 사이에 대통령제 헌법안으로 뒤바뀌고 만다"(이영록 2006b, 143면). "건국헌법은 가장 중요한 점에서 유진오 자신의 학문적 소신과는 다른 것으로 되고 말았다"(이영록 2006b, 150면). 이영록은 이와 같은 논의의 연장선에서 권력담당자의 헌법 수정은 "불행한 헌정의 시작"이며, 유진오 견해와 동일하게 "후일 대한민국 헌법이 결정적으로 대통령제로 넘어가고 대통령의 전제독주의 길이 환하게 뚫려진 것"이라고 평가했다(이영록 2006b, 149면). 이러한 입장은 김철수의 선행연구에서도 나타난다(김철수 1995, 107, 114면).

축소시킬 수 있는 방안이었다.

이 장에서는 이상의 연구경향을 보완하기 위해 신생독립국가의 국가체제 구성의 문제를 권력투쟁과 더불어 한 정치체를 구성하기 위한 정치적 견해들의 치열한 경합과정이라는 관점에서 연구하고자 한다. 이 과정에서 특히 가장 핵심적이라고 생각되는 정부형태에 관한 제헌국회의 논쟁을 검토하고자 한다.[6]

이를 위해 이용한 1차자료는 『대한민국국회 제1회 속기록』이다. 이 자료는 헌법논쟁을 고찰하는 데 매우 유용하다(김홍우 1997, 2~3면).[7] 그밖에는 정부 수립 직후의 기록문서가 많이 남아 있지 않아서 관보(官報), 신문, 관련자들의 회고록 등이 현재 확인할 수 있는 중요 자료들이다.

이 장에서 다루는 주요 내용을 살펴보면 첫째, 5·10선거 이후에도 지속

---

6) 1997년에 이미 한국헌법사 연구에 대한 비판을 제기한 김홍우는 다음과 같이 말하였다. "한국헌법사는 1889년에 제정된 한국 최초의 성문헌법인 〈대한국국제〉로부터 시작하여 1980년 〈제5공화국 헌법〉에 이르는 1세기 이상의 장구한 한국헌정사를 다루면서도, 헌법 제정이나 개정에 관련된 주요 당사자들 간의 논쟁에 대해서는 거의 언급하지 않고 있다. (…) 이 글이 행정부 중심의 헌정사 연구에 특히 비판적인 이유는 이런 연구가 일반적으로 행정부 수장의 독주나 그의 국회경시의 태도를 지나치게 과장하는 반면 실제 국회 내에서 이루어지는 논의의 과정들을 도외시함으로써 결과적으로 한국헌정사의 이해를 왜곡, 굴절시켰다는 데 있다"(김홍우 2007, 927면). 현재 대부분의 한국헌법사 또는 〈한국헌법〉 관련 문헌은 헌법 제정 또는 개정의 논쟁과정을 기술하고 있지만, 그 기술은 대체로 논쟁의 의미 분석보다는 논쟁과정의 내용과 결과를 확인하는 차원에서 다루어지고 있다.

7) 김홍우에 따르면 속기록은 "상호주관적으로 열려 있는 정치적 문서"로서 다음과 같은 점에서 중요하다. "(1) 한국정치에 관한 자료 중 특히 당시의 정치적 현실에 관해 정치가 자신의 견해를 보여주는 자료로서, 국회속기록만큼 잘 보존된 자료가 많지 않다. (2) 국회속기록에 나타난 논의를 검토하는 것만큼 한국정치의 현실을 생생하게 보여줄 수 있는 방법이 현재로서는 찾아보기 어렵다. (3) 정치를 정치의 '밖'이 아닌 정치의 '안'에서 바라봄으로써, 정부형태에 관한 전문가들의 이론적 시각으로부터 정치인들의 실천적 관점을 부각시키고, 현실정치로부터 유리될 위험성에서 결코 자유롭지 않은 한국정치학의 한계를 극복하기 위한 대안을 제시할 수 있다"(김홍우 2007, 930면).

된 남한 단독정부 수립방안과 남북협상 방안 간의 갈등을 살펴보고, 5·10선거에 관한 각 정파의 평가를 고찰한다. 둘째, 헌법기초 전형위원과 기초위원 선정과정을 살펴본다. 헌법 제정과정에서 제헌의원들은 가장 먼저 헌법기초위원 선정의 어려움에 직면했다. 그것은 '헌법기초대표 선정이 어떠한 원리에 기반해야 하는가'라는 점 때문이었다. 그들은 도(道)를 기준하여 대표를 선정하였는데, 이 글에서는 그것의 정치적 의미를 고찰하였다. 셋째, 헌법 초안의 기초와 수정 과정을, 정부형태를 둘러싸고 벌어진 이승만과 한민당의 갈등을 중심으로 제도적 측면과 권력정치적 측면에서 분석한다. 의원내각제 헌법 원안의 수정은 이승만과 한민당이 각기 유리한 제도를 선정하기 위한 대결과정에서 이루어졌다. 즉 본회의에 상정된 대통령제 헌법 초안은 이승만의 압력에 대응하여, 한민당의 핵심 그룹의 주도로 확정된 것이었다. 이는 헌법 제정이 얼마나 헌법 제정세력의 치열한 현실적 이해관계의 산물이었는지를 보여준다.

2. 5·10선거와 제헌국회

1948년 5월 10일 제헌국회 구성을 위한 최초의 선거가 치러졌다. 신생국가의 수립을 위한 선거는 "전국민의 총의를 집합하고, 민족의 자결권을 실제 행사하고, 그 인민이 좋아하는 정부형태를 스스로 선택하는 정치적 운동"이어야 했다(최익한 1948, 12~13면; 심지연 1991, 404면). 이것이 전제되지 않으면 완전한 의미의 민주독립국가가 실현될 수 없기 때문이다. 그러나 5·10선거는 제한적 의미의 선거였다. 왜냐하면 최소한의 구성원의 의사만이 반영되고, 체제 선택의 기회가 협소화된 가운데 유엔 감시하에 이뤄졌기 때문이다. 그럼에도 불구하고 5·10선거는 해방 이후부터 전개된 대한민국임시정부 승인, 미소공동위원회 협의, 좌우합작, 그리고 남북협상에 이르는 일련의 건국방안들 중 현실화된 유일한 대안이었으며, 국민이 직접 참여하여 국회를 구성할 대표를 민주적인 선거절차에 의해 선출한 역사상 최초의 선거였다.[8]

1) 5·10 선거 이후의 독립정부 수립방안에 관한 논쟁

5·10선거를 통해 198명의 대표를 선출한 후에도 독립정부 수립의 전망은 여전히 모호했다. 선거가 실시된 이후에도 국내 정치세력들은 여전히 건국에 대한 상이한 전략과 입장을 고수하고 있었기 때문이다. 이 절에서는 5·10선거 이후에도 지속하여 제기된 남한 단독정부 수립방안과 남북협상 방안을 살펴보고자 한다. 전자는 이미 선출된 남한의 대표를 중심으로 국회를 구성하고 그것에 기초하여 단독정부를 구성하자는 입장이었다. 반면에 후자는 남북협상에 참여한 세력을 중심으로 남북한 대표기구를 먼저 구성하여 점차로 통일정부를 수립하자는 방안이었다. 결국 제헌국회는 이러한 양 노선이 대립하는 가운데 구성되었다.

제3장에서 살펴본 바와 같이, 1946년과 1947년의 미소공동위원회가 결렬되자 미국은 한국문제를 유엔에 상정하였고, 유엔은 가능한 지역에서 선거를 실시하기로 결정하였다. 유엔의 이러한 결정에 대해 이승만의 고문이었던 올리버는 다음과 같이 말하였다.

시간과 공간에 의하여 현장에서 편히 벗어나 한 세대 뒤에 당시 환경을 적는 역사가는 국제연합이 미·소간에 야기된 문제를 타개하여 남한에 자주적

---

8) 유진산은 5·10선거에 관해 다음과 같이 논평하였다. "비록 당시의 우리들 수준을 고려해서 소위 작대기 기호에 의한 후보자 선택을 한 선거라 할지라도 만 20세 이상의 남녀 동포가 모두 한 표씩 자신의 권리를 행사할 수 있었던 것은 피와 땀 흘려 싸워 승리한 독립노선의 명예로운 결과인 것이다"(유진산 1972, 40면).

이고 독립된 정부를 수립하였노라고 당시에 일어난 사건을 쉽게 요약할런지 모른다. 마치 '결국 수술은 성공적이었습니다'하고 말하는 의료보고서 같은 것이다. 현장에 참여하고 있었던 우리들에게는 분명한 것이 하나도 없었고, 피하고 넘어야 할 많은 위험이 도사리고 있었다. (로버트 올리버 1990, 173면)

그는 현장의 역사가 지니고 있는 모호함과 개연성, 그리고 그로 인한 선택의 어려움을 지적하고 있다. 올리버의 지적처럼, 해방 이후부터 정부수립까지의 역사는 쉽게 요약될 수 없는 것이었다. 해방 이후 갖가지 시행착오를 거친 뒤 비로소 우파세력은 남한 단독으로라도 선거를 치르지 않고서는 결코 정부를 수립할 수 없다는 인식에 이르렀다. 김준연 의원(한민당)은 제헌국회 제21차 회의[9]에서 그 점을 다음과 같이 발언하고 있다.

우리는 남북을 통한 총선거가 되지 않았습니다. 그래서 남쪽만 총선거하는 데에 대해서는 우리 마음이 많이 아팠습니다. 그러나 이 국제정세를 살펴보고 국내형편을 생각해볼 때에, 우리가 가능한 지역만이라도 조선 인구의 2/3를 점령하고 있는 남쪽만이라도 총선거를 실시해가지고 우리 정부를 수립하지 않으면 안 될, 그러한 급박의 사정에 처해 있었습니다. 재작년 5월 11일 서울운동장에서 독립전취대회가 열렸을 때, 어느 분이 말하기를 (…) 우리 정부가 혹 제주도에 가서 수립되었더라도 그것은 조선정부다 하는 분이 있었습니다. (…) 우리 정부를 무제한하고 지연해나갈 수가 없는 이 형편[이었습니다.] (…) 작년 11월 4일에 유엔총회에서 43 대 0으로 세계 민주주의 제 국가가 우리 한민족을 동정하는 열국의 의사인 줄 생각합니다. (국회사무처 1948(제21호), 27면)

---

9) 1948년 6월 30일 제헌국회 제21차 회의에 유엔한국임시위원단이 참석하였는데, 미겔 바예(Miguel A. P. Valle) 위원장이 5·10선거에 관해 연설하였다. 또한 이날은 헌법안 제1독회가 종료되는 날이었다(국회사무처 1948(제21호), 25면).

이상에서 김준연 의원은 국내외 정세로 인해 남한 단독선거가 불가피했음을 역설하였다. 즉 5·10선거 지지자들은 당시의 정세가 정부 수립을 '무제한으로 지연할 수 없을 만큼 급박한 사정'에 처했다고 인식하고 있었다. 선거란 경쟁하는 정치세력들간의 권력분점 비율을 규정하는 기준이다. 특히 새로운 국가 건설이라는 권력의 기원에 관한 합의가 부재한 상황에서는 선거의 필요성 및 그 결과의 중요성은 두말할 나위 없을 것이다. 우파는 "이 총선거야말로 조선을 정통적으로 대표할 주권국가를 구성할 비상적 정치 조치"라고 성명하였다.[10] 이승만은 남한 총선거만이 "국권회복의 길"이며(『경향신문』 1948.5.8) "한·미 양국의 입장을 강화시킬 정부를 수립할 수 있다"고 주장하였다(로버트 올리버 1990, 239면). 한민당의 김성수 또한 "총선거는 안으로는 국론을 통일해서 우리의 진정한 정부를 세우고, 밖으로는 국제적 지지를 받아서 그것이 우리의 중앙정부로 승인되게 할 역사상 처음 있는 중대한 일"이라고 주장하였다(『동아일보』 1948.4.6; 인촌기념회 1976, 541면).

반면에 공산주의세력은 제주도 등 국지적으로 선거 반대투쟁을 전개하였다(『조선일보』 1948.5.23). 특히 5·10선거 전날에는 "단선단정 반대 총파업"을 선언하였다. 그들은 "국제연합위원단의 철수, 외국군대 즉시 철퇴, 남조선 미군정을 즉시 폐지하는 동시에 북조선과 같이 정권을 인민위원회에 넘길 것"을 주장하였다(『조선일보』 1948.5.9). 또한 김구와 김규식 등은 "강토와 민족을 영구분단하는 반쪽 정부를 반대한다"고 성명하였다. 이들은 "미소 양군 철퇴 후, 남북지도자회의를 연후에 전국적 총선거를 실시할 것"을 주장하였다(『조선일보』 1948.5.7).[11]

10) 남조선과도정부정무회의 남북정당단체 공동성명에 대한 반박성명(『동아일보』 1948.5.8) 참조.
11) 1948년 1월 26일에 이미 김구는 유엔한국임시위원단에게 정부 수립에 관한 의견서를

'유엔 감시 아래 치러진 5·10선거', 『조선일보』(1948.5.10)

요컨대, 이승만, 김성수 등의 우파는 즉각적인 선거만이 남한 단독정부 수립을 가능하게 한다고 주장했다. 반면에 좌파는 외국군대 철수, 단독선거 반대, 인민위원회 구성을, 그리고 김구·김규식 등은 미소 양군 철수, 단독선거 반대, 남북한 정치기구 조직 등을 주장하였다.

유엔 감시하의 총선거는 선거가 가능한 지역인 남한에서만 실시되었다.[12] 좌파는 극단적인 저지투쟁을 전개하였고, 김구, 김규식 등은 '선거불

보낸 바 있다. 그는 의견서에서 다음과 같이 주장하였다. "5. 미소 양군은 즉시 철퇴하되 소위 진공상태로 인한 기간의 치안 책임은 유엔에서 일시 부담하기를 요구한다. (…) 6. 남북한인 지도자의 소집을 요구함. 한국문제는 한인이 해결할 것이다. (…) 우리는 미소 양군이 철퇴하는 대로 즉시 평화로운 국면 위에 남북지도자회의를 소집하여 조국의 완전독립과 민족의 영원 해방의 목적을 관철하기 위하여 공동노력할 수 있는 방안을 작성하는 것이다"(『서울신문』 1948.1.28; 백범사상연구소 1973, 164~66면).

12) 선거에 즈음하여 과도정부, 경찰 등 기타 기관의 선거에 대한 대비는 다음과 같다. 수도경찰청장(장택상)이 총선거 경비태세에 대하여 포고 발표 및 비상경비사령부 신설(1948.5.7), 남조선 미군정당국이 미군에 특별경계령 발동(5.8), 서울검찰청(엄항섭)에서 선거사범 처벌에 관한 담화 발표(5.8) 등으로 대처하였다(국사편찬위원회 1974, 42~56면 참조).

참 노선'을 견지했다. 당시 서울 UP통신 특파원 제임스 로퍼는 5·10선거를 다음과 같이 논평하였다.

　　공산주의자의 맹렬한 테러전은 남조선 미군 점령지대에 죽음의 공포를 전파하였으나 조선역사상 최초의 선거를 막지는 못하였다. 사망자 수는 시시각각으로 증가되었으나 수백만 투표인들은 엄연히 투표장에 모여들어서 놀라울 만치 안이하게 투표하고 집에 돌아가서, 미소 양국이 이 불행한 나라에서 대국 투쟁을 개시한 이래로 가장 긴장한 하루를 불안하게 앉아서 보냈다. 미군이 5월 7일 이래로 접수한 보고에 의하면 사망자 78명, 부상자 수10명, 그리고 수백명이 구타를 당하였다.[13] 이상 사망자의 대부분은 공산주의자의 습격, 암살로 희생된 것인데, 그러나 어떠한 행동도 투표자를 구축하지는 못하였다. 투표인들은 투표장이 개시되었을 때 열을 지어 있었으며, 중앙선거위원회는 서울에서 오후 3시까지 등록한 투표인 85%가 투표하였다고 발표하였다. (…) 중앙선거위원회에서는 800만 등록자 중 최소 80%가 투표할 것이라고 말하였다. 서울에서는 공산주의자가 실제로 활동하지는 못하였다. 수천명의 경관과 특임된 민간인들이 미국 군경의 지원하에 각 주요 도로를 방어하였으며 각 골목 입구에는 경비대가 배치되었다. (…) 공산주의자들은 건물 또는 투표장에 폭탄을 던지고 방화를 하였으나 선거는 계속되었다. 그러나 제주도에서는 소요가 계속되어 다수지구에 투표용지가 오지 않았으며 선거 역원(役員)의 반수가 도망하였다. 주말(5.10)에 선거관계 사망자 수는 93명, 부상자는 62명, 피검자는 233명에 달하였다. 경찰은 서울 북악산에 200명의 공산주의자가 집합한 것을 해산시키고 54명을 체포하였다고 발표하였다. 선거일은 휴일이었으나 분위기는 계엄령하의 도시

---

13) 국회의원 후보 등록이 시작된 3월 20일에서 선거일인 5월 10일 사이에 348건의 정부 건물이 소화되거나 파괴되었고, 후보자와 유세자, 정부관리와 그 가족을 포함하여 147명의 우익계 인사들이 살해되었으며, 그외 600여명이 부상을 입었다(한승주 1981, 38면).

와 같았다. (『동아일보』 1948.5.12)

그는 이 보도에서 "수백만 투표인들"이 "미소 양국이 (…) 투쟁을 개시한 이래로 가장 긴장한 하루를 불안하게 앉아서 보냈다"고 논평하였다. 즉 당시의 정치적 상황에서는 선거 결과를 단정할 수 없었던 것이다. 만일 선거가 무산되거나 치명적인 파행에 의해 치러진다면, 남한만의 정부 수립의 정치적 정당성은 결정적으로 훼손될 것이었다. 그는 그러면서도 "놀라울 만치 안이하게 투표하"는 선거민의 태도를 지적하였다. 그러나 하지가 언급한 대로 5·10선거는 "한국의 운명이 한국인의 손에 맡겨진" 최초의 의식(儀式)이었다(로버트 올리버 1990, 235면).

한편 5·10선거 추진세력과는 별도로 김구, 김규식 등은 남북협상을 진행하고 있었다. 선거 후 5월 13일에 이들은 유엔한국임시위원단과 회견하였는데, 이 회견에서 김구는 "평양에서 열린 정치회담이 이미 남북통일의 기초를 다진 것"이라고 주장하였다. 또한 그는 이 회담에서 "남북한의 정당·사회단체가 공동서명을 하였으며, 틀림없이 그대로 계획을 추진하기로 약속을 했다"고 밝혔다(『조선일보』 1948.5.15; 로버트 올리버 1990, 234면). 김구는 이날 유엔한국임시위원단과의 회견에서 남북한 통일정부 수립이 가능하다는 자신감을 표명하였던 것이다.

김구 등이 구상한 건국방안은 이미 4월 30일에 발표된 「남북조선 제(諸)정당·사회단체 공동성명서」에 잘 나타나 있다.[14] 4개항의 합의문 중 제3항

---

14) 1948년 4월 27일에는 김구, 김규식, 조소앙, 조완구, 홍명희, 김명준, 이극로, 엄항섭, 허헌, 박헌영, 김일성, 김두봉, 최용건, 주영하 등 15인이 회담하였다. 30일에는 김구, 김규식, 김두봉, 김일성의 회담이 있었다. 이 자리에서 김구는 남북한을 통하여 어떠한 단독정부도 수립해서는 안 된다는 원칙을 상호 확인할 것과 연백평야에의 송수문제와 남한에 대한 송전문제, 조만식을 서울로 동행하겠다는 것과 만주 여순(旅順)에 있는 안중근 의사 유해 봉환문제를 제안하였다고 한다. 30일 저녁에는 남북 정당·사회단체 지도자협의회를 열고 공동성명을 채택하였다(백범사상연구소 1973, 276면).

의 내용을 살펴보면 다음과 같다.

   3. 외국군대가 철거한 이후에 제 정당 사회단체들은 공동명의로 전조선 정치회의를 소집하여 조선인의 각계각층을 대표하는 민주주의 임시정부가 즉시 수립될 것이며, 국가와 일체 정권과 정치·경제·문화 생활의 일체 책임을 지게 될 것이다. 이 정부는 그 첫 과업으로 일반적·직접적·평등적 비밀투표에 의하여 통일조선 입법기관 선거를 실시할 것이며, 선거된 입법기관은 조선헌법을 제정하며 통일적 민주정부를 수립할 것이다. (『동아일보』 1948.5.3; 백범사상연구소 1973, 277면)

남북협상파가 제시한 정부 수립방안은 외국군 철수, 전조선 정치회의 소집, 임시정부 구성, 선거 실시, 조선 입법기관 구성, 조선헌법 제정, 통일민주정부 수립으로 집약된다. 이 건국방안의 특징은 첫째, 세번에 걸쳐 대표를 선정해야 한다는 점이다. 즉 전조선 정치회의 대표, 임시정부의 대표, 그리고 입법기관의 대표가 그것이다. 둘째, 자유민주주의냐 공산주의냐 하는 체제 선택에 관한 입장이 유보되고 있다는 점이다. 셋째, 단정옹호자들과 마찬가지로, 헌법 제정은 입법기관 구성 이후의 과제였다.

그러나 이승만의 생각은 달랐다. 5월 14일에 이승만 또한 유엔한국임시위원단과 회견하였다. 그는 다음과 같이 말하였다.

   남북통일을 해야 할 것이니 요인 회담이 중요하지 않느냐 하기에 나는 가능여부가 문제이다. 좋은 계획이지만 실행 못할 때에는 시간 낭비에 불과한 것이라고 말하였다. 남북통일은 남한지도자들이 불긍해서 못한 것이 아니오 북한지도자들이 반대하는 것도 아니오 미국이나 국련이 다 요구하는 것이지마는 세력으로 막는 것이 있어서 다 막히고 마는 것이라고 하였다. 남북요인회담이 북한을 개방해서 자유로운 분위기에서 투표할 가능성이 있다면 달리 생각할 여지도 있을지 모르나 아직 그렇게까지는 발전하지 못하였으므로 기정 순서대로 중앙정부를 수립하고 그후에 정부대표자들이 북한대표자들과 회담하면 그것은 남북회담이라고 할 수 있을 것이다.[15]

그는 남북요인회담을 통해서 통일정부를 수립하려는 남북협상파의 시도는 "시간낭비에 불과한 것"이라고 비판했다. 모든 정치집단이 공개적으로 찬성하고 있었지만 실제적인 문제는 '대표' 선출이었던 것이다. 이승만은 특히 남북협상세력이 남한대표가 된다는 점에 동의할 수 없었다.[16] 그는 이날 회담에서 "남한 대표는 신정부를 대표하는 사람이라야 옳다"고 주장하였다. 이승만에 의하면, 통일정부 수립은 '북한을 선거에 개방하는 것'과 '국제정세에 의해 좌우될 문제'였다(『경향신문』 1948.5.27). 김성수 또한 "남북통일의 유일한 방법은 소련이 이데올로기를 포기하고 북조선을 선거에 개방하는 데서만 실현할 수 있다"는 입장을 취했다(『동아일보』 1948.5.16).

요컨대, 이승만과 김구는 5·10선거 직후에 가진 유엔한국임시위원단과의 회견에서도 서로 상이한 독립정부 구성방안을 제시하였던 것이다. 김구는 남북협상파가 주축이 되어 남북한 정치회의를 소집하여 임시정부를 구성하자고 주장하였다. 그리고 그 임시정부가 선거를 실시하여 국회를 구성하고, 통일민주정부 수립의 절차를 밟자고 주장하였다. 김구의 이러한 주장은 "남북분단의 비극을 막기 위해, 우선 어떤 형태로든 통일임시정

---

15) 5월 14일 유엔한국임시위원단과 이승만, 김성수의 회견내용 참조(『동아일보』 1948.5.16).

16) 1948. 4. 27일 기자회견에서 이승만은 다음과 같이 말하였다. "남한에서 김구, 김규식 씨를 비롯한 정부요인들이 북행하였으나 그들은 결코 남한의 대표자가 될 수 없습니다. 남북요인회담의 대표는 총선기로 수립된 정부대표로써 구성하는 데서만 남한을 대표할 수 있는 것이요, 또한 38선 문제를 해결할 수 있는 것입니다"(『동아일보』 1948.4.28; 손세일 1979, 311면).

부를 수립하고 민주주의냐 또는 공산주의냐 하는 이데올로기의 선택은 민의에 맡기거나 또는 민주진영과 공산진영의 연립정부를 수립하자는 것"으로 해석된다(허정 1979, 135~36면). 그러나 당시 정치상황에서 체제에 대한 합의 없이도 국가 구성이 가능했을 것인가?

반면에 이승만은 5·10선거를 이미 치렀고 대표가 선출되었으므로 이들을 토대로 정부를 구성하고, 그 정부의 대표가 주축이 되어 남북회담에 참여해야 한다고 주장하였다. 물론 그가 수립하고자 한 독립정부는 김구의 주장과는 달리 공산주의를 배제한 자유민주주의 정부였다. 이승만에 의하면, 공산주의와의 협력은 곧 공산주의자들에 대한 민주진영의 무조건 항복을 의미하는 것이었기 때문이다.

2) 5·10선거의 대표성에 관한 의견대립

한편 1948년 5월 23일 유엔한국임시위원단은 5·10선거 결과에 관한 공보 59호를 발표하였다.

금번 선거는 조선의 남북을 포함치 않았으며 현재 정당 및 단체의 대부분을 포함치 않았다는 의미에서 전국적인 선거는 아니라는 것을 알고 있다. 조위(유엔조선임시위원단)의 전대표는 조선문제에 관해서 언제나 만장일치였지만 금번 선거에 있어서는 그들간에 어떠한 의견의 상이가 있다. 대표들 중에는 금번 선거의 결과가 조선문제의 해결에 공헌하리라는 것을 의심치 않는다 하더라도 그들은 남조선에 있어서의 선거를 전국적인 것으로 인정하기를 원치 않는다. 그들은 금번 선거를 '결정적으로 우익의 선거'라고 부르고자 한다. 조위의 다른 대표들은 조위의 업적에 대하여 완전히 만족하지는 않으나 금번 선거는 조선의 통일과 주권을 향한 일보의 진전이 될 것이라고 생각하는 경향이 있다. 그들은 확실히 금번 선거를 우익의 선거라고 부르기를 싫어하며 그렇다 하더라도 비우익분자 또는 반대하는 인민 수효는 극소수라고 그들은 믿는다. (『경향신문』 1948.5.23)

유엔한국임시위원단 시리아 대표 무기르(Yushin Mughir)의 이 논평에 대해 위원단은 후에 공식적인 입장이 아니라는 성명을 발표했다. 이것은 상반된 두 시각을 잘 보여준다. 즉 5·10선거가 '남한 전체의 대표를 선출했다'는 주장과, 이와는 달리 '우익의 대표만을 선출했다'는 주장이 그것이다. 요컨대 5·10선거가 '전체'를 대표했는가 아니면 '부분'만을 대표했는가가 쟁점이 되었던 것이다. 또한 선거 불참세력인 민주독립당은 5·10선거가 "공포와 불안에 떨면서 (진행된) 강제투표였으므로 당연히 무효"이며, "이 선거를 토대로 조직되는 단정은 우리 민족이 인정하지 않을 것"이라고 주장하였다(『조선일보』 1948.5.16).[17] 즉 5·10선거가 '자유선거'가 아닌 '강제선거'였으며, 따라서 여기에 기반한 정부를 인정할 수 없다는 것이다.

반면에 선거에서 당선된 허정 의원은 5·10선거에 대해서 다음과 같이 평가하였다.

5·10선거에 대해 많은 논란이 있는 것으로 알고 있다. 물론 우리나라 역사상 최초의 선거였으므로 제도상·운영상의 미비점도 많았지만, 당시의 혼란한 정치적 상황을 고려한다면, 국제연합한국위원회(유엔조선임시위원단의 후

---

17) 또한 선거를 거부했던 근로인민당은 다음과 같이 선거무효를 주장하였다. "조국 분열과 식민지화를 기도하는 5월 10일 단독선거는 애국인민의 의사를 유린하고 시행되었다. 이 투표는 무장한 경찰과 향보단, 친일역도 및 그 주구들에 의하여 감시되어 투표장은 공포분위기였으며, 투표장에 들어가는 인민들은 검색을 당하였고 비밀기표장도 엄중히 감시당하였다. (…) 이러한 투표를 아무리 국제적으로 합리화하고 유엔조선위원단이 증명하여도 이 투표에 있어서 모든 기만과 잔인한 행위는 머지않아 인민의 앞에 폭로될 것이며 심판받을 것이다"(『조선중앙일보』 1948.5.12; 심지연 1991, 406면 재인용).

신)의 '선거는 대체로 자유 분위기 속에서 실시되었다'는 결론은 타당했다고 나는 생각한다. 좌익계의 난동에 대비하여 경찰이 향보단(鄕保團)을 조직하여 삼엄한 경계를 하고 좌익계열에 간섭을 한 것은 사실이었으나, 그것은 자유로운 선거 분위기를 위해 불가피한 일이었고, 요즘 말하는 부정투표, 부정개표, 유권자 매수 등 타락상은 없었다. 좌익의 위협을 받으며 아무런 경험이 없이 치른 선거라는 점을 고려한다면, 완벽하지는 못했지만 무난한 자유 선거였다. (허정 1979, 149면)

즉 그는 5·10선거가 제도상·운영상의 미비점이 많았지만, '좌익의 위협' 등 혼란한 정치상황을 고려하면 경찰 등의 조직적인 선거 간섭은 '자유로운 선거'를 위해 불가피했다고 주장하였다. 그는 또한 부정선거가 없었다는 점에서 공정한 선거로 평가하였다.

5·10선거 평가에 관한 이상의 찬반 대립과는 달리, 서재필의 선거 논평은 많은 시사점을 던져준다.

물론 남북이 통일된 선거로써 완전한 통일정부를 세우는 것은 누구나 다 희망하고 있다. 그러나 현실과 이상이 일치되지 않는 것을 어찌하랴. 우리가 남의 힘으로 해방된 탓으로 남북이 양단되었고, 그 동안 3년 동안이나 힘을 양성해 보았으나 조금도 큰 힘을 얻지 못하고 있다. 아마 동포가 자기네들끼리 싸우는 힘은 있어도 타국에 맞설 힘은 조금도 없는 것 같다. 그러므로 우리는 이번 선거에 의하여 힘을 모으는 것과 우선 남의 힘을 빌어 자립할 수 있는 길을 배워야 할 것이다. 남북회담과 같은 우리 민족의 손으로 완전독립을 찾자는 행동은 그 성과가 있고 없고를 불문하고 1년이나 2년을 두고 계속해도 조금도 해로울 것은 없는 것이다. (『조선일보』 1948.5.16)

그는 타력에 의한 해방, 그것으로 인한 분단의 귀결이 '남한만의 선거'

였음을 인정했다. 그러나 동시에 그는 3년 동안 통일정부 수립을 위한 힘을 양성할 기회가 있었는데도 그 힘을 파쟁에 쏟았다고 비판했다. 서재필이 말한 대로 해방 이후부터 5·10선거에 이르는 정치는 '주어진 한계 그 속에서 주체적 노력이 어떻게 가능한가'를 모색해야 했다. 또한 그는 이승만과는 달리, 남북협상파의 완전독립을 향한 노력 또한 무용한 것이 아님을 주장하였다.[18] 물론 그는 이것이 어떻게 양립할 수 있는지에 대해서는 구체적으로 말하지 않았다. 이에 대한 후대의 평가는 다음과 같이 말한다.

5·10 남한단선은 더이상의 국제적 해결방안이 부재하고, 우리 민족 내부에서도 의견통일이 이루어지지 않는 가운데 격화되어가는 미소냉전의 결과물이었다. 남북총선이라는 처음의 목표는 좌익을 제외한 남한의 대부분의 정치세력이 동의한 합리적 핵심을 지니고 있었다. 그러나 남북총선이 남한단선으로 귀결되자 남한에서는 의견이 양분되었다. 하나는 단선실행이고 또하나는 남북협상이었다. 그러나 남북협상은 너무 늦은 것이었다. 왜냐하면 우리 민족은 이미 외세의 원심력에 의해 민족통합의 구심력을 상실하고 있었기 때문이다. 또한 남북협상은 김구, 김규식의 민족주의적 바람과 달리 북에 의해 정략적으로 이용되었으며, 남북협상으로 냉전의 벽을 무너뜨리기엔 남쪽 협상주체의 정치적 기반이 너무 약했다. (황수익 1995, 331~32면)

한편 선거의 결과를 살펴보면 다음과 같다.[19] 국회의 정원 200명(198명

---

18) 그는 선거를 치른 후에도 남북통일운동이 "원칙적으로 옳다"는 입장을 표명했다(『조선일보』 1948.5.30).
19) 유엔한국임시위원단의 통계에 의하면 5·10선거의 투표율은 다음과 같다. "공식적으로는 좌익계와 남북협상파가 불참하였고, 제주도가 제외된 가운데, 유권자의 79%가 등록하였고, 1만 3천개의 투표소에서 95.2%(총유권자 대비 투표율은 71.6%)가 투표에 참가하였다"(황수익 1995, 323~24면).

선출)에 대한 후보의 수는 948명으로 경쟁률은 약 5 대 1이었고 후보들의 최대 다수는 무소속으로 구성되어 있었다(총 948명 중에서 417명). 20개 이상의 정치집단이 후보를 냈는데 이 중 단지 4개 정치집단이 10명 이상의 후보를 내었다(중앙선거관리위원회 1973, 613~14면).[20]

선거결과 정치집단의 구성을 살펴보면, 무소속이 85석(42.5%), 독촉이 55석(27.5%), 한민당이 29석(14.5%), 대동청년당이 12석(6%)으로 이루어 졌다(국회사무처 1986, 21면). 그러나 이후의 연구자들이 조사한 바로는 대체로 한민당 65~70석(33~35%), 독촉 60~65석(30~33%), 무소속 55~60석(23~30%) 정도로 세력을 형성하였다.[21] 이와 같은 선거세력 분포는 헌법기초위원회의 헌법기초위원 선정과정에서 다시 기술하기로 한다.

---

20) 후보 공천 자체는 정당에 의한 어떠한 통제나 규제도 받지 않은 상태에서 후보 자신의 경선의지에 의해 결정되었다. 공천과정에서 정당통제의 부재는 이후의 의정행태, 특히 의원들의 응집성이라는 측면에 결정적인 영향을 미쳤다. 의원들은 공천과정에서 비롯되는 정당의 규제와 제약으로부터 자유로운 상태에서 의회 내에서 자신의 의사를 결정하였다(백영철 1995, 117면).

21) 제헌국회의 정파별 구성은 당선 당시의 소속정파를 기준으로 하기보다 의정활동과정에서 나타난 성향과 이후 원내구락부 및 원내교섭단체 가입 등을 고려하여 판단하여야 한다. 당시 중앙선거위원회는 당선자 200명의 정당·단체별 소속 분포를 한민당 76명, 독촉 61명, 한독당 17명, 대동청년당 16명, 조선민족청년단 10명 등으로 추산하였다(G-2 W/S, no. 141, 5면). 그리고 김영상은 제1차 부의장 선거에서 신익희(독촉)와 김동원(한민당)이 각각 획득한 득표수를 기준으로 독촉계 76명, 한민당계 69명, 이들을 제외한 63명을 제3세력으로 분류하였다(김영상 1949, 3면). 한편 김일영은 국회 부의장 선거에서 한민당 김동원이 획득한 69표, 정부조직법안 심의과정에서 한민당이 제안한 치안부 독립안에 대한 지지자 80명 등을 근거로 하여 한민당의 원내세력을 65~70석으로 추산한다. 또한 6월 13일 무소속구락부 결성시 참석의원 53명, 7월 20일의 부통령 선거에서 김구가 획득한 60여표 등을 근거로 하여 무소속세력을 약 50명 정도로 추산한다. 한편 부통령 선거에서 이시영이 얻은 표수(1차 113표, 2차 133표)를 근거로 독촉과 한민당을 합한 세력의 규모를 파악하고 있는데, 독촉은 약 55~60명으로 추산한다(김일영 1995, 5면).

3. 헌법기초 전형위원 및 기초위원 선정:
'대표'의 원리에 대한 논쟁

다음은 헌법 제정과정 중 헌법기초위원 선정과정을 살펴보고자 한다. 헌법 제정과 정부수립 과정은 다음과 같이 그림으로 나타낼 수 있다.

〈그림 5-1〉 헌법 제정과 정부수립 과정

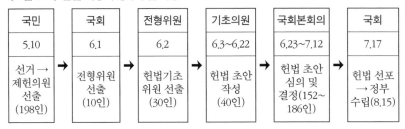

국민	국회	전형위원	기초의원	국회본회의	국회
5.10	6.1	6.2	6.3~6.22	6.23~7.12	7.17
선거→ 제헌의원 선출 (198인)	전형위원 선출 (10인)	헌법기초 위원 선출 (30인)	헌법 초안 작성 (40인)	헌법 초안 심의 및 결정(152~ 186인)	헌법 선포 → 정부 수립(8.15)

이 일련의 과정은 질서정연해 보인다. 그러나 실제로 하나하나의 과정은 모두 정치적 투쟁과 의견대립으로 점철된 과정이었으며, 각각의 과정에서 모두 분열과 통합의 기로에 직면했다. 가장 중요한 분기점은 헌법기초위원회의 '헌법 초안 작성'과정이었다고 볼 수 있다. 이 과정에서 한민당과 이승만이 정면 대결했으며, 마지막 순간에는 정치적 파국에 직면하기도 했다.

이 연구에서는 이 중 세 과정 '전형위원 선출→헌법기초위원 선출→헌법 초안 작성'을 '전형위원 선출→헌법기초위원 선출'과 '헌법 초안 작성'으로 나누어 검토하고자 한다.

제헌국회 개원식(1948.5.31).

1) 헌법기초 전형위원의 선정

1948년 5월 31일 제헌국회가 개원하였다. 이 국회의 임무는 헌법을 제정하고, 그에 의해 대한민국정부를 구성하는 것이었다. 이날 제1차 회의에서는 국회임시준칙[22]에 따라, 임시의장단으로 국회의장 이승만(독촉), 부의장 신익희(독촉) 및 김동원(한민당)을 선출했다. 다음으로 헌법 초안을 작성하기 위해 헌법기초위원을 선정하고자 하였는데 그 선정방법은 임시준칙 제8항의 "의원 열 분을 선출하여 일임케 할 것"이라는 규정을 따랐다(국회사무처 1948(제3호), 31면). 즉 헌법기초위원을 선정하기 위한 전형위원 10인을 먼저 선출해야 했다.

---

22) 이 임시준칙은 국회 개원 전인 5월 27일에 진행된 국회의원 예비회의에서 제정된 것으로, 여기에 헌법 및 정부조직법 기초위원 인선에 대한 구상이 등장한다(중앙선거관리위원회 1968, 341면; 이영록 2002, 83면).

6월 1일 국회 제2차 회의에서 전형위원 선정원칙에 대해 두 가지 의견, 즉 '도별'(道別) 선정과 '인물별' 선정이 대립했다(국회사무처 1948(제2호), 10~22면). 첫째, 무소속 의원들은 전형위원이 국민들을 평균적으로 대표해야 한다고 보아, '각 도별로 대표를 뽑아야 전선적(全鮮的)으로 인물을 뽑을 수가 있다'고 주장했다. 둘째, 조헌영(한민당), 윤재욱(대동청년단) 등은 위원의 역량을 중시하여 '전지역의 유력한 인물을 선출하기 위해 10명을 연기(連記)하자'고 주장하였다.

이것은 무소속과 정당의 의견 차이였다. 전국적으로 유력한 인물들이 다수 포진해 있던 한민당으로서는 인물별 선출을 선호했을 것이다. 그러나 의원들은 특정 정당 및 단체의 대표여서는 안 된다는 점에 대체로 동의하였다. 이에 따라 정당 및 지역별 의석수는 고려되지 않았다. 이에 대해 조헌영 의원은 제주도 대표 1인과 경북·경남 대표 33인이 동일시되는 것은 민주주의 원칙에 맞지 않는다고 주장했지만, 설득력 있게 받아들여지지 못했다(국회사무처 1948(제2호), 10면). 최종적으로 남한 8도와 제주도, 서울시를 대표하는 10인을 선출하기로 결정하였다.

결국 도별로 이윤영(서울, 조선민주당), 신익희(경기, 독촉), 유홍렬(충북, 무소속), 이종린(충남, 무소속), 윤석구(전북, 무소속), 김장렬(전남, 무소속), 서상일(경북, 한민당), 허정(경남, 한민당), 최규옥(강원, 독촉), 오용국(제주, 무소속) 의원이 선임되었다. 그런데 정당의 영향력을 배제한다는 원칙에도 불구하고, 자세히 살펴보면 무소속, 한민당, 독촉 세력이 적절히 균형을 이루고 있으며, 특히 한민당에는 서상일과 허정, 독촉에는 신익희라는 영향력 있는 정치가가 포함되어 있음을 알 수 있다.

2) 헌법기초위원의 선정

이렇게 선출된 전형위원들은 6월 2일 제3차 회의에서 '헌법 및 정부조

직법 기초위원' 30명의 명단을 발표했다.[23]

〈표 5-1〉 헌법기초위원 정당별 분포

	한민당	한민당-독촉[1]	독촉	무소속	기타
의원명	김준연, 백관수, 이훈구(무소속), 서상일, 조헌영, 허정, 박해극(무소속), 이윤영(조선민주당)	김효석, 서성달	유성갑(단민당), 오석주, 윤석구(무소속), 신현확, 최규옥, 김익기, 정도영, 김상덕(민족통일본부), 김병회(무소속),[2] 이청천(대동청년단)	김옥주, 오용국, 이종린, 유홍렬, 연병호, 이강우, 구중회, 홍익표, 조봉암	김명인[3]
합	8	2	10	9	1

1. 한민당과 독촉에 모두 관련. 그러나 김성수와의 관계를 고려하여 한민당으로 분류 가능.[24]
2. 당시 신문에는 김경배(연백, 무소속). 3. 유진오 회고록에는 김광준(울진, 무소속).
* 대동청년단, 민족통일본부, 무소속 등 기타 단체로 출마한 의원들은 실제 활동을 참조해서 재분류함.
* 5·10선거 당적 기준으로는 한민당 7인, 독촉 5인, 무소속 14인, 기타 4인이다. 『조선일보』(1948.6.4)의 분류로는 한민당 5인, 독촉 9인, 무소속 14인, 기타 2인이다.

그런데 기초위원 선정에 관한 이윤영 의원의 보고에 따르면, 그 선정방식은 다음과 같다.

전형위원들은 이 전체 결의의 그 정신에 근본해서 제일 먼저는 각 지역을

---

23) 한편 헌법 및 정부조직법 전문위원으로는 유진오(고려대 교수, 한민당 발기인), 권승렬(사법부 차장, 한민당 발기인), 고병국(변호사), 임문환(중앙경제위원), 한근조(변호사, 전 사법부 차장), 노진설(대법관, 국회선거위원장), 노용호(국회선거위원회 사무국장), 차윤홍(국회선거위원회 사무국장), 김용근(국회선거위원회 사무국장), 윤길중(국회선거위원회 사무국장) 등을 선정하였다(국회사무처 1948(제3호), 27면; 국회사무처 1986, 8~18면; 심지연 1984, 156~201면).
24) 5·10선거시의 당적으로 보면 한민당계 기초위원은 서상일(위원장), 김준연, 백관수, 조헌영, 허정이다. 당시 김성수가 적극적으로 후원했던 이윤영(부위원장)과 김효석, 박해극, 서성달, 이훈구까지 고려하면 한민당 관계 헌법기초위원은 10명이다(유진오 1980, 59면).

평균히 대표하게 하도록 그와 같이 원칙을 정하고 지금 현재의 198명을 도별로 나누어서 거기의 비율을 얻어가지고 거기에 적당한 위원을 내도록 그와 같이 작정했습니다. 또 그러하되 각 방면을 참고해서 (…) 일할 만한 역량이나 혹은 어떤 층의 혹은 어떤 단체의 이런 모든 것들도 다 참고해서 여기에 그 전형위원들이 전형을 하게 되었습니다. (…) 우리들이 각각 각 도에서 그 선출된 전형위원들이 (…) 배수를 내놓아가지고 전형위원 전체가 평정을 해서 결정되는 대로 작정을 하고 여기에 보고하기로 그와 같이 된 것입니다. (…) 또하나는 전형위원이 다 여기에 있어서는 빠지느냐 혹은 전형위원 전체가 여기에 대해서 참가를 하느냐 이 문제에 대해서 오래 토론을 했다, (…) 전형위원이라고 해서 그 전부 다 빠진다고 하는데 다 공평하지 못하다, 그래서 (…) 결국은 전형위원이 거기에 배수 공천하는 데에 내놓아가지고 거기에 결정되는 대로 여기에 보고하게 하자고 그와 같이 되어서 결국은 그렇게 되었습니다.[25] (국회사무처 1948(제3호), 26면)

이에 따르면 선정원칙은 첫째, 지역, 둘째, 능력과 정당이었다. 이 원칙은 지켜진 것으로 보인다. 그런데 기초위원 선정의 특징은 첫째, 한민당, 독촉, 무소속이 대체로 수적인 균형을 이루고 있다는 점이다. 전조선을 대표한다는 명분에도 불구하고, 이것은 실제로는 한민당과 독촉에 의해 헌법이 구성될 것임을 보여준다. 김약수는 이를 다음과 같이 비판하고 있다.

금번에 전형위원 열 사람을 정하는 데에 도별로 하자는 의론이 나오게 된 것은 이것은 우리 전민족을 일치 결속시킨다든지 여러가지 통일문제라든

---

[25] 선행연구에서는 헌법기초위원회의 정파 소속을 비교함으로써 건국 초 세력관계를 분석하였다. 세력관계에 대한 연구로는 백운선(1992); 박찬표(1997); 이영록(2002) 참조. 이와 함께 중요한 또하나의 문제는 대표 선정원칙에 관한 의견대립이다. 이를 통해서 당대 현실에서 개진된 정치적 인식을 잘 이해할 수 있다.

제헌국회 헌법 및 정부조직법 기초위원회 위원. 첫째줄 왼쪽부터 유진오 백관수 허정 이훈구 이종 린 신익희 이승만 김동원 서상일 이청천 이윤영 오석주, 둘째줄 왼쪽부터 연병호 김상덕 김준연 홍익표 김익기 오용국 김옥주 유홍렬 정도영 신현돈 전규홍, 셋째줄 왼쪽부터 조봉암 조헌영 윤석 구 최규옥 유성갑.

가에 비추어 본다면 그것은 반드시 최선의 방책이 아니었읍니다. 그런데도 불구하고 본인부터도 결정적으로 도별적으로 안하면 안 되겠다는 주장에 가 담하게 된 이유는 무엇이냐 하면 이전에 인사문제를 결정할 때에 너무도 대 정당이나 단체의 암약이 너무도 심한 까닭으로 그것을 좀 제어하고 전체적 으로 우리가 일치단결하는 체제를 표현시키기 위해서 도별적으로 한번 해 보면 그런 세칭 대정당의 암약이 좀 중단될 것이라는 고충에서 나온 것입 니다. 그런데도 불구하고 금번 또 전형해놓은 것을 보면 여전히 도별이라고 하는 그 윤곽을 따라 가지고 세칭 대정당의 또 대정당적 방법이 순환적으로 돌고 있어요. (국회사무처 1948(제3호), 37면)

전형위원 선정을 '도별'로 한 것은 기초위원 선정에서 다수파의 전횡을 막기 위한 것이었지만, 그것은 실패했다. 이는 '국회'의 성격에 관한 문제 이기도 하다. 즉 국회가 일반의사를 대표하는 것인지, 아니면 현실적으로 정당정치의 산물인지의 문제이다. 김약수와 무소속 의원들은 전자의 견해를 강조하고 있지만, 현실은 현실을 좇고 있었다.

둘째, 한민당계 기초위원들이 지닌 정치적 무게가 다른 정파 소속 의원들에 비해 월등히 높다. 독촉에 비해 한민당계의 숫자가 약간 적음에도 불구하고 "대체적으로 한민당계 사람들이 만족스러워했다"는 유진오의 회고는 이런 맥락에서 이해할 수 있을 것이다(유진오 1980, 46면).

이 문제는 전형위원이 다시 기초위원으로 선정된 문제와 유관하다. 전형위원 중 한민당계의 이윤영, 허정, 서상일은 다시 기초위원이 되었으며, 독촉계의 유력한 정치가인 신익희는 제외되었다. 이에 대해 이윤영 의원은 기초위원 선정 보고에서 "전형위원 스스로가 기초위원에 참가하는 문제는 토론을 거듭하여, 전원 배수 추천명단에 넣기로 합의하였다"고 말했다. 결과적으로 한민당이 헤게모니를 장악했던 것이다. 당사자들이 서로 헌법기초위원으로 호선한 것은 잘못이라고 반대한 이승만에게는 그럴 만한 이유가 있었다. 그러나 기초위원 선정은 재석의원 193인 중 105명(60%)의 찬성으로 가결되어 원안대로 채택되었다(국회사무처 1948(제4호), 4~5면). 이승만의 첫 패배였으며, 이는 그가 앞으로 겪어야 할 가장 중요한 정치적 어려움이기도 하였다.

셋째, 김구 계열의 한독당이 완전히 배제되고, 혁신 그룹도 거의 배제되었다. 최국현 의원(무소속)은 전형에 대해 '독촉이 절대 많고, 다섯 단체를 제외했다'고 비판하며 전형위원의 불신임을 주장하였다.[26] 이로 인해 기초위원이 '노동자, 농민을 대변할 수 있는 사람들'이어야 한다는 주장이 제기되었는데, 특히 문시환 의원은 전진한(대한독립노동총연맹)[27]과 김약수 등

---

26) 다섯 단체는 한독당, 민족청년단, 유도회, 기독교단체, 대성회를 말한다(국회사무처 1948(제4호), 3면).

27) 대한독립노동총연맹 위원장이었던 전진한 의원은 6월 14일 본회의에서 '노동자, 농민의 최소한도의 염원'이 헌법조문에 편입되기를 바란다는 제안서를 제출했다(『서울신문』 1948.6.1).

특정 인물을 지칭하여 그들이 헌법기초위원이 되어야 한다고 주장하였다.[28] 그러나 5·10선거는 바로 한독당과 진보파의 배제를 의미하는 것이며, 기초위원 선정 역시 그것을 반영하고 있다고 보아야 할 것이다. 그것이 결국 신생 대한민국의 역사적·정치적 성격이었던 것이다.

이상의 논의를 정리해보면 첫째, '도별' 대표의 원리는 새로운 국가 건설이라는 역사적 상황을 반영한 것이었다. 그러므로 도별 선정원칙은 제헌의원들에게 있어 가장 강력하고 지배적인 대표 선정기준이었다. 이 당시 '특정 당파의 대표'는 일종의 죄악처럼 인식되어, 여기에는 당파와 지역을 초월해야 한다는 '초당초파의 정신'이 반영된 것이었다(국회사무처 1948(제8호), 16~17면).

둘째, 이상의 논쟁은 국회 본회의라는 '제도화된 공론장'의 성격을 잘 보여준다. 국회 본회의는 정치적 명분론의 각축장이었다. 그곳에서의 언설은 국가 전체의 이념을 표방하며, 한 정치공동체가 지향하는 공식적인 정의가 경쟁하였다. 특히 '대표 선정이 어떠한 원리에 기반해야 하는가'라는 '대표'(representation) 논쟁이 핵심적인 주제였다. 이 문제는 이후 국무총리 및 국무위원 선임과정에서도 제기되었다. 해방 후 5·10선거에 이르는 기간 동안 제기된 미소공동위원회 방안, 좌우합작, 남북협상 등 경쟁적인 정치적 제안들의 핵심은 바로 이 문제에 있었던 것이다. 실제 정치과정에서는 세력에 따라 대표권 분배가 이루어지고 있었지만, 공식적인 정치의 장에서는 공공연히 주장되지 못했다. 그 반면 원리적인 대표권은 현실에 충분히 반영되지 못했지만, 공적인 장을 주도하고 있다. 당대의 정치과정은 양자의 균형을 이루어가는 과정이며, 동시에 한 번도 경험해보지 못

---

28) 한편 6월 10일 김약수, 배헌, 김봉두, 조봉암, 신성균, 윤석구, 김병회, 이구수, 오택관, 오기열 등 약 60여명은 무소속구락부를 결성하였다. 그들은 민주주의, 민족자결, 국가의 건설과 남북통일, 자주독립을 평화적 방법과 정치적 수단으로 전취할 것을 목적으로 하는 행동강령을 통과시켰다(『조선일보』 1948.6.1).

한 새로운 정치의 국면에서 새로운 규칙과 관행을 만들어가는 과정, 즉 건국(建國)의 과정이었던 것이다.

4. 헌법안의 기초와 수정: 한민당의 의원내각제와 이승만의 대통령중심제 경쟁

헌법안 기초과정에서 최대 쟁점이 된 사항은 대통령중심제와 의원내각제의 선택에 관한 것이었다. 그것은 결국 국가권력의 배분을 결정하는 것이었고, 궁극적으로는 국가의 성격을 결정짓는 것이었다. 그리고 이와 관련된 정치세력의 운명이 달려 있었다. 이 때문에 한민당과 이승만의 경쟁은 치열했다. 이 투쟁의 클라이맥스는 원래 의원내각제였던 헌법 원안이 국회본회의에 상정되기 하루 전인 6월 22일 돌연 대통령중심제로 변경된 사건일 것이다. 그 수정경위에 대해, 1948년 6월 30일 제21차 회의에서 이문원 의원(무소속)은 다음과 같이 말했다.

이 초안으로써 우리 독립을 확실히 인정한다고 보장이 될 것인가. 나는 오히려 그러한 정세론으로 흐리지 않은 우리의 기본적 태도에 치중을 해서 그야말로 인민이 갈망하는 헌법을 반드시 통과함으로써 그 민중의 직접선거를 받아서 완전자주독립을 국내적으로 실현이 되고 국제적으로 승인이 되어야 할 것이라고 믿는 것입니다. 그럼에도 불구하고 이것을 어떠한 간부 진영에서 의식적으로 모순된 헌법을 만들어가지고 자꾸만 이것을 통과시켜가지고서 어떠한 자기의 의도를 달성해보려고 하는 것은 인민이 우리를 보낸 본의가 아니고 극단으로 말하면 이것은 어떠한 자기의 개인주의에 흐르는 경향이 있다고 비판을 받아도 변명할 재료가 없다고 본인은 생각합니다.[29] (국회사무처 1948(제21호), 8의 4면)

284

간부진영이란 구체적으로는 이승만 의장이었다. 헌법 초안 작성기한 이 틀 전까지 자신의 의사를 관철할 수 없었던 이승만은, 내각책임제 헌법하에서는 '어떠한 지위에도 취임하지 않고 민간에 남아서 국민운동을 하겠다'고 선언함으로써, 초안 상정 하루 전에 극적인 승리를 거두었던 것이다.

헌법기초위원회가 작성한 헌법 초안은 1948년 6월 23일 국회에 상정되었다. 헌법기초위원회 위원장 서상일은 이 초안이 "대한민국임시정부헌장, 현 민주의원에서 제정된 임시헌장, 과도입법의원에서 제정한 약헌 등을 종합하고 그외에 구미 각국의, 현재에 있는 모든 헌법을 종합"해서 기초된 것으로, "국가 민족의 만년대계의 기초를 정하는 기본법안"이자 "민주주의 국가를 건설하려고 하는 기본적 설계도"임을 강조하고 있다(국회사무처 1948(제17호), 7면). 헌법 초안은 〈유진오-행정연구위원회 공동안〉[30]을 원안으로, 권승렬 전문위원을 중심한 과도정부 법전편찬위원회의 헌법안을 참고안으로 채택하여, 16차에 걸친 헌법기초위원회 회의를 통해 작성

---

29) 이 발언에 대해 격론이 벌어졌다. 이정래 의원(한민당)은 "헌법을 어떤 간부가 서로 합해가지고 통과시켰다는 말은 실언이므로 취소할 것"을 요구하였다. 서우석 의원(한민당)은 "징계위원회에 회부할 것을 동의"하였다. 나용균 의원(한민당)은 헌법기초위원회의 대답을 요구하였다. 결국 두 시간의 회의 중지 후, 서상일 헌법기초위원장이 출석하여 헌법 번안과정을 설명하였다. 이문원 의원은 자신의 발언을 취소하였다. 이 사건 후 헌법기초위원회의 헌법 번안 및 대통령제 헌법에 비판적이었던 의원들은 발언에 상당한 제약을 받게 되었다(국회사무처 1948(제21호), 7-8의 11면).

30) 고려대학교 교수였던 유진오는 미군정청 사법부 법전기초위원회의 한 분과인 헌법기초분과위원회에 위촉되어 헌법 초안 작성작업에 참여하였다(유진오 1980, 19면). 그는 이를 계기로 1947년 말 헌법안 작성에 착수하여, 황동준(과도정부 입법의원), 윤길중(입법의원), 정윤환(서울고등법원 판사) 등의 도움으로 1948년 5월 초 헌법 작성을 완료하였다(유진오 1980, 23~24면). 이후 유진오는 5월 14일부터 행정연구회 회원들과 공동으로 헌법안 작성에 착수하여, 5월 31일 〈유진오-행정연구위원회 공동안〉을 완성하였다(유진오 1980, 39~41면; 국회도서관 1958, 40~42면). 이후 이 공동안은 제헌국회 헌법 및 정부조직법 기초위원회의 전문위원들에 의해 헌법 원안으로 제출되었다.

되었다(국회사무처 1948(제17호), 7면; 유진오 1980, 48~50면). 헌법 초안 작성과 그 후의 제정과정을 도표화하면 〈표 5-2〉와 같다.

〈표 5-2〉 헌법 제정과정

	기간	참여자(수)	회의 횟수	기타
헌법기초위원회 (초안 작성)	1948. 6. 3-6. 22	헌법기초위원 (30)전문위원 (10) 이승만, 신익희	16회	의원내각제·양원제 헌법 원안 기초, 대통령중심제·단원제로 수정.*
국회 본회의 (제1독회)	1948. 6. 23-6. 30	국회의원 (178-182) 전문위원	5회 (제17차-제21차)	대통령중심제와 의원내각제 질의응답 및 대체토론
국회 본회의 (제2독회)	1948. 7. 1-7. 11	국회의원 (152-186) 전문위원	6회 (제22차-제27차)	제16조, 제17조, 제52조, 제56조, 제68조, 제84조, 제86조, 제90조, 제93조 수정안 가결
국회 본회의 (제3독회)	1948. 7. 12	국회의원 (161-171)	1회 (제28차)	제6조, 제7조, 제15조, 제42조, 제73조 글자 수정, 헌법안 통과

* 헌법 원안은 양원제였으나 1948년 6월 10일 헌법기초위원회에서 단원제로 가결하여 수정함 (『동아일보』 1948.6.12; 『조선일보』 1948.6.12).
자료: 국회사무처 『대한민국국회 제1회 속기록』 제1~28차; 유진오(1980); 손세일(1979).

선행연구에서는 주로 내각책임제 헌법안이 대통령중심제로 수정된 경위에 관한 사실적 분석이 이루어졌다(손세일 1979; 유진오 1980; 조용중 1990; 이영록 2002). 본 연구에서는 이와 함께, 내각책임제와 대통령중심제를 둘러싸고 각 정파와 정치가들이 어떻게 그들의 입장을 정당화했는가를 검토하고자 한다. 공공적(公共的) 담론은 당대의 정치세계가 직면했던 정치적 과제를 이해하는 데 불가결하기 때문이다.

그런데 당시의 정치상황에서 가장 중요한 정치적 명분은 건국기의 비상한 정치상황을 어떻게 '안정'시킬 수 있는가 하는 문제였다. 이 시대의 가장 두드러진 정치적 특징은 '분열'이었기 때문이다. 남북의 분열을 위시하여 정당간·지역간·계급간 분열은 극단적인 것이어서, 해방된 조선이 스스로의 힘으로 국가를 수립할 수 있는지가 의문이었다. 그 뒤의 역사가 입증하듯이, 오히려 폭력적인 내전의 가능성이 더 컸다고 보아야 할 것이다. 따라서 어떠한 정의, 어떠한 대의도, 국가의 수립과 안정보다 중요하지는 않았다. 의원내각제 제안자들은 국회와 정부의 대립을 최소화할 수 있다는 점에서, 대통령중심제 제안자들은 특정한 기간 동안 정부의 임기를 보장할 수 있다는 점에서, 자신들의 대안이 '안정'을 가져올 수 있다고 주장했다. 그 대안은 물론 자신들이 집권할 수 있는 대안이기도 했다. 아래에서는 양측의 주장과 헌법 초안이 작성되는 과정을 살펴보고자 한다.

1) 헌법기초위원회의 의원내각제 헌법안: 제도 안의 인격

정부형태에 관한 헌법기초위원회의 원안은 의원내각제였다.[31] 그 특징은 한마디로 상징적 대통령, 실권형 내각(특히 국무총리), 그리고 국회에 의한 내각의 통제였다. 즉 외형적으로는 대통령을 두되 실질적으로는 내각책임제인 것이다. 이것은 한민당이 구상한 이승만과 한민당의 공존방식이었다. 좀더 현실적으로 말한다면, 이승만이라는 강력한 정치적 인격을 정치적 제도의 틀 안에서 움직이도록 하기 위한 것이었다.

헌법 원안의 의원내각제 정부형태에서 대통령과 내각의 관계를 살펴보면 다음과 같다. 대통령이 행정권의 수반이기는 하지만(제54조), 내각이 국무 전반에 관한 의결권을 행사한다(제77조). 내각은 국무총리와 국무위원으로 조직된 합의체이다(제71조). 국무총리는 내각회의의 의장이 되며(제73

---

31) 헌법 각 조항은 국회사무처(1958, 59~86면); 유진오(1980, 208~20면) 참조.

조), 대통령이 임명하고 민의원의 승인을 받는다(제72조). 국무총리가 국무위원을 제천(提薦)하고, 대통령이 국무위원을 임명한다(제72조). 내각회의의 결정은 과반수로 행하며, 가부동수인 경우에는 의장에게 결정권이 있다(제74조). 국무총리는 각의의 의견에 복종하지 않는 국무위원을 대통령에게 제청(提請)하여 파면할 수 있다(제74조). 내각은 공식적으로 취해진 일반정책에 대하여는 각원 전원이 공동으로 책임을 지는 연대책임제를 행하며, 각원의 행위에 관하여는 개별적으로 책임을 진다(제75조).

이상의 내용을 보면, 국회가 수상을 선출하고 수상이 각료를 임명하는 순수내각제와는 다르다. 먼저 내각이 국무 전반을 장악하고 그것에 책임을 진다는 점에서는 내각제의 성격이 강하고, 내각은 실질적인 권력을 가졌다고 볼 수 있다. 또한 국무총리는 내각회의의 의장으로서 각료에 대한 실질적 선택권과 파면권을 가지고 있으므로, 내각을 지배하고 나아가 국정을 지배한다고 볼 수 있다. 그러나 문제는 대통령이 국무총리를 임명한다는 점이다. 만약 대통령이 자신의 의사에 따라 국무총리를 임명할 수 있다면, 그는 내각도 지배할 수 있을 것이다. 그러나 민의원의 승인을 받아야 하기 때문에 대통령의 의사대로 할 수는 없다. 만약 대통령이 민의원을 지배하지 못하고 있다면 대통령은 자신의 의사에 따라 내각을 구성할 수 없을 것이다. 요컨대 헌법 초안의 정부형태는 누가 대통령이 되는가, 국회에 대한 대통령의 지배력이 어느 정도인가에 따라, 실질적인 대통령제도 될수 있고 그 반대로 될 수도 있는 것이었다. 즉 대통령과 국무총리의 정치적 관계, 실질적인 권력배분은 매우 모호한 상태로 남겨져 있다. 다른 한편 대통령과 국회의 의사가 상치될 경우, 장기간의 내각 부재 및 행정 부재 상태에 빠질 위험이 있는 정부형태였다.

다음으로 국회와 내각의 관계를 살펴보자. 내가은 국회에 의해 구성되는 것은 아니지만 각료들은 양의원(참의원, 민의원)에 출석하여 의견을 진술하고 정책에 대해 답변할 의무가 있다(제48조). 또한 헌법상 국회는 유일한 입법기관이다(제30조). 국회는 양의원 의원과 정부가 제출한 법안을 수락하거나, 수정하거나 또는 거부할 수 있다(제44조). 국회 민의원은 예산안과 조세에 관한 법률안을 심의 결정한다(제45조). 민의원은 대통령, 부통령, 국무총리, 국무위원 등의 탄핵소추를 결의할 수 있고, 참의원이 이를 심판한다(제50조). 특히 민의원이 내각 또는 국무위원에 대한 불신임 결의안을 채택할 때에는 내각이 총사퇴하거나 또는 해당 국무위원이 사직하여야 한다. 불신임투표 및 내각이 제안한 주요 법률안에 대한 부결은 국회의 의사를 내각에 반영할 수 있는 가장 중요한 무기이다. 민의원이 해산된 때에는 해산된 날로부터 60일 이내에 총선거를 행하여야 한다(제39조).

이상의 내용을 보면, 국회는 입법, 재정(예산 및 조세), 인사(대통령 선출, 국무총리 임명 동의, 대통령 및 각료의 탄핵소추)에 관한 권한을 최종적으로 모두 장악하고 있다. 대통령이 국회를 지배하지 못하는 한, 그에게 가능한 것은 아무 것도 없다. 요컨대 국회 중심의 정부형태인 것이다.

헌법기초위원들은 어떠한 이유에서 이같은 정부형태를 선택하였을까? 이는 두 측면, 즉 제도원리적 측면과 권력정치적 측면에서 고찰할 수 있다. 첫째, 제도원리적 측면에서 보면 이것은 '정치안정'과 '독재방지'를 위한 것이었다. 헌법기초위원들은 의원내각제가 국회와 정부의 대립을 제도적으로 해결할 수 있고, 대통령제보다 정국안정에 용이하다고 주장하였다. 유진오 헌법기초위원장은 뒤에 입장을 달리했지만, 전기(前期)의 그는 다음과 같이 의원내각제를 옹호하였다.[32]

---

32) 유진오 헌법기초 전문위원은 헌법 제정과정에서 의원내각제(전기), 강력한 대통령중심제(중기), 그리고 제한적 대통령중심제(후기) 순으로 입장 변화를 보인다. 그는 의원내각제 '헌법 원안 기초자'와 대통령중심제 '헌법 초안 기초자'의 입장 사이에서 갈등을 느꼈다. 즉 개인적 소신과 정치적 입장 사이에서 고심했던 것이다. 이와 관련해서는 제6장에서 다시 살펴보기로 한다.

나는 미국헌법이 대통령제를 채택한 것은 첫째, 미국헌법이 제정된 18세기에는 국제적 고립정책을 쓸 수 있었고, 둘째, 19세기까지는 국내적으로도 국가의 세입이 풍부하여 남아돌아가는 형편이어서 정부와 국회가 대립한 채로 장시간 국정이 마비상태에 빠지더라도 별로 지장이 없었기 때문에 가능하였던 것으로 확신하고 있었다. 따라서 국토양단, 경제 파탄, 공산주의자들의 극열한 파괴활동 등 생사의 문제를 산더미같이 떠안고 있는 대한민국이 대통령제를 채택해가지고 국회와 정부가 대립하여 저물도록 옥신각신하고 앉아 있다면 나라를 망치기(아니면 독재국가화하기) 꼭 알맞은 것으로 나는 생각하고 있었던 것이다. (유진오 1980, 58면)

즉 유진오는 한국의 정치·경제상황에서 대통령제를 선택할 경우, 국회와 정부의 대립으로 정치적 불안정을 초래할 것으로 보았다. 물론 그는 '국회와 정부의 대립'은 정치에서 불가피한 것으로 간주하였다. 그러나 그는 미국과 같이, 그러한 대립을 통제할 수 있을 정도의 여건과 대외적 상황이 허용될 경우에만 대통령제가 채택될 수 있다고 주장하였던 것이다.

유진오는 또한 의원내각제가 '독재'를 방지하기 위해서도 유효하다고 주장하였다. 그의 이러한 주장은 6월 21일——이승만이 헌법기초위원회에 출석하여 세번에 걸쳐 대통령제를 주장한 이후의 일인데[33]——허정 기초위원, 윤길중 전문위원과 함께 이화장(梨花莊)에서 열린 이승만과의 회견에서 좀더 구체적으로 표명되었다. 그는 다음과 같이 말하였다.

대통령제 헌법을 채택한 나라 중에 별 탈 없이 잘되어 나가는 나라는 미국뿐입니다. 미국식 대통령제를 쓰고 있는 중남미 제국에서는 국회와 정부

---

33) 이승만이 헌법기초위원회에 몇회 출석하였으며 몇번에 걸쳐 대통령제를 주장하였는지는 분명하지 않다. 당시 신문보도에 따르면 대략 6월 10일, 15일, 19일, 21일 출석하였으며, 19일을 제외한 나머지 날, 즉 세번에 걸쳐 대통령제를 강력히 주장했다.

의 대립상태를 합헌적으로 해결할 길이 없어서 툭하면 쿠데타 아닙니까?[34]

(유진오 1980, 64면)

즉 유진오, 윤길중 전문위원과 허정 기초위원은 국회에 의해 정부가 교체될 수 있는 제도가 대통령의 독재정치에 기인하는 '쿠데타나 혁명'의 발생을 막을 수 있다고 주장했던 것이다.[35]

헌법기초위원회 개별 의원들의 입장은 어떠하였는가? 당시 이들의 입장을 구체적으로 분석하기는 쉽지 않다.[36] 그러나 당시의 논평에 따르면, 대체로 "국회에서 간접선거로 선출되는 대통령에게 행정책임까지 부여하는 대통령중심제로 하면 전제정치가 될 우려"가 있다고 생각했기 때문에 의원내각제안을 지지했던 것으로 보인다.[37] 더욱이 당시 신문에 의하면

---

34) 유진오 위원은 이후에 출간한 『헌법해의(憲法解義)』에서도 다음과 같이 말하였다. "정부형태를 의원내각제로 하느냐 대통령제로 하느냐 하는 문제는 가장 심각하게 의론된 것인데, 저자 등은 국회와 정부 간에 의견의 대립이 생긴 경우에 국회가 불신임 결의로써 정부를 총사직시키고 정부는 국회 해산으로써 새로히 국민의 총의를 묻는 방법으로 이에 대항하게 하지 아니하면, 혁명이나 쿠데타 같은 폭력을 사용하게 될 우려가 있다 하여 의원내각제를 주장하고 헌법기초위원회의 다수 의견도 이를 지지하였〔다〕"(유진오 1957, 27면).

35) 일반적으로 대통령제에서는 행정부의 모든 정치적 선택에 대하여 대통령이 책임을 지며, 의원내각제에서는 각 각료가 책임을 나누어지고 권한을 행사한다. 린츠(Juan J. Linz)는 대통령제가 책임소재라는 측면에서 더 확실하지만, 책임에 대한 상벌 부과의 가능성이라는 측면에서는 의원내각제에 비해 열위에 있다고 주장한다.

36) 헌법기초위원의 대통령제 및 내각제 선호 의도는 헌법기초위원회의 헌법 초안 작성 및 수정 과정을 분석함으로써 더욱 분명하게 밝힐 수 있을 것이다. 그러므로 기초위원과 전문위원의 헌법 초안 토의과정에 대한 분석이 가장 중요하다. 그러나 아직 헌법기초위원회의 심의기록은 발굴되지 않은 실정이다. 이영록(2002)의 연구는 사실분석에 있어 선구적인 업적이다. 그는 『대한민국국회 제1회 속기록』 『국회보』, 당시의 신문과 회고록 등 1차자료에 근거하여 실제 과정을 복원하고자 하였다

37) 김영상은 6월 14일 헌법기초위원회에서 '이청천 위원과 독촉 일부위원'은 대통령제를, '한민계나 (나머지) 무소속위원들'은 유진오의 안대로 국무총리책임제를 결의했다

"만약 대통령책임제가 헌법기초위원회에서 기초되는 경우에는 헌법을 초안한 전문위원은 전부 사임할 공기를 보이고 있다"고도 보도하고 있다(『조선일보』 1948.6.12; 『동아일보』 1948.6.12). 요컨대 헌법기초위원들 중 다수는 국회는 정부를, 정부는 국회를 서로 견제하고 불신임할 수 있는 제도가 대통령의 독재를 막을 수 있는 제도라고 인식했다.

둘째, 권력정치적 측면에서 볼 때 헌법 원안의 정부형태를 의원내각제로 설정한 것은 이승만이 대통령에 선출될 것이라는 광범위한 인식과 직접 관련되어 있었다. 즉 다양한 이론적 검토와 정당성에도 불구하고, 당면한 현실에서 의원내각제는 결국 이승만이라는 강력한 정치적 개성을 어떻게 제도 안에서 순치(馴致)할 것인가의 문제였다. 헌법 제정 후 대통령 선거가 임박했을 때, 신상학 의원(무소속)은 "각자의 가슴 깊이 영도자는 결정되어 있다"고 했으며, 신현확 의원(독촉) 또한 "우리들 심중에 우리의 영도자 되실 분을 이미 결정하였을 것"이라고 말하였다. 대통령 선거에서 이승만은 재적의원 198인 중 180표를 획득했다. 또한 한민당계, 독촉계, 그리고 무소속계는 모두 이승만을 대통령 후보로 추천했다.

〈표 5-3〉 각 정파의 정·부통령, 국무총리 후보(7.17~19)

	한민당	무소속	독촉
대통령	이승만	이승만	이승만
부통령	이시영	김 구	이시영
국무총리	김성수	조소앙	신익희*

*7월 26일 신익희는 이승만에게 조소앙을 국무총리로 천거함.
자료: 『동아일보』 1948.7.20.

국회에서 선출되는 대통령을 둔 점에서 헌법 원안은 순수한 의원내각제

고 하였다(김영상 1948, 25면).

가 아니었다. 한민당계 기초의원들이 이를 구상한 것은 한민당 내에서 "이승만에 대항하여 대통령에 나설 만한 인물이 없었기 때문에 이승만을 대통령으로 지지하는 대신에 국무총리의 직책을 담당"하고자 하는 의도에서였다(심지연 1982, 109면). 다수의 한민당 의원들은 김성수가 이승만에게 필적할 만한 정치지도자가 될 수 있을 것이라는 점에 회의적이었던 것이다. 조봉암(曺奉岩) 기초위원이 "이론상으로 내각책임제가 옳다고 생각하지만, 한민당계가 좌지우지하는 한 이에 반대한다"고 주장한 것은 한민당의 이러한 정치적 의도를 잘 드러내준다(유진오 1980, 53면).

2) 이승만의 대통령중심제 주장과 헌법안 수정

대통령중심제 제안자들의 주장은 무엇인가? 그들 역시 '정치적 안정'을 주장했다. 올리버에게 보낸 서신에서, 이승만은 "정부의 안정을 곤란하게 할 것이라는 이유로 〔의원내각제를〕 찬성할 수 없다"고 말했다. 이승만은 "적어도 대통령 임기 동안은 정부가 안정된 상태에 있도록 되어야 할 것이고, 국회가 이것을 변경할 권한을 가져서는 안 된다"고 역설했다(로버트 올리버 1990, 242면). 즉 임기보장이 안정에 필수적이라고 주장했던 것이다. 이후 헌법안 본회의 심의과정에서 주장되었지만, 송봉해 의원(독촉)은 이와 관련하여 다음과 같이 주장하고 있다.

현 우리 사회는 혼란에 빠져 있을 뿐만 아니라 사상과 이념이 일정한 궤도에 입각하지 못하고 좌우로 흔들려 있으며, 정당도 이념이 통일된 완전한 조직체로 된 것이 극소수이다. 그러므로 이러한 사상, 이념이 혼란한 이때에 내각책임제로 한다면 일개인이 잘못하더라도 불신임안을 제출하여 내각은 혼란을 초래하며 국회는 해산까지 이르게 되는 것이다. 우리의 긴급한 문제, 즉 38선 교수선(交綏線)을 깨뜨리고 시급히 민생문제를 해결하지 아니하면 아니 될 이때에 (…) 38선을 깨뜨리기까지는 대통령책임제로 함이 가당하다. (국회사무처 1948(제20호), 33면)

그럼에도 불구하고 헌법기초위원들은 헌법 초안의 국회 상정 3일 전인 6월 20일까지 의원내각제를 고수하고 있었다.

6월 15일, 이승만은 헌법기초위원회에 출석하여 공식적으로는 처음으로 "직접선거에 의한 대통령책임제가 현 정세에 적합하다"는 의사를 표명했다(『조선일보』 1948.6.17).[38] 그는 완전한 대통령제를 원했다. 6월 17일, 독촉은 헌법에 대한 공식의견을 처음으로 밝혔다. 국호는 대한민국, 국회는 단원제, 그리고 정부형태는 대통령책임제로 해야 한다는 것이었다(조용중 1990, 156면).

사태가 바뀌지 않자, 이승만은 6월 21일 국회본회의 제16차 회의에서 '전원위원회 개최안'을 제안했다.[39] 그것은 전원위원회라는 비공개회의를 통해 헌법의 '제일 중대한 문제'를 협의하자는 것이었다. 이승만은 헌법기초위원회가 국회의 주요 지도자나 정파들과 하등의 '협의'도 없이 헌법 초안을 '자기들 생각'대로, 즉 의원내각제로 채택한 것에 불만을 토로했다 (국회사무처 1948(제16호), 7~8, 12면; 유진오 1980, 69면). 그러나 이 동의안은 재적 의원 175명 중 가 12표, 부 130표로 부결되었다. 투표결과는 완전한 참패였

---

38) 김영상에 의하면, 이날 이승만의 발언의 내용은 다음과 같다. "대통령을 국회에서 간접선거하게 된다는 이유로 국무총리책임제로 기초위원들은 결의한 모양이나 그것은 안될 일이다. 대통령은 간접선거이건 직접선거이건 인민이 선거하는 결과가 되는 것이다. 다시 말하면 국회에서 간접선거를 한다 하더라도 의원은 역시 국민이 선출한 것이니 인민의 신임을 받은 대표가 대통령을 선거하는 것은 곧 인민이 직접선거로 선거하는 것이나 다름이 없는 것이다. 그러므로 대통령에게 행정책임을 직접 지우는 것이 옳은 일이지 대통령을 왕처럼 불가침적 존재로 한다는 것은 찬성할 수 없다"(김영상 1948, 25면).
39) 이 안건의 제안자는 서상일 헌법기초위원회 위원장이었으며, 이승만은 의원의 자격으로 찬성발언을 하였다(국회사무처 1948(제16차), 4~5면).

다.『인촌 김성수전』에서는 "한민당만이 아니라 제헌의원 대다수가 내각책임제를 지지하고, 대통령책임제를 지지하는 것은 이승만을 무조건 따르거나 내각책임제가 되면 한민당의 천하가 된다고 이에 반감을 가진 소수 의원들뿐"이라고 기술하고 있다(인촌기념회 1976, 547면).

국회에서 더이상 승산이 없자 이승만은 투쟁의 장을 바꾸었다. 6월 21일 오후, 그는 최후의 수단을 썼다. 다시 헌법기초위원회에 출석하여 그는 이 초안이 헌법으로 채택된다면 "이 헌법하에서는 어떠한 지위에도 취임하지 않고 민간에 남아서 국민운동을 하겠다"고 선언하였다(유진오 1980, 62면).[40] 이는 정치적 협박이었다. 단순한 반대가 아니라, 여기까지에 이른 정치적 협약을 모두 무효로 하고 새로운 정치운동, 즉 일종의 반정부운동을 전개하겠다고 다짐했던 것이다. 만일 그렇게 된다면 5·10선거로 천신만고 끝에 도달한 정치적 협약이 붕괴되면서 새로운 정치적 분열의 소용돌이에 휘말리게 될 것이었다. 그 정치적 파괴력을 감안할 때, 이승만은 반내각제 운동에 정치생명을 걸었던 것이다. 이제 한민당이 답해야 하는 차례였다.

6월 21일 밤, 서상일, 김준연, 조헌영 등 한민당 중진의원들은 이승만의 주장을 받아들이기로 합의했다(유진오 1980, 73, 80면). 6월 22일, 헌법기초위원회 제16차 회의에서는 오후까지의 장시간에 걸친 토론 끝에 대통령중심제 헌법 초안을 통과시켰다. 유진오는 다음과 같이 회고하고 있다.

이튿날〔1948년 6월 22일〕 내가 국회에 나가지 않고 집에 있으려니, 저녁 때 김준연, 정도영, 박해극 세 사람이 청량리 내 집으로 찾아와서, 그날 오전

---

40) 김준연 의원의 회고에 의하면 이날은 6월 21일 오후였다. 오전에 개최된 제16차 국회 본회의에서 이승만은 헌법 초안 번안을 위한 전원위원회 개최를 주장하였으나 부결되었다. 손세일은 대통령제 헌법을 관철하기 위한 이승만의 정치활동을 자세하게 기술하고 있다. 그러나 그는 헌법의 본회의 심의과정에 대해서는 약술하였다(손세일 1979, 321~25면; 조용중 1990, 158면).

중 헌법기초위원회에서는 번안 동의로, 어젯밤 한국민주당 간부〔김성수, 백관수, 김도연, 서상일, 조병옥, 김준연, 조헌영, 정광호 등〕들의 회의에서 결정된 대로 헌법 초안을 수정 통과하고, 제3독회도 끝마쳐서 내일〔6월 23일〕아침에는 예정대로 국회본회의에 상정하게 되었으니, 내일 아침 본회의에는 꼭 참석하도록 해달라고 나에게 권고하였다. (유진오 1980, 73, 80면)

이상에서 살펴본 바처럼, 헌법 원안의 수정은 이승만과 한민당이 각기 유리한 제도를 선점하기 위한 대결과정에서 이루어졌다. 결국 대통령제 헌법 초안은 이승만의 압력에 직면한 한민당 중진의원들의 주도에 의해, 어느 한쪽의 제도적 선호도 완전히 충족하지 않는 선에서 확정되었다. 그 핵심은 대통령제를 채택하더라도 국무원(내각)을 합의체로 운영하여 대통령의 권한사항을 국무회의의 의결을 거치도록 함으로써, 대통령을 견제하도록 한 점이었다. 그런 의미에서 건국헌법은 '정국안정'이라는 공공적 명분을 중심으로 한, '이승만과 한민당 간의 의견대립 및 권력투쟁의 산물'이었다.

5. 소결: 제도와 인격의 경쟁

한민당은 왜 제헌헌법 원안을 대통령제로 변경했는가? 즉 한민당은 왜 이승만의 주장에 타협했는가? 그리고 어떠한 정부형태로 수정하였는가?

첫째, 이승만의 정치적 비중 때문이었다. 당시의 정세를 고려할 때 이승만은 "가장 강력하고 거의 절대적 입장에 서 있는 대통령후보자"였다.[41]

---

41) 유진산은 또한 "초대 대통령에 이승만 박사가 추대된다는 것은 당시 우리 국민들의 상식이었고, 국민들은 또한 이 박사를 국부와 같이 받들고 그의 애국심을 신뢰했다"고 회고하였다(유진산 1972, 44면). 유진오는 "대통령으로 모셔야 될 단 하나밖에 없는 후

이승만이 끝까지 의원내각제 헌법안을 반대한다면 정부 수립 자체가 늦어지고, 그로 인해 한민당의 집권 가능성도 상실될 위험이 있었다(조용중 1990, 157면). 단기적인 국면에서 양자는 경쟁자였지만 사실 5·10선거라는 특정한 정치적 대안의 실현에 있어서는 동지였다.

한민당은 5·10선거가 만들어낸 정치의 장을 파괴할 수 없었다. 이는 한민당과 한독당의 관계 속에서 더 잘 이해될 수 있다. 1947년 장덕수(張德秀) 암살을 계기로 그들은 적대적 관계로 돌아섰고, 정부수립을 앞두고 테러까지 불사할 수준으로 악화되었다(G-2 Periodic Report 1948.07.29; 도진순 1997, 316면). 좌파는 물론 김구, 김규식 등 민족주의세력마저 단정수립에 불참한 상황에서 이승만까지 이탈한다면 신생 정부의 수립은 불가능하였다(박찬표 1997, 9면).[42] 한민당은 새로운 총선거에서 김구, 김규식을 만나고 싶지 않았을 것이다. 그 경우 다수 의석수를 가지는 것이 불가능하며, 더구나 일제강점기 활동에 대한 김구 계열의 강경한 방침이 부담스러웠을 것이기 때문이다. 결국 한민당은 이승만과 공존을 모색했다.

둘째, 한민당은 어떠한 정부형태로 수정하였는가? 한민당은 형식상 대통령중심제를 수용하되, 내용상 대통령의 권력을 강력히 규제하고자 했다. 한 회고자에 의하면 "한민당 출신의 김준연 씨는 10분 내외로 원안을 파기하고 대통령중심제로 개조했다"고 한다(유진산 1972, 43면). 한민당은 이승만과의 갈등에 직면하자, 헌법 번안을 준비하고 있었던 것이다.

그러나 한민당은 정치적 측면과 제도 운영의 측면에서 나름대로 대비책을 가지고 있었다. 한민당은, 대통령제를 채택하더라도 헌법 원안의 규정

보자"라고 말하였다(유진오 1980, 73면).

42) 한편 국회 성립과 때를 같이 하여 한독당(김구, 엄항섭, 유동붕, 김의한)과 민족자주연맹(김규식, 원세훈, 배성룡, 김붕준, 유석현)은 남북통일의 모체가 될 것을 목적으로 결성된 통일독립운동자협회를 확대, 강화하기로 하였다(『조선일보』 1948.6.2).

대로 내각—수정된 헌법안에는 국무원[43]—의 조직을 '합의체'로 운영함으로써 대통령의 권한을 제약하고자 하였다.[44] 또한 국무총리와 과반수의 국무위원을 확보하고자 했다. 이후 초대 국무총리 선임과정에서도 드러나지만, 이것은 한민당이 처음부터 가지고 있던 전략이었다. 한민당은 또한 조선민주당과 독촉과 더불어 연립내각을 구상하기도 하였다(문창성 1948; 심지연 1982, 374면).

요컨대, 한민당으로서는 의원내각제가 최선이었지만 그것을 고수할 경우 최악의 상황이 도래할 수도 있었다. 이승만이 독주하지 않도록 할 수 있다면 차선책을 택하는 것이 현명한 처사였다.

일반적으로는 한민당이 "대통령제 헌법을 제정함으로써 결국 일인의 독재체제 구축에 기여하는 역할을 했을 뿐만 아니라 당의 운명을 재촉하는 결과도 초래했다"고 평가된다(심지연 1982, 112면). 즉 이후 한국정치의 권위주의화가 한민당의 타협에 의해 비롯되었다는 것이다. 실제로 헌법 제정 이후 이승만이 국회 및 국무원을 무력화한 점을 고려할 때, 대통령제 헌법을 채택함으로써 비롯된 문제점 등은 충분히 지적되어야 한다.

그러나 이런 문제점은 처음부터 예정된 것은 아니었다. 오히려 헌법의 실제 운영을 둘러싼 이승만과 한민당의 투쟁과정에서 사태는 점점 악화되었던 것이다. 이에 대해 허정 의원은 다음과 같이 말하고 있다.

이 박사 이외의 다른 영도자를 생각할 수 없었던 건국 초기에 바로 그 이 박사가 국회의 속박을 탐탁히 여길 수 없는 기질을 가진 분이었던 만큼, 절

---

43) 헌법기초위원회 제7차 회의(1948.6.11)에서 국무원으로 개칭하였다(『조선일보』 1948.6.13; 『서울신문』 1948.6.13). 국무원이란 용어는 대한민국임시정부에서 이미 사용하던 것이다.
44) 이 점은 국회 본회의 심의과정에서 김준연, 조헌영 등의 한민당 의원들이 제기한 발언을 통해 살펴볼 수 있다.

충은 불가피했던 것이다. 그러나 이 박사에게는 독선적인 면도 있었으므로, 국회가 대통령을 견제할 수 있는 최소한의 기능을 갖게 한 것도 타당한 것이었다. 내각책임제의 요소가 가미된 대통령중심제 헌법은 그 운영만 원활히 한다면 건국 초의 정치 체질에는 적합한 것이라고 나는 생각한다. (허정 1979, 152면)

즉 그는 한민당에 의한 '내각책임제의 요소가 가미된 대통령중심제 헌법'으로의 수정이 불가피했음을 지적하였다. 그들은 절충된 헌법의 '원활한 운영'을 통해서 '대통령 권한과 국회 권한의 균형'을 이루고자 모색했던 것이다.

특정한 시기에 어떠한 제도의 선택이 옳거나 그르다는 해석은 사후적으로는 가능하지만, 그 과정에서 그처럼 예단하기는 어려운 것이다. 한민당으로서는 헌법 초안의 수정이 사실상 불가피했다. 그러나 이것이 곧바로 한국정치의 권위주의화를 초래한 것은 아닐 것이다. 그러므로 그런 결과에 이르게 된 실제적인 정치과정을 검토해야 한다. 즉 한민당이 어떠한 정부형태로 변경하고자 했으며, 이승만은 변경된 헌법안에 대해 어떠한 인식을 갖고 있었는지, 그리고 제헌국회의 정부형태에 대한 견해를 모두 함께 검토해야 할 것이다.

이를 위해서는 국회 본회의의 헌법 심의과정, 즉 '헌법논쟁'에 관한 연구가 필수적이라고 생각된다. 서로 우위를 점하려고 하는 세력들의 정치과정은 공식적인 의논의 장과 무관한 것이 아니다. 커튼 뒤의 협의와는 달리 국회 본회의라는 '공개적인 발언장'은 자파의 논리를 합리화하려는 중요한 매개의 장소이며, 전체 정치공동체를 대상으로 한 치열한 정치투쟁의 장이다. 그러므로 이승만은 국민운동에 대한 자신의 결의를 한민당 간부들에게 사적으로 전달한 것이 아니라, 국회라는 공식적인 장에서 발표했던 것이다. 따라서 헌법 제정자들이 제헌국회의 본회의 심의과정에서 어떠한 논거를 가지고 정부형태에 대한 각파의 입장을 정당화하고자 했는지에 대한 고찰이 필수적이다.

마지막으로 헌법이란 실질적으로 어떻게 탄생되는가 하는 점이다. 제헌헌법의 정부형태 결정을 둘러싼 정치과정은 이승만이라는 한 카리스마적 정치가의 영향력을 가감 없이 보여준다. 허정은 "이 박사를 제외하고는 건국 초의 막중하고 다난한 국사를 강력하게 수행하지 못한다는 정치가와 국민의 공통된 의견이 제헌작업의 방향전환의 배경이었다"고 주장하였다 (허정 1979, 151면). 한민당은 국회를 지배하고, 나아가 당대의 지배적 사회세력을 대표하고 있었음에도 불구하고, 이승만의 정치적 영향력과 대결하는 데 큰 어려움을 겪고 있었다. 그것은 어떤 의미에서 정치제도(political institution)와 정치적 인격(political personality)의 경쟁이라고 부를 수 있을 것이다. 의원내각제는 당대의 정치를 합의제 권력으로 운영하려는 것이었으며, 대통령중심제는 정치적 인격을 통해 운영하려는 것을 의미했다. 그러나 결과적으로 이승만 이래 한국 현대정치사는 정치적 인격이 정치제도를 지배하고, 헌법 역시 사회보다는 정치적 인격에 적합하도록 형성되어왔다.

이것은 물론 한국만의 경험은 아니다. 사회적 분열이 격심하고 제도와 관행이 취약한 정치적 환경에서는 정치적 개성 자체가 모든 제도의 기능을 대신하는 경향이 있는 것이다. 그러나 비상한 상황에서 발휘하는 정치적 인격의 강력한 통합적 기능에도 불구하고, 한국 건국헌법의 제정자들이 우려했던 바처럼 인격에 의한 지배는 독재정을 초래하는 경향이 있다. 현대한국의 헌정사는 이 양립할 수 없는 두 가지 필요, 즉 통합과 자유의 대결과정이었다고 말할 수 있을 것이다.

제6장

건국헌법 제정(1948) II:
제헌국회의 정부형태 논의

1. 서론

이 장에서는 제헌국회 본회의의 헌법안 심의를 중심으로 헌법 제정과정을 고찰하고자 한다. 헌법 심의과정에서 헌법의 '내용'에 대한 논의만큼 중요했던 것은 헌법 제정에 소요되는 '시간'이었다. 정부 수립이 지연됨으로써 발생할 정치적 문제는 아무도 예측할 수 없었기 때문이다. '내용'과 '시간'에 대한 제헌의원의 태도는 나아가 헌법 제정의 정치적 의미에 대한 입장 대립으로 나타났다. 그런데 이 논쟁은 대체로 대통령중심제 옹호자와 의원내각제 옹호자 간에 진행되었다. 그러므로 특히 헌법 초안 중 정부형태에 관한 조항이 심의되는 과정을 살펴봄으로써, 제도에 관한 헌법 제정자들의 견해 차이 및 권력 경쟁과정을 검토하고자 한다.

이러한 고찰을 통해서 밝히고자 하는 점은 첫째, 헌법 제정자들이 헌법 제정을 둘러싼 정치현실을 어떻게 인식하였고, 이것이 헌법 제정에 임하는 태도 및 헌법 이해에 어떤 영향을 미쳤는가 하는 점이다. 그중 가장 중요한 것은 정치적 '분열'과 '안정'에 대한 인식이었다. 해방정국의 정치에 대한 오늘날 연구가 대개 강대국의 권력정치를 강조하는 경향이 있지만, 사실 당대의 헌법 제정자들이 주요한 문제로 인식했던 것은 극단적인 분열의 상황이었다. 이들은 시대적 과제로 독립, 통일, 민생을 강조하였지만, 현실정치는 완전히 분열과 혼란에 빠져 있었다.

둘째, 대통령제 옹호자와 의원내각제 옹호자들이 어떠한 원리에 기반하여 정부형태를 구성하고자 했는지를 살펴본다. 당대 헌법 제정자들 중 대통령제 옹호자들은 사상과 이념의 혼란, 군소정당의 난립 등을 정치적 불안정 요인으로 지적한 반면, 의원내각제 옹호자들은 국회와 정부의 정책상의 대립을 가장 우려하였다. 따라서 대통령제 옹호자들은 대통령제가 '효율적인 의사결정의 추진'과 '강력한 행정권의 실행'을 가능하도록 한다고 주장하였고 의원내각제 옹호자들은 '국회와 정부의 원만한 운영' 및 '정치적 책임 원리에 충실할 것'을 강조하였다. 그러므로 이 장의 분석을 통해 알 수 있는 것은 대통령제 헌법이 이승만의 정치적 의도 및 한민당의 타협에 의해서만 결정되었다는 설명은 헌법 제정의 일면만을 드러낸다는 것이다. 헌법 제정자들 사이에 대통령제에 대한 상당한 공감대가 형성되어 있었고, 또한 각 정파의 이해관계에 따라 대통령제에 대한 견해도 다양했기 때문이다.

셋째, 대통령제 옹호자와 의원내각제 옹호자들이 대통령 권한을 통제하기 위해 각기 헌법의 조항을 어떻게 수정하려 했는가를 고찰한다. 대통령제 옹호자는 한편으로 대통령의 권한사항을 국무원이 의결하도록 함으로써, 다른 한편으로 대통령의 인사권을 국무총리와 나누어 갖도록 함으로써 대통령을 견제하고자 하였다. 반면에 의원내각제 옹호자는 대통령의 권력을 통제하려는 이상의 방안이 실행되기 어렵다는 견해를 가졌다. 그들은 국회 우위의 권한을 확립하기 위해서 국회가 국무위원 임명권과 정부 불신임권을 가져야 한다고 주장하였다. 또한 대통령의 권한에 의해 국회 권한이 침해되는 것을 막기 위해서 대통령의 법률안 거부권이 허용되어서는 안 된다고 주장하였다.

넷째, 헌법 제정과정에서의 이승만의 역할을 검토한다. 이승만이 헌법 제정과 관련하여 어떠한 위치에 있었는지, 특히 제2독회 과정에서 이승만이 취한 태도와 입장을 중심으로 고찰하고자 한다.

2. 헌법 제정의 정치적 의미와 정부 구성원칙에 관한 논쟁

1) 헌법 제정의 정치적 의미에 관한 논쟁

헌법 심의 제1독회는 1948년 6월 23일부터 5일간 진행되었다. 6월 23일 제17차, 26일 제18차, 28일 제19차 회의에서는 의원들의 질문에 대해 헌법 기초 전문위원들의 답변이 있었고, 다음 6월 29일과 30일의 제20차, 21차 회의에서는 대체토론을 진행하였다. 이 절에서는 대체토론에서 이뤄진 논의를 중심으로 헌법 제정의 정치적 의미를 고찰하고자 한다.

먼저 6월 29일 제20차 회의에서 곽상훈 의원(무소속)은 대통령제와 단원제 국회를 주장하였다. 그는 "남북이 통일된 완전자주독립국가를 전취하는 가장 빠른 길은 대통령에게 전권을 주는 길"이라고 주장하였고, 장시간이 소요되는 헌법의 논의를 '불순한' 의도의 산물로 이해했다(국회사무처 1984(제20호), 10면).

우리 앞에는 이 완전자주독립국가를 전취하는 이외에 이런 소소한 일은 법리적이라든지 이론적이라든지 모든 의론을 다 버리고 우리의 독립 전취에 가장 빠른 길이라고 치는 것이 옳다고 생각합니다. (…) 대통령에게 전권을 주어서 독립전취하는 앞재비로 내세우자는 것이며 여러가지로 시간만 보내고 우리의 존귀한 목표는 달하기 어렵습니다. 완전자주독립국가를 전취한다면 우리 스스로 얼마든지 우리가 자각적으로 고취할 수 있다고 생각합니다. (…) 우리 국내가 또는 국제적 정세가 시간이 늦으면 늦은 것을 틈을 타서 우리가 우리의 대업을 이루는 데 여러가지 방해가 있다는 데 우리는 다 같이 알고 있습니다. 그런 까닭에 될 수 있는 대로 시간을 단축해야 합니다. (…) 양원제로 한다고 하면 (…) 추천하고 뽑는 데 있어서 한달 내지 두달이 걸릴 줄 믿습니다. 또한 남북통일이 아니니 이것을 단정으로 반대하니 이러한 것은 중앙정부 수립을 지연시키느라고 애쓰고 있는 것을 모릅니까. (…) 여기 반대의사니 무어니 설명이니 나는 그런 일을 하지 않는 것을 생각하고 있읍니다. 그런 까닭에 우리는 그러한 불순분자인 동지에게 시간을 줄 수 없습니다. (국회사무처 1948(제20호), 10면)

여기에서 곽상훈 의원은 첫째, 헌법에 관한 '법리적·이론적' 의논을 그만두고 '대통령에게 전권을 주는 헌법을 속히 만들어야 한다'고 주장하였다. 둘째, 그는 당시의 국내외 정세를 고려할 경우 양원제 주장 또는 대통령제 반대의사 개진 등이 더욱더 정부수립이 지연되게 만든다고 주장하였다. 그에게 중요한 것은 '시간'이었다.

이에 대해 김중기 의원(무소속)은 '우리나라를 구하기 위한 헌법이라면 토의도 말고 넘기자, 얘기도 말고 통과시키자는 분위기에 비애를 느낀다'고 말하였다.[1] 6월 30일 제21차 회의에서 이문원 의원은 또한 다음과 같이

---

1) 6월 29일 제20차 회의에서 김중기 의원(무소속)은 토론을 재촉하는 분위기에 대해 다음과 같이 발언하였다. "이것은 임시헌법이 아니고 우리나라를 구하기 위한 헌법이라면 토의도 말고 넘기자 얘기도 말고 통과시키자 이런 얘기를 많이 들었음에 대단히 비애를 느끼는 동시에 시기가 대단히 급하니까 우리는 여기에서 벗어나야겠다는 이런 의견을 가지고 나오신 것은 욕속부달(欲速不達)이라는 원칙을 모르고 계시는 이가 없지 않은가 (…) 헌법토의 가운데 의사일정에 결정하는 것이 없으면 하고 봅니다. 이런 의미에서 좀더 충분히 기회를 주어가지고 이 헌법 토의하는 데 있어서 우리가 이것을 역사문제를 해결하는 기본이 되고 불마(不磨)의 법전이 될 줄로 믿습니다"(국회사무처 1948(제20

주장한다.

국민의 대표로서 헌법에 대한 기본 태도가 어떻게 되어야만 할 것인가 여기에 대해서 나는 의문을 가지고 있는 것입니다. 원래 법리론적으로 우리가 이 헌법을 통과시켜야 할 것인가 또는 정세론적으로 이것을 치중해가지고 이 헌법을 통과시켜야 될 것인가 이러한 점으로 볼 때, 나는 당연히 헌법은 만년불멸의 대전인 관계로 순전히 이 헌법을 통과시켜놓고 정세에 따르는 것은 부칙적으로 해결할 수 있다고 그러한 태도로 보는 것입니다. 이러한 점을 볼 때, 이 국회는 너무 정세론적으로 흐르는 유감이 있다고 보는 것입니다. 그 예로 들 것 같으면, 하루 빨리 우리는 정부를 세워야 될 것이라 말을 합니다. 그러면 이 헌법을 어서 통과해달라고 합니다. 헌법기초위원단은 이 초안으로써 우리 독립을 확실히 인정한다고 보장이 될 것인가 나는 오히려 그러한 정세론으로 흐르지 않을 우리의 기본적 태도에 치중을 해서 그야말로 인민이 갈망하는 헌법을 반드시 통과함으로써 그 민중의 직접선거를 받아서 완전자주독립을 국내적으로 실현이 되고 국제적으로 승인이 되어야 할 것이라고 믿는 것입니다. (국회사무처 1948(제21호), 8의 1)

이문원 의원은 헌법 제정에 대한 기본태도를 '법리론'과 '정세론'으로 구분하였다. 그의 이러한 구분은 헌법에 대한 이해의 차이 및 헌법 심의태도와 관련되어 있다. 이문원 의원은 헌법을 "만년불멸의 대전(大典)"으로, 즉 헌법을 통해 바뀔 수 없는 국가의 근본성격이 확립되어야 할 것으로 인식했다. 김중기 의원 또한 헌법은 "역사문제를 해결하는 기본이 되고, 불마(不磨)의 법전"이 되어야 한다고 주장하였다.

반면에 대통령제 옹호자들은 헌법을 '당면한 정치적 과제에 대응하기

호), 36~37면).

위한 잠정적 처방책'으로 인식하고 있었다. 이문원 의원은 특히 대통령제 옹호자들이 국회의 헌법 심의과정을 생략하고 헌법 초안을 조속히 통과시키려 한다고 비판하였다.[2] 그 대표적인 예가 신상학 의원(무소속), 서정희 의원(한민당) 등이었다. 서정희 의원은 다음과 같이 말하였다.

> 대통령중심제냐 또는 국무총리중심제냐 하는 것도 여러분이 논쟁에 초점이 되어 있는 줄로 압니다. (…) 이 헌법이 상정된 지도 벌써 몇날이 되었읍니다. 그럼에도 불구하고 이 헌법의 대체토론 때문에 여러분의 고명하신 가르침을 받기 위해서 이 국회를 연 것 같아요. (…) 이 헌법은 제1조부터 100조까지 전폭적으로 나는 믿는다고 보아요. (…) 믿음이 없이는 일을 못 할 줄로 알아요. 우리가 단원제 또는 대통령중심제라고 하는 등등을 과거의 체험이나 경험이 없는 까닭에 어떤 것이 좋고 어떤 것이 나쁜지를 여러분이 체험해보신 이는 한 분도 없을 줄로 알아요. (…) 그러므로 이 헌법은 형식적으로 대체 토론해보았고 이제 축조토의해서 제2독회에 넘긴다는 형식을 밟게 된다고(…) 축조토의 같은 것도 역시 형식상으로 지내버리고 (…) 곧 빠르게 통과하고 정부를 조직해주시기를 바랍[니다]. (국회사무처 1948(제25호), 8~9면)

이처럼 서정희 의원은 헌법의 심의과정을 '형식적 절차' 정도로 이해하였다. 그는 대체토론과 독회에 대해 '형식'이라는 표현을 의식적으로 강조하고 있다. 왜냐하면 누구도 무엇이 좋은지 알 수 없다고 보기 때문이다. 논의되고 있는 정치체계를 아무도 경험해본 적이 없다는 사실은 확실

---

2) 윤재욱 의원은 헌법안 제2독회를 진행한 7월 5일 제25차 회의에서 "양원제를 채택하느냐 단원제를 채택하느냐 하는 문제를 그냥 표결에 부치자고 하니 그 사람의 의사도 물어보지도 아니하고 그대로 묵살하는 그것은 제2독회에 대해서 대단히 모순"이라고 반발하였다(국회사무처 1948(제25호), 31면).

제헌국회 본회의에서의 헌법안 제2독회 첫날 국호를 대한민국으로 결정하였음을 경축하며 제헌국회의원 명단과 사진을 호외로 보도한 『경향신문』(1948.7.1). 독립기념관 소장.

히 당대의 정치가들을 곤혹스럽게 했다. 그 결과 서정희 의원은 '토의'의 문제를 '믿음'의 문제로 전도시키고자 하였다. 그는 '입법가'(legislator)의 태도가 무의미함을 역설하면서, '신자'(believer)의 태도를 옹호하였다. 이러한 태도는 이승만 의장, 신익희 부의장 등 제헌국회 의장단에게도 일반적이었다. 그들의 목적은 헌법안의 조속한 통과였고, 이에 기반한 정부 수립이었다. 이승만은 1948년 7월 1일 제2독회 첫날 출석하여 다음과 같이 발언하였다.

국회의원 여러분이 제일 먼저 생각할 것은 이 안에서 누가 말을 잘하고 누구 의견이 고명하고 더 옳은 것이고 하는 이것이 문제가 아니고, 다만 우리가 일심(一心)으로 제일 우리 국회가 한인 전민권의 대표이니만치 시방 우리가 내부에서 토의나 혹은 어떤 시비를 하지 말고, 세계에 선포한 바와 마찬가지로 우리는 몇일 안에 헌법을 제정해가지고서 정부를 세울 수 있는 능력이 있다고 선언한 것이 허언이 되지 않도록 만들기만 목적을 삼아가지고, 일심으로 그 마음으로 나가야 될 것입니다. 지금 헌법에 대해서 여러 날짜가 걸린 것은 대체 어느 나라 법이 다들 그렇게 옳다고는 할 수가 없읍니다. 그러니까 정부를 수립한 후에 대개 고친다든지 하는 그러한 상태가 보입니다. 그래가지고 보면 우리도 지금 민족이 함께 뭉쳐가지고 주권을 찾아가지고 또 우리가 토론이나 의견을 이야기하는 것은 좋으나, 지금 정세를 보면 불온한 작난을 하는 도배도 있는 것을 알아야 합니다. (…) 좀 장단경중과 완급을 비교해서 작정하시기를 바랍니다. (…) 우리는 하루빨리 얼른 이것을 작정해서 만들어놓을 것입니다. 거기에 다소의 의도에 맞지 않는 것이 있다 하더라도 대체로 급한 것은 급하게 해나가는 것이 민주주의라고 생각해서 우리가 일을 해나가는 것입니다. 그런즉 우리가 예정한 헌법 통과된 날이 대단히 급한 만큼 얼른 앞으로 일을 급히 하시기를 바랍니다. (국회사무처 1948(제22호), 9면)

즉 그는 첫째, 누구 의견이 고명하고 더 옳은지 시비하지 말고 헌법을 속히 제정해서 정부를 세울 수 있는 능력을 보여줄 것, 둘째, 다소 맞지 않는 것이 있다 하더라도 시급한 것은 우선적으로 해나갈 것, 셋째, 장단경중과 완급을 고려해서 논의할 것, 넷째, 문제가 있는 조항은 정부를 수립한 후에 고치도록 할 것을 주장하였다. 요컨대 이승만은 정치란 언제나 '시간'에 의해 제약될 수밖에 없는 '선택'의 문제이며, 민주주의도 예외가 아니라고 역설하는 것이다. 그러나 이문원 의원 등 대통령중심제 헌법 초안에 반대하는 의원들의 생각은 달랐다. 김장렬 의원은 대통령제 옹호자들이 '비상시임을 들어 조속히 대통령제를 실시해야 한다'고 주장하고 있지만, 이러한 태도는 헌법 제정의 '원칙'과 '정치현실'을 혼돈한 결과라고 비판하였다. 그는 다음과 같이 말하였다.

〔대통령제〕지지파 국회의원들은 누구든지 미국 대통령의 예를 인용하면서 우리는 비상시인 만치 모든 건설을 위하여는 완강한 대통령제의 실시가 있어야 급속한 발전을 볼 수 있다는 것을 강조합니다. 나는 여기에 대하여 첫째, 일국가의 헌법 설정에 대한 근본정신이 법리로 보는 원칙성과 그 국가의 정치적 현실로 보는 특수성을 혼돈시 하지 말고 엄격하게 구별할 것과 어떠한 인격을 특정해서 장차 대통령으로 추대할 것을 전제로 그 실천에 해당한 구상을 갖지 않는 공허냉정(空虛冷靜), 단 국가 만년의 기본이념만을 고집한 정신이라야 합니다. 이러한 정신으로 구성하는 헌법은 국가와 민족으로 하여금 민주주의적인 발족을 기약할 수 있는 것이 출현될 것을 믿는 바입니다. (국회사무처 1948(제20호), 39면)

그는 헌법에 대한 두 가지 태도를 비판하였다. 첫째, 이문원 의원이 지적한 바와 같이 헌법 제정의 '법리상의 원칙성'이 '정치적 현실이라는 특수성'에 의해 침해되어서는 안 된다는 것이다. 둘째, 그는 장차 대통령으로 추대될 특정한 인물을 상정하고 헌법을 제정해서는 안 된다고 주장하였다. 그러나 김장렬 의원이 지적한 이러한 두 특징은 이미 제헌국회의 '전반적인 분위기'를 형성하고 있었다. 제5장에서 살펴본 헌법 원안의 수정과정은 그 단적인 예를 보여준다.

이상의 논쟁을 살펴보면, 제헌 당시 헌법 제정자들은 양극단으로 치우쳐 있었다. 의원내각제를 옹호한 의원들은 대체로 헌법을 "불멸의 대전" "국가만년의 기본이념" "불마의 법전"으로 간주함으로써 형이상학화하려는 입장이 강했고, 반면에 대통령제 옹호자들은 당면한 정치적 현실에 경도되었다.

헌법 제정은 새로운 정치질서의 창설을 의미한다. 그러나 다른 측면에서 보면, 한 국가가 어떠한 정치이념과 정치질서를 택해야 할 것인가는 헌법의 성문화 이전에 이미 현실로서 존재하는 것이다. 즉 정치현실은 헌법에 선행하는 것으로서 어떤 의미에서 헌법 제정은 이러한 정치현실을 선언하는 의미를 가지는 데 불과하다고 볼 수 있다. 그런데 헌법 제정자들 중 특히 의원내각제 옹호자들은 헌법 제정의 이러한 성격을 간과한 측면이 있다. 반면에 대통령제 옹호자들은 급박한 정부 수립 목적에 당면하여 헌법 제정이 '통합된 지혜'를 도출는 과정이어야 함을 경시하였다.

2) 정부형태의 구성원칙에 관한 논쟁: 대통령제와 의원내각제의 대립

다음은 정부형태의 구성원칙에 관한 논쟁을 살펴보기로 한다. 제헌국회 본회의 심의과정에서 대통령제 옹호자들은 행정의 실질적 권한을 대통령에게 귀속시키는 대통령중심제가 의원내각제보다 정국을 안정시킨다고 주장하였다. '대통령제=정국 안정' '내각제=정국 혼란'이라는 도식은 대부분의 대통령제 옹호자들에게 광범위하게 받아들여졌다.

대통령제 옹호자들은 첫째, 한국사회가 직면한 현실인식에 기반하여 대통령중심제가 '신속 과감하고 효율적'이라고 주장하였다. 진헌식 의원(독촉)의 주장을 살펴보자.

행정권의 실질적 권한을 대통령에 귀속시키느냐 그렇지 않고 국무총리를 위시한 국무원에게 귀속하느냐 하는 문제는 가장 심각하게 의론되었다. (…) 만일 국민의 대다수가 내각책임제에 안전감을 느낀다면 그 제도를 채용하는 것이 정치적 상도라고 할 것이다. 만일 우리가 신생국가의 건설에 있어서 비약과 전환을 요하며 쇄신과 추진을 희망한다면 대통령책임제를 채용함으로써 그 목적을 기도할 수 있다. 우리는 의원내각제로부터 배태되는 정부투쟁에 관한 흑막과 알력을 제거하고 안정된 경우에서 일의전심, 국민의 복리증진에 노력할 수 있는 정부를 갖게 될 것이며 신속 과감한 행정을 약속할 것이다. 대통령책임제는 곧 독재를 초래한다는 오해가 있는 듯하나 헌법에 의하여 국민의 기본권을 보장하며 입법기관이 엄존한 이상 대통령은 어떠한 의미와 어떠한 형태에서도 군주주의에서와 같은 전제와 또 독재를 할 수 없을 것이니 그것은 미국의 실례가 입증하는 바이다.[3] (국회사무처 1948(제20호), 11~12면)

그는 신생국가라는 특수한 상황에서는 무엇보다 "신속 과감한 행정"이 요구되므로 대통령제를 채택하면 정치적 안정을 이룰 수 있다고 주장하였다. 그는 또한 의원내각제가 '부패'와 '정치불안'의 폐단을, 대통령제가 '독재'의 위험성을 가지고 있다는 점을 지적하였다. 그러나 그는 헌법의 권위와 입법부를 신뢰하는 입장에서 대통령제를 옹호하였다. 이는 제헌의원들이 '일종의 군주정'의 탄생에 상당한 경각심을 가지고 있었던 동시에, 대통령의 권한이 확대될 위험에 대해서는 낙관적이었음을 보여준다.

더욱이 대통령중심제 옹호자들은 국회제도에 대한 논의에서도 효율성을 강조하였다. 진헌식 의원(독촉)은 정치운영에서 '양원제가 발휘하는 기능적 견제와 조절의 작용'을 고려할 경우 원칙적으로 찬성하지만, 우리의 실정에는 입법의 효율성을 추진할 수 있는 단원제가 더 적합하다고 주장하였다.[4]

---

3) 진헌식 의원의 이러한 주장은 시간 초과로 본회의에서 발언되지 못하고 속기록에 등재되었다.

4) 선거를 치른 후인 5월 25일 재남 이북인대표 80여명은 독촉 회의실에서 회의를 열었다. 그들은 양원제를 채택할 경우, 상원에 이북인대표 의석을 요구할 것이며 만일 단원제를 실시할 경우에는 국회 내에 이북인 특설분과위원회를 설치할 것을 결의하였다. 또한 국회 내에서의 발언권만이라도 인정하라는 요구를 관철시키기 위하여 강력한 운동을 전개하기로 결정하였다(『조선일보』 1948.5.27). 그 다음날 이승만은 기자회견에서 양원제에 대해 의견을 밝혔다. "양원제가 좋다는 설도 있으나 이번 국회의 최대 과제는 정부 수립에 있으니 앞으로 정부가 수립된 후 소집되는 국회는 상하 양원제로 되는 것도 좋으리라고 생각한다. 그러나 상원의원은 지역적으로 선출되느니보다 중의공론에 의한 인물 본위로 해야 할 것이다"(『조선일보』 1948.5.27).

정치 운영의 실지에 있어서 양원제가 보유하며 발휘하는 기능적 견제와 조절의 작용의 결과로써 기대할 수 있는 온건타당한 국가 의사의 결정 등을 우리는 높이 평가하는바 (…) 단원제는 입법작용의 효율적인 추진을 약속할 것이며 양원제는 국가 의사의 합리적인 발현을 재래(齎來)할 것이니, 전자는 당면된 우리의 입장에 부합할 것이오, 후자는 정상적인 사태에 적응할 것이다. 우리의 현재 입장을 고려함으로써 단원제가 실정에 부합되므로 우리가 반드시 단원제이어야 된다고 역설합니다. (국회사무처 1948(제20호), 11~12면)

요컨대 국가의 의사결정은 '합리적이고 온건타당'해야 하나, 이것은 정상적인 상태의 경우에나 그러하다. 당면한 현 정세로 볼 때 '효율적인 추진'이 더 긴요하다는 것이다. 김준연 기초위원(한민당)도 "건국 초기에 모든 일을 신속하고 과감하게 해나갈 필요" 때문에 단원제를 채택했다고 말하였다(국회사무처 1948(제21호), 27면).[5] 당면한 정치적 상황에 기반한 정치의 '효율성'에 대한 강조는 현대 한국정치의 핵심적인 특징의 하나이다.

국회제도에 대해서는 유진오 전문위원도 동일한 인식을 갖고 있었다. 그는 각국의 양원제 역사를 예로 들어, "민의원은 급진적인 경향을 대표하고 참의원은 보수적인 경향을 대표해서 그 양 세력이 서로 견제"가 가능하도록 한 제도라고 말하였다. 그러나 그는 "우리가 구상한 양원제도가 반드시 그런 보수적인 세력으로서 견제하려고 한 것이 아니라 중요한 국가의

---

5) 김준연 의원은 단원제를 채택한 정치적인 이유를 다음과 같이 말하였다. "이 국회에서 대통령을 선거하고 정부를 수립하지 않으면 안 된다는 것인데 양원에서 선거한다고 해 가지고 여기에만 선거한다고 할 것 같으면 그것이 또 불완전하다는 그런 말을 들을 염려가 있읍니다. 그러므로 이 헌법이 완전히 작정되어가지고 이 단원에서 대통령을 선거하는 것이 필요하다는 그 의미에서 단원제를 채용하는 것입니다"(국회사무처 1948(제21호), 28면).

의사결정을 좀더 신중하게 — 참의원에서 재검토할 기회를 가지므로— 할 수 있다"고 주장하였다(국회사무처 1948(제17호), 10면). 즉 그는 국회제도의 핵심이 국가 의사결정의 '신중성'에 있다고 보았다. 그러기 위해서는 양원의 상호견제가 필수적이다. 따라서 그는 원칙적으로는 양원제에 찬성하였다.[6] 제헌의원들은 양원제가 이와 같은 '신중한 토론'을 가능하게 한다는 점에 대해서는 대체로 이의가 없었던 것 같다.

그럼에도 불구하고 유진오 위원이 헌법 초안에서 단원제를 채택한 것은 '정세'를 고려했기 때문이었다.[7] 진헌식 의원과 마찬가지로 유진오 전문위원 또한 당시의 현실인식에 기반하여 좀더 효율적인 제도의 필요성을 인정했다. 유진오는 이미 6월 23일 제17차 회의에서 다음과 같이 말했다.

헌법기초위원회에서는 이 건국 초기에 있어서 참의원을 구성하기 위해서 복잡다단한 사무를 진행시키는 것은 도리어 지장이 있다고 해서, 원칙적으로 참의원이 필요하다는 것은 인정되었으나 우선 이것을 설치하지 아니하고 단원제로 나가기로 결정이 된 것이올시다. (…) 장점은 국가의 의사가

---

6) 유진오는 헌법기초위원회 제1독회 대체토론에서 다음과 같이 말했다. "양원제에 대하여 반대의견이 나왔다. 한민당계는 의사의 지연과 팽창을 이유로 들었고 (…) 나는 미국 초대 대통령 워싱턴과 3대 대통령 제퍼슨의 고사를 들어 '참의원은 민주의 횡포나 경솔을 견제하고 시정하기 위하여 필요한 것'이라고 답하였다"(유진오 1980, 52~53면). 그러나 양원제를 의회의 운영 측면에서 접근하는 유진오 위원, 진헌식 의원과는 달리, 서순영 의원은 "민의원 조직을 위한 선거제도에 대하여 절대적 공평과 자유를 보장치 못한다는 사상에서 다시 말하면 민주주의하의 소위 다수결원칙을 회의하는 태도에서 그것을 보족하는 데 주인(主因)이 있다"고 주장하였다(국회사무처 1948(제20호), 19면).

7) 유진오의 회고록에서는 자신이 단원제를 주장한 것에 대해 언급하고 있지 않다. 그는 헌법기초위원회 제2독회에서 번안된 단원제와 관련하여 다음과 같이 말한다. "어쨌든 '국회는 민의원과 참의원의 양원으로써 구성한다'는 〔헌법〕원안 제31조는 기를 쓰고 내가 방어했는데도 불구하고 싱겁게 삭제되어 우리 국회는 단원제가 되고 말았다. 그러나 이 문제는 나의 학문적 소신에 치명상을 주는 것은 아니었기 때문에 약간 불만이기는 하였어도 그대로 넘어갔다"(유진오 1980, 56~57면).

한번 결정되면 그대로 나가게 되니까 문제가 신속하게 처리될 수 있는 것입니다. 한번 결정한 것을 참의원에 가지고 가서 다시 재검토한다 하면 시간이 지연될 것인데, 그런 폐단을 없이 하고 신속하게 국가의 중요한 일을 정해나가는 데 있어서 단원제가 장점이 있다고 하겠습니다. (국회사무처 1948(제17호), 10면)

즉 그는 단원제 국회를 찬성하는 근거로 양원제 구성의 현실적 어려움과 국가 의사결정의 신속함을 강조하였다. 서이환 의원(무소속) 또한 원칙적으로 '양원제'와 '대통령 직접선거' '의원내각제'를 찬성하면서도 "현하 국제정세의 긴박성과 국내정세의 복잡성"을 이유로 "초안의 단원제와 대통령간선제도, 그리고 대통령중심제"를 찬성한다고 주장하였다(국회사무처 1948(제21호), 16면).

둘째, 대통령제 옹호자들은 사상과 이념 분열이 만연한 한국사회에서는 대통령제가 의원내각제보다 타당하다고 주장하였다.

제50조[8] 행정권은 대통령책임제로 함이 가당하다. (…) 현 우리 사회는 혼란에 빠져 있을 뿐만 아니라 사상과 이념이 일정한 궤도에 입각하지 못하고 좌우로 흔들려 있으며, 정당도 이념이 통일된 완전한 조직체로 된 것이 극소수이다. 그러므로 이러한 사상, 이념이 혼란한 이때에 내각책임제로 한다면 일개인이 잘못하더라도 불신임안을 제출하여 내각은 혼란을 초래하며 국회는 해산까지 이르게 되는 것이다. 우리의 긴급한 문제, 즉 38선 교수선을 깨뜨리고 시급히 민생문제를 해결하지 아니하면 아니 될 이때에 (…) 38선을 깨뜨리기까지는 대통령책임제로 함이 가당하다. (국회사무처 1948(제20호), 33면)

---

8) "제50조 대통령은 행정권의 수반이며 외국에 대하여 국가를 대표한다."

이상에서 송봉해 의원(독촉)은 정국혼란이 사상과 이념의 혼란에서 기인하며, 이러한 상황에서는 의원내각제가 오히려 정국을 불안하게 한다고 주장하였다. 조한백 의원(무소속) 또한 '남북통일과 민족의 사상통일' '민생문제 해결' 등 '다사다난한' 정치적 상황에서 '내각의 경질'은 빈번한 정치적 혼란을 초래한다고 주장하였다(국회사무처 1948(제21호), 18면). 이항발 의원(무소속)도 "8·15 이후 모든 현상을 보면 각당각파가 있어 스스로 파쟁함으로 말미암아서 정치적으로 경제적으로 혼란"했고, 따라서 "대통령제를 실시"하면 "악습적인 그러한 분위기가 없어지고 의회 내 통일이" 이루어진다고 주장했다(국회사무처 1948(제20호), 44면).

셋째, 대통령제 옹호자들은 대통령중심제가 국회와 정부를 서로 불신임하지 않도록 하기 때문에 정치안정을 보장할 수 있다고 주장하였다. 이원홍 의원(독촉)은 다음과 같이 말했다.

정부가 안정되려면 내각제보다 대통령제라야 합니다. 정부는 국회와 갈리어 있음으로 정부는 국회에 대하여 책임을 지지 아니하는 동시에 국회는 정부에 대하여 불신임안을 제출하지 못하고, 뿐만 아니라 대통령은 국회에 대하여 해산 명령을 발할 권리도 없거니와 또한 필요도 없습니다. 그러므로 정변이 없어서 정부는 자연 안정하게 되는 것인즉 건설 초의 우리나라에 있어서는 대통령제가 적당합니다. 혹은 대통령제를 취하면 대통령과 국회가 의견대립될 때에는 혁명 이외에는 아무 해결책이 없다고 하며 남미의 예를 들고 있으나, 대통령제라고 하여서 반드시 혁명이 있는 것이 아니요 내각제라고 하여서 반드시 혁명이 없는 것은 아닙니다. 미국은 대통령제를 오래동안 실시하였으나 각종 혁명이 일어난 일이 없고, 그 어떠한 나라는 내각제를 실시하여왔으나 각종 혁명이 일어난 것은 역사가 증명하는 바이니, 혁명은 결코 대통령제에 있는 것이 아니요 민족성 여하가 큰 원인이 되고 있

는 것입니다. (국회사무처 1948(제20호), 20~21면)

요컨대 그는 대통령제하에서 대통령과 국회가 대립할 경우 혁명 이외에 방법이 없다고 주장하는 의원내각제 옹호론자들의 견해에 반대하였다. 제5장에서 살펴본 바와 같이 헌법 초안 작성과정에서 유진오 전문위원은 이승만과 회견하는 자리에서 이를 근거로 의원내각제를 주장한 바 있다. 그러나 이원홍 의원은 혁명 발발이 '결코 대통령제 제도 자체에 기인하지 않는다'고 주장하였다.

이상에서 보듯 진헌식, 송봉해, 이원홍 등 독촉계 의원들과 서이환, 이항발, 조한백 등 일부 무소속 의원들은 대통령중심제가 효율적인 의사결정을 가능하게 하며 강력한 행정력을 행사하게 함으로써 정국안정에 기여할 수 있다고 주장하였다. 그들이 내세운 것은 '효율적인 정치와 강력한 행정력'이었다. 이들의 논의를 보면 결국 당시의 정부형태에 관한 논의가 단지 이론적 문제만이 아님을 분명히 알 수 있다. 이승만의 대통령제 주장이 그의 개인적인 야심의 소산이라고 해도, 신속하면서도 강력한 집행력을 발휘할 수 있는 대통령중심제에 대한 공감대도 상당히 형성되어 있었던 것이다. 다만, 대통령제가 민주적으로 운영되기 위해서는 권력을 제한할 수 있는 법치주의와 민주적 견제장치가 반드시 필요했다. 1987년까지 한국정치사는 이러한 민주적 견제·균형 씨스템을 마련하기보다 한 개인의 리더십에 의존했던 정치적 비극의 역사이기도 하다.

이상의 대통령제 찬성의 근거와 달리, 의원내각제 옹호자들은 첫째, 정치적 책임 문제를 해결하는 데 내각책임제가 더 용이하다고 주장하였다. 강욱중 의원(조선민족청년단)은 다음과 같이 주장하였다.

대통령책임제의 장점〔은〕 정변을 피했다는 것 이런 이유입니다. 정변이라는 것은 반드시 해석하기에 달렸다고 생각합니다. 이 정변은 국민이 정부를 불신임할 때 현실을 타파하기 위해 정변을 일으킵니다. 반드시 정변은 현실을 개혁하는 것입니다. (…) 이 국무위원책임제를 확인해서 정부가 부패할 때에 국회에서 불신임을 행사하고, 국회가 부패할 때에는 정부에서 해산권을 행사시켜 이 정치를 언제든지 생생하고 언제든지 쇄신적인 그러한 정국을 만드는 것이 좋을 줄 생각해서 대통령책임제보다도 국무책임을 주장합니다. (국회사무처 1948(제20호), 15면)

즉 그는 국회의 정부 불신임과 정부의 국회 해산이 정국을 불안정하게 만들기보다 오히려 부패한 정치를 '개혁'하고 정국을 '쇄신'하는 계기가 된다고 주장하였다. 정준 의원(무소속) 또한 "과거의 모든 현실을 볼 때 '지도자'가 잘못했기 때문에 우리 인민들이 많이 고생을 했다"고 지적하고 "내각책임제를 실시해서 만일 그 정치가 잘못할 때에는 이것을 불신임"할 수 있어야 한다고 주장하였다(국회사무처 1948(제20호), 31면). 신성균 의원(무소속)도 "대통령을 간선으로 선거할 것 같으면 내각책임제로 해서 우리가 탄핵의 길을 열어"두어야 한다고 주장했다.

대통령을 정해서 임기 중 4년이라는 것은 그 대통령이 가장 현명한 사람이면 모르거니와 현명치 못한 사람이라 할 것 같으면 우리는 4년간 전제를 받아야 할 것입니다. 대통령책임제로 해놓고 탄핵의 길을 잘 보세요. (…) 다수당을 점령하는 그 사람들 중에서 재판하는 것이 가능하냐 안 하냐 이것은 고칠 필요가 있습니다. 국무위원 이하 전부 대통령이 임명한다 만약 대통령이 잘못 임명해가지고 우리 국민을 유린하고 학정을 하고 그 사람만 쫓아내면 대통령은 또 자기의 좋은 사람을 임명할 수 있다는, 이러한 민주주의가 어디 있습니까. (국회사무처 1948(제20호), 29면)

신성균 의원은 대통령제를 택하여 현명하지 못한 대통령을 선출할 경우

대통령의 탄핵이 현실적으로 가능하지 않음을 지적하였다. 대통령의 탄핵
소추는 의원 50인 이상의 연서(連署)가 있어야 하며, 그 결의는 재적의원
2/3 이상의 출석과 출석의원 2/3 이상의 찬성이 있어야 한다. 또한 대통령
을 탄핵 심판하는 탄핵재판소는 대통령이 임명한 대법원장이 재판장이 되
고 대법관 5인과 국회의원 5인이 심판관이 된다. 이들의 2/3 이상의 찬성
이 있어야 대통령의 탄핵이 가능하다. 헌법 초안의 이러한 규정에 따를 경
우, 다수당에 의해 선출된 대통령의 탄핵은 사실상 불가능하다는 것이다.
더욱이 육홍균 의원(독촉)은 이와 같은 국회에 의한 대통령 탄핵은 "정치적
책임을 받는 의미가 되지 못한다"고 주장하였다(국회사무처 1948(제20호), 13면).
즉 헌법상의 소송제도는 개별적으로 위헌 사항에 대해 처벌하는 것이므로
'정치적 책임'을 묻는 내각의 연대책임제와는 큰 차이가 있었던 것이다.

둘째, 의원내각제 옹호자들은 다수당 내각이 행정을 담당하면 오히려
국회와 정부가 원만하게 운영되어 정국을 안정시킬 수 있다고 주장했다.
김장렬 의원(무소속)은 대통령중심제가 정국안정에 기여한다는 주장에 반
대하였다.

헌법기초위원들이 말하는 것은 우리는 비상시인 만치 대통령 집권주의
를 고집한다는 것이나 그것은 일국가 정국안정의 원리가 더욱이 민주정권
국가에 있어서 대통령 집권주의의 실시에 있는 것이 아니라는 것을 확실히
알아야 한다. 민주주의 정치현실에 있어서는 정부가 국회와의 긴밀한 협조
를 얻지 못하고는 결코 정국의 안정을 기할 수 없다는 것이다. 어떠한 정부
를 구성함으로써 과연 국회와 원만한 관계를 맺을 수 있는지 국가수반이나
전국민의 관심적 촛점이 되는 것입니다. 우리 정부가 원내에서 되든지 원외
에서 되든지 원내 원외의 연립으로 되든지 그 어느것이 된다 할지라도 결
국 국회와의 원만한 협조를 떠나서는 그 정부로서 국정을 행하기 어려울 것
이고, 따라서 정국의 안정을 확보하기가 어려울 것입니다. 설혹 헌법에 국

회로서 정부에 대한 불신임안 제출권이 없다 할지라도 그 정부의 모든 정책은 실현되기 어렵다는 것입니다. 하물며 국민이 신임한 국회의 정책에 위배되는 행정에 있어서랴. 여기에 한가지 더 말할 것은 민주주의 국가군의 과거나 현재에 있어서 의원내각제를 실시하는 국가가 많으니, 그것은 의원 내에 다수당원을 내포한 대정당으로 하여금 정부를 담당하게 하는 것입니다. 대정당은 국민이 신임이 큰 것이요 또한 국회를 좌우하게 되는 것이므로 정부와 국회를 원만하게 하는 정치적 요청에 부합케 하고자 하는 행사인 것입니다. 여기에 소위 정당 상도의 원리가 있다는 것도 참고하여야 할 것입니다. 정치결사는 자유임에 금명일간이라도 원내의 대다수 국회의원을 포함한 대정당이 출현한다면 그야말로 우리 비상시의 정국안정을 담당하고 모든 건설을 위하여 강력적으로 추진할 수 있는 의원내각제가 실현될 수도 있는 것입니다. 이것이 대통령중심제보다도 모든 의미로 보아서 얼마나 강력적인 것을 알 수 있는 것입니다. 또 대통령은 일국가의 대표요 국내 모든 통치권의 총괄자입니다. 행정의 직접책임기관은 내각인 만치 모든 행정에 대한 책임은 그 행위기관인 내각에 지워야 타당할 것이므로 이러한 모든 이유 아래서 대통령직접선거제와 내각책임제를 우리 헌법에 원칙적으로 규정할 것을 주장하는 바입니다. (국회사무처 1948(제20호), 39~40면)

김장렬 의원은 '국회와 정부의 긴밀한 협조가 정국의 안정을 확보할 수 있다'고 주장하였다. 즉 '국회와 원만한 관계를 맺을 수 있는 정부의 구성'이 정치안정의 핵심이라는 것이다. 그러므로 그는 다수당 의원으로 구성된 정부내각만이 국회와 원만한 관계를 유지할 수 있다고 주장하였다. 김장렬 의원은 건국 초기이지만 정치적 결사가 보장되어 있으므로 '대정당'으로의 통합이 가능하리라고 여겼던 것 같다. 그는 '대다수 (제헌)의원을 내포한 대정당'으로 행정의 책임기관인 내각을 구성하여 '강력한 의원내각제'를 실시할 것을 주장하였다.

대통령제 옹호자들이 사상과 이념의 혼란, 군소정당의 난립 등을 정치적 불안정 요인으로 지적한 반면, 김장렬 의원은 국회와 정부의 정책상의 대립을 가장 우려하였던 것이다. 그는 또한 행정의 신속하고 효율적인 추진에서 정치의 강력함을 찾은 대통령제 옹호자와는 달리, 의원내각제가 국민의 직접신임에 근거하고 있기 때문에 더욱 강력하게 정치를 할 수 있다고 인식했다.

국회와 행정부의 대립과 이로 인한 정국 불안은 실상 이후의 정치과정에서 피할 수 없는 문제가 되었다. 그리하여 '지도자' 혹은 '국부(國父)'의 입장에서 어떠한 정치세력의 결집 없이 전권을 행사하고자 했던 이승만도 마침내 자유당을 창당하여 국회 장악에 나섰다. 한편 서정희 의원의 불신과는 달리, 김장렬 의원의 주장에서 알 수 있듯 당대의 헌법 제정자들은 정치권력의 구성과 관련한 문제들을 대단히 명철하게 이해하고 있었다.

3. 국회와 정부의 권한에 관한 상이한 해석

이 절에서는 헌법안 제2독회 심의과정에서 이뤄진 국회와 정부의 권한에 관한 논쟁을 고찰하고자 한다.[9] 앞에서 언급한 대로 헌법 초안에서 대통령 권한은 모호하게 설정되었다. 이승만은 당시의 정치현실에서 '강력한 대통령제가 안정적이다'라는 견해를 주장하였고, 반면에 한민당은 '강한 대통령은 항상 통제되기 어렵다'는 견해를 주장하였다. 이러한 대립의 결과로 대통령제를 취하되 "대통령의 권한에 속한 사안을 국무회의의 의

---

9) 헌법 심의 제2독회는 제22차(7.1), 제23차(7.2), 제24차(7.3), 제25차(7.5), 제26차(7.6), 제27차(7.7) 회의에서 진행되었다. 이상 여섯번의 회의 중 제25차와 제26차 회의에서 정부형태에 관해 독회를 진행하였다.

결"(헌법 초안 제67조)을 거치도록 규정되었다.[10] 즉 헌법 초안은 국무에 관한 결정권과 책임소재가 불분명하였던 것이다.

　제헌의원들은 이와 같은 모호한 대통령 권한 설정에 대해 대체로 네가지 입장을 개진하였다. 첫째, 이승만과 유진오(중기),[11] 그리고 일부 독촉 의원들은 정세적 입장에서 행정에 관한 전권을 부여하는 강력한 대통령제가 타당하다는 입장을 취했다. 그들은 국무원을 합의체로 운영하는 것에 반대했으며, 이승만이 강력히 주장한 대통령의 국무총리·국무위원 임명권, 법률안 거부권을 주장했다. 둘째, 김준연, 조헌영 등의 한민당 의원들은 대통령의 권한사항을 국무원이 의결하도록 함으로써 대통령을 견제하고자 했다. 셋째, 유진오(후기)와 독촉 일부, 그리고 일부 무소속 의원들은 대통령의 인사권을 국무총리와 나누어 갖도록 함으로써 그것을 실현하고자 하였다. 넷째, 일부 무소속 의원들은 대통령의 권력을 통제하려는 이상의 방안이 실행되기 어렵다는 견해를 가졌다. 그들은 국회 우위의 권한을 확립하기 위해서 국회가 국무위원 임명권과 정부 불신임권을 가져야 한다고 주장하였다. 또한 대통령의 권한에 의해 국회 권한이 침해되는 것을 막기 위해서 대통령의 법률안 거부권이 허용되어서는 안 된다고 주장하였다. 이 절에서는 대통령제의 틀 내에서 대통령의 권한을 통제할 방안을 모색한 두번째, 세번째 입장과 마지막의 의원내각제 입장을 중심으로 살펴보고자 한다.[12]

---

10) 헌법 초안 "제67조 국무원은 대통령과 국무총리 기타 국무위원으로 조직되는 합의체로서 대통령의 권한에 속한 주요 국책을 의결한다"(국회사무처 1948(제17호), 5면).

11) 유진오 헌법기초 전문위원은 헌법 제정과정에서 의원내각제(전기), 강력한 대통령중심제(중기), 그리고 제한적 대통령중심제(후기) 순으로 입장 변화를 보인다.

12) 헌법 초안 기초과정에서는 의원내각제가 다수의 지지를 받았지만, 본회의 헌법 심의 과정에서는 대통령제 옹호자가 다수였다. 헌법기초위원회에서 의원내각제를 옹호했던 한민당 등이 대통령중심제로 선회하였고, (헌법 초안 단계에서 어떤 입장을 지지했는지 분명하지 않지만) 독촉, 무소속세력 다수는 대통령제를 지지하였다. 김홍우에 의하면

1) 대통령 권한 행사의 통제

(1) '국무원 합의체'에 의한 대통령 권한 통제

대통령중심제를 옹호한 의원들은 국무원을 합의체로 운영하는 규정에 대해 두 가지 입장으로 대립하였다. 하나의 입장은 '대통령의 의사'와 '국무원의 결의'가 상치될 때 국무원 결의를 우선할 것을 주장하였으며, 또하나의 입장은 대통령에게 좀더 강력한 권한을 부여할 것을 주장하였다. 표결 결과, 국무원을 합의체로 운영하는 문제는 해석상의 이견을 좁히지 못한 채 헌법 초안의 내용과 동일한 안이 가결되었다. 즉 제헌의원들은 국정이 대통령 '단독'이 아닌 국무원의 '의결'에 의해 운영되어야 한다는 점에 대체로 동의하였으나, 그 최종결정권이 누구에게 있는지에 대해서는 명확히 규정하지 않았던 것이다. 결국 이 문제에 대해 헌법에 보다 분명하게 규정하지 않음으로써 실제 운영에 있어서 많은 분쟁이 초래되었다. 아래에서는 이와 관련해 헌법 초안 제67조[13]와 제71조[14]의 해석을 둘러싼 논쟁을 살펴보고자 한다.

6월 28일 제19차 회의의 질의응답 과정에서 권승렬 전문위원과 김준연

헌법안 제1독회 과정에서의 대통령제 찬성자가 26명, 의원내각제 찬성자가 17명이었다 (김홍우 1997, 236~37면).

13) "제67조 국무원은 대통령과 국무총리 기타의 국무위원으로 조직되는 합의체로서 대통령의 권한에 속한 중요국책을 의결한다"(국회사무처 1948(제17호), 5면).

14) "제71조 좌의 사항은 국무회의의 의결을 경(經)하여야 한다. 1. 국정의 기본적 계획과 정책 2. 조약안, 선전, 강화 기타 중요한 대외정책에 관한 사항 3. 헌법개정안, 법률안, 대통령령안 4. 예산안, 결산안, 재정상의 긴급처분안, 예비비 지출에 관한 사항 5. 임시국회의 집회요구에 관한 사항 6. 계엄안, 해엄안 7. 군사에 관한 중요 사항 8. 영예수여, 사면, 감형, 복권에 관한 사항 9. 행정각부간의 연락사항과 권한의 획정 10. 정부에 제출 또는 회부된 청원의 심사 11. 대법관, 검찰총장, 심계원장, 국립대학총장, 대사, 공사, 군사령관, 군참모장, 기타 법률에 의하여 지정된 공무원과 중요 국영기업의 관리자의 임면에 관한 사항"(국회사무처 1948(제17호), 5면).

기초위원(한민당)은 특히 제67조의 해석을 놓고 견해를 달리하였다. 김경도 의원(독촉)은 "헌법 제71조에 대통령의 권한을 부여해놓고 또 국무회의의 결의를 겸하라 한 것은 그 결정권이 누구에게 있으며 책임소재가 누구에게 있는가"라고 질의하였다(국회사무처 1948(제19호), 15면). 이것은 대통령의 강력한 권한과 국무원을 통한 견제의 딜레마를 지적한 것이었다. 김준연 의원은 다음과 같이 말하였다.

> 지금 전문위원 권승렬 씨가 (…) 말씀하시기를 합의체로서 대통령의 권한에 속한 그것이 의결되더라도 대통령이 불가하다고 할 것 같으면 집행 안 할 수가 있다. 그와 같은 말씀을 했지만 나의 해석은 그와 같지 않습니다. 합의체로서 대통령도 일원이 되어가지고 대통령이 의장이 되어가지고 다수결로 결정한 이상에 설령 대통령 의사에 불만이 있다고 하더라도 대통령은 합의체의 의장으로 그것에 복종하지 아니하면 안 될 줄로 생각합니다. 이것이 우리나라 대통령중심제와 미국헌법에 있는 대통령중심제와는 다른 것입니다. 미국에서는 국무부, 내무성 등등 장관이 있지만 대통령의 보좌관이라는 것 그것은 서기에 지나지 않습니다. (…) 대통령을 국무회의의 일원으로 국무회의의 의장으로 만들어졌다 그러므로 대통령도 그 결의에 복종해야 한다는 것이 기초위원의 의견이라고 나는 생각합니다. (국회사무처 1948(제19호, 13면)

즉 대통령과 국무원의 결의가 상치될 경우 김준연 의원은 '국무회의의 의장인 대통령은 회의체(국무회의)에 복종해야 한다'고 주장하였다(국회사무처 1948(제19호), 13면). 그는 또한 바로 이러한 특징이 미국의 대통령중심제와 다른 점이라고 강조하였다. 반면에 권승렬 위원은 "행정의 권한이 누구에게 속하느냐에 문제가 있는 것"이라고 답변했다. 즉 전자는 '국무원의 결의'를, 후자는 '대통령의 의사'를 따라야 한다는 것이다(국회사무처

1948(제19호), 13~14면;『조선일보』1948.6.29).

국무원에서의 대통령 지위문제와 관련해서 김준연 의원은 6월 30일 제 21차 회의에서 좀더 구체적으로 언급하였다. 헌법기초위원이자 한민당 의 핵심인물이었던 그는 대통령제 헌법으로 수정하는 데 주도적인 역할을 한 바 있다. 그의 이 발언은 그가 어떠한 입장에서 헌법의 운영을 구상하고 대통제로 수정하고자 했는지를 잘 보여준다.

> 대통령중심제를 취한다고 하더라도 대통령에게 무한한 독재권을 맡긴다 할 것 같으면 거기에 폐해가 있다고 생각한 점도 없지 않아 있읍니다. (…) 대통령이 국회에 나와서 발언을 혹은 국무총리와 국무위원과 정부위원이 국회에 나와서 발언을 하고 답변을 할 수 있읍니다. 등등 대통령이 공포하 는 문서에는 국무총리와 국무위원이 부서(副書)를 합니다. 또는 대통령과 국무총리와 국무위원을 합해가지고 국무원이라는 합의체를 조직합니다. 거기에 있어서 대통령은 의장이 됩니다. 국무회의의 의결은 과반수로서 작 정한다 등등의 제도를 말할 것 같으면 (…) 우리는 세계 헌법과 역사를 참 조하고 해서 우리는 가장 새로운 헌법을 만들자고 하는 것이었읍니다. (국회 사무처 1948(제21호), 29면)

김준연 의원은 (의원내각제에서 입장을 변경하여) 대통령중심제를 취 하면서도 대통령의 국정에 관한 전권 행사를 우려하였다. 그래서 그는 헌 법 초안 제43조,[15] 제65조,[16] 제67조 등을 통해서 대통령을 견제하고자 하

---

15) "제43조 국무총리, 국무위원과 정부위원은 국회에 출석하여 의견을 진술하고 질문 에 응답할 수 있으며 국회의 요구가 있을 때에는 출석 답변하여야 한다"(국회사무처 1948(제17호), 4면).

16) "제65조 대통령의 국무에 관한 행위는 문서로 하여야 하고 모든 문서에는 국무총 리와 관계 국무위원의 부서가 있어야 한다. 군사에 관한 것도 또한 같다"(국회사무처

였다. 이 조항들은 의원내각제 헌법 원안에 이미 들어 있던 것들이다. 헌법 제43조에 의하면 국무총리, 국무위원, 그리고 정부위원은 국회에 출석하여 국무에 관한 발언 및 답변을 해야 한다. 이것은 정치운영에 있어서 '토론과 공개의 원리'를 도입하려는 것이었다. 김준연 의원은 이 조항으로 정부를 견제할 수 있을 것으로 보았다. 그러나 김병회 의원(무소속)은 국무위원 등의 국회 발언권이 '행정부로서 입법부를 간섭하는 것'이라고 전혀 반대로 해석하였다. 즉 이 조항을 오히려 국회에 대한 정부 권한의 확대로 볼 수 있다는 것이었다. 이와는 또 달리, 유진오 전문위원은 제43조를 한층 적극적 의미로 해석하였다. 그는 이 조항이 '국회에 대한 정부의 권한 확대'가 아니라 '국회와 정부의 밀접한 관계'를 위한 것이라고 설명하였다. 즉 그는 '국회와 정부가 각각 해산권과 불신임권이 없을 뿐' 이 조항에 의해 '밀접한 연락을 할 수 있다'고 주장한 것이다.

김준연 의원은 제65조와 제67조의 규정으로 대통령의 국무에 관한 전권 행사를 막을 수 있다고 주장했다. 그것은 국무원을 '합의체'로 운영하여 국무회의에서 대통령의 중요한 국책을 의결함으로써 가능하다는 것이다. 이를 실제적으로 시행하기 위한 규칙으로 첫째, 국무회의 의결을 과반수로 할 것, 둘째, 대통령의 국무에 관한 행위를 문서로 할 것, 셋째, 이 문서에 국무총리와 관계 국무위원이 반드시 부서를 할 것 등이었다. 그러나 문제는 이와 같은 국무원제도가 혼란을 종식할 수 있을 정도의 강력한 대통령제와 어떻게 조화될 수 있는가 하는 점이었다.

한편 유진오 위원 또한 제71조에 규정된 "대통령의 권한에 속하는 사항"을 "제67조의 국무원에 관한 규정에 의해서 국무원의 의결을 통해서 행"하는 것이라고 해석하였다(국회사무처 1948(제17호), 12면).

1948(제17호), 5면).

제67조 (…) 우리 제도에서 대통령에 속한 권한은 반드시 국무원의 결의를 통해서 한다는 말씀을 요전 설명 때에 말씀드렸읍니다. 제67조 해석으로 대통령의 권한에 속한 것이지만 그 대통령의 권한은 제67조 때문에 제한을 받는다고 보겠읍니다. 대통령의 권한에 속하지만 대통령의 권한을 행하는 여기에 있어서 반드시 국무원 회의의 의결을 경해가지고 행할 수 있을 것입니다. 그럼 어떠한 사항에 있어서 국무원 회의의 의결을 경하여야 하느냐 (…) 제71조에 열거되어 있는 사항은 (…) 전부 대통령의 권한에 속하는 사항입니다. 그러나 국무원은 대통령의 권한에 대해서 전부 결의를 하고 대통령은 국무원 회의에 의장으로 국무원 회의에 의결에 따라 대통령은 이를 집행해야 할 것으로 생각합니다. (국회사무처 1948(제19호), 17~18면)

즉 그는 대통령의 권한은 제67조에 의해 제한받는다고 해석했다. 그에 의하면, 제71조에 규정된 대통령 권한에 속한 사항은 반드시 '국무회의의 의결에 따라 대통령이 집행해야 한다'는 것이다. 그는 제19차 회의에서도 다음과 같이 말하였다.

대통령의 권한에 속하지만 대통령이 단독으로 행동하는 것은 아닙니다. 모든 법률과 법률의 규정에 의해서 국무회의의 의결을 얻은 후 행할 수 있고, 국회의 동의를 얻은 후에 행할 수 있고, 대통령 권한에 속한다는 말은 대통령이 반드시 독자적으로 행동한다는 것을 의미하는 것은 아닙니다. (국회사무처 1948(제19호), 18면)

요컨대 대통령은 국정을 단독으로 결정할 수 없으며, 반드시 국무회의의 의결과 국회의 동의를 거친 후에 대통령 권한을 행사해야 한다는 것이다. 이러한 유진오 위원의 해석에서 더 나아가 조헌영 기초위원(한민당)은 '대통령의 권한은 국무위원의 의견을 통해서 행사할 수 있지만, 국무위원의 의견을 무시하고는 할 수 없다'며 김준연 기초위원의 의견에 동의하였다(국회사무처 1948(제19호), 16~17면). 헌법 제58조에 규정된 대통령의 조약 체결 및 비준권이 "국회의 동의를 얻음으로써 비로소 대통령의 권한으로 확립"되는 것과 마찬가지로 헌법 제67조를 해석해야 한다는 것이다. 그는 헌법 제65조의 부서 규정 또한 동일한 논리로 해석하였다. 즉 '대통령의 권한에 속한 사항이라도 국무총리라든지 국무위원의 부서가 있어야 그 권한을 행사할 수 있다'고 주장하였다. 요컨대 이들의 해석에 따르면 대통령은 단순한 '의장'(presider)인 것이다.

반면에 강력한 대통령제를 주장하는 의원들은 대통령이 국무원의 결의에 복종하는 것을 반대했다. 조국현 의원(대성회)은 '대통령책임제가 아니라 내각책임제'라고 반박하였다. 그는 '권한만 대통령에게 주어놓고 국무위원의 부서가 있어야 한다는 것은 대통령을 허수아비로 만드는 것'이라고 주장하였다(국회사무처 1948(제19호), 17면).

이렇듯 대통령의 권한에 속한 사안을 국무회의의 의결을 거치도록 한 것은 헌법의 실제 운영과정에서 갈등의 소지가 될 것이 분명했다. 만일 대통령이 국무회의의 의결과정을 형식적인 절차 정도로 이해한다든가 또는 의결을 거칠 의지조차 가지고 있지 않다면, 대통령은 사실상 국무에 관해 전권을 행사할 수도 있는 것이었다. 더욱이 국무총리와 국무위원 임면의 전권을 가진 대통령제는 더욱 그러할 것이었다.

(2) '임면권 제한'에 의한 대통령 권한 통제

대통령제 옹호자들은 대통령의 국무총리 및 국무위원 임면권을 제한하고자 하였다. 이들은 헌법 제68조[17]의 해석과 관련하여 논쟁하였는데, 이

---

17) "제68조 국무총리와 국무위원은 대통령이 임면한다. 국무위원의 총수는 국무총리를 합하여 8인 이상 15인 이내로 한다. 군인은 현역을 면한 후가 아니면 국무총리 또는 국무위원에 임면될 수 없다."

헌법 및 정부조직법안 기초위원회 전문위원 시절의 유진오(가운데, 대한민국 헌법 공포 기념방송, 1948.7.19).

논의는 대체로 두 가지 입장으로 대별된다. 하나의 입장은 국회의 국무총리 승인권은 인정하지만 대통령이 국무위원 임면의 전권을 가져야 한다는 입장이다. 또하나의 입장은 국회의 국무총리 승인권 및 국무총리의 국무위원 제천권을 헌법 조항에 넣어야 한다는 입장이다. 표결 결과, 전자의 입장이 더 우세하였다. 제헌의원들의 논쟁을 살펴보기에 앞서, 제헌국회의 헌법전문위원이었던 유진오 위원이 대통령의 임면권과 관련하여 어떠한 견해를 표명했는지 그 입장의 변화와 의미를 살펴보고자 한다.

유진오(중기) 전문위원은 1948년 6월 28일 제19차 회의에서 "국무총리와 국무위원의 임면에 관한 전권을 대통령이 갖는 것이 옳다"고 주장하였다.

제68조 (…) 취지는 대통령이 행정권에 관한 책임을 맡은 것 같습니다. 이 행정권을 신속 원만하게 운용하려면 불가불 행정권을 행하는 국무총리와 국무위원의 임면에 관한 전권을 대통령이 갖는 것이 옳다고 하면 이렇게

하는데, 다만 국회와 행정부문의 관계를 원만하게 하기 위해서 대통령이 이임면권에 대해서 어느정도 국회의 동의를 얻는 것이 필요한 제도라고 생각이 됩니다. 그러나 그것은 저의 개인의 의견이고 앞으로 이 토의에서 결정될 것으로 생각합니다. (국회사무처 1948(제19호), 3면)

즉 그는 대통령이 국무총리 및 국무위원 임면에 전권을 행사하는 이유는 '행정권의 신속한 운용'을 위해서라고 주장했다(국회사무처 1948(제19호), 15면). 그러나 이런 주장은 헌법 제67조에 대한 김준연의 해석과, 또 그 자신의 해석과도 완전히 대립되는 것이다. 대통령이 국무위원 임면의 전권을 가진다면 국무원을 합의체로 운영하여 대통령을 견제하려는 시도는 무의미해지는 것이다. 유진오의 해석대로라면 대통령의 국무위원 임면의 전권행사는 불가피하며, 국무원의 견제권은 레토릭에 불과한 것이었다. 그는 대통령의 국무총리·국무위원 임면권에 대해서 헌법 기초자의 입장에서가 아니라 개인적 입장에서 '국회의 동의를 얻는 것이 필요한 제도'라고 의견을 덧붙였다(국회사무처 1948(제19호), 3면). 이와 관련하여 유진오 위원은 나중에 그의 『헌법기초회고록』에서 다음과 같이 말하였다.

국무총리와 국무위원 임명에 관해서는 나의 「원안」에는 "국무총리는 대통령이 임명하고 국회의 승인을 받아야 한다" "국무위원은 (…) 국무총리의 제청으로 대통령이 임명한다"로 되어 있었던 것인데, 지금 국회에 제출되어 있는 안에는 "국무총리와 국무위원은 대통령이 임명한다"로 되어 있는 것이다. 이렇게 국무총리와 국무위원 임명에 관한 전권을 무조건 대통령에게 주는 헌법하에서는 헌법학자가 아무리 재주를 부려도 '해석으로' 이것을 내각책임제적 방향으로 끌어가기란 불가능에 가까운 일이다. 국회해산과 내각불신임은 지금 와서 어찌할 도리가 없지만 이 조문이라도 뒤집어서 원안을 도로 살리면 국회의 발언권은 현저하게 증대되고 국무총리의 권위는 향상되어 국무위원 통솔이 가능케 되며, 헌법 전체를 내각책임제의 방향으로 끌고 가는 발판을 삼을 수도 있는 것이다. (유진오 1980, 86면)

여기에서 그는 '국무총리와 국무위원 임명에 관한 전권을 주는 헌법을 조문이라도 뒤집어서 내각책임제의 방향으로 끌고 가겠다'고 하였다. 즉 유진오 위원은 대통령중심제 '헌법 초안 기초자'의 입장과 의원내각제 '헌법 원안 기초자'의 입장[18] 둘 사이에서 상당한 갈등을 겪은 것으로 보인다. 정치적 입장과 개인적 소신 사이에서 고심했던 것이다.

그가 여기에 대해 명확하게 입장을 표명한 것은 1948년 6월 30일 제1독회 마지막 날 제21차 회의가 끝날 무렵이었다(국회사무처 1948(제21차), 32면). 그는 이때 헌법 초안 제56조,[19] 제68조, 제93조[20] 등에서 '대통령의 독재가

---

18) 유진오는 그의 회고록에서 대통령중심제로 바뀐 헌법 초안에 대해 "일종의 잔재주를 부려 국회 본회의 심의과정에서 되살려보려 노력하였으나 여의치는 않았다"고 하였다 (유진오 1980, ii).

19) "제56조 전시 또는 비상사태에 제하여 공공의 안녕질서를 유지하기 위하여 긴급한 조치를 할 필요가 있을 때에는 대통령은 국회의 집회를 기다릴 여유가 없는 경우에 한하여 법률의 효력을 가진 명령을 발하거나 또 재정상 필요한 처분을 할 수 있다. 전 항의 명령 또는 처분은 지체 없이 국회에 보고하여 승인을 얻어야 한다. 만일 국회의 승인을 얻지 못한 때에는 그때부터 효력을 상실하여 대통령은 지체 없이 이를 공포하여야 한다"(국회사무처 1948(제17호), 5면).

20) "제93조 회계년도가 개시될 때까지에 예산이 의결되지 아니한 때에는 정부는 전년도의 예산을 실행한다." 이러한 헌법 초안에 대해 유진오 전문위원은 다음과 같이 수정할 것을 언급하였다. "예산에 대한 의결권은 대단히 중대한 것이므로 만일 예산이 성립 안 되는 경우에 우리 국회도 예산이 의결될 때까지 연기를 하면서 반드시 예산을 의결해야 될 것으로 생각이 됩니다. 이렇게 하는 것이 가장 국회의 사명을 발휘하고 국회와 정부의 관계를 밀접하게 할 수 있는 것이라고 생각합니다." 헌법 초안 93조는 다음과 같이 제2독회에서 수정되었다. "제94조 국회는 회기년도가 개시되기까지에 예산을 의결하여야 한다. 부득이한 사유로 인하여 예산이 의결되지 못한 때에는 국회는 1개월 이내의 가예산을 의결하고 그 기간 내에 예산을 의결하여야 한다"(국회사무처 1948(제21호), 31~32면).

우려되므로 수정해야 한다'고 주장하였다.[21] 유진오 위원은 헌법 초안 제56조의 "긴급명령권은 사실 광범한 독재적인 권한이 될 염려가 있으므로" "구체적으로 대통령이 긴급명령을 할 수 있는 경우를 열거"하자고 주장하였는데, 이후 진행된 제2독회에서 이 수정안은 가결되었다.[22] 유진오 위원은 특히 제68조에 대해 다음과 같이 말하였다.

제68조에 "국무총리와 국무위원은 대통령이 임면한다"고 이렇게 있는 것을 국무총리를 대통령이 임명할 때에는 국회의 승인을 받도록 하는 것이 좋으리라고 생각합니다. 그렇게 하면 국회는 국무총리에 대해서 일단 승인을 한 것이므로 그 국회와 대통령이 임명하는 정부와의 관계는 원만해지고 밀접해질 것으로 생각합니다. 그러면 국무위원에 관해서는 어떻게 하면 좋으냐는 말씀이 나오겠는데, 국무위원에 관해서는 전문위원도 또한 한 사람 한 사람 국회의 승인을 얻게 한다는 것도 생각이 됩니다. 국무위원 한 사람 한 사람을 국회의 승인을 얻게 하면, 미국의 상원은 다른 나라하고 가령 우리나라의 국회와는 약간 성격이 달라서 일종 대통령의 자문기관적인 성격도 한쪽으로 가지고 있으므로, 그 상원의 대통령 고급관리 임명권에 대한 승인권이 원만하게 운영되고 있읍니다만, 순전한 국회의 성격을 진실을 띤

---

21) 매트레이(James I. Matray)는 유진오가 지적한 조항 중 특히 제56조(긴급명령, 긴급재정처분)와 제93조(예산안 관련 조항)가 "민주적 전통에 위배되는 것"이라고 주장하였다(제임스 매트레이 1989, 192면).

22) 진헌식 외 44인이 제출한 수정안이 투표결과 재석의원 182, 가 140, 부 40으로 가결되었다. 수정된 헌법은 다음과 같다. "제57조(긴급명령, 긴급재정처분) 내우, 외환, 천재, 지변 또는 중대한 재정, 경제상의 위기에 제하여 공공의 안녕질서를 유지하기 위하여 긴급한 조치를 할 필요가 있는 때에는 대통령은 국회의 집회를 기다릴 여유가 없는 경우에 한하여 법률의 효력을 가진 명령을 발하거나 또는 재정상의 필요한 처분을 할 수 있다. 전항의 명령 또는 처분은 지체 없이 국회에 보고하여 승인을 얻어야 한다. 만일 국회의 승인을 얻지 못한 때에는 그때부터 효력을 상실하며 대통령은 지체 없이 이를 공포하여야 한다"(국회사무처 1948(제26호), 10면).

곳에서 국무위원 한 사람 한 사람 일일이 승인을 얻게 하는 경우에는 정부조직에 있어서 통일성을 기하기가 어려운 것이고, 정부조직에 통일성을 얻지 못할 것 같으면 정치가 강력하게 전개되기가 대단히 곤란할 것으로 생각됩니다. 그러므로 다른 국무위원의 임명은 국무총리의 추천으로서 대통령이 임명하는 것이 가장 적당하지 않을까 생각이 됩니다. 다시 말씀하면 대통령 혼자 독재적으로 국무위원 전부를 임명하는 것이 아니라 국회의 승인을 얻은 국무총리로서 대통령하고 충분히 상의해서 통일성 있는 강력한 정부를 조직하자는 것이 가장 우리의 시기에 적당한 제도가 아닌가 이렇게 생각되는 바입니다. (국회사무처 1948(제21호), 30~31면)

여기서 그는 여전히 '정치조직의 통일성'과 '강력한 정치'를 주장하면서도, 헌법안 제1독회 질의응답 때 대통령의 권한 제한에 소극적이던 태도에서 선회하여 아주 적극적으로 '대통령의 독재' 요소를 지적하였다. 그리고 국회와 국무총리의 권한을 강화하고자 '국회의 국무총리 임명 동의권'과 '국무총리의 국무위원 추천권'을 주장하였다.[23] 헌법 초안에 따르면 국무총리와 국무위원의 임면은 대통령의 권한에 속했다. 이를 놓고, 유진오는 강력한 정부의 필요성과 대통령 독재의 위험성이라는 양립하기 어려운 문제로 인하여 갈등을 겪었다. 이상의 그의 태도를 통해서 알 수 있는 것은 유진오 위원에 관한 기존의 평가가 상당정도 단순하고 소박하다는 것이다. 김철수는 '한민당과 유진오 교수를 비롯한 전문위원들의 한결같은 의

---

23) 유진오의 회고에 의하면, 국회 제19차 회의가 있던 1948년 6월 28일 점심때 김성수, 이인수 교수와 함께 노블 박사(미군정장관 고문)와 만나 다음과 같은 논의를 했다고 한다. "내가 하려 한 것은 국무총리 임명에만 국회의 동의를 얻게 하고 그밖의 국무위원들은 국회와 상의 없이 임명할 수 있게 하는데 다만 국무총리의 재청으로, 즉 국무총리와 상의해서 하게 하는 것에 지나지 않는다. 국무총리도 국무원 구성에 있어서 '그 정도의 발언권은 가져야 국무총리 노릇을 할 수 있을 것 아니냐'는 뜻으로 설명하니까 '그것은 그렇다'고 그도 찬의를 표했다"(유진오 1980, 89면).

견은 의원내각제였으나 이승만 박사의 반대로 하루아침에 대통령제로 바뀌었다'고 주장하였다. 그러나 유진오 위원은 한편으로는 대통령제에 반대하는 의원들을 설득하면서, 또다른 한편으로는 자신이 기초한 헌법 원안 중 가능한 조항을 중심으로 '실제 운영의 측면에서 내각책임제로 끌어갈 수 있도록' 하고자 했다(유진오 1980, 91면).

그러나 국무총리의 국회동의는 그 성격이 모호했고, 행정부 내 국무총리의 독자적 권한이 명시되지 않았다는 점에서 그의 구상은 현실적으로 대단히 허약한 것이었다. 이 때문에 김병회 의원(무소속)은 헌법 초안에 규정된 대통령의 권한이 과도하다고 우려하였다. "정부가 대통령 한 사람에게 집중되면 어떠한 불행한 사태가 일어날지도 모른다"는 것이다(국회사무처 1948(제20호), 16, 28면). 특히 황병규 의원(무소속)은 "뭇솔리니, 히틀러가 자기의 희망대로 헌법을 제정했어도 이보다 훌륭하기는 어렵다"고 비판하였다(국회사무처 1948(제20호), 16면).

제2독회 진행 중 가장 많은 수정안이 제출된 조항이 제68조였다.[24] 이 중에서 황두연 의원(독촉)과 김중기 의원(무소속)의 안은 일종의 타협안이었는데, "국무총리 임명에만 국회의 승인을 얻도록" 하고 "국무위원은 국무총리의 제천 없이 대통령이 임명하자"는 것이었다. 송창식 의원(독촉)은 다음과 같이 말하였다.

제68조 (⋯) 수정에 대해서는 국무총리를 대통령이 국회의 승인을 얻는다는 그 조건만은 찬성을 합니다마는 국무위원을 국무총리가 전부 제천을 해서 대통령이 임명하는 것은 반대합니다. (⋯) 대통령책임제가 완전히 되

---

24) 진헌식 의원 외 44인(수정안 설명함), 안준상 의원 외 10인, 홍범희 의원 외 11인, 장병만 의원은 보류하였고, 권태욱 의원 외 10인, 조병한 의원 외 10인, 김중기 의원 외 10인, 이원홍 의원 외 15인, 황두연 의원 외 10인, 조종승 의원 외 12인, 서이환 의원 외 11인이 각각 제68조 수정안을 제출하였다(국회사무처 1948(제26호), 12면).

지 못합니다. 국무원의 제도가 결의기관인 것입니다. 국무원의 결의기관을 두고 대통령이 자기 마음대로는 할 수가 없으리라고 봅니다. 대통령중심제의 가장 중요한 생명이라는 것은 국무위원을 자기 마음대로 임명하는 거기에 있다고 봅니다. 대통령이 국무총리의 제천에 의하여 임명할 것 같으면 국무총리가 제천하지 않을 것을 임명할 권리가 없어집니다. 실지 임명권은 대통령이 가졌지만 실지는 국무총리가 자기 맘대로 임명하는 제도가 됩니다. 순내각책임제가 되지 않을까 이런 생각을 합니다.[25] (국회사무처 1948(제26호), 13면)

즉 그에 의하면, 대통령중심제의 핵심은 국무위원 임면의 전권을 대통령이 행사하는 것이다. 또한 그는 국무총리가 국무위원을 추천하도록 함으로써 그 권한을 강화하는 것은 곧 내각책임제라며 반대하였다. 이윤영 의원 또한 "국무총리의 제천으로 대통령이 국무위원을 임명"하는 것은 "내각책임으로 다시 돌아가는 것"이라고 반대하였다(국회사무처 1948(26호), 14면). 최운교 의원(무소속)은 개의안을 제시하였다. 그것은 국회의 국무총리 동의안은 그대로 두고, "국무위원은 국무총리의 제천으로 대통령이 임

---

25) 또한 그는 국무위원이 국회의원을 겸해서는 안 된다고 다음과 같이 주장하였다. "국무위원은 대개 행정부문의 부장이 됩니다. 그러면 장차 선거를 실시할 때에 자기의 행정 직권을 선거에 이용해가지고 우리 선거로 하여금 공정한 선거가 되지 못하게 할 우려가 있읍니다. 또 그뿐만 아니라 국무위원은 열다섯명으로 되었는데 이 열다섯명의 다수의 국무위원이 자기 정부의 정책을 실행하기 위해서 이 국회에 와서 활약을 한다고 할 것 같으면 국회의 순결성을 파괴할 그런 우려가 있는 것입니다. 이 국회의원제도가 국회와 운명을 같이하는 그러한 제도라면 모르겠읍니다만은 국회가 해산이 된다 하더라도 의원이 국무위원으로 말하면 남아 있을 테니까 그 선거에 참여할 것입니다. 그러면 그 선거에 참여하는 데 대해서는 자기의 직권을 이용하기가 쉽고 또 이용하는 데 따라서 행정의 부패를 초래하리라고 봅니다. (…) 국무위원은 겸하지 못한다 이 조문을 하나 첨가하는 것이 좋다고 생각합니다"(국회사무처 1948(제26호), 13면). 그러나 이러한 송창식 의원의 중요한 주장은 충분히 검토되지 못했다.

명한다"는 조항을 삭제하는 것이었다.[26] 이남규 의원(독촉)은 다음과 같이 말하였다.

이 헌법을 기초한 그 근본정신을 한번 돌이키는 것이 대단히 타당한 줄 압니다. 우리의 근본 의의가 한 계급에 있어서는 대통령에게 강력한 그러한 권리를 부여해가지고서 이 과도기를 수습해나간다는 그러한 의미에서 대통령제를 취했던 것입니다. 만일 평시라고 하게 될 것 같으면 반드시 내각제를 취해야 한다는 것은 이의가 없을 것입니다. (…) 국무회의의 합의체로서 할 수 있다는 여기에서 대통령의 직권이 남용되어진 이것을 제지했던 것이올시다. 대통령이 자기의 정책을 수행하려고 할 적에 (…) 국무원에서 만일 그대로 통과되지 못할 것이면 대통령은 하등 자기 생각했던 바 정책을 수행하지 못할 것입니다. 우리는 대통령제를 취하는 그 근본 의의를 살리기 위해서 국무원만큼은 당신의 뜻에 맞는 그 사람들이 그 국무원을 조직하여야 자기의 생각하였던 그 정책을 수행한다는 그러한 의미에서 이 근본 초안이 되어진 줄로 아는 것입니다. 대통령에게 강력한 권리를 준다고 하더라도 너무 거기에까지 준다는 것은 아마 다소 생각할 점이 있다고 하는 것이 많은 수정안[을 제출한 이유입니다.] (…) 국무총리의 권리도 다소 인정을 해주고 대통령이 너무 직권남용하는 것도 있지마는 국무총리가 제천할 것이 아니라 대통령이 임명하되 국무총리의 동의를 얻자 그 말씀이예요. '제천'이라는 문자를 '동의'라고 할 것 같으면 가장 좋다고 생각합니다. 국무위원도 국회에서 인준해가지고 대통령이 임명한다 할 것 같으면 도저히 내각조직은 못 됩니다. 10여명을 어떻게 인준을 얻어서 할 것입니까 절대로 안 되는 것입니다. (국회사무처 1948(제26호), 19면)

---

26) 개의안 "68조 제1항 국무총리는 대통령이 임명하고 국회의 승인을 받아야 한다. 국회의원 총선거 후 신국회가 개최되었을 때에는 국무총리 임명에 대한 승인을 다시 받아야 한다"(국회사무처 1948(제26호), 19면).

즉 그는 과도기를 수습하기 위해서 대통령의 강력한 권한 행사에 동의하지만, 정상적인 상황에서는 내각제가 바람직하다고 주장하였다. 그리고 그는 국무회의를 합의체로 운영함으로써 대통령의 권력남용을 막을 수 있다고 주장하였다. 그러므로 대통령중심제 채택의 의미를 살리기 위해 그는 대통령이 국무위원을 임명하고, 그에 대해 국무총리의 '동의'를 얻도록 하자고 주장하였다. 또한 그는 국무위원의 국회 인준은 내각 구성이 어렵다는 이유로 반대하였다.

그러나 조한백 의원(무소속)은 유진오 위원의 우려에 동의하였다. 그는 미발언 원고에서 다음과 같이 언급하였다.

제68조 국무총리와 국무위원은 대통령이 임면한다는 조목에 있어서는 국무총리의 임면만은 국회의 인준을 받을 필요가 있다고 생각합니다. 그러므로 대통령의 전제의 염려가 적어지는 것입니다. 다음으로 국무총리의 권한과 책임이행에 대한 불합리한 점을 지적코자 합니다. 제72조 행정각부장은 국무위원 중에서 대통령이 임면한다 했고 국무총리는 대통령의 명을 따라 행정각부장을 통리 감독한다고 했는데, 그래서는 국무총리는 그 책임을 완수하기가 곤란하리라고 생각합니다. 왜냐하면 대통령이 임명하고 국무총리는 추천의 권한도 없는 각 행정부장을 어떻게 통리 감독할 수가 있을까, 다시 말하면 행정각부장은 국무총리의 통리 감독에 복종치 않더라도 대통령이 직접 임명하는 만큼 하등 불안이 없을 것입니다. 그러므로 국무총리가 행정각부장의 통리 감독을 완전히 하려면 대통령이 행정각부장을 임명할 때는 반드시 총리의 추천에 의해서 해야 되리라고 믿습니다.

즉 그는 '대통령 전제'를 방지하기 위하여 첫째, 국무총리 임면만은 국회의 인준을 받을 것, 둘째, 국무총리 직책의 현실화를 위해 행정각부장을 대통령이 임명할 때 반드시 국무총리의 추천이 있어야 한다는 것이다. 이 것은 앞에서 유진오 전문위원이 제안한 제68조 수정안과 동일하다.

진헌식 의원(독촉) 또한 44인과 더불어 다음과 같은 내용의 수정안을 제출하였다.[27]

정부의 확고성을 유지하고 국민의 의사에 합치되는 정치를 하려면 정부와 국회는 긴밀한 연계성이 있어야 합니다. 국무총리 임명을 대통령 전단에 일임하지 않고 국회의 승인을 요하게 하며 (…) 총선거 후 신국회가 성립되면 종전에 승인받은 국무총리라 할지라도 다시 국회의 승인을 얻게 하여 비록 책임내각제가 아니라도 국회에 기초를 둔 확고한 정부를 유지함이 적절하다고 생각합니다. 국무총리가 대통령의 명을 받들어 행정각부장을 총리 감독하는 권한이 규정되어 있습니다. 국무총리에게 국무위원 임명에 대한 제천권을 주는 것이 사리에 적당합니다. (국회사무처 1948(제26호), 12면)

그가 여기서 주장한 것은 첫째, 국무총리는 국회의 승인을 받을 것, 둘째, 국회의원 총선 후 새로운 국회가 성립되면 국무총리는 다시 승인을 받을 것, 세째, 국무총리에게 국무위원 임명에 대한 제천권을 줄 것 등이다. 이 모든 제안의 실질적 의미는 '국회에 기초를 둔 확고한 정부'의 필요성이다. 즉 국회에 기초를 두어야 확고한 정부가 유지될 수 있으며, 국민의 의사에 합치하는 정치를 할 수 있다고 주장하였다.

표결 결과, 국회의 국무총리 동의안은 그대로 두고 국무위원은 국무총리의 제천으로 대통령이 임명한다는 조항을 삭제하자고 제안한 최운교의 개의안이 재석의원 165, 가 117, 부 19로 가결되었다. 최운교의 개의안이

---

27) 진헌식 외 44인의 수정안은 다음과 같다. "제68조 국무총리는 대통령이 임명하고 국회의 승인을 받아야 (…) 국회의원 총선거 후 신국회가 개회되었을 때에는 국무총리 임명에 대한 승인을 다시 받아야 한다. 국무위원은 국무총리의 제천으로 대통령이 임명한다."

절대다수로 가결된 것은 국무회의를 '합의체'로 운영하는 것과 직접적으로 관련이 있다. 즉 제헌의원들이 제67조 해석을 놓고— 대통령이 국무회의 의결에 복종해야 하는 여부— 대체토론 과정에서 벌였던 열띤 논쟁과는 달리, 이 조항은 제2독회 표결과정에서 이의 없이 통과되었다.

반면에 국무위원 임면 사항은 달랐다. 이미 제헌의원들은 대통령의 권력남용을 막기 위해 국무회의를 '합의체'로 운영하는 데는 절대적으로 찬성하였다. 그러나 만일 특정 정당에서 국무총리가 나오고 국무원을 그 정당—예컨대 한민당—이 장악하게 된다면 사정은 달라질 것이다. 대통령에게 국무위원 임명의 전권을 부여하고자 했던 의원들은 국무총리(국무원)가 대통령의 의사를 따르지 않을 경우, '대통령이 하등 자기가 생각했던 정책을 수행하지 못할 것'이라고 우려했던 것이다. 이제 대통령은 국무총리의 국회 승인문제 외에 국정을 총괄할 실질적 권한을 얻은 셈이었다.

이상에서 보듯, 대통령제 옹호자들은 당시 정세를 고려할 경우 대통령제가 바람직하다고 여겼지만 동시에 헌법의 대통령 권한이 과도하다고 우려하였다. 따라서 대통령의 권한사항을 국무원이 의결하도록 함으로써 대통령을 견제하고자 하였으며, 대통령의 국무총리 및 국무위원 임면권을 제한하고자 하였다. 이와 관련하여 제헌의원들의 입장이 대립했다. 조한백(무소속), 진헌식(독촉), 안준상(국회사무처 1948(제26호), 15면), 박해정(무소속) 의원 등은 국무총리 및 국무위원 선정에 국회가 관여해야 한다는 입장을 취했다. 반면에 황두연, 송창식 등의 독촉 의원과 김중기, 최운교 등의 무소속 의원은 국무총리의 승인에만 국회가 관여해야 한다고 주장하였다.

2) 국회의 대행정부 우위

(1) '내각불신임권'에 의한 국회의 우위

의원내각제 옹호자들은 대통령의 권력을 통제하려는 이상의 방안이 실제적으로 운영되기 어렵다고 인식했다. 그러므로 그들은 첫째, 국회가 내각을 불신임할 수 있어야 한다고 주장하였다. 이러한 주장은 제67조에 대한 대통령제 옹호자들의 견해와 상당한 차이가 있다. 서순영 의원(무소속)은 국무원 제도가 유명무실해짐으로 인하여 사실상 대통령 전제를 용인하게 되었다고 주장한다.

관직 임명권을 가진 대통령이 국무원제도에 참가하여 그 의장이 되고 국무위원 즉 행정각부장으로 하는 중임제로 되어 있다. 허명의 중간기구인 국무원의 존재는 사실 필요가 없지 않은가? 본래 국무원(내각)은 국정의 중추기관이요 그 수상이 되는 국무총리의 존재에 정치적 기대가 큰 것이다. 그러나 위의 초안의 제도는 결국 국무총리의 존재를 기피하거나 대통령이 국무총리를 겸임코자 하는 정치사상(초안 제52조는 형식화의 위험이 있음)에서 배태한 것이라고 보지 않을 수 없는데, 이것이 전체주의 내지 독재주의의 정치적 배경에서 독일이 대통령이 수상을 겸임하여 총통이라고, 패전 후의 불란서 '페탄정부'가 대통령이 수상을 겸하여 정부 주석이란 관직을 설한 사상과 동상이곡의 신구상이 아닐까? 그 제도의 연원은 어떠한가?[28] (국회사무처 1948(제20호), 20면)

서순영 의원에 의하면 국무위원 임명권을 가진 대통령이 의장이 되는 국무원은 결코 대통령을 견제할 수 있는 기구가 되지 못한다. 그러므로 헌

---

28) 황병규 의원(무소속)도 독재정치에 대한 우려를 다음과 같이 표명하였다. "저는 좋은 대통령이 나와가지고 진실한 사람이 나와가지고 현실주의로 나간다고 하지마는 앞으로 우리의 자손만대에 존속해야 하는 데 있어서 과거의 히틀러, 뭇솔리니와 같은 그런 독재주의의 정치가 나올 것을 우리는 누가 부인할 수 있읍니까? 그러므로 우리는 상당한 냉정한 비판을 가해서 건실하게 이것을 토의하여주시기를 바라는 바올시다(국회사무처 1948(제20호), 23면).

법 초안대로 국무원을 구성했다 해도 국무총리는 아무런 권한도 행사하지 못하며, 오히려 대통령이 수상의 역할까지 겸하게 된다고 비판하였다. 그는 이러한 제도는 대통령제가 아닌 '총통제' 또는 '주석제'라고까지 주장하고 있다. 김장렬 의원(무소속)도 다음과 같이 주장하였다.

제3장 국회의 각 조를 본다면 국회로서 행정각부의 임면, 국가 행정부에 대한 신임 여부의 권한이 전연 누락된 것을 발견할 수 있[습니다]. (…) 우리 헌법에는 행정 일반에 있어서 대통령 전제를 결정한 것이니 이는 전세계의 정치적 변혁과정에서 이미 자취를 감춘 독재주의를 답습하는 경향을 보인 것임에 이는 또한 발전적인 민주정치에 위배되는 것입니다. (국회사무처 1948(제20호), 39~40면)

즉 그는 헌법 초안에 국회의 국무위원 임면권과 행정부 신임권을 규정하지 않았으므로 대통령 전제는 불가피하다고 주장하였다. 국회가 자문기관이 되지 않으려면 이러한 내용의 수정안이 반드시 관철되어야 한다는 것이다.

조봉암 의원(무소속) 또한 헌법 초안 제67조에서 '국무원 회의의 의결을 겸하는 것은 막강한 대통령의 권한행사에 오히려 합리성을 부여하기 위한 묘안'이라고 해석하였다. 그에 의하면, 실제로 "국무원을 대통령이 임명하므로 그 대통령을 반대할 수 있는 국무원이란 실제 있을 수 없다"는 것이다(국회사무처 1948(제21호), 23면). 그의 지적대로라면, 대통령의 독재는 이미 건국헌법에 내재된 것이었다. 그는 헌법 초안 제56조 규정 또한 '대통령의 독재에 편의를 도모하는 법률을 제공하기 위한 것'이라고 비판하였다.[29]

---

29) 그는 이와 관련하여 다음과 같이 언급하였다. "제56조는 긴급처분권의 발동입니다. 전시 외에도 비상사태라 하여 무엇이든지 임의로 실행해놓은 뒤에 국회의 승인을 얻게 되었고, 국회가 승인치 않는다 하더라도 이미 발동된 효력에 소급 부인되지도 않고 다만

따라서 오히려 "국회는 어디까지나 행정부의 독재를 방지하기 위해서 국회 자체의 우위적인 권한을 확립해야 한다"고 주장하였다. 그는 특히 "특수한 과도적 시기에는 국회의 권한이 행정부보다 우위에 있어야 한다"고 하였다(국회사무처 1948(제21호), 22면).

정준 의원(무소속)은 또한 "모든 권한을 인민에게" 주어야 하며, "내각책임제를 실시해서 만일 그 정치를 잘못할 때에는 불신임"할 수 있어야 한다고 주장하였다(국회사무처 1948(제20호), 30, 31면). 강욱중 의원(조선민족청년단)은 심지어 헌법 초안 제42조에 '국회의 정부 불신임안 제출 권한'을 넣자고 주장하였다.[30] 원장길 의원(대동청년단)도 "대통령이 국회를 감시 또는 해산할 수 있는 권위를 가지고, 국민 대리기관인 국회는 정부에 대하여 불신임안을 제시할 권위를 가지도록 해야 한다"고 주장하였다(국회사무처 1948(제21호), 18면).

서순영, 조봉암, 정준 의원 등 몇몇 소수의 의원내각제 주창자들은 국회의 정부 불신임권을 관철할 것을 주장하였다. 이런 점에서 그들은 원칙주의자였다. 그들은 국회가 '입법의 유일기관' '국권의 최고기관'이길 소망

그때, 즉 부결된 때부터 효력은 상실한다 했으니, 가령 일본의 치안유지법 같은 것을 긴급령으로 만들어서 수많은 인원을 사형이나 기타 필요한 형벌을 가하여 그 목적을 달성해버린 뒤에 나중에 국회가 부결한다 하면 무슨 소용이 있을 것입니까? 또 긴급령으로 몇백억이고 재정을 사용해놓은 뒤에 국회가 부결하기로 그 소비된 재정이 소생할 방도는 전무한 것입니다"(국회사무처 1948(제21호), 23면).

30) 강욱중 의원은 국회의 정부 불신임권 주장의 근거를 다음과 같이 말하였다. "이 문제는 정부가 국회에 대한 해산권을 가지는 것과 관련시켜야 될 문제일 것입니다. 저는 이 조항을 넣자는 것은 정치면에다가 조금 활기를 넣자는 것입니다. 만약 이 조항이 없을 것 같으면 일정한 기한 행정부에 있는 분들이 진선진미한 분들이 아닌 이상 그러한 심리상태에 오는 여러가지 결함이 나타날 가능성이 있는 것입니다. 다시 말할 것 같으면 자연히 너무 정치에 대해서 한심하게 되고 또 거기에서 등한하게 되고 거기에서 무능한 정치를 초래할 염려가 있다는 것입니다. 그래서 무능한 정치는 불안한 정신을 초래할 가능성이 있으므로 해서 이것을 한해서 이것을 방지한 방법이 있어야 될 것입니다"(국회사무처 1948(제25호), 37~38면).

했다. 반면에, 유진오, 진헌식, 안준상 등 제68조의 수정을 요구한 의원들은 현실주의자였다. 그들은 대통령의 행정권을 보장하기 위해, 국회가 대통령의 임면권에 최소한으로 관여해야 한다고 인식했다.

(2) '대통령의 법률안 거부권 삭제'에 의한 국회 우위

의원내각제 옹호자들은 헌법 초안에 규정된 대통령의 법률안 거부권을 삭제함으로써 국회를 행정부보다 우위에 두고자 하였다. 김병회 의원(무소속)과 서순영 의원(무소속)은 특히 헌법 초안 제39조,[31] 제71조 3항 등의 대통령의 권한에 의해서 국회 권한이 오히려 '소극적·형식적'으로 취급된다고 비판한다.[32] 김병회 의원은 다음과 같이 말하였다.

---

31) "제39조 국회에서 의결된 법률안은 정부로 이송되어 정부의 이의가 없는 한 이송된 지 15일 이내에 대통령이 공포한다. 만일 이의가 있는 때에는 대통령은 이의서를 부하여 국회로 환부하고 국회는 재의에 부한다. 재의의 결과 국회의 재적의원 2/3 이상의 출석과 출석의원 2/3 이상의 찬성으로 전과 동일한 의결을 한 때에는 그 법률안은 법률로써 확정된다. 법률안이 정부로 이송된 후 15일 이내에 공포 또는 환부되지 아니한 때에도 그 법률안은 법률로써 확정된다. 대통령은 본조에 의하여 확정된 법률을 지체 없이 공포하여야 한다. 법률은 특별한 규정이 없는 한 공포일로부터 20일을 경과함으로써 효력을 발생한다"(국회사무처 1948(제17호), 4면).

32) 서순영 의원은 미발언 원고에서 다음과 같이 주장하였다. "국회는 국가 최고의사의 표현기관이며 입법전유의 권한이 그 생명이다. 제30조 입법권은 국회가 행한다고 입언은 하였으나 그 실상인즉 국회는 입혼(入魂)되지 아니한 불상(佛像)과 같이 되어 있다. (1) 입법권이 국회에만 있는 것이 아니라 정부도 광범위한 소위 부입법권(대통령령, 국무원령, 부령 등)을 보유한 것 (2) 법률안 제출권을 정부도 가지고 있는 것. 국가의 흥폐를 결(정)하는 선전 및 강화는 (…) 정부에 귀속되고 국회는 그 동의권만 가지게 된 것 (3) 국정감사권은 국회의 신임 여하가 정권유지의 요건이 되지 아니하는 통치조직에 있어서는 하등 실효가 없는 것 (4) 소위 탄핵권도 탄핵재판소 구성에 있어서 겸직 금지의 제약이 없는 국회의원 5인이 참가케 되고 부통령이 재판장으로 되어 2/3의 찬성으로 판결이 형성될 제도의 앞에서는 사실상 실효를 내기가 어려운 등 삼권분립을 가장 엄격하게 실행할 대통령임기제의 헌법 구조에 있어서 이와 같이 국회의 기능을 소극적이요 형식적으로 취급한 이유[는 무엇인가]"(국회사무처 1948(제20호), 19~20면).

우리가 군국주의를 싫어하고 독재나 전제를 싫어합니다. (…) 헌법을 제정하는 데 모든 방면에 있어서 가장 민주주의적이래야 할 것이올시다. 헌법 초안이 (…) 현재 유력한 입장에서 강한 자의 입장에서 이것을 결정한 것이 아닌가 생각됩니다. (…) 대통령에게 모든 권리를 부여한 이 권리 범위를 보면 (…) 법률 제출권을 주고 국회에서 통과될 경우에 제 의사에 맞지 않는 경우에 또 거부하는 거부권까지 주고 있읍니다. (…) 미국인도 대통령에게 헌법 제정이나 개정권은 주지 않았읍니다. (…) 일본 천황에게 헌법의 개정권을 주지 않고 있읍니다. (…) 국무총리를 국회의원이 겸할 수가 있겠고 거기에 아무런 제한이 없기 때문에 법률을 제정하는 데 여러가지 전제할 수가 있는 이런 규정이 있읍니다. (…) 제56조 (…) 제66조 (…) 실제에 있어서 신성불가침의 규정입니다. 그리고 탄핵이라는 규정을 하였지만 탄핵 역시 실제에 있어서는 무시한 것입니다. 이런 모든 권력을 대통령에게 주면 국회에 순종할 것이 어디에 있겠느냐 (…) 대단히 위험스럽습니다. (국회사무처 1948(제20호), 24~25면)

즉 그는 대통령의 법률 제출 및 거부, 그리고 개정의 제안권 등이 국회의 입법권을 침해한다고 강력히 비판하였다. 대통령의 이러한 권한이 곧 국회를 무력화할 수 있다는 것이다. 김병회 의원은 "지금 우리가 유력한 입장에 있"지만, "우리가 무력한 입장에 갈 때에 어떻게 하느냐 하는 것을 언제든지 생각해야" 한다고 강조하였다. 그의 이러한 언급은 일종의 예언처럼 들린다. 헌법 제정과정에서 정세적 사고에 경도된 제헌의원들은 김병회 의원의 이러한 우려를 좀더 심도있게 고려했어야 했다.

제39조에 관련하여 제25차 회의에서 윤재욱 의원(대통청년단)은 '국회에서 가결된 법률에 대해 대통령이 거부권을 행사할 수 있게 된다면 국회는 자문기관에 지나지 않게 되므로 대통령이 거부권을 행사할 수 없도록 하

자'고 주장하였다(국회사무처 1948(제25호), 35면). 이문원 의원 또한 다음과 같이 말하였다.

이 제39조 수정안을 지지합니다. 정세에 비추어서 시급히 정부를 수립해서 독립전취의 최대임무가 급박함으로써 여러가지 미미한 점을 나중에 미룬다고 할지라도 지금 우리나라 독립전취의 가장 원동력이 되는 것은 단원인 이 국회라고 봅니다. (⋯) 독립전취할 기관은 우리 국회가 최고기관이며 유일한 기관이올시다. (⋯) 그런데 (⋯) 대통령이 그 국회에서 제정한 법률을 거부권을 행사 실행하게 된다고 하면 그야말로 국회는 아마 생각해보아도 자문기관밖에 안 된다고 생각합니다. 그래서 최고기관이며 입법기관인 본 국회의 성능을 무시하는 것이라고 생각합니다. 대통령이 국회의 선거를 받아서 당선이 되고 그 단원제인 그 국회에서 결의한 법률 그것을 재론해가지고 가장 어려운 2/3 통과를 요구한다 할 것 같으면 거의 전부가 대통령 의도대로만 되지 국회의 입법권이라는 것은 잘 시인이 안 된다고 생각합니다. 이러한 중대한 모순을 가지고 있는 원안을 반대합니다. 수정안을 (⋯) 통과해야만 국민의 대표로 입법기관에 나온 본의를 다한다고 생각합니다. (국회사무처 1948(제25호), 35~36면)

앞에서 언급한 바와 같이, 여기에서 국회의 위상에 관한 상이한 입장들을 발견할 수 있다. 즉 이문원 등 의원내각제 옹호자들은 국회가 '최고의 입법기관' '독립전취의 원동력'임에도, 헌법 초안 제39조에 의하면 국회는 '자문기관'밖에 되지 않는다고 주장하였다. 이러한 이유로 제39조 수정안을 김중기 의원 외 11인이 제출하였고, 이에 대해 이승만 의장은 '어느 정부에서든 행정부 수반은 국회를 통과한 국회 법안을 부인할 권리를 갖는다'고 반박하며, 수정안 관철을 주장하는 의원들에게 "아무리 내 의견과 수정안이 있다고 해도 그 일은 지금 헌법 통과해서 정부 수립하는 것보다 더 큰 일은 없는 것"이라며 표결을 요청하였다(국회사무처 1948(제25호), 36면). 표결 결과는 수정안이 재석의원 178, 가 46, 부 113으로 부결되고 원안이 가결되었다(국회사무처 1948(제25호), 37면). 이는 이승만이 헌법 심의과정에서 거둔 결정적인 승리였다.

4. 헌법 심의과정과 이승만

헌법 심의과정은 크게 두 시기로 나누어볼 수 있다. 헌법안 심의가 자율적이고 활발하게 진행된 시기와 수정안이 철회되는 등 논쟁의 과정을 생략한 시기가 그것이다. 이와 관련하여 유진오 위원은 다음과 같이 말하였다.

> 헌법기초위원회에서 작성된 대한민국헌법은 6월 23일에 (…) 정식 상정되었는데, 국회 본회의에서는 처음에는 상당히 활발하고, 복잡한 질문과 다수의 수정안이 속출하여 일시는 헌법의 급속한 통과가 곤란한 것 같은 감이 있었으나, 헌법 통과의 지연은 우리나라의 주권 회복을 그만침 지연시키는 것이며, 또 당시의 국제 정세로 보아 8월 15일까지는 정부 수립을 내외에 선포하지 않으면 안될 사정도 있어서, 6월 29일부터는 일사천리로 심의를 진행하여, 6월 30일에는 제1독회를, 7월 7일에는 제2독회를 종료하고 7월 12일에는 드디어 제3독회까지 종료하(였다). (유진오 1980, 28면)

유진오에 따르면, 6월 23일부터 6월 28일까지는 논의가 너무 활발하여 헌법 통과를 우려해야 할 상황이었다. 7월 5일부터 일사천리로 심의가 진행된 이유는 8월 15일까지 정부의 수립을 내외에 공표해야 한다는 정치적 상황 때문이었다. 그리고 이 후반 심의과정에는 이승만이 깊숙이 개입되어 있었다. 서상일 위원장은 수정안의 철회와 조속한 헌법 통과를 '애국적

〈대한민국 헌법〉에 서명하고 있는 이승만 국회의장(1948.7.17).

견지의 행위'라고까지 말하였다.[33)]

1948년 7월 5일 제25차 회의에서 이승만은 8월 15일의 정부수립 공포를 위해서는 헌법의 '대지(大旨) 또는 대강'만을 속히 정해서 통과시켜야 한다고 주장하였다.[34)] 이승만 의장은 이 회의에서 다음과 같이 발언하였다.

이다음에 형편 되는 대로 (헌법을) 개정하기로 하고 대강만 명시하고서 여유를 두고서 이것을 공포하고 하루바삐 우리 정부를 수립합시다. 지금 8월 15일날이 며칠 안 남았습니다. 지금 헌법을 통과한 뒤에 정부 수립에 대해서 할 일이 많이 있읍니다. (…) 정부를 수립한 뒤에는 내일 모레라도 그

---

33) 7월 6일 제26차 회의에서 서상일 위원장은 수정안을 제안한 제헌의원 및 전문위원 간의 회합이 있었음을 다음과 같이 보고하였다. "어제(7월 5일) 문제에 시간을 파한 뒤에 이 수정안을 제안하신 여러 의원들과 또 국회 관계 여러분들과 전문위원 합석회의에서 이 헌법을 속히 통과시키자는 애국적 견지에서 많은 철회를 하다시피 했습니다"(국회사무처 1948(제26호), 2면).

34) 그는 제25차 오후 회의에서 다음과 같이 말하였다. "자꾸 묻기는 묻지만 한량없이 수정안이라고 자꾸 내놓으면 어떻게 합니까. (…) 오늘 여기에 대해서 작정을 해가지고서 수정안을 어떻게 하라는 것을 작정해가지고서 해나가야지 도무지 어린아히들 하는 것 같습니다"(국회사무처 1948(제25호), 37면).

것을 고쳐서 권리를 확보할 수 있으니까 그것을 길게 말하지 말고 헌법을 하루바삐 통과해가지고서 헌법 대지(大旨)만 통과해가지고서 정부를 조직해서 일어나자고 하면 정부에 누가 앉든지 남의 나라 사람의 정부보다 날 것이 아닙니까.(拍手) 이 정신만 가지고서 이 헌법을 하로바삐 통과하시기 바랍니다. (국회사무처 1948(제25호), 11~12면)

이후 이주형 의원은 제39조 수정안을 철회하였다. 이주형 의원은 수정안을 지지함에도 불구하고, 의장의 권고대로 정세를 고려하여 수정안을 철회하였던 것이다(국회사무처 1948(제25호), 36면).

제헌의원들의 수정안 철회가 반드시 이승만 의장의 압력에 의한 것이라고 해석할 근거는 충분하지 않다. 왜냐하면 일부 제헌의원들의 수정안 철회는 수정안 자체에 기인하기도 하였다. 제26차 회의에서 서용길 의원은 "수정안 한 조목에 대해서 세네 가지 나왔기 때문에 의회간부와 전문위원, 제안자, 그리고 기초위원 일부가 합의를 해서 통일된 안을 내놓도록 했다"고 말하였다. 즉 일부 제헌의원들은 헌법의 수정안을 정당 또는 그룹별로 통일해서 제안한 것이 아니라 동의자 10인 이상이라는 요건만을 갖추어 제출했던 것이다.

그러나 각 조항의 수정안이 이승만이 사회를 본 이틀간에 집중적으로 철회되었던 것으로 보아서, 이승만은 조속한 헌법 통과를 위해 '수정안 철회가 곧 정부 수립을 앞당긴다'는 분위기를 조성하였던 것은 분명하다. 이승만 의장은 제25차 회의――오후 2시 이후――에 사회를 진행하였다. 그는 헌법안 제18조의 토의를 시작하여 제42조까지 통과할 수 있도록 회의를 주도하였다. 그날 오전에는 김동원 부의장이 사회를 진행하였는데, 단지 제17조만을 심의했을 뿐이었다. 7월 6일 제26차 회의도 이승만 의장이 진행하였다. 이날은 헌법안 제43조에서 제102조까지 통과시켰다.[35] 헌법안 제2독회를 실시한 총 6일 중 앞의 3일 동안에 제1조에서 제17조까지 독회를 진행한 것과 비교해본다면,[36] 이승만 의장은 제헌의원들에게 헌법안을 조속히 심의하도록 상당히 압박했던 것이다.

이에 대해 이정래 의원(한민당)은 "수정안 철회에 있어서는 찬성자의 의견도 듣지 않고 철회한다는 그런 폐단이 있어서 공기가 대단히 험악"하다고 비판하였다. 특히 김준연 의원(한민당)은 헌법 제41조 수정안을 제출한 진헌식 의원이 수정안을 함께 제안한 44인의 동의를 얻지도 않고 철회한 것에 이의를 제기하였다(국회사무처 1948(제25호), 39면).

헌법 수정안의 철회는 비단 이승만 단독의 의사는 아니었다. 제헌의원들의 수정안 철회와 관련하여 신익희 부의장은 다음과 같이 말하였다.

어저께(7월 5일) 본회의 오후 여섯시까지 이야기를 했고, 오늘 열두시에서 새로 한시까지 말씀한 결과 (…) 의회 간부로서 이번에 수정동의안을 제출하신 여러분과 전문위원 몇분과 합석해서 성질이 같은 것은 몰고 해서, 우리들이 노력하고 기회를 보아서 얘기할 심 잡드라도 이번 회의에서는 수정안을 고집하지 않을 뿐만 아니라 철회한다는 그런 말씀으로서 수정안을 다 조정해보았습니다. (국회사무처 1948(제26호), 46면)

이에 의하면 의회 간부, 수정안 제안자, 전문위원 등은 헌법안에 대해 이견이 있다고 하더라도 헌법안 제2독회 과정에서 수정안을 제안하지 않고 철회하기로 합의했다는 것이다. 요컨대 제헌의원들은 헌법을 조속히 심의

---

35) 이승만 의장은 헌법 제43조에서 제88조 독회까지 사회를 보았으며, 이후 신익희 부의장이 회의를 진행하였다. 7월 7일 제27차 오후 회의도 이승만 의장에 의해 진행되었다.

36) 7월 1일 제22차 회의에서 신익희 부의장이 사회를 보았는데, 그날 헌법안 제 1조에서 제7조까지 가결되었다. 7월 2일 제23차 회의는 김동원 부의장이 사회를 보았다. 그는 제8조에서 제15조까지 독회를 진행시켰다. 7월 3일 제24차 회의는 신익희 부의장이 다시 사회를 보아, 제16조의 표결과 제17조의 토론을 진행시켰다.

해야 한다는 이승만의 요구를 수용하기로 합의했던 것이다. 헌법안 제2독회에서 철회된 수정안은 다음과 같다.

제25차 회의에서 이원홍, 황병규, 서순영, 진헌식 의원은 제41조[37] 수정안을 철회하였다(국회사무처 1948(제25호), 37면).[38] 또한 7월 6일 제26차 회의에서는 거의 모든 수정안이 철회되었다. 황병규 의원 외 10인이 제43조[39] 수정안을, 서순영 의원 외 10인이 제46조[40] 2항의 수정안을, 서순영 의원 외 10인, 황두연 의원 외 10인이 제47조 수정안을 철회하였다(국회사무처 1948(제26호), 2면). 강욱중 의원 외 11인이 제52조 수정안을, 김문평 의원 외 13인, 오택관 의원 외 15인이 제53조 수정안을 철회하였으며, 김명동 의원 외 13인은 제54조 수정안을 보류하였다. 또한 강욱중 의원 외 11인이 제55조 수정안을 철회하였다.[41] 서이환 의원 외 10인이 제57조 수정안을, 유래완 의원 외 10인이 제64조 수정안을, 김명동 의원 외 13인, 유래완 의원 외 10인

37) "제41조 국회는 국제조직에 관한 조약, 강화조약, 통상조약, 국가 또는 국민에게 재정적 부담을 지우는 조약, 입법사항에 관한 조약의 비준과 선전포고에 대하여 동의를 한다."

38) 서순영 의원은 헌법 제35조──국회는 의장 1인, 부의장 2인을 선거한다──에 대한 수정안도 제출하였다. 서상일 위원장이 수정안 설명을 요청하자 그는 "제출한 수정안이 약 7,8개조 되는데 초안을 수정하고자 하는 용기가 없"다고 말하고 일괄해서 전부 철회하였다(국회사무처 1948(제25호), 33면).

39) "제43조 국무총리, 국무위원과 정부위원은 국회에 출석하여 의견을 진술하고 질문에 응답할 수 있으며 국회의 요구가 있을 때에는 출석 답변하여야 한다."

40) "제46조 탄핵사건을 심판하기 위하여 법률로써 탄핵재판소를 설치한다. 탄핵재판소는 부통령이 재판장의 직무를 행하고 대법관 5인과 국회의원 5인이 심판관이 된다. 단 대통령과 부통령을 심판할 때에는 대법원장이 재판장의 직무를 행한다. 탄핵 판결은 심판관 2/3 이상의 찬성이 있어야 한다. 탄핵 판결은 공직으로부터 파면함에 그친다. 단 이에 의하여 민사상이나 형사상의 책임이 면제되는 것은 아니다."

41) 서상일 위원장은 제26차 회의에서 진헌식 의원 외 44인과 이원홍 의원 외 15인, 그리고 이진수 의원 외 12인이 긴급명령, 긴급재정처분에 관한 제56조의 수정안을 보류하였다고 언급하였으나, 진헌식 의원은 수정안 제안 이유를 설명하였다. 이진수 의원은 자신의 견해를 진헌식 의원의 제안에 첨부하였다. 이들의 수정안은 재석 182, 찬성 140, 반대 40으로 가결되었다(국회사무처 1948(제26호), 4, 10면).

이 제67조[42) 수정안을 철회하였다. 그리고 홍희종 의원 외 11인, 장병만 의원 외 10인, 권태욱 의원 외 10인, 조병한 의원 외 10인, 이원홍 의원 외 10인, 조종승 의원 외 12인, 서이환 의원 외 11인이 헌법 제68조[43) 수정안을 보류하였다.[44) 김중기 의원 외 10인, 조국현 의원 외 10인은 제68조 수정안을, 김명동 의원 외 13인은 제69조[45) 수정안을 철회하였다. 또한 제72조[46) 수정안을 이원홍 의원 외 15인, 진헌식 의원 외 44인이 보류하였다. 서순영 의원 외 10인과 김병회 의원 외 24인은 제74조[47) 수정안을 철회하였다(국회사무처 1948(제26호), 4면).

요컨대 이승만과 제헌의원들은 조속한 정부 수립을 위해서 철저한 헌법 심의를 유보했던 것이다. 또한 정세적 입장에 기반해서 양원제를 가장 강력하게 반대한 사람은 이승만 의장이었다. 7월 5일 제25차 회의에서 그는 다음과 같이 말하였다.

---

42) "제67조 국무원은 대통령과 국무총리 기타의 국무위원으로 조직되는 합의체로서 대통령의 권한에 속한 중요 국책을 의결한다."
43) "제68조 국무총리와 국무위원은 대통령이 임면한다. 국무위원의 총수는 국무총리를 합하여 8인 이상 15인 이내로 한다. 군인은 현역을 면한 후가 아니면 국무총리 또는 국무위원에 임면될 수 없다."
44) 서상일 위원장은 진헌식 의원 외 44인, 안준상 의원 외 10인, 황두연 의원 외 10인도 제68조의 수정안을 보류했다고 말하였다. 그러나 실제로 진헌식 의원은 제68조의 수정안 제안 이유를 설명하였다. 또한 안준상 의원은 독립적으로 수정안을 제안하지 않고 진헌식 수정안에 대해 지지발언을 하였다. 황두연 의원은 최운교 의원의 개의안──국무총리 국회 승인 주장, 국무총리의 국무위원 제천권 삭제──을 지지하는 발언을 하였다(국회사무처 1948(제26호), 12, 15, 17면).
45) "제69조 대통령은 국무회의의 의장이 된다. 국무총리는 대통령을 보좌하여 국무회의 부의장이 된다."
46) "제72조 행정각부장은 국무위원 중에서 대통령이 임명한다. 국무총리는 대통령의 명을 승하여 행정사부상을 통리 감독하며 행정사부에 분납되지 아니한 행정사무를 남임한다."
47) "제74조 행정각부에 조직과 직무범위는 법률로써 정한다."

오늘의 우리의 형편으로서는 그것을 못할 것이고 시작도 안 될 것이고 지금 이 형편을 가지고서는 참의원이라든지를 누가 세우자고 하는 것은 도무지 할 수 없고 (…) 인민이 선거한 것이 이 국회이고, 상원제도라고 해가지고서 뽑힌 사람이 하나도 없어요. 또 지금 이 형편으로 하지도 못하는 까닭에 할 수 없고, 지금 이 국회에서 단원에서 헌법을 먼저 해놓아가지고서 그 헌법대로 정부를 조직한다고 하는 것이 우리 민족의 큰 목적입니다. 그리고 제가 지금 정부를 조직하자고 하는 것은 무슨 관계가 있는고 하니 헌법에다가 정해놓기는 단원제를 만들어놓고 이 국회에서 대통령과 부통령을 선거해서 대통령, 부통령이 정부를 세우려고 하는 것을 만들어놓아야 제일 속히 하여 원만히 해결할 수 있다고 하는 것을 이 국회 여러분도 잘 아실 것이요 일반 국민도 거반 다 염려하실 것입니다. (국회사무처 1948(제25호), 30면)

이승만은 양원제가 당시의 정세에 비추어 불가능함을 역설하였다. 그리고 특히 그가 더욱 강조한 것은 이미 선출된 '단원 국회에서 대통령과 부통령을 선거해야 한다'는 점이었다. 즉 국회는 '국회제도 자체의 원리' 또는 '제도의 현실 가능 여부' 등이 아닌 '대통령을 선거하는 국회'라는 특정한—상당히 중요한—임무에 충실하도록 조직되어야 한다는 것이었다. 그에게 있어서는 헌법의 통과와 대통령의 선출이 곧 조속한 정부 수립의 핵심이었던 것이다.

5. 소결: 건국헌법 제정과정의 특징

다음은 이상의 논의를 헌법 제정과정의 특징을 중심으로 살펴보면 다음과 같다.

첫째, 헌법 초안 기초과정과는 달리 본회의 심의과정에서는 제헌국회의 여러 정파가 각기 자파에게 더 유리한 정부형태를 타 정파에게 설득할 수 있는 여지가 훨씬 많았다. 본회의 심의과정에는 이승만과 한민당 이외의 다양한 세력들——독촉, 무소속, 대동청년단, 조선민족청년단, 대성회 등——이 참여하여 의견을 표명할 수 있었다. 헌법안 제1독회 대체토론에서는 발언 신청자 74명 중 56명이 발언하였다.[48] 이는 제헌의원 정원의 1/4 이상에 해당한다. 표결에는 대략 152명에서 186명이 참여하였다. 이런 점에서 모든 의원들이 만족할 만한 수준은 아니었으나——발언하지 못한 의원들이 불만을 토로하였으므로——대체로 자유로이 의견이 개진되고 토론되었다. 그러므로 이승만의 정치적 의도나 한민당의 전략이 개입될 여지가 훨씬 적었다고 볼 수 있다.

둘째, 헌법 제정의 의사규칙과 관련해서 국회 내 다수파와 소수파가 의견대립을 보였다. 소수파는 가능한 한 공식의 장을 확장하고자 하였던 반면, 다수파는 그것을 축소하고자 하였다. 예컨대 의장은 대체토론[49] 발언을 대략 60인 정도로 한정하며, 발언시간도 5분으로 제한하려 했다.[50] 유진

48) 5·10선거 당선 당시의 당적을 기준으로 하면 무소속 34명, 독촉 11명, 한민당 6명, 기타 5명이다.

49) 대체토론 첫날에 발언권을 미리 청구한 의원은 모두 35명이었다(국회사무처 1948(제20호), 7면). 신익희 의장은 이날(6월 29일) 오후 4시까지 발언한 의원이 30명이며, 아직 발언하지 못한 의원이 44명이라고 말하였다. 그는 대체토론 발언자를 이 정도에서 제한하자고 제안하였다(국회사무처 1948(제20호), 38면). 김준연 의원에 의하면 이틀간 진행된 제1독회 대체토론에서 51인이 발언하였다(국회사무처 1948(제21호), 27면). 그러나 실제로 속기록에 기록된 발언자는 총 56명이었다. 당선 당시의 당적을 기준으로 이들을 분류해보면 무소속 34명, 독촉 11명, 한민당 6명, 기타 5명이다.

50) 구두로 발언하지 못했을 때에는 의장의 허락을 얻어 제출한 서면의 내용을 속기록에 게재할 수 있도록 했다. 진헌식, 서순영(일부 발언, 일부 게재), 이원홍, 박우경, 김용재, 장병만, 송봉해, 김철 의원 등의 원고는 제20호 속기록에 게재되어 있다. 진헌식, 이원홍, 송봉해 의원은 대통령제를, 서순영 의원은 의원내각제를 찬성하였다. 제21호 속기록에는 정구삼, 윤석구, 조한백, 조봉암 의원의 미발언 원고가 게재되어 있다.

홍 의원(독촉) 또한 "무제한으로 시간을 그대로 내맡겨둔다면 이 대체토론이라는 것은 몇일 갈 것"이라고 주장하고 "10분으로 시간을 정하고 충분한 요령만 따져서 대체토론"할 것을 주장하였다.[51]

그러나 헌법기초위원[52]이던 조봉암 의원[53]은 "대체토론 시간을 제한함이 없이 적당히 자기의 소회(所懷)를 이론적으로 전개할 수 있도록 그런 기회를 주는 것이 우리 민주주의 국가의 의회로서 취해야 될 태도"라고 주장하였다(국회사무처 1948(제20호), 4면). 신익희 부의장이 제시한 의사규칙에 반대했던 이들은 대체로 헌법 초안의 대통령중심제에 반대했던 의원들이다. 또한 이들은 한민당과 독촉 등 다수파에 속하지 않는 인물들이었다. 그들은 헌법안 심의 초반부터 자신들의 주장이 다수파에 의해 제압당할지도 모른다는 우려를 갖고 있었다.

요컨대 의사규칙과 관련한 이상의 논쟁이 진행된 것은 본회의 심의과정에서 특정한 정부형태에 대한 견해를 타 정파에게 설득할 기회를 더 많이 확보하려는 것을 의미한다. 개별적으로 투표하는 행위와는 달리, 국회 본회의의 '공개적인 발언장'은 각자의 혹은 자파의 논리를 합리화하는 중요한 매개의 장소이기 때문이다. 특히 소수파 또는 소수의견 옹호자는 토론 시간 및 인원수를 제한하는 것을 자신들의 입장을 관철할 기회를 줄이는 것으로 인식하고 '토론의 자유'를 강력히 주장하였다. 반면에 다수파 또는

---

51) 오용국 의원(무소속)은 "대체토론의 발언시간은 5분으로 제한하고 특별한 문제에 한해서 의장의 허락을 얻어서 발언하자"고 재개의하였다. 표결 결과, 오용국 재개의안이 재석 179, 찬성 95, 반대 26으로 가결되었다(국회사무처 1948(제20호), 8면).

52) 서상일 위원장은 헌법 초안이 헌법기초위원회에서 만장일치로 통과된 것이 아니라고 말하였다. 그는 헌법기초위원회에 속한 각 위원들이 개별적으로 의견을 달리할지라도 위원회의 권위와 연대의식을 고려하여 본회의 석상에서는 가부 거수에만 참여할 뿐 찬부토론에는 참여하지 않기로 했다고 보고하였다(국회사무처 1948(제20호), 9면).

53) 조봉암 의원의 입장은 속기록에 장문의 미발언 원고로 게재되어 있다. 그는 헌법기초위원회에서 달성되지 못한 자신의 입장을 본회의에서 관철하고자 하였다(국회사무처 1948(제21호), 19~24면).

다수의견 옹호자는 '효율적인 토론'을 더 강조하였다.

셋째, 헌법 초안 기초과정에서는 의원내각제가 다수의 지지를 받았지만, 본회의 헌법 심의과정에서는 대통령제 옹호자가 다수였다. 헌법안 제1독회 대체토론 참여자 중 대통령중심제 찬성자가 26명이었으며, 의원내각제 찬성자가 17명이었다(김홍우 1997, 236~37면 참조). 헌법기초위원회에서 의원내각제를 옹호했던 한민당 등이 대통령중심제로 선회하였고, (헌법 초안단계에서 어떤 입장을 지지했는지 분명하지 않지만) 독촉, 무소속 세력 다수는 대통령제를 지지하였다.

넷째, 헌법 제정과정에서 이승만이 시종일관 주도적인 위치에 있었던 것은 아니다. 그렇지만 그는 대통령중심제 헌법 초안을 채택하는 데, 그리고 헌법안 심의를 조속히 종결짓는 데 결정적인 역할을 하였다. (1) 이승만은 헌법 초안 작성단계에서 헌법기초위원들과 팽팽히 맞섰다. 이후 이승만은 국회의 전원위원회 개최를 통해서 대통령제 헌법의 필요성을 설득하고 이를 관철하고자 하였다. 그러나 이 제안은 부결되었다. 이후 이승만은 반내각제운동을 선언함으로써 끝내 대통령제 헌법을 관철하였다. (2) 이승만은 또한 헌법안 제2독회 종반에 헌법안의 조속한 통과를 위해서 가능한 한 발언을 줄이고 수정안을 철회하도록 제헌의원들을 압박하였다. 서순영, 강욱중 의원 등 대통령제를 강도 높게 비판하던 의원내각제 옹호자들마저도 수정안을 모두 철회하였다. 이승만과 제헌의원들은 조속한 정부수립을 위해서 철저한 헌법 심의를 유보했던 것이다.

헌법의 제정과정은 주도세력의 변화에 따라 특징화할 수 있다. 각 단계를 표로 나타내면 〈표 6-1〉과 같다.

다섯째, 헌법안 심의과정에서 핵심적으로 논의된 조항에 관한 최종 표결 결과를 살펴보면 다음과 같다.

(1) 제헌의원들은 국정이 대통령의 '단독'이 아닌 국무원의 '의결'에 의해 운영되어야 한다는 점에 대체로 동의하였으나, 그것의 최종결정권

〈표 6-1〉 헌법 제정과정의 주도세력 및 정부형태

	헌법기초위원회 (6.3-6.22)		국회 본회의 (6.23-7.12)	
주도세력	한민당 (6.3-6.20)	이승만 (6.21-6.22)	제헌의원 (6.23-7.4)	이승만, 한민당 (7.5-7.12)
정부형태	의원내각제	대통령중심제	대통령중심제·의원 내각제 논쟁 대통령중심제 우위	대통령중심제

이 누구에게 있는지에 대해서는 명확히 규정하지 않았다. 의원내각제 헌법 원안 제67조에서는 "내각은 국무총리와 국무위원으로 조직되는 합의체"라고 규정하였다. 제헌의원들은 내각을 '국무원'이라 칭하고 "대통령과 국무총리, 기타 국무위원으로 조직되는 합의체"로 헌법안을 수정하는 데 큰 이의를 제기하지 않았다. 그러나 대체토론 과정에서 대통령과 국무원의 결의가 상치될 경우를 상정하여, 국무원의 결의를 우선할 것인가 아니면 대통령에게 더 강력한 권한을 부여할 것인가 하는 점에 대해 열띤 논쟁을 벌였다. 제67조에 대해 김명동 의원 외 13인과 유래완 의원 외 10인이 수정안을 제안하였지만 철회하였고, 표결과정에서 별 이의 없이 통과되었다. 즉 국무원을 합의체로 운영하는 문제는 실제 정치운영에서 발생할 어려움을 남겨놓은 채 헌법 초안의 내용과 동일한 안이 가결되었던 것이다.

(2) 제헌의원들은 국무위원 임면의 전권을 대통령에게 주고자 했다. 헌법 제68조의 경우, 진헌식 의원은 의원내각제 원안과 동일한 안을 수정안으로 제출하였다. 그 내용은 대통령으로부터 임명된 국무총리는 반드시 국회의 승인을 받아야 하며, 국무위원은 국무총리의 제천으로 대통령이 임명해야 한다는 것이었다. 그의 이 안은 재석 165인 중 39명만이 찬성하고 90명이 반대를 하였다. 헌법상 규정된 대통령의 국무위원 임면권은 이후 실제 정치 운영과정에서 특히 반민족행위처벌법 제정과정에서 국회와의 갈등에 부딪혔다.

(3) 헌법안 제1독회 과정에서는 의원내각제와 대통령제에 관한 논쟁이 핵심 사안이었지만, 이후 제2독회 과정에서는 대통령제의 틀 내에서 대통령의 권한을 제약할 방안이 핵심 사안이 되었다.

헌법 원안에 의하면 민의원이 대통령, 부통령, 국무총리, 국무위원 등의 탄핵소추를 결의할 수 있고, 참의원이 이를 심판하도록 하였다. 그리고 민의원이 내각 또는 국무위원에 대한 불신임결의안을 채택할 때에는 내각이 총사퇴하거나 또는 해당 국무위원이 사직하도록 하였다. 이와 관련된 헌법 초안 제45조와 제46조 대체토론 과정에서 서순영, 조봉암 의원은 국무위원 임면의 전권을 대통령이 갖는 데 반대하였으며, 정준, 강욱중, 원장길 의원 등은 국회의 정부 불신임안을 넣자고 주장하였다. 그러나 제2독회 축조 심의에서 서순영 의원 외 10인의 수정안은 철회되었고, 이들 조항에 대한 표결은 이의없이 통과되었다. 따라서 헌법안 제1독회 질의응답 및 대체토론 때까지는 소수의 의원내각제 옹호자들이 대통령제에 강력한 비판을 제기하였다.

그러나 이후 제2독회 과정에서 다수의 제헌의원은 대통령제의 틀 내에서 대통령의 권한을 제약할 방안을 모색했다. 한민당 등의 대통령제 옹호자들은 대통령의 권한사항을 국무원이 의결하도록 함으로써 대통령을 견제하고자 했으며, 무소속 의원과 일부 독촉 의원들은 대통령의 인사권을 국무총리와 나누어 갖도록 함으로써 대통령의 권력을 견제하고자 하였다. 헌법 초안과 1948년 7월 12일에 최종적으로 확정된 헌법을 비교해보면, 수정된 조항은 바로 대통령 전제에 대한 이들의 우려와 직접 관련되었음을 알 수 있다.[54]

---

54) 정부형태와 관련된 조항 중 수정된 조항은 제52조, 제56조, 제68조, 제93조이다. 이 중 56조의 긴급명령 관련 조항과 제68조의 국무총리 승인 조항은 대통령의 권한과 관련하여 헌법 심의과정에서 가장 핵심 쟁점이 되었다.

제7장

북한헌법 제정과 남북한 헌법안 비교

1. 서론

대한민국 건국헌법을 더 잘 이해하기 위해서는 북한헌법을 살펴보는 것이 필요하다. 그 이유는 두 헌법이 1920년대 이후 독립운동 진영에서 경쟁해온 민족주의와 공산주의 그룹의 헌정구상을 대표하기 때문이다. 이 때문에 한국 근대헌정사를 종합적으로 고찰하자면, 남북한 헌법을 비교사적으로 살펴보는 것이 필수적이다. 이런 점에서 이 책의 연구는 아직 미흡하다.

제한적이지만 제7장에서는 남한헌법이 지닌 정치적 특징을 좀더 명료하게 이해하기 위해 북한헌법과 비교, 검토하고자 한다. 이 글에서 다룰 구체적인 내용은 크게 두 가지이다.

첫째, 1945년 이후 남북한의 헌법 제정과정을 비교, 검토할 것이다. 북한헌법의 경우는 〈조선민주주의인민공화국헌법 초안〉 기초·심의 과정과 전인민토의 과정, 그리고 소련의 영향을 검토하고자 한다. 남한의 경우는 1948년 〈대한민국헌법〉의 초안 작성과정을 검토하고자 한다.[1]

둘째, 남북한 헌법의 내용을 비교, 검토하고자 한다. 특히, 북한헌법의 제정원칙과 권력구조, 사회경제제도의 특징을 살펴볼 것이다. 이를 통해 남북한 헌법 제정자들의 근대국가 구상이 어떠한 정치사상에 근거하고 있는지를 이해하고자 한다.

이 글에서는 비교·검토 대상으로, 남한의 경우는 1948년 6월 23일 제헌 국회 본회의에 상정된 〈대한민국헌법 초안〉을, 북한의 경우는 〈조선민주주의인민공화국헌법 초안〉을 선택하였다. 그리고 필요한 경우에 소련헌법(스딸린헌법)과 남조선과도입법의원에서 심의한 〈조선민주임시약헌 초안〉과 〈조선임시약헌〉을 참조하였다.

남북한 헌법을 이해하기 위해서 다음과 같은 세 가지 기본전제에서 출발하고자 한다. 첫째, 북한헌법 초안은 소련헌법을 모본으로 하여 기초되었지만,[2] 북한헌법은 남한헌법과의 경쟁관계에서 탄생된 쌍생아적 성격을 지닌다. 남북한 헌법은 서로를 참조하면서도 서로를 배제하려고 하는 '적대적' 상호맥락성을 가지고 있었다.[3] 실제로 북한헌법은 남조선과도입법의원에서 심의한 〈조선임시약헌〉[4]에 대한 반대 헌법안의 성격을 띠었

---

1) 1948년 〈대한민국헌법〉 제정과정은 제5장과 제6장에서 이미 고찰하였으므로 이 장에서는 북한헌법 제정과의 비교 수준에서 간략히 기술하고자 한다.

2) 1936년 12월에 채택된 쏘비에뜨연방헌법(스딸린헌법) 제4장 제60조는 "공화국헌법의 채택과 개정은 쏘비에뜨헌법 제16조에 준거할 것"이라고 규정하고 있다. 또한 동 헌법 제16조는 "각각의 연방공화국은 공화국 고유의 특성을 고려한 그들 자신의 헌법을 가지며, 그 헌법은 쏘비에뜨헌법에 준거하여 작성되어야 한다"고 규정하였다.

3) 선행연구에서는 1948년 남북의 정치질서를 설명하기 위한 유용한 분석틀로서 "대쌍관계동학"(interface dynamics)이라는 개념이 제안된 바 있다. 이 개념은 남과 북의 "서로 맞물린 구조를, 외부적 대립과 내부동학 그리고 전체와 구성인자 각각을 동시에 들여다보기 위해서 설정했던 문제틀"이었다(박명림 2003b, 879~80면).

4) 북조선인민회의특별회의에서 김두봉이 "거부한다"고 언급한 〈조선임시약헌〉은 1947년 8월 6일에 남조선과도입법의원에서 최종적으로 통과된 통합헌법안이다(「북조선인민회의 특별회의 회의록」(1948);국사편찬위원회 1988, 223면).

다.[5] 남북한 관계에서 본다면 해방 후 남북한의 대결구도 속에서 탄생한 것이다. 북한헌법은 총 10장 102조의 남한헌법과 그 조항 수가 동일하고, 매우 유사한 형식을 가진다.[6] 그러나 두 헌법은 내용상으로는 상이한 정치적 구상을 담았다.

둘째, 남북한 헌법이 모두 근대국가를 건설하는 정치원리로 민주주의를 채택하였지만, 무엇이 진정한 민주주의인가에 대해서는 심각한 대립을 내포하고 있었다. 북한헌법 제정자들은 남한헌법이 얼마나 봉건적이고 반동적인가를 부단히 강조하였다. 이러한 대립은 사실 1920년대부터 한국 정치사상의 주류를 점했던 것이며, 동시에 1917년 러시아혁명 이후 세계 정치사상의 핵심적인 테마이기도 했다. 이 점을 특별히 강조하는 것은 남북

---

5) 북조선인민회의 제3차 회의(1947년 11월 18~19일 개최)에서는 남조선과도입법의원에서 심의한 〈남조선임시헌법〉이 '인민주권, 국유화, 계획경제 원칙' 등에서 불철저하므로 "반인민적 헌법이며 반민주주의적 헌법"이라고 비판하였다. 이 〈남조선임시헌법〉은 1947년 4월 김붕준을 중심으로 남조선과도입법의원 임시헌법·임시선거법기초위원회가 기초한 헌법안인 〈조선민주임시약헌 초안〉을 지칭한 것이다. 이와 관련하여 북조선인민회의 제3차 회의에서 김두봉은 다음과 같이 말한다 "(…) 남조선 반동파들이 소위 '입법의원'을 통하여 자기네의 매국적 시도에 부합되는 남조선임시헌법을 제정하여 그것을 전조선에 적용하려고 책동한다 할지라도 전조선의 민주역량의 앞에서 여지없이 분쇄되고 말 것입니다. 진정한 애국인사들은 조선인민의 이익에 부합되는 자기의 헌법을 준비하여야 되며 또 그의 실시를 위하여 투쟁하여야 될 것입니다"(북조선인민회의 상임의원회 1948a, 24~25면).

6) 여기에서 참고한 문서는 북조선인민회의 상임의원회의 1948년 「북조선인민회의 제3차 회의 회의록」, 「북조선인민회의 제4차 회의 회의록」, 「북조선인민회의 제5차 회의 회의록」으로, 이 자료의 문서번호는 각각 NARA, RG 242, National Archives Collection of Foreign Recods Seized, Captured North Korean Documents, SA 2005-5-8; NARA, RG 242, SA 2005-5-9; NARA, RG 242, SA 2005-5-10이다. 이 문서는 극동군 제8238부대에서 노획자료를 발송할 때 각 문서에 발송통지번호(Shipping Advice Number, SA 2005-2013)를 달아 그 방대한 목록을 따로 타자로 쳐서 첨부하여 보낸 것으로, 743매에 달하였다. SA 2005, Box1, 제34문건(item)은 SA 2005-1-34로 표기한다(방선주 1986, 2~3면).

한의 헌법 제정과정을 단순히 법률적인 의미로 한정해서는 안 된다는 의미에서이다. 이 과정은 사상과 정치, 그리고 역사적인 논쟁을 복합적으로 내포하고 있다.

셋째, 남북한 헌법 제정과정과 내용에는 이후 남북한 정치체제 및 경제체제의 기본적인 발전방향이 함축되어 있다. 그것은 이후 60여년 이상 지속된 자유주의와 공산주의 정치체제의 미래상이기도 하다. 오늘날 현대사 연구에서 주장하는 바처럼 그것은 처음부터 예상된 필연은 아니었다. 이 점을 강조하는 것은 남북한 헌법 제정의 역사를 이념적인 예단에 의해 판단해서는 안 된다고 보기 때문이다. 오히려 그 반대로, 사실을 있는 그대로 볼 때, 인간의 역사와 정치에 대해 한층 깊은 이해를 얻는 것이 가능하다. 이것은 오늘날 한국 현대사의 인식을 둘러싼 논쟁을 좀더 높은 차원에서 이해할 수 있는 가능성을 열어준다.

2. 남북한 헌법의 제정과정과 특징: 민주주의 구성원리로서 일원적 '대표'와 '다양성'의 대립

남북한 헌법 제정과정에 관한 고찰은 단순한 제정절차의 형식에 관한 검토로 끝나지 않는다. 제정절차에 이른바 '진정한 민주주의'에 대한 헌법 제정자들의 정치적 이해가 잘 드러나기 때문이다. 그러므로 헌법 제정과정에 대한 검토는 정치사상 연구의 주제이기도 하다. 가장 중요한 이슈는 '대표성', 즉 민주주의가 궁극적으로 지향하는 인민 또는 시민의 정치적 주권이 정치적 절차와 과정을 통해 어떻게 완전히 실현될 수 있는가의 문제이다.

북한의 헌법 제정절차는 '쏘비에뜨(인민위원회)의 원리'를 따랐다. 이는 소위 인민의 의사의 완전한 표현과 구현을 목표로 한다. 즉 풀뿌리 인민들로부터 시작되는 선거에 의한 상향적인 대표(인민위원)의 선출, 그 대표들로 구성되는 인민회의가 최종적인 인민주권을 완전히 대표한다고 상정된다. 그 인민회의는 조선임시헌법제정위원회를 조직하여 헌법 초안을 작성케 했다. 작성된 초안은 인민회의에 제출되었고, 인민회의는 이를 다시 전인민의 토의에 회부하였다. 인민의 동의를 받은 헌법 초안은 다시 인민회의 특별회의에 의해 수정안이 검토, 심의되어 최종적으로 최고인민회의에서 채택되었다. 이것은 직접민주주의의 원리이다.

반면 남한의 헌법 제정절차는 의회민주주의의 원리를 따랐다. 먼저 모든 인민은 '지역'으로 분할되어 선거구민(electorate)이 되고, 그들이 유권자(elector)가 되어 선거에 의해 대표를 선출했다. 선출된 대표는 국회를 구성하고, 국회는 헌법기초위원 전형위원을 선출했다. 그들이 다시 헌법기초위원을 선출하고, 헌법기초위원은 헌법 초안을 작성했다. 헌법 초안은 국회의 심의와 동의를 거쳐 최종적으로 제정되었다. 간접민주주의의 원리를 따른 것이다.

남북한의 헌법 제정과정은 모두 '대표'의 원리에 의해, 그리고 '선거'에 의한 대표 선출의 방법을 따랐다. 물론 '대표'가 인민의 의사를 어디까지 대표할 수 있는가, 그리고 어떠한 선거가 더 좋은 방식인가에 대한 견해는 달랐다. 북한은 대표의 역할이 헌법 초안의 작성에 제한되었던 반면, 남한은 헌법 제정권한까지 가졌다. 이것은 남한의 헌법 제정과정이 주권의 간접적 표현이었다는 것을 의미한다.

그런데 북한의 헌법 제정과정에서 가장 놀라운 것은 '반대'와 '다양성'이 거의 발견되지 않는다는 점이다. 남한의 경우, 국회의 헌법 제정과정은 매우 논쟁적이었다. 이 점이야말로 두 정치체제 각각의 가장 큰 특징이자, '진정한 민주주의'에 대한 두 체제의 이해를 가장 잘 보여주는 특징으로 생각된다.

1) 북한의 조선임시헌법제정위원회와 남한의 헌법기초위원회 조직

먼저 북한의 헌법 제정과정을 살펴보자. 북한의 공개적인 헌법 제정논의는 1947년 11월 14일 제2차 유엔총회에서 "유엔 감시 아래 남북한 총선거를 실시한다"는 한국 독립결의안에 직접적인 영향을 받았다. 제3장에서 살펴본 바와 같이 이 시기는 신탁통치를 거친 뒤 한국을 독립시키고자 했던 1945년 모스끄바삼상회의의 구상과, 남한의 좌우합작을 통해 한국 독립을 추구했던 미국의 국제협력노선이 이승만과 김구 등 남한의 반탁 민족자치노선 및 북한의 공산주의자들에 의해 좌절된 시기였다. 그러므로 유엔의 결의는 남북한을 통합할 수 있는 최후의 대안이었다. 그러나 그것은 남북한의 인구비례상 북한 공산주의자들이 받아들일 수 없는 것이었다. 그러므로 유엔의 결의는 최선의 대안이자, 동시에 실현불가능한 대안이었다. 이에 대해 김두봉은 "적절한 구국대책을 강구하는 새 과업"을 주장하였는데 그것은 북한에 공산주의 단독정권을 세워야 함을 말하는 것이었다(국사편찬위원회 1988, 221면). 즉 유엔결의는 명목상 통일정부를 세우기 위한 조치였지만 그 결의를 수행할 강제조치를 규정한 것은 아니므로, 현실적으로는 남북 양측에 단독정권을 세울 수밖에 없는 상황을 긍정한 것이라고 볼 수 있다.

유엔결의 4일 뒤, 1947년 11월 18~19일 개최된 북조선인민회의 제3차 회의는 북한에서의 헌법 제정논의를 처음으로 공식화했다.[7] 이 회의에서 김두봉은 헌법 초안 작성의 필요성을 역설했다.

---

7) 1947년 2월 소집된 도시군인민위원회 대표대회에서 최고 주권기관으로서 북조선인민회의가 구성되있다. 북조선인민회의 제1차 회의는 북조선임시인민위원회로부터 성권을 이양받고 북조선 최고집행기관인 북조선인민위원회와 북조선재판소 및 검찰소를 조직하였다(윤경섭 1995, 32면).

조선임시헌법 작성에 있어서 조선국가 및 정치제도 문제에 대한 북조선 각 정당 사회단체의 제의들이 그 기초가 되어야 할 것입니다. 다 아시는 바와 같이 그러한 제의들은 쏘미공위의 요청에 의하여 벌써 제출되었던 것입니다. 그 제의들의 근본내용은 1947년 6월 14일, 평양에서 개최된 민전열성자대회에서 북조선인민위원회장 김일성(金日成) 장군의 「임시정부수립에 관하여 각 정당들과 사회단체들은 무엇을 요구할 것인가」라는 연설에서 가장 세세하고 명백하게 진술하였던 것입니다. (북조선인민회의 상임의원회 1948a, 30면)

이상의 김두봉의 발언에 따르면, 북한의 헌법 초안은 민전열성자대회(1947.6.14)에서의 김일성 보고[8]와 미소공동위원회에 제출된 북조선 정당 및 사회단체의 답신서(1947.7.3)[9]를 종합해 작성되었다(북조선인민회의 상임의원회 1948a, 30면; 북조선로동당 중앙위원회 1989).[10] 아래에서 살펴볼 북한헌법 초안작성 및 헌법채택 과정을 공식적인 기록을 참조하여 그림으로 나타내면 〈그림 7-1〉과 같다.

---

8) 김일성의 「조국광복회 10대강령」(1936.5), 「20개조 정강」(1946.3), 「민주주의조선임시정부수립에 대하여 각 정당들과 사회단체들은 무엇을 요구할 것인가」(1947.6.14) 등이 임시헌법 초안에 반영되었다(배훈식 1990: 최상연 1990: 윤경섭 1995: 김광운 2003). 북한의 각 정당·사회단체들이 제출한 답신서는 북조선로동당(북로당), 북조선연맹이 제출한 답신서 초안 이외에는 구할 수 없지만, 김일성의 보고 내용과 거의 유사하다(윤경섭 1995, 35면).

9) 북로당은 이 답신서에서 "조선은 민주주의인민공화국으로 선포되어야 하며, 따라서 수립할 임시정부는 이에 부합되는 민주주의적 정권형태여야 한다"고 주장하였다(심지연 1989, 326면).

10) 북한헌법 제정에 관한 선구적인 연구라고 할 수 있는 윤경섭의 연구에서는 1947년 11월 이전에 발표된 강령과 정강, 답신서 등을 충실히 검토하였다. 본 연구는 윤경섭의 기초 연구에 도움을 크게 받았음을 밝힌다.

인민	인민회의 (3차)	헌법제정위원회	인민회의	전인민
1947.2.3	11.19	12.20	1948.2.7	2.12-4.25
도시군면리인민위원회 선거, 인민회의 구성	조선임시헌법제정위원회 위원 선출(31인), 초안작성위원 3인 선임	임시헌법 초안 제출, 분과위원회 조직, 임시헌법 초안 심의	전인민토의 제안	임시헌법 초안 토의, 동의

인민회의 특별회의	인민	최고인민회의 (1차)	헌법위원회	최고인민회의 (1차)
4.29	8.25	9.2	9.3-9.5	1948. 9.8
헌법 초안 수정안 심의 및 찬동	조선최고인민회의 대의원 선거	헌법위원회 조직(49인)	헌법 초안 심의	헌법 채택

자료: 「북조선인민회의 제3차 회의 회의록」 「북조선인민회의 제4차 회의 회의록」 「북조선인민회의 제5차 회의 회의록」 「북조선인민회의 특별회의 회의록」 「북조선최고인민회의 제1기 제1차 회의록」

김두봉의 공식발언이 있은 다음날인 1947년 11월 19일, 북조선인민회의 제3차 회의에서 북로당 대표 주영하의 제의에 따라 조선임시헌법제정위원회(이하 헌법제정위원회)에 조선임시헌법 초안 작성을 위임하여 북조선인민회의 차기회의에 제출할 것을 결정하였다. 주영하는 이날 31인의 헌법제정위원 명단을 발표한다. 그런데 헌법제정위원 전형위원이 누구인지, 그리고 어떤 기준에 의해 헌법제정위원이 선출되었는지 현재의 기록으로는 자세히 알 수가 없다. 그 명단은 〈표 7-1〉과 같다.

〈표 7-1〉에서 주목할 점은 소위 인민의 '대표성'이 어떻게 이해되고 있는가 하는 점이다. 첫째, 헌법제정위원 선정에 있어 가장 두드러진 특징은 권력핵심기구 및 정당, 대중조직, 지역, 직능 대표를 모두 포괄하여 선임하

소속	성명 및 직위
인민회의	김두봉(의장, 헌법제정위원회 위원장), 최용건(부의장), 강량욱(서기장)
인민위원회	김일성(위원장), 김정주(총무부장)
정당	홍기주(민주당 부당수), 박윤길(청우당 부위원장)
대중조직	최경덕(직업총동맹위원장), 김욱진(민주청년동맹위원장), 강진건(농민동맹위원장), 박정애(민주여성동맹), 이기영(문학예술총동맹)
지역 인민위	이주연(평남), 정달헌(평북), 문태화(함남), 김영수(함북), 김웅기(황해), 최봉수(강원), 한면수(평양)
직능	최금복(용접공), 강인규(농민), 김시환(제강소 지배인), 안신호(민주여성동맹위원장), 이종권(농민)
비대의원	김택영(법전부장), 김윤동(최고재판소 판사), 이청원(역사가), 김주경(서가), 민병균(시인), 정두현(김일성대학 의학부장), 태성수(노동신문 책임주사)

자료: NARA. RG 242. SA 2005-5-8, 북조선인민회의 상임의원회(1948a, 117~20면).

였다는 점이다. 즉 당시 북조선인민해방전선에 소속된 각 정당·사회단체의 지도자들을 모두 포함하여 헌법제정위원을 선임하였다. 남한이 '정당'을 기준으로 했던 것에 비해, 북한은 지역과 계급, 계층, 직능을 모두 포괄하고자 했던 것이다. 이것은 아마도 북한헌법이 '전인민적 대표성'을 가지고 있음을 보여주기 위한 것으로 생각된다.

둘째, 그러나 실질적인 위원 구성은 노동당 소속이 압도적인 우세를 보인다. 김두봉, 김일성, 최경덕, 김욱진, 장진건, 박정애, 이주연, 정달헌, 문태화, 김영수, 김웅기, 최봉수, 한면수, 김시환, 안신호, 이종권, 정두현, 태성수가 북로당원이다. 최용건, 홍기주, 강양욱은 민주당, 박윤길, 김정주는 청우당원이었다. 이기영은 무당적이었다(윤경섭 1995, 45면). 총 31명 중 18인 또는 19인이 북로당원이며, 노동당계 6인을 포함하면 25명이 북로당계였다.

더욱이 대의원이 아니면서 위원으로 참가한 7인 가운데 당적이 불분명한 김택영, 김윤동, 이청원, 김주경, 민병균 등 6인은 모두 노동당원 내지는 소련공산당원(김택영)으로 추측되고, 문학예술동맹위원장인 이기영 역시 좌익작가였다. 이청원, 김주경, 민병균은 좌익 성향의 지식인이었다. 그러므로 사실상 위원 선정의 계급계층별 안배는 의례적인 것이었다(윤경섭 1995, 45면). 즉 형식은 '전인민적 대표성'을 따르고 있지만, 실제는 단일정당의 대표성을 채택했다. 이 때문에 노동당에 반대되는 의견이 관철될 수 있는 가능성은 처음부터 적었다.

셋째, 남한과 달리 권력의 핵심인물들이 모두 헌법제정위원에 참여하였다. 인민회의의 김두봉, 최용건, 인민위원회의 김일성도 헌법제정위원에 포함되었다. 물론 남한의 경우, 이승만(국회의장)과 신익희(부의장)가 참여하지 않았다고 해서 그들의 영향력이 적었던 것은 아니었다.

넷째, 대의원이 아닌 김택영 등 7인은 헌법 초안을 위해 선정된 전문위원이었다. 이들은 각각 법률가, 문학가, 학자로서 헌법 초안 작성의 기본적인 진행을 위해 선정된 전문가였다. 특히 김택영, 김윤동은 법률 전문가로 실무진행을 위해 선정되었다.

다음은 남한의 헌법기초위원회 구성을 살펴보자. 5·10선거에 의해 1948년 5월 31일 남한의 제헌국회가 개원하였다. 이 국회의 임무는 헌법을 제정하고, 헌법에 기초하여 대한민국 정부를 구성하는 것이었다. 이날 제1차 회의에서는 국회임시준칙에 따라, 임시의장단으로 국회의장 이승만(독촉), 부의장 신익희(독촉) 및 김동원(한민당)을 선출했다. 이후 헌법기초위원회를 구성하기 위해 국회임시준칙에 따라 전형위원 10인을 먼저 선출했다(국회사무처 1948(제3호), 31면).

6월 1일 제헌국회 제2차 회의에서는 헌법기초위원 전형위원 선정원칙에 있어 두 가지 의견, 즉 '도별' 선정과 '인물별' 선정이 대립하였다(국회사무처 1948(제2호), 10~22면). 이것은 무소속과 정당의 의견 차이였다. 전국적으로 유력한 인물들이 다수 포진해 있던 한민당으로서는 인물별 선출이 선호되었다. 그러나 의원들은 선출될 전형위원이 특정 정당 및 단체의 대표여서는 안 된다는 점에 대체로 동의하였다. 그러므로 정당별·지역별 의석수는 고려되지 않았다. 이에 대해 조헌영 의원은 제주도 대표 1인과 경북·경남 대표 33인이 동일시되는 것은 민주주의 원칙에 맞지 않는다고 주장했지만, 설득력 있게 받아들여지지 못했다(국회사무처 1948(제2호), 10면). 그리하여 남한 8도와 제주도, 서울시를 대표하는 10인의 선출이 다수 견해가 되었다. 북한과 비교할 때 남한 역시 '전조선'의 대표성을 중심적인 기준으로 채택했지만, '국민의 평균적 대표'란 표현에서 알 수 있는 바처럼 대표의 의미에는 '계급'이나 '계층'의 의미가 들어 있지 않았다. 국민은 단일하고 무차별한 정치적 단위로 이해되고 있다.

이에 따라 전형위원 10명이 선임되었는데, 정당의 영향력을 배제한다는 원칙에도 불구하고 실제로는 무소속, 한민당, 독촉 세력이 적절히 균형을 이루고 있었다. 특히 한민당에는 서상일과 허정, 독촉에는 신익희라는 영향력 있는 정치가가 포함되어 있었다. 그러므로 형식은 이상적 기준으로서 국민의 대표성을 따르고 있지만, 실제로는 정당의 대표성을 채택했던 것이다.

이상을 요약하면, 북한의 헌법제정위원이 '전인민적 대표성'을 표방하고 있음에도 불구하고 사실은 노동당이라는 단일정당의 대표성이 관철된 것에 비해, 남한의 헌법기초의원전형위원은 지역이라는 협소한 대표성에도 불구하고 실제에 있어서는 최소한 복수정당의 대표성을 유지했다. 이 점이 남북한 헌법 제정과정에 있어서 정치적 특성의 차이를 초래한 원인으로 생각된다. 즉 북한의 헌법 제정과정이 큰 스케일에도 불구하고 일사불란함을 유지한 반면, 남한의 경우는 매우 논쟁적이었다는 것이다.

1948년 6월 2일 제3차 회의에서 헌법기초위원전형위원 10명은 '헌법 및 정부조직법 기초위원' 30명의 명단을 발표했다(국회사무처 1948(제3호), 27면; 1986, 8~18면). 명단은 〈표 7-2〉와 같다.

〈표 7-2〉 남한의 헌법 및 정부조직법 기초위원의 소속 정당

소속정당	위원명
한민당	김준연, 백관수, 이훈구(무소속), 서상일, 조헌영, 허정, 박해극(무소속), 이윤영(조선민주당)
한민당-독촉	김효석, 서성달
독촉	유성갑(단민당), 오석주, 윤석구(무소속), 신현확, 최규옥, 김익기, 정도영, 김상덕(민족통일본부), 김병회(무소속), 이청천(대동청년단)
무소속	김옥주, 오용국, 이종린, 유홍렬, 연병호, 이강우, 구중회, 홍익표, 조봉암
기타	김명인

이윤영 의원의 보고에 따르면 기초위원 선정원칙은 지역(도별), 능력, 정당이었다. 이 때문에 첫째, 한민당, 독촉, 무소속이 대체로 수적인 균형을 이루고 있다. 전조선을 대표한다는 명분에도 불구하고 이것은 실제로 한민당과 독촉에 의해 헌법이 구성될 것임을 보여주는 것이었다(국회사무처 1948(제3호), 26면).[11] 둘째, 한민당계 기초위원들이 지닌 정치적 비중은 다른 소속의 의원들에 비해 월등히 높았다. 셋째, 김구 계열의 한독당이 완전히 배제되고, 혁신 그룹도 거의 배제되었다.

2) 북한 헌법제정위원회의 헌법 초안 심의과정

북한의 경우, 헌법 초안 작성을 실제로 담당한 것은 헌법제정위원 가운데에서 선출된 초안작성위원들이었다. 헌법제정위원회 제1차 회의는 북

---

11) 선행연구에서는 헌법기초위원회의 정파 소속을 비교함으로써 건국 초 세력관계를 분석하였다. 이와 함께 중요한 또하나의 문제는 대표 선정원칙에 관한 의견대립으로, 당대 현실에서 개진된 정치적 사유를 잘 이해할 수 있다. 세력관계에 대한 연구로는 백운선(1992); 박찬표(1997); 이영록(2002) 참조. 5·10선거의 결과는 한민당 65~70석(33~35%), 독촉 60~65석(30~33%), 무소속 55~60석(23~30%)이었다.

조선인민회의 3차회의가 끝난 다음날인 11월 20일에 개최되었다. 이 회의에서 인민회의 상임의원회 법전부장인 김택영, 역사가 이청원, 북조선최고재판소 판사 김윤동이 초안작성위원으로 선임되었다. 임시헌법 초안은 12월 15일까지 제2차 회의에 제출되어야 했다. 헌법제정위원회 상임서기장에는 김택영이 피선되었다.[12] 서기장인 김택영은 법률학 석사 출신의 소련계 한인으로서, 1946년 초반부터 소련사령부 대표로서 북한의 사법제도 형성에 개입한 바 있으며, 이 시기에는 인민회의 상임의원회 법전부장에 재직하면서 법제정사업에 관여하고 있었다. 김윤동은 1947년 9월 중순에 최고재판소 재판원으로 임명되었으며, 이전에는 북조선인민위원회 법제부장으로 재직하고 있었다. 이청원은 맑스주의 사회경제학자로서 1947년 1월 조선역사편찬회 위원장의 직위에 임명되었으며, 1947년 8월경에는 『조선근대사연구』를 출판하기도 했다. 그는 해방 직후 반(反)박헌영 진영에 가담해서 활동하다가 1946년 이후 월북했으며, 1947년 초에 북한인민위원회 선전부장으로 재직하고 있던 것으로 확인된다(NARA. RG 242. 2006-5-25, 『북조선통신』 1947년 10월 상순호; 윤경섭 1995, 46면).

헌법제정위원회 제2차 회의는 1947년 12월 20일과 21일 양일간 북조선인민회의에서 개최되었다(NARA. RG 242. 2006-5-25, 『북조선통신』 1948년 1월 중순호, 8~9면). 이 회의에는 김두봉, 김일성을 비롯하여 헌법제정위원 전원과 북조선인민위원회 각 국장 및 부장들이 참석하였다. 초안작성위원 3인을 대표하여 서기장인 김택영이 임시헌법 초안을 제출하였다. 12월 20일 김택영의 보고가 끝난 후, 초안작성위원인 이청원이 초안에 대한 신중한 토의를 위하여 분과위원회를 조직할 것을 제의했다. 이는 만장일치로 가결되었다.

그러나 미국무무 자료에는 26인으로 구성된 3개 분과위원회가, 헌법제정

---

12) NARA. RG 242. 2006-5-25, 『북조선통신』 1947년 12월 중순호, 8~9면.

〈조선민주주의인민공화국 헌법 초안〉(1948.5.15) NARA. RG 242. SA 2007-7-73.

위원회가 구성된 1947년 11월 19일에 이미 구성되었다고 기록되어 있다.[13] 이 분과위원회 구성에는 김일성, 김두봉이 참여하지 않았다. 헌법 초안 작성에 이 두 사람의 의견은 이미 충분히 반영되었기 때문이었을 것이다.

각 분과위원회의 헌법 심의과정은 북조선인민위원회 각 국장 및 부장들이 참석하여 참고의견을 제출하는 가운데 진행되었다. 이 회의에 제출된 초안의 내용과 토의과정은 현재로서는 알 수 없다. 남한의 경우도, 1948년 6월 3일부터 6월 22일까지 진행된 헌법기초위원회 회의기록이 발굴되지 않아 당시 신문에 보도된 내용과 관련 인물들의 회고록에 비추어 토의 과정과 내용을 확인할 따름이다(이영록 2002, 4면). 1947년 12월 20일 분과위원회의 토의결과는 12월 21일 10시에 속개된 헌법제정위원회 전체회의에서 보고되었다.

---

13) 미국무부 사료에 의하면, 이날(11월 19일) 오후 회의에서 헌법 초안 작성을 위한 26인 위원회(분과위원회)가 구성되었다(NARA. RG 59. *IAK*. "Langdon to Secretary of State" (아름출판사 1995(제2권), 95면).

1947년 12월 29일 헌법제정위원회는 "12월 20일의 제2차 회의시에 제정위원으로부터 제출된 제 의견들을 종합하여 현재 검토 중에 있으며, 또한 초안 원문의 문장문구를 적절히 수정하고 있다"고 사업 진행상황을 발표하였다(NARA. RG 242. 2006-5-25,『북조선통신』1948년 1월 중순호, 3면). 즉 북한의 헌법 초안은 12월 말경 거의 완성되었다.[14]

3) 북한의 전인민토의와 남한의 헌법 심의과정의 차이

1947년 12월 말 작성된 북한의 임시헌법 초안은 1948년 2월 6~7일에 개최된 북조선인민회의 제4차 회의에 제출되었다(북조선인민회의 상임의원회 1948b, 1, 3면). 그런데 헌법제정위원회 위원장 김두봉은 헌법 초안을 즉각적으로 심의하지 않고 전인민적 토의에 부칠 것을 제안하였다(북조선인민회의 상임의원회 1948b, 170면). 이에 대해 주영하 의원은 "조선임시헌법은 조선의 실재와 광범한 인민대중의 의사와 요구가 충분히 반영되며 인민 스스로가 조국의 운명을 결정하는 헌법 작성에 참가하여야 할 것"이라고 주장하였다(북조선인민회의 상임의원회 1948b, 170~71면). 그는 다음과 같이 말하였다.

대의원 여러분! 우리나라 기본법인 헌법 초안을 인민대중의 토의에 부치는 이 마당에 우리 대의원의 임무는 무엇입니까. 그것은 우리들이 몸소 헌법 초안을 명확히 알고 인민대중의 토의에 참여함으로써 제기되는 보충수정에 관한 의견들이 헌법 초안을 더욱 충실하게 함에 공헌되도록 하여야 하겠습니다. 둘째로 우리들이 인민대중 속에서 몸소 헌법의 의의와 내용을 충분히 해석하며 인민대중의 한 사람, 한 사람이 자각적으로 헌법 제정의 의의

---

14) 소련외무성 문서보관소에 소장된 헌법 초안의 러시아어 번역본이 12월자로 되어 있고, 이후에 발표되는 헌법 초안과 내용상 거의 동일하다(윤경섭 1995, 49면).

를 알며 정치적으로 제고되어 반동파들의 음모를 전민족적으로 제때에 타파하여 버리도록 하여야 하겠습니다. (북조선인민회의 상임의원회 1948b, 172~73면)

이러한 과정은 북한헌법의 인민주의 혹은 직접민주주의 원칙을 반영하는 것이면서, 동시에 이들이 헌법 제정과정을 인민의 계몽과 운동으로서 인식하고 있었음을 보여준다. 허헌의 딸 허정숙의 회고는 이 점을 잘 드러낸다.

헌법 초안에 대한 전인민토의 사업은 그 자체가 인민대중에게 우리 헌법을 깊이 해설 침투시켜, 그들 자신의 헌법으로 되게 하기 위한 중요한 선전교양사업으로 파악되었으며, 따라서 그것은 하나의 정치사업이며, 정치투쟁으로서 진행되었다. (허정숙 1948, 257면, 윤경섭 1995, 69면 재인용)

여기에는 공산주의에서 인민의 대표성, 혹은 인민주의의 모순이 내재해 있다. 이는 역사적으로 레닌의 전위당 이론과 로자 룩셈부르크의 대중의 자발성론을 둘러싼 논쟁을 통해 잘 알려져 있다. 즉 왜 공산주의적 직접민주주의는 결과적으로 일당독재나 일인독재로 귀결되는 경향이 있는가의 문제이다. 북한 역시 이후의 역사에서 이 모순에서 벗어나지 못했다.

자료에 따르면, 1948년 1월 24일 소련공산당 중앙위원회는 북조선인민회의 4차 회의 개최를 허가하면서 헌법 초안의 전인민토의를 실시할 것을 결정한다(김광운 2003, 625면). 1936년 스딸린헌법을 초안할 때 소련이 취한 전례를 따라 북한에서도 전인민토의의 형태로 헌법 초안에 대한 공개토론을 하도록 했던 것이다(강구진 2004, 66면).

헌법 초안에 대한 전인민토의는 1948년 2월 11일부터 4월 25일까지 진행되었다. 이 '전인민토의'는 각 정당·사회단체의 중앙에서부터 크고 작은 군중집회를 개최하여 점차 하부 말단조직에 이르기까지 토의를 진행하

는 방식으로 전개되었다.[15]

전인민토의에 관한 기존평가는 이러한 과정을 "인민들의 동의를 얻어
내는 절차" 혹은 "일반적인 선전교양사업"으로 이해하는 것이었다(윤경섭
1995; 김광운 2003). 예컨대 북조선민주주의민족전선 중앙위원회는 "헌법 토
의에 인민을 동원하는 문제를 토의하고 인민토의에 만전을 기하고자 민
전의 전기능을 동원하기로 결정"하고, 이에 따라 "북한의 각 정당 사회단
체 민전의 조직을 동원하였으며, 이에 북한 대중의 대다수가 이 헌법 초안
에 대한 토의에 참가하게 되었다"고 하였다. 전인민토의를 위해 헌법 초안
에 관한 소책자 및 신문이 100만부 이상 발간되었고,[16] 약 746만여명이 참
가하였다(조선통신사 1948, 12면). 또한 1948년 4월 말까지 헌법 초안에 대한
수정안이 2,000여개 제출되어 심사를 받았다(강구진 2004, 66면). 형식만 놓고
본다면 이는 한국 최초의 조직화된 대규모 대중 정치토론이라고 할 만하
다. 그러나 이것이 자발적인 정치토론이었는지는 알 수 없다. 공개토론에
참가하여 헌법 초안에 대한 의견이나 수정을 제의하는 일이 모든 사람의
의무가 되었던 것이다.

그런데 헌법 초안을 전인민토의에 부쳐 인민들의 동의를 얻어내는 것은
소련과 동구라파 사회주의 국가의 일반적인 관례였다. 헌법 작성이 완료
되기 이전에도 북한 각 지역에서는 헌법 제정준비에 관한 보고대회가 개
최되고 있었고, 각 신문·잡지를 통해 해설·선전사업이 진행되었다. 전인
민토의 사업의 구체적 실상과 이 토의과정에서 제출된 인민들의 구체적인

---

15) 헌법 초안에 대한 전인민토의 과정은 세 가지 형태로 진행되었다. 우선 3주간에 걸쳐
   각종 출판물을 통해 홍보를 하면서 각 조직별로 학습망을 가동했다. 이어서 각 조직·기
   관·직장·계층·행정단위별로 이중 삼중의 토론회를 조직하여 주민에게 토의를 하도록
   했다. 마지막으로 보충해설과 재토의를 통해 주민토의를 결속하였다. 이 과정에서 지지
   결정서, 결의문, 편지 등을 채택하였다(김택영 1948, 6면; 김광운 2003, 627면).
16) NARA. RG 242. SA 2007-7-78; 김택영 1948, 6면.

의견은 분명히 드러나지 않는다. 하지만 김두봉이 북조선인민회의 특별회의에서 언급한 내용을 통해서 전인민토의가 앞서 살펴본 특성·외에도 다음과 같은 의미를 함축하고 있음을 볼 수 있다.

첫째, 북한의 헌법 제정자들은 헌법 제정이 '전부의 동의'에 의해 비롯되어야 한다고 강조하였다. 반면에 남한의 헌법 제정자들은 '다수의 동의'를 중요시했다. 북한의 경우 1인이라도 헌법 내용에 반대한다면, 그것은 최선의 정체 혹은 진리의 정체일 수 없었다. 그래서 북한헌법은 전인민적 토의과정을 거쳐 전부의 동의에 의해 제정되게 하고자 하였다. 예컨대 김두봉의 발언에 따르면, 전인민토의 기간 동안 헌법제정위원회에 제출된 헌법 초안 지지결정서는 5만 8천여통에 달하였다(김택영 1948, 8면; 국사편찬위원회 1988, 229면). 김택영 또한 전인민토의에 관하여 다음과 같이 말한다.

> 그러면 조선민주주의인민공화국헌법에 대한 전인민적 토의 결과는 무엇을 보여주었는가? 두말할 것 없이 헌법 초안은 우리 전체 인민들과 북조선의 전체 민주주의 정당 사회단체들이 한결같이 지지한다는 것이었다. (김택영 1948, 8면)

둘째, 그러나 '전인민적 토의'는 정치세력간의 타협과 협상의 구도에서 진행된 것이 아니었으며, 정해진 주장과 견해에 반대할 수 있는 토론의 자유가 결여되어 있다. 이러한 특성은 북조선인민회의 특별회의 회의록에 헌법 초안에 대한 반대의견이 최소한으로 개진되고 있는 반면, 절대지지 발언이 대부분의 지면을 차지하고 있음을 통해서 알 수 있다(국사편찬위원회 1988, 232면).

셋째, 전인민토의의 의도는 남한의 헌법, 즉 〈조선임시약헌〉에 대한 반대의사를 집합하는 정치적 효과를 유도하였다. 이 점이 전인민토의의 가장 큰 성과였을 것이다. 요컨대 북한헌법 제정은 앞에서 언급한 바와 같이 북한 내부 정치세력의 투쟁과 대립의 산물이 아니라 대남한 투쟁의 과정으로 인식되었다. 반면에, 남한의 헌법 제정은 대북한 투쟁의 과정으로 인식되지 않았다. 이 점과 관련하여 김두봉은 다음과 같이 주장하였다.

> 우리 인민은 소위 남조선입법의원에서 채택한 조선임시약헌〔을〕 … 거부하였던 것입니다. 우리 인민이 이 약헌 초안을 거부한 것은 이 초안이 시종여일하게 반민주주의적이며 반동적 성격을 가진 것이며, 이 약헌 초안은 대지주와 자본가들의 주권을 확인하였으며, 지주의 토지소유와 봉건적 소작제도를 조금도 개변하지 않고 그대로 보존하였던 까닭입니다. 그리고 이 약헌 초안은 근로인민대중에게 실제적으로 민주주의적인 권리를 주지 아니하였으며 식민지 통치의 형식을 그대로 보존하였〔습니다〕. (국사편찬위원회 1988, 223면)

전인민토의 이후, 1948년 4월 28일 헌법 초안 심의를 위해 북조선인민회의 특별회의가 개최되었다(국사편찬위원회 1988, 219면).[17] 이 회의에는 김두봉(헌법제정위원회 위원장)과 김일성(북조선인민위원회 위원장), 그리고 각 상임위원과 북조선인민위원회 부위원장, 각 국장 및 직속부장 등이 참여하였다. 이 북조선인민회의 특별회의는 북한의 임시헌법 초안에 대해 제출된 수정안과 보충안의 내용을 개략적으로 이해하는 데 도움을 준다. 이 회의에서 언급된 구체적인 내용은 제3절에서 살펴보기로 한다.

이상의 남북한 헌법 초안 작성과정을 도표로 정리하면 〈표 7-3〉과 같다.

---

17) 특별회의에 출석한 대의원은 218명이었으며, 병으로 결석한 의원이 15명이며, 2명은 실권하였고, 2명은 사망하였다.

〈표 7-3〉 남북한 헌법 초안 작성 관련 비교 도표

	북한 〈조선민주주의인민공화국헌법 초안〉	남한 〈대한민국헌법 초안〉
초안 작성 기간	1947.11.20-12.30(40일간)	1948.6.3-6.22(19일간)
초안 작성 기구	조선임시헌법제정위원회 (31명, 기초위원·전문위원 구분 없음)	헌법기초위원회 (40명, 기초위원 30, 전문위원 10)
	김일성 참여	이승만 참여
헌법 제정기 구 위원장	김두봉(북로당)	서상일(한민당)
초안 작성 방식	• 김택영, 이청원, 김윤동에게 초안 작성 위임. • 1936년에 채택된 소련헌법, 민전 열성자 대회에서의 김일성의 보고와 각 정당 사회단체들의 미소공위 답신서, 남조선과도입법의원의 〈조선민주임시약헌〉〈조선임시약헌〉 등을 참조해서 초안 작성.	• 〈유진오-행정연구위원회 공동안〉(원안)과 과도정부법전편찬위원회안(권승렬안, 참고안)을 중심으로 초안 작성. • 대한민국임시정부의 〈대한민국임시헌장〉, 남조선대한국민대표민주의원의 〈임시헌법〉, 남조선과도입법의원의 〈조선임시약헌〉, 〈조선민주주의인민공화국헌법 초안〉 등을 참조.
초안 심의 1	• 헌법제정위원회 제2차 회의(1947.12.20-21)에서 분과위원회 조직하여 심의.	• 헌법기초위원회 제16차에 걸쳐 심의.
	심의기록 미소개.	심의기록 미소개.
초안 제출	• 1948년 2월 7일 북조선인민회의 제4차에 초안 최종 제출.	• 1948년 6월 23일 제헌국회 본회의 상정.
초안 심의 2	• 전인민토의(1948.2.11-4.25) 후 조선임시헌법제정위원회에서 수정안을 검토하여 특별회의(1948.4.28-29)에서 축조 심의, 통과	• 제헌국회 본회의 제1독회~제3독회(1948.6.23-7.12, 제17차~제28차 회의) 질의응답 및 대체토론, 수정안 축조 심의, 통과

4) 북한헌법에 미친 소련의 영향

다음은 〈조선민주주의인민공화국헌법 초안〉 제정에 관한 소련의 영향을 검토하고자 한다.[18] 북한헌법 제정에 미친 소련의 영향을 이해하자면,

이에 관한 소련과 북한 지도부 간의 내밀한 자료를 분석해야 할 것이다. 아래의 분석은 자료의 미비로 인하여 시작에 불과하며, 후속 연구 과제로 남겨두고자 한다.

선행연구에서는 북한헌법 제정을 쏘비에뜨화(化)의 연장선상에서 접근하는 경향이 일반적이었다. 즉 북한의 인민정권 수립과정을 소련에 의해 계획된 프로그램에 따른 정치과정으로 이해하는 것과 동일하게, 북한헌법이 소련 최고지도부의 의사대로 작성된 것으로 이해해온 것이다.[19]

조선민주주의인민공화국 수립을 향한 모든 주요한 조치들은 소련의 승인과 지지하에 실현되었다. 보통 평양에 있던 소련대표 슈띄꼬프(스띠꼬프)가 사전에 북한 지도부와 의견을 조율한 후, 관련사항에 대한 제안서가 모스끄바에서 심의되고 최고위 수준에서 재가를 받았다. 헌법 초안도 모스끄바에서 세밀히 검토되었고, 이 헌법 초안에 몇몇 의견이 첨부되었다. (와닌 유리 와실리비치 1994, 359면)

그리고 이와 관련하여 임은(林隱)은 북한헌법 제정에 대한 소련의 관여를 더욱 강조하였다. 그에 따르면 "북한의 헌법 초안은 소련의 스딸린헌법을 모방한 것으로서 스티꼬프, 레베제프, 로마넨코 등 소련군정 지휘하에 찐낀, 빼쯔호프, 베라시노프, 쿨리코푸 등의 집필진에 의해서 기초된 것을

---

18) 〈대한민국헌법 초안〉 작성에 관한 미국의 영향은 제3장 제4절을 참조할 것.

19) 북한의 정치체제가 소련에 의해 주조된 것으로 단정하지는 않지만 외적 규정력을 강조한 연구로는 Kang, Gu Jin(1969); Weathersby(1990); Paik, Hak Soon(1993); 전현수 (1995) 등이 있다. 1990년대 이후 소련군의 북한 점령과 쏘비에뜨 질서의 강제라는 외부적 조건을 인정하면서도, 그것이 북한사회 내부모순의 전개에 매개되어 독특한 발전 양상을 보였다는 문제의식에 입각한 연구들이 본격화되었다. 브루스 커밍스, 박명림, 스즈끼 마사유끼(鐸木昌之), 이종석, 유길재, 정해구, 김성보, 서동만, 기광서, 이주철 등의 연구를 들 수 있다(김광운 2003, 21면).

허가이,[20] 이동화 등의 감독하에 소련파인 강미하일, 박태섭, 전동혁, 임하 등이 번역한 것"이었다(林隱 1982, 148면).[21] 요컨대 임은은 북한헌법이 소련 헌법을 모방하여 소련인들이 기초한 북한헌법을 번역한 것이라고 하였다.

앞에서 기술한 바와 같이 1947년 12월 20일 김택영의 헌법 초안 보고내용과 이후 헌법토의를 위하여 조직한 분과위원회의 회의기록 내용은 알 수가 없다. 그러므로 일단 1948년 2월 7일 제4차 북조선인민회의에 제출된 〈조선민주주의인민공화국임시헌법 초안〉(이하 〈임시헌법 초안〉)과 1936년에 채택된 소련헌법(스딸린헌법)을 비교, 검토해보기로 한다.[22]

〈임시헌법 초안〉 제2장의 "공민의 권리와 의무", 그리고 제3장의 "최고주권기관"의 권력구조 및 제4장의 "국가중앙집행기관"의 기능에 관한 제 규정은 각각 소련헌법의 제10장 "기본권리와 시민의 의무", 제4장 "연방공화국 국가주권의 최고기관", 제6장 "연방공화국 정부기관"을 따르고 있다. 이는 1936년 12월에 채택된 소련헌법 제16조 "각각의 연방공화국은 공화국 고유의 특성을 고려한 그들 자신의 헌법을 가지며, 그 헌법은 쏘비에뜨 헌법에 준거하여 작성되어야 한다"고 규정한 내용을 그대로 따른 것이다.

그러나 다음과 같은 〈임시헌법 초안〉의 특징은 임은의 회고가 과장된 측면이 있음을 보여준다. 첫째, 북한헌법의 권력구조는 소련헌법보다 단순하다. 북한은 단일민족으로 구성되고 그 규모도 작기 때문에 소련에 존

---

20) 란코프(Andrei Lankov)의 연구에 따르면 "허가이는 소련파 한인들 중에서 북한 공산주의체제의 국가기관 창설작업에 직접 참가한 최초의 인물"이다. 그는 조선노동당 규약의 작성에 참여하였고, 1946년 8월 북조선노동당이 탄생될 때 이 당의 정치국원이 되었으며, 1948년 9월에는 김일성과 김두봉에 이어 북한의 당 및 국가서열 3위를 차지하였다(안드레이 란코프 1999, 175~76면).

21) 임은의 회고에 나오는 소련인은 모두 한국문제에 깊이 개입했던 소련의 국가기관들을 대표하는 이들이다. 특히 로마넨꼬를 제외하고는 2차 미소공동위원회에 참여했던 인물들이다. 따라서 이들은 2차 미소공농위원회가 결렬된 뒤 등장한 헌법 제정문제에 개입했을 것이다(윤경섭 1995, 50면).

22) 〈표 7-4〉 참조.

재하는 다른 속방국들과의 연합체제에 관한 규정과 자치구 관련 규정을 포함할 필요가 없었던 것이다.

둘째, 북한헌법은 노동당의 지위를 명문화하지 않았지만, 소련헌법 제 126조에는 공산당의 지위를 승인하는 규정을 두고 있다. 이는 소련과는 달리, 북한이 인민민주주의 단계의 혁명을 진행하고 있었기 때문이다.

셋째, 헌법 초안이 작성된 이후 소련 측이 여러 차례에 걸쳐 수정을 요구하고 있는 것으로 보아 적어도 소련본국에서 최종헌법안을 제시하지는 않았던 것으로 보인다.

넷째, 1947년 11월 18일 인민회의 제3차 회의에서 헌법 제정문제가 제기된 이후 헌법 초안이 12월 말에 작성 완료되기까지 불과 40일 사이에 완성된 것은 대단히 빠른 진행이었다. 이는 임은의 주장처럼, 북한헌법이 소련에서 기초한 헌법 초안을 번역했기 때문일 수도 있다. 그러나 좀더 종합적으로 검토해보면, 1936년에 작성한 소련헌법이라는 모본이 있었고, 1946년경부터 '민주개혁' 법령 및 미소공동위원회에 제출된 답신서를 준비하는 과정에서 이미 헌법내용에 대한 검토가 상당부분 이루어졌기 때문이라고 볼 수 있다.

요컨대, 북한헌법은 단순히 소련인이 기초한 헌법의 번역본이 아니라 "쏘비에뜨연방헌법을 기초로 북한의 인민민주주의 혁명의 기본개념에 맞도록 수정한 것"이라고 볼 수 있다(강구진 1975; 2004, 66~67면; 안드레이 란코프 1999, 95면). 〈임시헌법 초안〉에 관한 내용과 논의는 다음에서 살펴보고자 한다.

3. 남북한 헌법안 비교: '진정한 민주주의'를 위한 두 가지 길

1) 남북한 헌법의 기본원리: '국민주권-인민주권' '견제-대표' 원리의 대립

앞에서 헌법 제정과정을 살펴본 데 이어 남북한 헌법에 나타나는 민주주의에 대한 인식의 대립을 비교, 검토해보자. 특히 북한헌법 제정과정에서 가장 주목할 만한 정치가는 김두봉이다. 헌법 제정과정을 공식적으로 주도한 그는 모든 과정에서 헌법의 정치적 의미를 해명하고 있다.

(1) 북조선인민회의 제3차 회의에서 김두봉은 북한의 조선임시헌법이 어떠한 정치적 원리에 근거하여 제정되어야 할 것인가에 대해 다음과 같이 언급했다.

여러분들이 명백히 기억하고 있는 것과 같이 그 제의들에 있어서는 주권이 말로만이 아니라 실지로 인민에게 속하여야 된다는 것을 주장하였던 것입니다. 조선은 반드시 민주주의인민공화국으로 선포되어야 할 것이며 진정한 인민의 정부형태인 인민위원회가 국가 정권기관으로 되어야 할 것을 주장하였던 것입니다. 모든 정권기관은 반드시 선거되어야 하며 선거자들 앞에서 자기의 사업보고를 하여야 됩니다. 모든 공민은 광범한 민주주의적 권리와 자유, 예하면 언론, 출판, 집회, 결사, 신앙의 자유들을 향유하여야 합니다. 토지는 밭갈이하는 자, 즉 로동농민의 소유로 되어야 하며 일제와 조선민족 반역자들의 소유이던 산업기관은 국가의 소유로 되어야 합니다. 조선임시헌법은 이러한 원칙으로부터 출발하여야 하겠습니다. 여러분이 보시는 바와 같이 이 원칙들은 북조선 실지 생활에서 벌써 광범히 실현되었

조선임시헌법 제정위원회 위원장 김두봉(1889~1961).

습니다. 그렇기 때문에 우리가 제정하려는 헌법은 북조선에서 달성한 민주
주의제도의 모든 권리를 헌법상으로 법률화시키며 고정화하여야 하겠습니
다. (북조선인민회의 상임의원회 1948a, 30면)

김두봉의 견해는 다음과 같이 요약할 수 있다. 첫째, 북한의 국가주권은
인민에게 속한다. 그 구체적인 국가형태가 '민주주의인민공화국'이다. 주
권자가 '국민'(nation)이 아니라 '인민'(people)이라는 의미는 두 가지이
다. 하나는 주권이란 양도될 수 없다는 의미이다. 즉 국가의 수립에 의해
인민은 국민이 되어야 하지만, 계속 인민으로 존재한다는 것은 엄밀한 의
미에서 현실의 국가란 주권자가 될 수 없다는 의미를 내포한다. 진정한 국
가란 인민의 일반의사(general will) 그 자체일 뿐이다. 모든 주권은 인민이
직접 참여하는 인민회의에 존재한다. 김두봉은 "진정한 인민의 정부형태
인 인민위원회가 국가 정권기관으로 되어야 할 것"이라고 말한다. 직접민
주주의의 이상인 것이다.

또하나는 한 정치체에 속한 모든 사람이 주권자는 아니라는 의미이다.
인민만이 주권자이다. 부르주아나 지주는 주권자가 아니다. 이러한 개념

은 남한의 헌법 제정과정에서 '국민의 평균적 대표'라는 개념과 대비된다. 그러므로 민주주의인민공화국이라는 정치체는 주권이 인민에게 있으며, 모든 인민은 평등하고, 공공사(公共事)는 모든 인민의 업무라는 정치적 의미를 가진다. 이것이 김두봉이 말하는 "주권이 말로만이 아니라 실지로 인민에게 속하여야 된다"는 뜻이다. 또한 주영하(북로당)가 말한 "모든 정책은 인민 자체가 결정하여야 할 것"이 뜻하는 바이다(북조선인민회의 상임의원회 1948a, 46면). 후술하듯이, 이러한 원리는 남한헌법의 삼권분립의 원리와 대비된다.

둘째, 인민을 대표하는 조직과 사람은 '선거'에 의해 선출되고, 선거자 앞에서 그 결과를 보고(사업보고)해야 한다. 이러한 원리는 대표란 임의적이고 불완전하며, 불가피하게 주권이 대표되는 경우에는 인민에 대해 '책임'의 의무가 존재함을 뜻한다.

그런데 김두봉에 따르면, 이런 모든 정치원리는 북한에서 이미 현실화되었다. 헌법의 제정은 이 현실을 항구화(법률화·고정화)하기 위한 것이었다.

〈표 7-4〉〈조선민주주의인민공화국임시헌법 초안〉〈대한민국헌법〉〈쏘비에뜨연방헌법〉의 체제 비교

헌법명	조선민주주의인민공화국 임시헌법 초안	대한민국헌법 초안	쏘베트사회주의공화국련맹 헌법[23]
시기	1948년 2월 7일 제4차 북조선인민회의에 제출	1948년 6월 23일 제헌국회 본회의 상정	1936년 12월 5일 채택
기초기관	조선임시헌법제정위원회	헌법기초위원회	헌법제정위원회
근본원칙· 전문·구조	총 10장 102조 제1장 근본원칙 (제1조-제10조)	총 10장 102조 전문 제1장 총강 (제1조-제7조)	총 13장 146조 제1장 사회구조(제1조- 제12조) 제2장 국가구조(제13조- 제29조)
권리·의무	제2장 공민의 기본적 권리 및 의무(제11조-제31조)	제2장 국민의 권리·의무 (제8조-제29조)	

입법	제3장 최고주권기관(제32조-제51조) 제1절 최고인민회의(제32조-제46조) 제2절 최고인민회의 상임위원회(제47조-제51조)	제3장 국회(제30조-제49조)	제3장 쏘베트사회주의공화국련맹의 국가주권최고긔관(제30조-제56조) 제4장 가맹공화국의 국가주권최고긔관(제57조-제63조)
행정	제4장 국가중앙집행기관(제52조-제65조) 제1절 내각(제52조-제60조) 제2절 성(제61조-제65조)	제4장 정부(제50조-74조) 제1절 대통령(제50조-제66조) 제2절 국무원(제67조-제71조) 제3절 행정각부(제72조-제74조)	제5장 쏘베트사회주의공화국련맹의 국가행정긔관(제64조-제78조) 제6장 가맹공화국의 국가행정긔관(제79조-제88조)
			제7장 쏘베트사회주의자치공화국의 국가주권 최고긔관(제89조-제93조)
지방 주권 기관	제5장 지방주권기관(제66조-제79조)		제8장 지방의 국가주권긔관 (제94조-제101조)
사법	제6장 재판소 및 검찰소(제80조-제92조)	제5장 법원(제75조-제82조)	제9장 재판소와 검사국(제102조-제117조)
경제		제6장 경제(제83조-제88조)	
재정	제7장 국가예산(제93조-제97조)	제7장 재정(제89조-제94조)	
		제8장 지방자치(제95조-제97조)	
	제8장 민족보위(제98조)		
			제10장 공민의 긔본적 권리와 의무(제118조-제133조)
선거			제11장 선거제도(제134조-제142조)
국장·국기·수부	제9장 국장, 국기 및 수부(제99조-제101조)		제12장 국휘(國徽), 국긔(國旗), 수부(首府)(제143조-제145조)
헌법개정·부칙	제10장 헌법 개정의 절차(제102조)	제10장 부칙(제98조-제102조)	제13장 헌법 개정수속(제146조)

(2) 그러면 이 원칙이 북한헌법에서 어떻게 구현되었는가? 헌법 조항의 구체적인 내용을 살펴보면 다음과 같다. 첫째, 〈조선민주주의인민공화국 헌법 초안〉은 진정한 인민적·민주적·공화적 정체의 성격을 다음과 같이 규정하고 있다.

헌법 초안 제1조에 규정하기를 "우리나라는 조선민주주의인민공화국이 다"라고 하였습니다. (…) 이것은 무엇을 의미하는가 하면 조선은 민주주의 인민공화국으로서 공화정부를 가진 국가가 되어야 한다는 것을 말하는 것 입니다. 이러한 민주주의인민공화국의 주권은 누구에게 있습니까? (…) 제 2조에도 "조선민주주의인민공화국의 주권은 인민에게 있다. 주권은 인민 의 최고주권기관인 인민위원회를 근거로 하여 행사한다." 인민위원회는 북 조선에서 3년간 그의 사업경험에서 진정한 인민적 국가주권 형태라는 것을 증명하였습니다. 인민위원회를 헌법에서 확고히 명시함은 조선 인민에게 (…) 모든 주권은 형식적이 아니고 실질적으로 전인민에게 있다는 것을 의 미하는 것입니다. (국사편찬위원회 1988, 225면)

김두봉의 발언에 따르면, 북한에는 헌법이 제정되기 전에 이미 인민주 권기관이 존재하고 있었다. 그리고 3년간에 걸쳐 그 기관은 진정성을 입증 했다.

둘째, 그러면 인민주권을 완전하게 실현하는 권력구조 및 정치조직은 어떠한 것이 되어야 하는가? 북한헌법에 따른 권력구조의 가장 커다란 특 징은 권력분립이 아닌 '권력집중'에 있다. 모든 권력은 인민회의에 있다.

---

23) NARA. RG 242. SA 2009-10-71. 이 헌법은 1947년 모스끄바에서 발행된 한글판 "쏘 베트사회주의공화국련맹(근본법)"이다. 표지에 "1947년 2월 25일에 편즙위원회의 보 고에 의하여 쏘련 최고쏘베트에서 접수한 수정안과 보충안을 너헛음"이라고 써 있다.

그러나 각급 인민회의는 분산되어 있으므로, 모든 인민회의가 집중되는 인민회의의 인민회의, 즉 최고인민회의가 존재해야 한다. 최고인민회의는 최고주권기관이며(제32조), 국가의 최고권력을 행사한다(제37조).[24] 입법권은 최고인민회의에 독점되어 있다(제33조). 그러나 최고인민회의는 상설기구가 아니므로 최고주권기관으로서 최고인민회의 상임위원회를 둔다(제47조). 그러므로 입법권과 행정권이 통합되어 있다. 중앙의 행정권과 사법권은 각각 내각과 최고재판소에 속한다(제52조, 제82조). 도 단위 이하의 집행기관은 인민위원회이다(제72조). 이것은 인민주권이 양도될 수 없고 분할될 수 없기 때문이다. 모든 권력은 발생학적으로 인민이라는 단일한 요소로부터 기원하여 계기적으로 확장, 분화될 뿐이며, 분리되지 않는다. 그것은 신체와 같다. 분화된 모든 것은 전체의 한 부분일 뿐 독립적이지 않다.

그런데 북한의 권력구조와 관련된 헌법논의의 특징은, 남한과 달리 최고인민회의 상임위원회, 내각, 어디에 핵심적인 권력을 둘 것인가에 대한 대립과 타협의 과정이 없다는 점이다.[25] 그것은 반대의 부자유에서도 기인하겠지만, 인민민주주의 이론으로 볼 때 자연스러운 귀결이다. 권력은 당연히 인민과 인민회의에 있을 뿐이다. 그 반면 남한의 헌법 제정과정에서 가장 치열한 논쟁과 대립을 야기한 것은 권력의 핵심을 어디에 둘 것인가의 문제였다.

인민주권을 대표하는 최고기관인 최고인민회의는 직접선거로 구성되었다. 이 최고인민회의만이 유일하게 입법권을 행사할 수 있고, 최고인민

---

24) 헌법 초안은 북조선인민회의 특별회의에서 통과된 〈조선민주주의인민공화국헌법 초안〉을 참조(국사편찬위원회 1988, 242~53면).
25) 그런데 최고인민회의 상임위원회의 제 권한은 대부분 정치적·정책적 부분과 관련된 임무를 대상으로 하는 반면(제49조), 국가중앙집행기관인 내각은 주로 경제적 관리·집행 기능을 주요 임무로 하는 특성을 띤다(제55조). 그러므로 헌법 제정과정에서 이러한 권한 배분과 관련한 논의가 반드시 있었을 것으로 생각된다. 이에 관한 선행연구는 소련 헌법을 일반적으로 따른 것으로 기술하고 있다(강구진 2004, 67면).

회의 상임위원회와 내각을 조직한다(제37조 3항과 4항). 최고인민회의 상임위원회는 최고인민회의 휴회 중 최고주권기관으로서의 역할을 수행하도록 규정되었다(제47조). 최고인민회의 상임위원회는 이른바 '합의적 대통령'으로서[26] 국가를 국내외적으로 대표하는 지위에 있다(제49조). 즉 특정 개인이 아니라 기관 자체가 헌법적 인격을 갖고 있다.[27] 그 주요 임무를 구체적으로 살펴보면, 상임위원회에는 최고인민회의 소집, 최고인민회의 휴회 중 국가집행기관들의 헌법 및 법령 준수 여부 감독, 법령에 대한 해석과 정령(政令)의 공포,[28] 특사권의 행사, 내각 임면,[29] 외국과의 조약 비준 및 외국주재 대사·공사 임명 및 소환, 외국사신의 신임장 및 해임장 접수 등 최고권한이 부여되어 있었다.

그러나 중앙 차원에서 실질적인 행정집행기능은 내각이 담당한다. 내각은 최고회의에 의해 선출, 구성된다. 수상에 의해 지도되는 내각은 그 주요 활동에 있어서 최고인민회의에 복종하며, 휴회 중에는 최고인민회의 상임위원회 앞에 책임을 진다(제60조). 현실정치의 측면에서만 본다면, 수상과 내각이 전체 국가권력기구의 실질적인 핵심인 것이다.[30]

---

26) NARA. RG 242. SA 2009-1-120, 김택영 1949b, 42, 57면.

27) 제49조의 권한은 국가원수로서의 권한에 해당하므로 '합의적 대통령'이라고 말할 수 있고, 상임위원회가 위원장, 부위원장 약간명, 서기장 및 위원들로 구성되므로 집단지도 체제의 원칙을 표현한다고 볼 수 있다.

28) 특히 제49조 3항에 의하면, 헌법 및 법령에 저촉되는 내각의 결정·명령을 폐지할 수 있었다.

29) "제6항 최고인민회의 휴회 중 수상의 제의에 의한 상(相)의 임면 및 이에 대한 다음번 최고인민회의의 승인을 요구함."

30) 제61조 수상, 부수상, 상은 최고인민회의 앞에 다음과 같은 선언을 한다. "나는 조선 인민과 조선민주주의인민공화국에 충실히 복무하며 각원으로서의 자기 활동에 있어서 오직 전체 인민과 국가의 복리를 위하여 투쟁하며 조선민주주의인민공화국 헌법과 법령을 엄중히 준수하며 조선민주주의인민공화국의 자주권과 민주주의적 자유를 보호하는 데 자기의 모든 역량과 기능을 다할 것을 선서한다."

국가권력구조에서 사법기능을 담당하는 재판소 및 검찰소의 구성은 헌법 초안 제6장에 규정되어 있다. 재판은 최고재판소, 도·시·군 재판소 및 특별재판소에 의해 수행되도록 규정되었다(제82조). 재판소는 선거에 의해 구성되며, 선거는 해당한 각급 인민회의에 의하여 이루어진다. 판사 또는 참심원(參審員)의 해임은 선거를 행한 그 기관의 소환에 의해서만 이루어진다(제83조). 재판제도의 특징은 3심제가 아닌 복심제도이며, 제1심 재판은 판사와 동등한 권리를 가진 참심원의 참여하에서 수행된다(제84조). 복심제를 채택하는 것은 신속한 재판의 수행을 위한 것이다. 참심원은 인민재판위원으로, 인민재판제도의 원칙을 구현한 것이다.[31]

이상의 국가권력구조에 대한 북한헌법의 주요 규정은 헌법 제정 이전의 이른바 민주개혁 시기와 비교해볼 수 있다. 중앙 및 지방정권기관에 대한 규정과 상호관계에 대한 규정, 사법·검찰기관의 관계에 있어서, 1947년 2월 도·시·군 인민위원회대회를 통해 성립한 북조선인민회의·북조선 인민위원회에 관한 규정이 이 헌법 초안의 규정과 기본적으로 동일하다.

(3) 그러면 남한헌법의 정치체제는 어떠한가? 남한의 국가주권은 '인민'이 아니라 '국민'에게 속한다. 그 구체적인 국가형태는 '(자유)민주공화국'이다.[32] 주권자가 '국민'이라는 의미는 두 가지이다. 하나는 주권이란 양도될 수 있다는 의미이다. 즉 국가의 수립에 의해 시민(citizen)은 국민이 된다. 그러나 완전히 시민의 존재가 사라지는 것이 아니라, 일부만이 포기된다. 주권의 일부만이 양도되는 것이다. 헌법에 규정된 국가의 영역 외

---

31) 판사와 참심원이 될 자격은 모든 선거권을 가진 공민에게 주어져 있다. 일제강점기에 판사 및 검사로서 근무한 자는 판검사가 될 수 없다. 검찰소의 수위인 검사총장은 최고 인민회의에서 임명한다. 도·시·군 검사는 검사총장이 임명하며, 검사는 각 지방 인민회의에 종속되지 않고 독립적으로 임무를 수행한다.
32) 남한헌법 전문에 '자유민주'라는 용어가 표현된 것은 1972년 헌법이 처음이다.

는 여전히 시민사회의 영역이다. 예컨대 '재산'은, 현저하고 명백하게 공공이익을 침해하지 않는 한 개인의 소유와 권리로 남는다.[33] '자유' 역시 마찬가지다. 주권의 일부는 시민이 선출한 대표와 그들이 속한 정치조직에 있다. 그러나 궁극적인 주권은 시민에게 있기 때문에, 주권을 침해할 경우 저항권이 존재한다. 이것은 간접민주주의의 원리이다.

또다른 의미는 한 정치체에 속한 모든 사람이 주권자라는 의미이다. 대표자는 특정한 계급을 대표하는 것이 아니라 '국민의 평균적 대표'이다. 주권은 국민에게 있고, 모든 국민은 평등하며, 공공사는 원칙적으로 국민의 업무이다. 주권의 일부는 대표에게 양도되며, 모든 국민은 법률적인 의미에서만 평등하고, 공공사는 대표에게 위임된다. 그러나 양도된 주권이 침해당할 위험을 예방하기 위해 주권은 분할을 통해서 견제와 균형을 이루도록 해야 한다. 주권으로부터 발생하는 정치권력은 입법권, 행정권, 사법권으로 삼분되고 각각 독립성을 가진다.

이 때문에 남한의 헌법 제정과정에서는 입법권과 행정권의 권력관계를 규정하는 정부형태를 둘러싸고 이승만과 한민당 사이에 치열한 각축이 벌어졌다. 이승만의 압력에 의해 원래의 내각중심제는 대통령중심제로 변경되었다. 어느 한쪽의 선호도 완전히 충족하지 않는 선에서 확정되었던 것이다. 그 핵심은 대통령제를 채택하더라도 국무원(내각)을 합의체로 운영하여, 대통령의 권한사항을 국무회의의 의결을 거치도록 함으로써 대통령을 견제한 점이었다. 그런 의미에서 남한의 헌법과 정치체제는 의견대립과 권력투쟁의 산물이었다.

(4) 이상에서 살펴본 남북한 헌법과 정치체제의 특징을 요약하면, 북한

---

33) "제83조 대한민국의 경제질서는 모든 국민에게 생활의 기본적 수요를 충족할 수 있게 하는 사회정의의 실현과 균형 있는 국민경제의 발전을 기함을 기본으로 삼는다. 각인의 경제상 자유는 이 한계 내에서 보장된다."

이 인민주권·절대주의의 원리를 따른 반면, 남한은 국민주권·상대주의의 원리를 따르고 있다. 남한헌법이 권력분립에 의한 '견제와 균형'의 정치체제화를 목표로 했다면, 북한은 권력집중에 의한 '대표'의 정치체제화를 목표로 했다. 즉 남한의 경우는 주권의 양도를 전제로 양도된 주권이 어떻게 보호될 수 있는가를 헌법 제정의 원리로서 숙고한 반면, 북한의 경우는 주권의 양도불가능성을 전제로 주권 자체가 어떻게 완전히 구현될 수 있는가를 숙고했던 것으로 생각된다.

2) 남북한 헌법의 사회·경제제도의 비교: '자유-통제' '사유제-국유제'의 대립

남북한 헌법에서 정치인식과 정치제도가 큰 격차를 보이는 것과 달리 경제제도에는 공통점이 매우 많다. 국가가 중요 자원을 소유하고, 기관을 관리하며, 특정 부문을 계획하는 것으로 규정한 것은 공통적이다. 민족경제를 부흥하고, 부의 독점을 막으며, 실질적인 평등을 보호하고자 했다는 점에서 남북한 헌법의 목표는 유사했다.

그러나 남북한의 사회·경제제도는 근본적인 차이가 있었다. 그 차이는 이러한 목표를 어떠한 방식으로, 어느 정도까지 추구할 것인지, 그리고 이러한 목표와 수단이 정치적 목표와 어떤 관계를 가지고 있는지에 대한 관점의 차이였다. 북한헌법의 경제원리는 국유제와 국가에 의한 궁극적 '통제'였다. 남한헌법의 경제원리는 사유제와 국가에 의한 관리 및 통제였다.

(1) 북한의 경우는 소유와 생산, 소비에서 궁극적으로 국가 소유와 통제의 원칙을 관철하고자 했다. 1948년 3월 개최된 북로당 제2차 전당대회에서 김일성은, 북로당 경제정책의 목표가 단순히 일제의 통치로 파괴된 민족경제를 부흥하는 데만 있는 것이 아니라 "새로 민주주의적 원칙에서 국

영부문이 지배적 세력을 가지는 방향으로 민족경제를 부흥 발전시키는"
데 있다고 지적했다. 민주주의적 원칙은 사유제의 폐지와 국유제의 실시
를 뜻하는 것이다. 김택영은 국유제와 관련하여 다음과 같이 말하였다.

> 국가소유는 우리 경제체계에서 지배적 역할을 가지며 가장 중요한 생산
> 부문이다. (…) 중요 생산수단 즉 광산, 지하부원(地下富源), 삼림, 하해, 중
> 요 기업, 은행, 철도, 수도, 수운, 항공, 체신기관, 자연력 및 전(前) 일본국가,
> 일본인 또는 친일파의 일체소유는 다만 국가만이 소유한다. 다시 말하면 이
> 러한 경제 부문은 국가 외에는 누구든지 소유권을 가지지 못한다는 것을 말
> 하는 것이다. (NARA. RG 242. 2007-7-78; 김택영 1948, 84면)

그러나 이러한 기본목표를 달성하기 위해서는 단계적 접근이 필요했다.
김일성에 따르면, 북로당의 경제정책의 기초는 "경제의 국가적 부문과 조
합적 부문과 개인적 부문의 발전을 국가적 부문의 우세와 지배적 역할을
가진 조건하에서 결합시키는 원칙이며, 생산과 무역 및 금융에 대한 계획
적 원칙과 국가적 관리에 대한 원칙을 수립한 경제정책"이라고 말했다(윤
경섭 1995, 61면). 즉 소유에서는 세 가지의 소유형태를 잠정적으로 인정하
되, 국가 및 협동단체의 소유를 지향하는 방향으로 발전시키고, 경제활동
에서는 국가의 관리와 계획에 따른다는 것이다.

인민민주주의 체제가 소유와 생산에서 왜 이런 방식을 채택해야 했는지
는 전술한 바 있다. 더 포괄적인 주장을 살펴보자.

> 조선 인민은 자유와 민주주의를 요구합니다. 이는 다만 인민주권이라야
> 만 줄 수 있는 것입니다. 조선 인민은 대산업의 국유화를 요구합니다. 이는
> 다만 인민주권이라야만 줄 수 있습니다. (…) 조선헌법 초안은 중요한 생산
> 수단을 전인민의 소유, 즉 국유화할 것을 제의합니다. 이 제의가 옳습니까?

대산업, 교통, 운수, 체신, 은행 등을 국유화함은 민주주의인민공화국을 수립하며 그것을 견고히하는 필연적 조건인 것입니다. 만약에 국가가 이러한 국유화를 실시하지 않는다면 국가는 경제적으로 징약할 것이며 필연적으로 외국의 독점자본가들의 영향하에 있게 될 것입니다. (…) 인민의 복리를 위하여 (…) 국유화를 실시하여야 할 것이며 민주주의인민공화국은 이 경제토대에 기초하여 국내의 생산력과 인민경제를 합리적으로 또는 성과있게 발전시킬 수 있을 것입니다. 만약 이에 대하여 의문을 가지는 사람이 있다면 북조선에서 1946년 8월 10일 법령에 의하여 실시한 산업, 교통, 운수, 체신, 은행 등의 국유화의 결과에 대하여 고찰하여 (…) 인민위원회의 수중에 이러한 생산수단이 있지 않았다면 이 전시기에 수천수백의 기업소, 철도, 체신기관들을 복구할 수 있었겠습니까? 산업국유화를 실시하지 아니하였다면 북조선 인민경제계획 실시의 그렇듯 거대한 성과를 달성할 수 있었겠습니까? (국사편찬위원회 1988, 225면)

즉 인민의 자유와 민주주의, 인민주권이라는 정치이념·정치체제와 국유화, 계획경제라는 소유방식·생산방식이 체계적으로 연관된 것으로 인식했던 것이다. 물론 이런 모든 문제는 필연적으로 연결되어 있는 것들이다. 북한의 헌법 제정자들에게서 특이한 것은 특정한 개념들이 인과적이고 구조적으로 연관되어 있다고 인식하고 있는 점이다.

(2) 인민민주주의 정치이념과 정치체제에 가장 근본적으로 연결되어 있는 경제적 문제는 '생산수단의 소유방식'이다. 앞에서 언급한 바와 같이, 북한헌법은 생산수단에 대한 세 가지 소유형식을 인정하고 있다(제5조).[34] 첫째, 국가적 소유, 둘째, 협동적 소유, 셋째, 개인적 소유이다. 국가

---

34) "제5조 조선민주주의인민공화국의 생산수단은 국가, 협동단체, 또는 개인자연인이나

적 소유는 앞서 이미 살펴보았으므로 아래에서는 개인적 소유와 협동적 소유에 관하여 차례로 살펴보기로 한다.

> 조선민주주의인민공화국의 새 경제체계에 있어서 국가와 협동단체 소유가 주요한 의의를 가진다는 것을 말하는 것입니다. (…) 오직 대자본가와 독점적 대자본의 재생의 가능성을 방지하기 위한 것입니다. 법령에 규정한 토지, 축력(畜力), 농구, 기타 생산수단, 중소산업기업, 소·중소상업기관, 원료제조업, 주택 및 그 부속시설, 가정용품, 수입, 저금에 대한 개인소유는 국가가 보장하여주며 개인소유에 대한 상속권도 또한 국가가 보장하여줍니다. (…) 헌법 초안에는 개인소유를 법적으로 공고히하였으며 또한 헌법 초안은 개인경제의 창발력을 장려한다는 것을 규정하였습니다. 이와 같이 헌법 초안에는 조선민주주의인민공화국 경제체계에서 개인경제 부분에 대하여 상세히 규정하였습니다. (…) 국가는 유일한 인민경제계획을 작성하여 그 계획에 의하여 국내의 경제문화의 부흥과 발전을 지향한다고 하였습니다.
> (국사편찬위원회 1988, 226~27면)

우선, 개인적 소유는 법적으로 보호되면서도 일정한 제한을 받는다(제5조). 북한헌법 초안은 개인이 소유할 수 있는 토지소유 면적을 제한하거나 주요 생산수단을 개인이 소유하는 것을 금지하는 등의 조항이 있었다. 그런데 북한에서는 이미 1946년 북한의 토지개혁법령에 의해 이 원칙이 실현되고 있었다(김택영 1948, 86면). 토지소유는 '밭갈이하는 자'에게만 허용되었고, 토지소유의 최대한도는 원칙적으로 5정보였다(국사편찬위원회 1988, 226, 236면).

개인법인의 소유다. 광산, 기타 지하부원, 삼림, 하해, 수요기업, 은행, 철도, 수도, 항공, 체신기관, 수도, 자연력 및 전 일본국가, 일본인 또는 친일분자의 일체소유는 국가의 소유다. 대외무역은 국가 또는 국가의 감독 밑에서 수행한다."

또한 개인기업가들에게 노동법령, 세금제도 등 개별적인 법령에 의해, 그리고 국가가 장악하고 있는 경제력을 수단으로 삼아 일정한 제한을 둘 수 있었다. 이를 통해 개인기업가를 '인민경제계획'에 참여하게 함으로써 전체 국가경제의 방향과 배치되는 방향으로 발전하는 것을 방지하였다(제 10조)(윤경섭 1995, 60~61면).

요컨대 이는 북한의 정치체제가 프롤레타리아 독재체제가 아니라 아직 인민민주주의 단계에 있었기 때문이다. 생산수단의 개인소유를 인정하는 인민민주주의는 완전한 공산주의사회의 실현을 위한 과도적 이행기이다.[35]

둘째, 집단적 소유에 우월한 위치를 부여하고 있다(제5조). 북한헌법 초안 제9조에는 "국가는 인민의 협동단체의 발전을 장려한다. 협동단체의 소유는 법적으로 보장한다"고 규정하여 협동적 소유의 가능성을 인정하고, 이를 중요한 국가경제의 구성부분으로 장려할 것을 표방했다.

협동적 소유에는 소비조합, 각종 생산합작사 등이 있을 수 있는데, 이 시기의 북한에서 협동적 소유는 해방 이후 2년간 주로 상업유통 분야에서 급속히 생겨나고 있었다(김택영 1948, 85면). 1946년 5월에는 북조선소비조합이 조직되었으며 1947년에는 주로 수공업자들의 생산협동조합을 중심으로 생산합작사를 조직하고, 1948년 4월에 들어서는 수산합작사가 조직되었다. 아직 집단적 소유가 국가경제에서 차지하는 비중은 높지 않았으나, 북한은 이러한 집단적 소유의 한 형식이 전인민적·국가적 소유의 형식으로

---

35) 북한의 헌법 초안은 '인민민주주의헌법'으로서의 특징을 보여준다. 이 헌법은 아직 주권이 '노동자·농민·병사·근로인텔리'가 아닌 '인민'에게 있다고 선언하고 있다. 1972년 개정된 사회주의헌법에서 이 부분은 "노동자·농민·병사·근로인텔리 등 근로인민에게 있다"로 바뀌었다. 헌법 초안에는 프롤레타리아독재에 관한 언급도 없고, 노동당의 독재 혹은 지도적 역할에 대한 규정도 없다. 또 제한적이나마 아직 수공업 및 상공업에 대한 보호장려의 조치가 인정되고 있었고, 사회주의로의 이행에 관한 언급도 없는 점이 특징이다(윤경섭 1995, 63면).

발전할 가능성이 있는 것으로 파악했던 것으로 보인다.

즉 협동적 소유를 "개인소유 형식보다 진보된 형식"으로 평가하고 있었으며, 이를 국가적 소유형식과 함께 국가경제의 계획화에 한 근간을 이루는 것으로 파악하였다(윤경섭 1995, 60면). 집단적 소유를 통해서 국가의 핵심적이며 주된 경제 부문을 국유화함으로써 독점자본의 발생 가능성을 차단하고, 궁극적으로 국가경제가 자본주의적 발전의 방향으로 나아가는 것을 봉쇄하고자 했던 것이다.

북한의 이러한 특징은 남한과 다르다. 남한의 경우도 개인소유를 제한하고자 했지만, 집단적 소유를 우월한 것으로 규정하지는 않았다. 남한 경제체제는 기본적으로 사유재산제를 정당한 것으로 규정하였다.

(3) 북한의 헌법 제정은 앞에서 언급한 바와 같이 1946년 이래 민주개혁의 정치적 결과였으며 개혁의 공고화를 위한 것이었다. 북한에서는 1946년 중요 산업의 국유화 조치로 인해 헌법 제정시기에 사회·경제개혁이 이미 진행되고 있었다. 1947년 12월에는 중요 생산수단의 국유화가 지하자원, 삼림지역 및 수역 등 자연자원의 국유화로까지 확대되었다. 토지개혁 당시 몰수되어 인민위원회의 처분에 넘겨진 삼림 역시 이 시기에 와서 국유화되었다. 이러한 조치들은 모두 북한에서의 국가 수립과 헌법 작성이 개시되는 시점에 이루어진 것이었다(윤경섭 1995, 59면). 또한 1947년부터는 '인민경제발전계획'에 따라 국가경제를 계획화하는 단계로 접어들었다.[36]

---

36) 예컨대, 1946년 8월 10일 취해진 국유화 조치에 따라 일본국가, 일본인 및 친일분자의 일체 소유가 국유화되어 1,034개소의 산업기관이 국유화되었으며, 이것은 "산업의 주요 부문을 포함하며 전체 산업에 대하여 실로 90% 이상을 차지"하는 정도였다. 그 결과로, 1947년의 공업총생산액 가운데 민영공업 생산액의 비중이 16.8%인 데 반해 국영공업 생산액의 비중은 83.2%에 달했으며, 광입생산액 가운데에서는 국영 부문의 비중이 100%를 차지하고, 임업 분야에서는 국영 부문의 생산액이 71.6%에 달하는 등 북한에서의 국유화 부문의 위치는 지배적인 위치를 차지하고 있었다. 김택영은 이러한 조건

헌법 제정은 이러한 개혁조치를 합법화하고 항구화하는 의미를 가지고 있었던 것이다.

헌법 초안 제6조도 역사적으로 경제적으로 큰 의의를 가지는 것입니다. (⋯) 헌법 초안 제6조에는 전 일본국가 일본인의 소유토지와 조선인 지주의 소유토지 및 소작제도는 영원히 폐지한다는 것을 규정하였습니다. 토지는 다만 자기의 노동으로 경작하는 자만이 가질 수 있다고 하였습니다. (⋯) 국가는 노력농민들의 이익을 특히 보호하며 또는 그들을 여러 가지 경제정책이 허하는 방법으로 방조한다고 할 것입니다.

북조선에서 실시한 토지개혁은 중대한 의의가 있습니다. 무엇보다도 우선 이 토지개혁은 봉건적 방식인 토지의 소유제도와 소작제도를 영구히 청산할 가능성을 주었습니다. 이 토지개혁의 결과 (⋯) 토지 없는 22만의 소작농호에게 토지를 분여하였습니다. (⋯) 몇만의 농민들은 토지개혁 후 겨우 1년 동안 5만 4천여호의 가옥들을 신축하였〔습니다.〕 (⋯) 헌법 초안은 토지개혁의 이 정치적 결과를 공고히하며 동시에 본 초안은 남조선에도 이러한 토지개혁을 실시할 것을 규정하였습니다.(⋯) 2년 동안 계획적 원칙을 실제에 적용한 북조선의 경제적 원칙이 고위한 가치를 가지고 있다는 것을 증명하여주었습니다. (국사편찬위원회 1988, 226~27면)

마지막 부분에 언급된 "남조선에도 이러한 토지개혁을 실시할 것을 규정"한 것(헌법 초안 제7조)[37]은 헌법 초안의 준비가 단독정부 수립이 아니라

이 "인민경제를 국가의 지배적 세력하에서 계획적으로 운용할 수 있으며, 민영산업을 국가의 통제하에서 조절할 수 있다는 것을 말하여준다"고 주장하였다.(NARA. RG 242. 2007-7-78, 김택영 1948, 82~83면).

37) "제7조 아직 토지개혁이 실시되지 않은 조선 내의 지역에 있어서는 최고인민회의가 규정하는 시일에 이를 실시한다"(NARA. RG 242. SA 2007-7-73, 조선민주주의인민공

는 점을 강조하기 위해 삽입된 것이다. 그러나 그것은 북한체제의 확장을 의미하고 있다는 점에서 의례적이고 선전적인 것만은 아니다. 경자유전의 소유방식은 적어도 해방공간에서 혁명적 점화력을 가진 정치적 이슈였기 때문이다.

남한의 경우에도 경자유전의 원칙은 동일하다. 그러나 소작제 언급은 없었다. 그리고 소유형태와 소유한도, 분배방법은 법률에 위임하고 있다.[38] 북한의 헌법 제정자들이 비판하고 있는 바처럼, 토지 없는 농민들에게는 이러한 규정은 매우 미흡한 것이었다.

(4) 남북한 경제체제의 발전경로에는 어떤 특징이 있는지를 살펴보자. 헌법 제정시기에 상당한 유사점을 가지고 있던 남북한 양측의 경제적 지향은 시간이 경과하면서 완전히 상반되는 경제체제로 발전하였다. 북한은 1947년 헌법 제정시 사회주의로 갈 것을 결정했지만, 명시적으로 사회주의적 원칙을 채택한 것은 1972년에야 이르러서였다. 반면 남한의 경우 1948년 헌법에서는 자본주의 경제체제의 선택에 매우 소극적이어서, 토지 소유 형식 등은 법률에 위임함으로써 모호한 형태로 남겨두었다. 자본주의 경제체제를 명시적으로 수용한 것은 그후 6년이 지난 1954년 헌법 개정 때였다. 이를 도표로 비교하면 〈표 7-5〉〈표 7-6〉과 같다.

화국 헌법 초안, 1948.5.15).
38) 이와 관련하여 김택영은 다음과 같이 비판하고 있다. "소위 '대한민국헌법' 제86조에는 '토지는 농민에게 분배하며 그 분배의 방법과 소유의 한도, 소유권의 내용과 한계는 법률로써 정한다'라고 하였다. 이와 같이 남조선 밍국헌법은 토지문제를 실질적으로 해결하지 않고 그를 또다시 어떤 미래의 '법률'에 의존시키고 있다"(NARA. RG 242. 2007-7-78; 김택영 1948, 89면).

조선민주주의인민공화국헌법(1948.4.28) 북조선인민회의 특별회의에 보고된 헌법 수정초안	조선민주주의인민공화국사회주의헌법 (1972.12.27)
제5조 조선민주주의인민공화국의 생산수단은 국가·협동단체 또는 개인자연인이나 개인법인의 소유다. 광물 기타 지하부원·삼림·하해·주요기업·은행·철도·수운·항공·체신기관·수도·자력역 및 전 일본국가, 일본인 또는 친일분자의 일체 소유는 국가의 소유다.	제18조 조선민주주의인민공화국에서 생산수단은 국가 및 협동단체의 소유이다. 제19조 국가소유는 전체 인민의 소유이다. 국가소유권 대상에는 제한이 없다. 나라의 모든 자연부원, 중요 공장과 기업소, 항만, 은행, 교통운수 및 체신기관은 국가만이 소유한다. 국가소유는 조선민주주의인민공화국의 발전에서 주도적 역할을 한다.
제6조 전 일본국가와 일본인의 소유토지 및 조선인지주의 소유토지는 몰수한다. 소작제도는 영원히 폐지한다. 토지는 자기의 노력으로 경작하는 자만이 가질 수 있다. 토지소유의 최대한도는 5정보 또는 20정보로 한다. 토지의 개인소유와 아울러 국가 및 협동단체도 토지를 소유할 수 있다. 국가와 협동단체의 토지소유면적에는 제한이 없다. 국가는 노력농민의 이익을 특히 보호하며 경제적 정책이 허하는 여러 가지 방법으로 그들을 방조한다. 제7조 아직 토지개혁이 실시되지 않은 조선 내의 지역에 있어서는 최고인민회의가 규정하는 시일에 이를 실시한다.	제20조 협동단체 소유는 협동경리에 들어 있는 근로자들의 집단적 소유이다. 토지, 부림짐승, 농기구, 고기배, 건물 등과 중소공장, 기업소는 협동단체가 소유할 수 있다. 국가는 협동단체소유를 법적으로 보호한다. 제21조 국가는 사회주의적 협동경리를 공고 발전시키며 협동단체에 들어 있는 전체 성원들의 자원적 의사에 따라 협동단체 소유를 점차 전인민적 소유로 전환시킨다.
제8조 법령에 규정한 토지·축력·농구 기타 생산수단·중소산업기업 소·중소상업기관·원료·제조품·주택 및 그 부속시설·가정용품·수입·저금에 대한 개인소유는 법적으로 보호한다. 개인소유에 대한 상속권을 법적으로 보장한다. 개인경리의 창발력을 장려한다. 제9조 국가는 인민의 협동단체의 발전을 장려한다. 협동단체의 소유는 법적으로 보호한다.	제22조 개인소유는 근로자들의 개인적 소비를 위한 소유이다. 근로자들의 개인소유는 노동에 의한 사회주의 분배와 국가 및 사회의 국가적 혜택으로 이루어진다. 협동농장들의 터밭경리를 비롯한 주민의 개인부업경리에서 나오는 생산물도 개인소유에 속한다. 국가는 근로자들의 개인소유를 법적으로 보호하며 그에 대한 상속권을 보장한다.
제10조 국내의 일체 경제적 자원과 자원이 될 수 있는 것	제31조 조선민주주의인민공화국의 인민경제

을 인민의 이익에 합리적으로 이용하기 위하여 국가는 유일한 인민경제계획을 작성하며 그 계획에 의하여 국내의 경제·문화의 부흥과 발전을 지향한다. 국가는 인민경제계획을 실시함에 있어서 국가 및 협동단체의 소유를 근간으로 하고 개인경제계획을 실시함에 있어서 국가 및 협동단체의 소유를 근간으로 하고 개인경제 부문을 이에 참여케 한다.

는 계획경제이다. 국가는 사회주의적 경제발전법칙에 따라 축적과 소비의 균형을 옳게 잡으며 경제건설을 다그치고 인민생활을 끊임없이 높이며 국방력을 강화할 수 있도록 인민경제발전계획을 작성하여 실행한다. 국가는 계획의 일원화, 세부화 방침을 관철하여 생산장성의 높은 속도와 인민경제의 균형적 발전을 보장한다.

〈표 7-6〉 1948년 남한헌법과 1954년 남한헌법 경제조항 비교

건국헌법 초안(1948.6.23)	1954년 헌법(1954.11.29)
제83조 대한민국의 경제질서는 모든 국민에게 생활의 기본적 수요를 충족할 수 있게 하는 사회정의의 실현과 균형 있는 국민경제의 발전을 기함을 기본으로 삼는다. 각인의 경제상 자유는 이 한계 내에서 보장된다.	같음
제84조 광물 기타 중요한 지하자원, 수력과 경제상 이용할 수 있는 자연력은 국유로 한다. 공공필요에 의하여 일정한 기간 그 개발 또는 이용을 특허하거나 또는 특허를 취소함은 법률의 정하는 바에 의하여 행한다.	제85조 광물 기타 중요한 지하자원, 수산자원, 수력과 경제상 이용할 수 있는 자연력은 법률의 정하는 바에 의하여 일정한 기간 그 채취, 개발 또는 이용을 특허할 수 있다.
제85조 농지는 농민에게 분배함을 원칙으로 하며 그 분배의 방법, 소유의 한도, 소유권의 내용과 한계는 법률로써 정한다.	같음
제86조 중요한 운수, 통신, 금융, 보험, 전기, 수도, 까스 및 공공성을 가진 기업은 국영 또는 공영으로 한다. 공공필요에 의하여 사영을 특허하거나 또는 그 특허를 취소함은 법률의 정하는 바에 의하여 행한다. 대외무역은 국가의 통제하에 둔다.	(1항) 폐지 (2항) 대외무역은 법률의 정하는 바에 의하여 국가의 통제하에 둔다.
제87조 국방상 또는 국민생활상 긴절한 필요에 의하여 사영기업을 국유 또는 공유로 이전하거나 또는 그 경영을 통제, 관리함은 법률의 정하는 바에 의하여 행한다.	제88조 국방상 또는 국민생활상 긴절한 필요로 인하여 법률로써 특히 규정한 경우를 제외하고는 사영기업을 국유 또는 공유로 이전하거나 그 경영을 통제 또는 관리할 수 없다.

제88조	제89조
제85조 내지 제87조에 의하여 특허를 취소하거나 권리를 수용, 사용 또는 제한하는 때에는 제15조 제3항의 규정을 준용한다.*	제86조의 규정에 의하여 농지를 수용하거나 전 조의 규정에 의하여 사영기업을 국유 또는 공유로 이전할 때에는 제15조 제3항의 규정을 준용한다.

* 제15조 3항 공공필요에 의하여 국민의 재산권을 수용, 사용 또는 제한함은 법률의 정하는 바에 의하여 상당한 보상을 지급함으로써 행한다.

그러나 역설은 앞에서 살펴본 정치체제만이 아니라 경제체제에서도 발생했다. 사회정의와 경제적 효율성을 실현하기 위해 '통제'를 원칙으로 삼은 북한헌법의 국유제와 통제경제는 오히려 사회적 부정의와 경제적 비효율성을 초래했다. 사회정의의 제고에 소극적이고 소유방식과 생산활동의 '자유'를 허용했던 남한의 경제체제는 사회정의와 경제적 효율성에서 높은 업적을 이루어냈다. 그리고 결과적으로는 정치가 경제를 지배했던 것만이 아니라, 경제가 정치를 지배했다. 왜냐하면 소유와 생산활동의 형식은 결국 정치적 주체의 자유를 결정했기 때문이다.

4. 소결: 역사와 정치의 역설 — '정의'와 '자유'에 관한 성찰

이상의 논의를 살펴볼 때 가장 먼저 깨닫게 되는 것은 역사와 정치의 역설 또는 정의와 자유의 역설이다. 북한헌법 제정자들은 그들이 역사와 정치의 '정의'를 지향하고 있다고 확신했던 것으로 보인다. 이와 관련하여 한 연구는 이러한 역설을 다음과 같이 말한다.

허가이가 북한에서 행한 활동의 객관적 결과는 매우 우울한 것이다. 자기의 모든 재능과 지혜를 허가이는 북한 땅에 스탈린식 소련을 모사하는 일에 바쳤다. 허가이와 다른 소련과 한인들은 김일성 및 그의 빨치산에게 정권으로 가는 길을 닦아주었다. 소련과 한인들은 당시 한반도에서 공산화를 목표로 했던 소련 외교정책의 첨병이었다. 이러한 공산화정책을 수립했던 사람들의 절대다수는 파렴치한 출세주의자 및 실용주의자는 아니었다. 반대로 그들 모두는 이것이 한국인들에게 행복을 가져다줄 것이라고 진실로 믿고 있었다. 그럼에도 불구하고 이들의 활동은 비극적인 결과로 연결되었으며, 이들의 잘못으로 한국은 수십년 동안 적지 않은 고통을 겪지 않으면 안 되었다. 그러나 허가이나 그 다른 어느 누구도 그 당시 이를 예상하지 못하였다. (안드레이 란코프 1999, 184면)

이와 반대로 남한의 헌법 제정자들은 정의에 매우 소극적이었고, 오히려 '자유'를 중시했다. 역사의 결과는 역설적으로 나타났다. 정의의 지향은 자유의 상실을 초래하고, 그것은 다시 정의의 타락을 가져왔으며, 정의를 유보한 자유의 지향은 오히려 정의를 신장하고 자유를 더욱 풍부한 것으로 만든 것이다.

그렇다면 왜 북한 정치체제는 전제적이고 반인민적으로 되었는가? 가장 큰 오류는 '인민'을 실제적인 의미에서 단일하고 동질적인 것으로 이해했다는 점에 있을 것이다. 사실 단일하고 동질적인 인민이란 실재적인 것(fact)이 아니라 인공적인 것(artifact)이다. 관념 속에서 인민은 동질적인 것이지만, 현실의 인민은 이질적인 것이다. 인민의 이익 또는 의사는 하나가 아니라 다양하다. 그러므로 현실에서 인민의 의사를 동질적인 것으로 전제한다면, 그러한 인민의 의사는 실재라기보다 허구이다.

정치에서 이 점을 어떻게 인식하는가는 정치체제의 근본적인 성격을 결정한다. 인민이 단일하고 동질적이며 진정한 인민의 의사가 존재한다면, 유일한 의사만이 존재해야 한다. 즉 그것은 토의되어야 하는 것이 아니라 '발견'되어야 한다. 그것이 진정한 정치의 역할이다. 그것을 발견할 수 있는 것은 위대한 당이나 위대한 영도자뿐인 것이다.

북한의 헌법 제정자들이 헌법 초안을 전인민적 토의에 부쳐야 한다고 주장하면서 동시에 그것을 선전교양사업으로 인식했던 것은, 진정한 인민의 의사는 이미 발견되었다고 간주했기 때문이다. 그러므로 정치는 '토의'가 아니라 '계몽'이 된다. 실제로 전인민적 토의과정에서 헌법 초안에 대한 반대는 거의 없고, 만장일치에 가까운 찬성만이 존재했다. 유일사상체제(mono-archy)와 수령체제는 그렇게 탄생한다. 인민주권의 완전한 구현은 역설적으로 인민주권의 완전한 소멸을 초래한 것이다.

국민주권주의는 국민의 이익과 의사를 단일한 것으로 보지 않는다. 그러므로 정치체제는 기본적으로 대립적인 이익과 의견들의 불안정한 통합(poly-archy)에 의존하고 있다. 정치의 역할은 이견들을 하나의 견해로 통일하는 것이 아니라 '조정'함으로써, 정치체의 결정적인 해체를 막는 것이다. 그러므로 '다양성'의 허용은 정치체제가 생존하기 위한 근본원칙이다. 그것이 정치적 자유와 평등이다. 그러나 이러한 헌법원리에도 불구하고, 남한에서도 부단히 국민의 이익과 의견의 통일성을 주장하고 이견과 반대를 배제하는 정치체제가 지속되어왔다. 이승만 대통령의 '일민주의(一民主義)', 박정희 대통령의 '국민총화' '국론통일'은 모두 그러한 인식의 산물이다. 그러나 이러한 시도는 독재적(autocratic)이기는 하지만, 전체주의적(totalitarian)이지는 않았기 때문에, 최소한의 반대의 자유를 허용했다. 그 자유가 저항을 가능하게 하고, 저항이 궁극적으로 자유를 가져왔다.

이상의 내용을 남북한 헌법 제정과 관련지어 살펴보자. 첫째, 헌법 제정과정을 살펴볼 때, 남한의 헌법 제정자들은 헌법 제정을 '타협'의 관점에서 본 반면, 북한의 헌법 제정자들은 '진리'의 관점에서 보았다. 북한의 헌법 제정과정은 공산주의혁명과 체제의 정당성에 대한 경쟁적 찬성, 그리고 남한헌법과 체제에 대한 비난으로 가득 차 있다. 남한의 헌법 제정자들은 정치를 의견과 이익이 다른 정치세력들간의 '동의' 내지 타협의 산물로 인식한 반면, 북한의 헌법 제정자들은 진리를 발견하고 확인하는 행위로 이해하는 경향이 강했다.

이런 견해는 정체와 주권이 어떻게 탄생되는지에 대한 사상과 실천에 직결된다. 남한의 헌법이 제정되기 위해서는 '다수'의 동의가 필요했다. 그러나 북한헌법이 제정되기 위해서는 '전부'의 동의가 필요했다. 왜냐하면 1인이라도 반대한다면 그것은 최선의 정체, 혹은 진리의 정체일 수 없기 때문이다. 그래서 북한의 헌법은 이른바 '전인민적 토의'의 과정을 거쳐 제정되었던 것이다. 남한헌법은 '대의원들의 토의'로 제정되고, 다수 국민의 암묵적 동의에 의해 승인되었다. 이렇게 탄생한 남한 정체(민주공화국)의 주권은 '국민주권'이었던 반면, 북한 정체(민주주의인민공화국)의 주권은 '인민주권'이었다. 국민주권은 다수의 동의로 탄생한 것이므로 불완전하고 유동적이며 잠정적인 것인 반면, 인민주권은 완전하고 확고하며 항구적이다.

헌법에 대한 견해는 '자유'의 개념과도 직결된다. 북한의 헌법 제정과정에서 보듯이 완전한 진리를 추구하는 정체에서는 완전한 토의의 자유와 권리가 있지만, 반대의 자유는 이론상 존재하지 않는다. 반면 남한의 경우 토의의 자유와 권리가 100% 있지는 않았지만, 반대의 자유가 존재했다.

둘째, 헌법 논의의 내용을 보면 '진정한 민주주의'란 무엇인가가 남북한 헌법의 최대쟁점이었음을 알 수 있다. 북한의 헌법 제정자들에게 그것은 정치적으로 '대표'의 문제였다. 그러나 남한의 헌법 제정자들은 '다양성 및 반대'의 문제로 인식했다. 그로 인해 북한에서는 일원주의적 유일체제가 탄생했다. 남한에서는 불안정하지만 다원적인 체제가 발전했다.

또한 북한의 헌법 제정자들은 인민주권의 대표원리가 경제적으로 '재산' 혹은 소유의 문제에 직결된다고 생각했다. 당대에 있어서 이는 좀더 구체적으로는 '토지'의 문제였다. 요컨대 토지의 소유행태가 곧 정치체제의 본질이었다. 북한의 헌법 제정자들은 인민주권을 실질적으로 실현하는 경제적 민주주의를 사유재산의 소멸로 이해했으며, 국유제가 곧 반사유제라고 생각했다. 해방 직후 급진적 토지개혁이 강행된 것은 소유의 혁명이자 곧 정치의 혁명이었다. 이 때문에 북한의 헌법 제정자들은 남한의 헌법과 정체에 대해 단순할 정도로 확고한 우월의식과 확신을 표명하였다. 그들은 '정의'로운 것이 자유로운 것이며, 실질적인 의미에서 민주주의적이라고 믿었다.

이와 달리 남한의 헌법 제정자들은 사유재산이 자유의 근거라고 생각했다. 왜냐하면 재산 없는 독립성은 거의 존재하지 않기 때문이다. 특히 국가가 모든 재산을 독점할 경우, 개인은 국가에 대해 정신적 독립성은 물론이고 정치적 자유를 지킬 수 없다. 그러므로 그들은 주권자를 '신민'으로부터 해방시켰지만, '인민'이 아니라 '국민'의 수준에 놓아두고자 하였다. 국민은 정치적으로 평등하지만 경제적으로는 불평등하다. 그 때문에 북한의 헌법 제정자들은 남한의 헌법과 정체가 실질적으로 민주주의적이지 않다고 주장했다.

이러한 역사와 정치의 역설에 관한 우리의 경험은 현대한국을 이해하는 데 어떤 시사점을 줄 수 있는가? 그것은 적어도 현실세계에서는 정의보다 자유가 정치적·경제적 선차성(先次性)을 가지고 있다는 사실이다. 그러나 정의 없는 자유를 지속적으로 견딜 수 있는 정치체는 존재하지 않는다. 인류 역사에서 혁명과 전쟁이 사라지지 않는 이유는 이 때문이다. 그러므로 아리스토텔레스가 지적했듯이 절대적 정의나 절대적 자유가 아니라, 상대적이고 비례적인(proportional) 정의와 자유가 정치체의 행복에 핵심적인 가치가 되어야 할 것으로 생각된다. 그리고 이러한 관점은 정치를 다른 무엇으로 환원해서는 안 된다는 것을, 역사를 동기나 결과 어느 한쪽으로 환원해서는 안 된다는 것을 뜻한다. 중요한 것은 균형과 중용이다.

결론

1.

　이상에서 대한민국 헌법의 역사적 기원과 제정의 역사를 살펴보았다. 단순화하면, 1948년 건국헌법은 한국인들의 땀과 눈물이 밴 헌법이라는 것이 이 책의 결론이다. 우리 건국헌법의 기본이념과 제도는 서구의 영향으로 형성되었지만, 그것을 한국인의 삶 속에 뿌리내리기 위해 우리 선대는 긴 고투와 깊은 사색을 거쳤다. 이 때문에 건국헌법의 의미를 좀더 풍부하게 이해하려면 우리 헌법이 거쳐온 역정을 구체적으로 살펴보는 것이 필요하다.

　한국사에서 19세기 말 이래 1945년 해방까지의 시기는 문명 전체가 뿌리부터 바뀌는 시대였다. 이 때문에 한국인들은 새로운 정치적 삶을 창조하기 위해 분투를 거듭했다. 1884년은 한국 사상사에서 분수령을 이룬 해였다. 조선이 건국된 지 근 500년, 김옥균을 비롯한 갑신정변의 주역들은 조선을 넘어 새로운 세계로 나아가고자 했다. 한편 유림과 지배층은 성리학의 정신세계와 군주제의 전통을 완고하게 고수했다.

양자 사이의 절충책도 제기되었다. 유길준은 원래 김옥균의 추종자였다. 갑신정변 뒤 일본으로 피신한 그는 뒤에 첫 미국 유학생이 되었다. 근대서구를 제대로 배운 최초의 한국인이었던 그는 입장을 바꿨다. 『서유견문』(1895)은 변화된 그의 입장을 대표하는 저술이다. 이 책은 전통과 근대를 조화시켜 점진적 개혁을 추진하려는 동도서기파의 정치전략과 헌정구상을 담고 있다. 한편 유학의 전통에서 자란 신채호, 박은식 등은 성리학을 버렸다. 그렇다고 근대서구로 눈을 돌리지도 않았다. 그들은 보편주의에 익숙한 조선 사상계에 '민족'이라는 특수성을 처음으로 제기하며, 고대한국에서 새로운 정체성을 찾고자 했다. 현실에 실망한 이승만 등의 젊은 급진주의자는 공화주의로 급격히 경도되었다.

한국역사에서 19세기 말 이래 50여년은 사상적 춘추전국시대였다. 참으로 어두운 시대였지만, 역사적으로 그처럼 정신적 활기가 넘친 시대는 드물었다. 그만큼 현실이 고통스러웠던 것이다. 동학농민운동과 만민공동회를 거치면서 전통에 대한 마지막 기대는 급속히 사라졌고, 한일합병에 이르러 현실로부터 뿌리 뽑혔다. 전통의 온존이나 재해석은 힘을 잃었고, 근대에 대한 고민이 큰 흐름으로 자리잡았다.

일체강점기에 한국인들은 독립투쟁과 더불어 스스로에게 적합한 근대적 국가를 모색했다. 1919년 3·1운동은 '민족'이라는 대의 위에 그러한 혁신적 사유가 모여 용솟음친 최초의 사건이었다. 하지만 3·1운동 이후 한민족은 둘로 분열하였다. 그런 흐름이 지속되어, 해방 후 남쪽에는 자유민주주의와 사유제를 옹호하는 대한민국이, 북쪽에는 인민민주주의와 국유제를 옹호하는 조선민주주의인민공화국이 수립되었다.

60년이 지난 지금, 이제 어느 선택이 옳았는가는 분명해졌다. 하지만 분열이 초래한 민족적 비극은 계속되고 있다. 이처럼 19세기는 여전히 21세기 한반도 현실의 중요한 부분이다. 낡고 지체된 역사는 오직 생존만을 위해 퇴행도 불사하고 있다. 오늘날 한민족의 불행은 그러한 시간적 부조화

412

와 충돌에서 비롯된다. 이런 역사적 과제를 어떻게 극복할 것인가? 건국헌법 제정자들의 고민은 오늘날에도 끝나지 않았다.

2.

1) 1945년 8월 해방 이후 한국 정치사회는 크게 둘로 갈렸지만, 그들이 제시한 헌법안들은 상당히 동질적이었다. 모든 헌법안에는 민주공화제, 국민주권, 권력분립이라는 근대 입헌주의의 핵심원리가 담겨 있었다. 이것은 이 내용들이 19세기 이래의 한국역사를 통해 광범위한 합의를 거친 것이었기 때문에 가능했다. 이 책은 그 기원을 찾기 위해 대한민국 헌법의 역사를 추적하였다. 1898년 만민공동회, 1919년 3·1운동, 그리고 대한민국 임시정부 수립이라는 세 정치적 사건이 이 역사의 중심에 있다. 이 사건들은 모두 군주제에서 민주공화제로의 이행이라는 헌정사적 대전환의 의미를 함축한 것들이다. 여기서 탄생한 헌법과 규약 들은 1948년 건국헌법의 이념(idea), 원칙(principle), 구조(framework)에 그대로 연속되었다.

만민공동회는 조선정치의 기본원리에 근본적인 문제를 제기했다. 가장 중요한 점은 백성이 비로소 정치적 주체로 떠오르고 자각되었다는 점이다. 근대적 정치주체인 '국민'이 탄생한 것이다. 고대 이래 백성은 정치적 주체가 아니었다. 조선정치에서 왕은 백성의 보호자였고, 백성은 왕을 부모처럼 존경하고 왕에게 순종해야 했다. 그런 백성이 자신들도 성숙한 판단과 행동이 가능한 인간임을 표명하고 정치적 권리를 주장한 것이다.

만민공동회 〈헌의6조〉의 정치체제 구상은 '군민공치적 군주제'였다. 표면적으로는 전제왕권을 일단 수용하고 있지만, 다른 한편 왕은 인민과 협의하여 정치를 행해야 한다고 주장하고 있다. 구체적으로 왕의 재정권, 인사권, 재판권, 조약체결권을 대신과 정부의 협의사항으로 제시하였다. 만민공동회는 한국 최초의 의회인 중추원 설치도 요구했다. 그런 점에서 만민공동회는 한국 민주공화주의 정치운동의 기원으로 볼 수 있다. 만민공동회를 계기로 정치적 주체에 대한 인식이 확장되면서 정치와 국가에 대한 개념에도 혁명적 변화가 나타났다. 정치란 이제 한 개인이나 특정 집단의 일이 아니라 모든 사람의 일로 생각되었다.

그러나 만민공동회 운동은 실패했다. 처음에 고종은 인민들의 기세에 눌려 만민공동회의 제안을 받아들였지만, 이어 무력으로 철저히 분쇄했다. 고종은 이듬해 전제군주제를 표방하는 〈대한국국제〉를 선포했다. 이 대한제국 헌법은 황제권을 제한하여 공공화하고자 했던 〈헌의6조〉의 시민권 의식과 에너지를 파괴하는 것이었다. 역사가 거꾸로 갔던 것이다. 1898년 3월 최초의 만민공동회에서 연설했던 이승만은 〈대한국국제〉가 선포된 1899년 쿠데타 모의 혐의로 체포되어 무기징역을 선고받았다. 이승만은 한국 공화주의 역사의 최초의 수난자였다. 고종의 처사를 본 개혁주의자들은 군주제와의 공존에 대한 기대를 완전히 버렸다.

1907년 고종황제 퇴위사건 또한 헌정에 대한 한국인의 사고에 근본적 영향을 미쳤다. 군주제는 그때까지 한국인들이 경험한 유일한 정치체제였다. 그러나 헤이그밀사 사건을 계기로 고종을 강제 퇴위시킨 일본은 대한제국의 황제권을 완전히 해체하였다. 이는 전제군주권을 제한하고자 했던 세력들의 오랜 희망이었다. 하지만 황제권의 해체는 국가주권의 상실을 댓가로 얻은 것이었다. 온건파는 황제와 공존하는 입헌군주제를 지향했지만, 그런 지향도 거의 사라졌다. 그런 점에서 고종의 퇴위는 '민주공화'와 '국민주권' '입헌정치'에 대한 풍부한 논의가 전개될 수 있는 토양을 제공했다. 『헌정요의』(1905)는 그런 시대적 경향을 반영하고 있다. 이 책은 국가나 정부를 사유물이 아니라 공적인 사물로 전환할 수 있는 최선의 대안으로 입헌(立憲)을 제시한다. 나아가 이를 제도적으로 보장할 대의기관, 정당정치, 책임내각 등을 모색하였다.

당시의 주요 신문과 헌정 잡지 또한 더이상 '군주와 인민'의 관계가 아닌 '인민과 정부' 관계, '인민과 국가' 관계, '민권과 국권' 관계를 논의하고 있다. 1907년 4월, 비밀결사조직이던 신민회는 한국역사상 처음으로 군주제를 폐지하고 공화제 국가를 수립할 것을 천명하였다.

1910년 한일합병은 민주공화와 국민주권에 대한 인식 변화에 직접적 영향을 미쳤다. 김규식 등은 합병조약 폐기를 주장하면서 그 근거로 일본에 주권을 양도한 황제는 국가와 민족, 백성을 대표할 수 없고, 조약체결권도 없다는 점을 들었다. 황제는 더이상 대외적으로 국가를 대표하지 못할 뿐만 아니라 대내적으로 국가의 유일한 주권자가 아니라고 본 것이다.

제1차 세계대전에서 연합국이 승기를 잡고 미국이 세계정세를 주도해나가게 되면서, 독립운동계에도 방향 전환이 모색되었다. 군주제와의 완전한 단절은 이제 시간문제였다. 1917년 조소앙 등 14인은 「대동단결선언」을 제창하여, 한일합병 이후 변화된 정체 인식을 명료하게 드러냈다. 이 선언은 황제를 옹립하여 망명정부를 수립하려는 복벽주의를 최종적으로 부정하고 '국민주권을 행사하기 위한 정부 수립', 곧 민주공화정체 수립을 지향했다.

1919년 3·1운동은 '독립운동', 즉 반제국주의 운동으로만 기억된다. 하지만 헌정사적 의미도 매우 중요하다. 3·1운동은 근대 정치혁명이자 사회혁명으로 볼 수 있다. 수천년간 온존되어온 신분제도(계급)를 폐지하고, 만인평등에 기초한 민주정을 지지했기 때문이다. 그 정치이념은 대한민국 임시정부 수립으로 구체화되었다. 임시정부는 3·1운동의 정치이념을 민주공화주의로 이해했다. 이에 기초해 헌법을 만들고, 이를 국가 기본원칙으로 선언했다.

3·1운동은 반일운동이자 동시에 민족 내 정치투쟁의 일환이기도 했다. 민주공화제에 대한 광범위한 사회적 합의는 만민공동회 이래 다양한 정치세력들 간의 투쟁 속에서 장기간에 걸쳐 형성된 것이었다. 그 흐름이 3·1

운동 시기에 분출된 민족의 집단적 의사에 따라 1919년 대한민국임시정부 헌법으로 일단 완결되었던 것이다.

1919년 유산은 1946년 헌법쟁론기를 거쳐 1948년 건국헌법 제정으로 이어졌다. 대한민국임시정부의 헌법과 규약은 모두 1948년 대한민국 건국헌법에 고스란히 녹아 있다. 따라서 임시정부 헌법은 모든 한국 근현대 '헌법의 어머니', 즉 '원형헌법'으로 볼 수 있다. 3·1운동을 통해 구체화된 민주공화제, 국민주권, 기본권, 권력분립 등 모든 기본원칙들은 건국헌법에 수용되었다. 헌법 체계와 용어도 대동소이하다. 〈임시헌장〉(1944.4.22)과 건국헌법은 체계면에서 거의 똑같다. 두 헌법은 모두 전문, 총강, 국민(인민)의 권리와 의무, 입법부, 행정부, 사법부, 경제, 회계·재정, 헌법 개정 및 부칙으로 이루어져 있었다.

하지만 한국 근대헌법의 핵심적 경제원리는 오늘날의 '자유주의경제체제'와는 어느정도 거리가 있다. 물론 사유재산권과 사적 경영이라는 자유주의 경제의 기본원칙은 확고하다. 하지만 '균평·균등이념'과 국가의 통제 관리, 계획경제도 공존하고 있다. 이것은 좌우분열과 분단을 막기 위한 당대 정치세력들의 노력에 따른 결과였다. 이 때문에 운영방식에 따라 국가통제를 가능한 제한하고, 사유와 사영이 확대될 수 있도록 구상되었다.

'근대 한국헌법의 아버지'가 누구인가 하는 점도 흥미롭다. 그동안은 유진오가 그런 인물에 해당한다고 평가되었다. 상대적으로 조소앙의 존재는 잊혀져 있었다. 1945~48년만을 놓고 보면 유진오의 역할이 두드러진다. 하지만 일제강점기를 포함한 긴 시간을 놓고 보면, 조소앙의 역할이 한층 더 근본적이고 유진오의 역할은 제한적이다. 조소앙은 1919년 이래 독립운동과 해방 후 건국과정에서 한국 근대헌법과 헌정을 가장 깊이있게 성찰한 인물이었다. 그는 대한민국임시정부 〈임시헌장〉(1919.4) 〈임시약헌〉(1940) 〈건국강령〉(1941) 〈임시헌장〉(1944) 제정을 모두 주도했다. 이 때문에 건국헌법의 헌법사상 역시 근본적으로는 조소앙의 영향을 받고 있다. 특히 조소앙의 균등이념은 1920년대 사회주의의 대두와 더불어 제기된 독립운동세력 내의 분열을 극복하려는 과정에서 체계화되었다. 3·1운동 이후 민족혁명의 대의에 대해 계급혁명 이념이 등장한 것은 잘 알려진 사실이다. 조소앙은 두 진영 사이의 분열을 막기 위해 균등이념을 통해 공산주의자들의 주장을 광범위하게 포섭하고자 했다.

2) 헌법은 정치집단 간의 대립과 동의 과정을 거쳐 형성되는 공동의 역사적 산물로서, 정치사의 최종 산물이다. 건국헌법 역시 해방 후 정치사의 결과물, 즉 좌우 정치투쟁의 최종 산물이었다. 한국의 좌우갈등은 유서 깊은 것이다. 3·1운동에서 대통합을 이루었지만 이후 독립운동에서 좌우는 분열을 거듭했고 매우 적대적이었다.

1945년 8월부터 1946년 6월 이승만의 단정 발언에 이르는 시기는 해방 후 한국인의 정치적 운명을 가르는 첫 단계였다. 이 시기는 또한 한국 현대 헌정의 첫 기원에 해당하는 시기로서, 향후의 핵심적 문제들이 제기되었다. 이 시기의 가장 중요한 정치적 문제는 '독립'과 '통합'이었다.

해방 후 미소 두 강대국은 한반도를 분할 점령했고, 양국은 한반도에 포기할 수 없는 이해관계를 가지고 있었다. 이 때문에 현대한국의 독립과 헌정체제 형성은 근본적으로 국제적인 문제가 되었다. 한국인 자신의 의사에 의한 단일 독립국가 수립은 처음부터 가능성이 희박했다. 분단을 피할 아주 작은 가능성은 연합국의 신탁통치안에 있었다. 신탁통치안은 소련을 자극하지 않으면서 미국의 이익을 최대한 확대하기 위한 절충책이었다. 하지만 연합국 내 세력 면에서 미국이 우세했기 때문에, 신탁통치안은 사실상 미국에게 유리한 대안이었다. 미국은 소련을 고려하여, 좌익을 완전히 배제하기보다 좌우가 공존하는 자유주의적 정책을 시행하고자 했다. 물론 이는 공산주의들이 원한 역사적·사회경제적 정의를 실현하는 데 미흡한 것이었지만, 좌우대결이 초래할 재앙을 완화할 수 있었다.

이 때문에 당대 한국의 정치세력이 좌우대결을 완충할 시간적 유예기로 신탁통치를 활용했다면 역사는 달라졌을 것이다. 그러나 한국 정치세력들은 그 점을 이해하지 못했거나, 모르는 척했다. 자주독립의 강렬한 열망 속에서 이들은 마치 강대국의 이해관계와 무관하게 한국이 즉각 독립할 수 있는 것처럼 행동했다. 사정을 잘 모르는 대중들은 즉각 독립을 지지했다. 당연하게도, 이미 36년간이나 이민족 아래에서 고통받은 한국인들은 즉각 독립과 자치를 염원했다. 따라서 반탁은 일단 민족주의의 대의명분에 가장 어울리는 것이었다. 명분과 대중의 지지가 따랐기 때문에 어떤 정치세력도 반탁을 거부하기 힘들었다.

해방정국에서 남한 내 정치세력은 반탁 민족자치노선과 찬탁 국제협력노선으로 분열했다. 1946년은 두 노선이 대격전을 벌였던 시기다. 좌우 공존을 모색하는 미국에 의해 기피되었던 이승만, 김구 등 우파는 반탁을 통해 미군정을 공격했다. 반탁운동이 너무 격렬했기 때문에 미국의 온건책은 결정적 위기에 직면했다. 이 정치적 위기의 일차적 원인은 소련과 남북 공산주의자들에게 있었다. 신탁통치는 이들에게 매우 불리했기 때문이다. 그러나 더 큰 위기는 역설적이게도 남한 우파들의 저항으로부터 초래되었다. 공산주의자들이 찬탁으로 돌아서자, 이를 계기로 우파들은 미국의 유화적인 대소련정책을 좌절시키고자 했다. 또한 우파의 정치적 결집을 위해 반공산주의 정치전선을 형성하였다. 이에 따라 좌우대립을 완화하여 한반도에 온건한 정부를 수립하려던 미국의 정책은 난관에 직면했다.

1946년 5월, 제1차 미소공동위원회가 소득 없이 끝나자 미국의 좌우합작 전략의 현실화 가능성이 모호해졌다. 다른 한편 북한에서는 소련의 군정이 종식되고, 한국 공산주의자들에 의한 실질적인 정부 수립이 진행되었다. 이런 정치적 상황은 미국의 전략을 더욱 곤란하게 만들었다. 미국은 1946년 12월 우익 중 온건파인 김규식 등 좌우합작파를 지원하여 남조선과도입법의원을 설치했다. 그러나 남조선과도입법의원은 미국이 기대하는 만큼 효과적이지 않았다. 그 정치적 내구력은 불과 한달 정도였다. 좌우합작위원회는 좌우의 극단주의자들로부터 해산을 강요받았다. 미국의 의도를 지지할 것으로 기대되었던 김규식 계열 의원들은 과도입법의원의 정치적 독립성을 지나치게 기대했다. 또한 남조선과도입법의원을 통해 실질적 권력행사를 기대했던 중도파와 좌파는 행정기관과 경찰 등을 실질적으로 장악하고 있는 우파세력의 현실적 힘에 좌절했다. 두 세력 모두 과도입법의원의 현실에 불만이었다.

1947년 미국의 국제협력노선이 마침내 좌절하고, 민족자치노선이 승리를 거두었다. 반탁운동이 다소 소강상태에 접어든 1월, 과도입법의원 스스로가 반탁 결의안을 통과시켰다. 미군정 사령관 하지가 '어리석은 행동'이라며 반대했지만, 이로써 미국의 의도는 결정타를 맞았다. 이제 반탁은 이승만 리더십 하의 '국가적 이슈'로서 부동의 지위를 획득했다. 이 사태는 남한 헌정 형성에 직접적이고 항구적인 영향을 미쳤다. 상황 변화에 고조된 이승만, 서상일 등은 3월에 과도입법의원에서 건국임시헌법에 해당하는 〈남조선과도약헌〉을 통과시키고자 했다. 이는 미군정을 부정하고 남한의 독자적 임시정부를 수립하려는 정치적 의미를 가지는 것이었다. 4월에 과도입법의원 좌우합작파는 또다른 헌법안인 〈조선민주임시약헌 초안〉을 제출하였다.

이 헌법안들이 현실적으로 통과될 가능성은 희박했다. 하지만 헌정사의 관점에서 이들 헌법안이 함축하고 있는 정치적 가치는 매우 중요하다. 특히 남조선과도입법의원에서 최종 통과된 〈조선임시약헌〉은 우파의 〈남조선과도약헌〉과 중도파의 〈조선민주임시약헌 초안〉이 합쳐져 단일안으로 제출된 것이다. 그런 의미에서 좌우공존을 위한 체제구상이 담겨 있다. 미군정 정치고문 제이콥스는 〈조선임시약헌〉이 "그 명칭으로만 보면 임시적이지만 그 성격은 영속적"이라고 하였다. 또한 당시 신문은 "남북통일에 쓰도록 연구케 할 것"이라고 논평했다. 이 약헌안은 해방 후 좌우파가 함께 심의하고 공식기구에서 합의한 최초의 헌법이었기 때문이다.

그러나 이 시기에 북한 공산주의자들은 이미 독자적인 정권을 수립하고 있었다. 1947년 7월 미소공위 대표로 평양을 방문하고 돌아온 제이콥스는 미 국무장관에게 "소련은 이미 북한에 모든 형식을 갖춘 한국인 공산주의 국가 수립을 완료하였다"고 보고하였다. 그는 또한 "미소공위가 궁극적으로 모스끄바협정을 이행하는 데 성공하더라도, 남북한을 통합하기는 어려울 것"이라고 보고하였다. 한국문제에 대한 강대국 간 합의가 불가능해진 것이다.

이리하여 한국 독립문제는 원점, 즉 모스끄바협약 이전 상태로 돌아갔다. 새로운 국제협약이 필요했지만, 그것은 불가능했다. 이에 미국은 한국문제를 유엔에 상정하여 국제사회의 추인을 받는 형식으로 해결책을 마련하고자 하였다. 유엔의 권고는 세계의 권고라는 형식을 띠고 있다. 그러나 실제로는 강대국들의 합의가 불가능할 때 취해지는 형식이었다. 즉 유엔은 한국의 독립과 단일국가 수립을 권고했지만, 그 의미는 정반대로 그것이 불가능하며 그런 현실을 인정한다는 의미였다.

결국 신탁통치에 대한 반대는 어떤 민족주의자도 원치 않은 상태를 초래했다. 통합헌법인 〈조선임시약헌〉도 미군정에 의해 인준이 거부되고 폐기되었다. 이는 미국이 국제협력노선을 스스로 부인한 것처럼 보인다. 이런 모순된 행동은 소련에게 어떠한 빌미도 주고 싶지 않았던 미국의 선택이었다. 1947년 10월 미소공위의 최종 결렬을 계기로 남쪽 정치계에서 좌파가 배제되고 반공 공세가 강화되면서 좌우연립 시도는 좌절되었다. 좌우합작의 결렬은 남한에서 중도적·진보적 대안을 갖고 정치통합을 추진할 노선이 최종적으로 실패했음을 뜻했다. 이제 분단으로 가는 길만 남아 남북에는 단독정부가 수립되었다.

3) 식민지에서 해방되자마자 시민사회의 정치단체들은 헌법을 기초하

기 시작했다. 해방 직후부터 각 정치세력들은 비밀리에 헌법안을 검토하고 있었다. 하지만 1946년의 헌법 논의는 모스끄바삼상회의의 결정에 따른 미소공동위원회의 활동에 의해 더욱 촉발되었다. 미소공동위원회는 각 정치단체들에게 정치 및 경제 체제 구상을 질의하였다. 이에 대응하여 정치세력들이 경쟁적으로 헌법안을 작성하였던 것이다. 이러한 경쟁적 헌법제정은 좌우파의 격렬한 정치투쟁에서 비롯되었지만, 다른 한편으로 우리 역사상 최초로 헌법이념과 국가체제 구상, 그리고 정치·경제적 비전이 풍부하게 제시되는 계기가 되었다. 이는 앞선 시기에 이미 민주공화제와 국민주권에 대한 상당한 합의가 있었으므로 가능한 것이었다.

좌파 집결체인 민전의 헌법안 〈임시약법 시안〉은 미소공위에 제출하기 위해 만들어졌다. 민전은 미소공동위원회 승인을 통한 임시정부 수립을 지지한다는 입장을 취했고, 미소공동위원회 자문활동에 적극적으로 참여했다. 국호를 '조선민주공화국'으로 한 좌파의 〈임시약법 시안〉은 허헌 등 소수의 민전 관계 법률가들이 비공개적으로 작성하였고, 이후 이 헌법안은 민전 공식기구인 임시약법기초위원회에서 축조 검토되었다. 그러나 헌법을 작성하는 동안에 어떤 쟁점들이 논의되었는지는 거의 밝혀진 바가 없다. 단지 국호와 관련하여 의견대립이 있었던 것이 확인될 뿐이다. 박헌영의 '인민'공화국 주장에 반대한 여운형파의 입장을 따라서 국호가 조선 '민주'공화국으로 결정된 것이다.

우파의 〈한국헌법〉은 1946년 1월 중순부터 3월 1일 사이에 행정연구위원회에서 작성했다. 신익희는 건국에 대비하여 건국방략과 시정방침을 마련할 목적으로 일제강점기 고등문관 출신의 경험있는 법률전문가들을 모아 이 위원회를 만들고, 대한민국임시정부의 산하기구로 두었다. 그 덕분에 제1차 미소공위 개막 이전에 신속하게 헌법안을 만들 수 있었다. 〈한국헌법〉 역시 비밀리에 작성되었다. 그 일차적인 이유는 작성자들이 전임 일제 관료들이었기 때문이다. 행정연구위원회의 제헌활동은 모스끄바삼상회의의 신탁통치에 반대하고, 대한민국임시정부에 의해 과도정부를 수립하기 위한 것이었다. 이를 위한 기초작업으로 〈한국헌법〉을 작성했다고 볼 수 있다. 그러나 미군정하에서 임정법통론에 기반한 과도정부 수립은 당시에 실현되기 어려웠다. 오히려 이로 인해 행정연구위원회는 '대한민국임시정부의 임시의정원과 국무회의의 의결'로 해산되었다. 이 조직은 임정의 산하기구에서 해체된 후에도 대한독립촉성국민회의 부위원장이 된 신익희의 영향력하에 활동하였다.

이후 〈한국헌법〉은 남조선과도입법의원 내 우파 헌법안인 〈남조선과도행정조직법안〉과 〈남조선과도약헌안〉 제정에 영향을 주었다. 그리고 〈한국헌법〉은 1948년 5월 유진오가 작성한 헌법안과 종합되어 헌법기초위원회의 헌법원안으로 마련되었다. 이로써 〈한국헌법〉은 건국헌법 탄생에 직접 기여했다. 그런 점에서 건국헌법 제정에 유진오 못지않게 신익희와 행정연구위원회의 역할이 컸음을 알 수 있다. 신익희는 〈한국헌법〉과 〈유진오-행정연구위원회 공동안〉 제정에 결정적으로 기여했기 때문이다.

중도파인 비상국민회의와 민주의원은 앞서 살펴본 민전의 〈임시약법시안〉과 행정연구위원회의 〈한국헌법〉 작성과는 달리 비교적 공개적으로 헌법안을 작성했다. 비상국민회의는 대한민국임시정부의 헌법안을 수정하여 자신들의 헌법안을 기초하고자 하였다. 하지만 "국무위원 자격을 20년 동안 독립운동에 전사한 자로 한정하자"는 조소앙 등 임정 측 주장으로 인해 헌법안 작성은 중단되었다. 대한민국임시정부와 독립운동가만이 정통성을 가지고 있다는 주장은 해방공간의 정치현실에서 수용되기 어려웠다. 미군정뿐만 아니라 한국민주당과 조선공산당을 포함해 이미 국내에서 정치기반을 구축하고 있던 정치세력들은 대한민국임시정부의 정부로서의 지위를 인정하지 않았다. 하지만 조소앙은 해방 후의 새로운 헌법 제정 과정을 대한민국임시정부 헌법의 개정으로 인식했다. 그는 당시의 현실정치 상황을 더 고려하는 것이 필요했다. 즉 임정의 정통성을 주장하기보다 정치체제를 새롭게 창조해야 하는 제헌행위 그 자체에 더 주목하여, 제헌 과정에 참여하는 구성원들의 상호동의가 새로운 권위의 기반이 되도록 했 어야 했다.

한편 미군정이 승인한 민주의원은 비상국민회의에서 탄생했다. 민주의 원 역시 신탁통치에 반대했다. 그러나 제1차 미소공위 회담에 대비하여 독 자적 헌법안을 만들었다. 민주의원의 〈대한민국임시헌법〉은 비상국민회 의와 민주의원의 연석회의를 통해 기초되었고, 최종적으로 민주의원에서 통과되었다. 민주의원의 〈대한민국임시헌법〉은 임정의 〈대한민국임시헌 장〉(1944)을 거의 계승하였으며, 이후 남조선과도입법의원에 제출된 〈조선 민주임시약헌 초안〉이 되었다. 다만 국호가 '대한민국'에서 '조선'으로 수 정되었고, 몇개 조항이 변경되었을 뿐이다. 그러므로 대한민국임시정부의 정통성 문제와는 별개로, 대한민국임시정부의 헌정구상은 해방 후에도 여 전히 헌법구상에 있어서 중심적 위치를 점하고 있었다.

이제 각 정치세력이 만든 헌법안의 특징을 간략히 살펴보자. 좌파 민전 의 〈임시약법 시안〉은 정부조직의 최고기관으로 임시정부 단계에서는 내 각, 정식정부 단계에서는 인민대표대회를 두고, 정당·사회단체를 광범하 게 참가시켜 인민의회의원 등을 선출할 것을 규정하였다. 정부형태는 〈임 시약법 시안〉과 「답신안」이 차이를 보이지만, 대통령을 중심으로 하는 정 부구성은 민주주의와 배치되는 것으로 이해되었다. 개인의 권력 전횡을 막 는다는 측면에서 대통령제보다 우월한 것으로 인민위원회제도를 주장하 고 있다. 한편 민전안은 국유제와 공유제를 우선적으로 주장했지만 사적소 유권도 인정한다. 특히 '중소개인자본의 기업경영의 자유'를 규정하였다. 이는 대한민국임시정부 〈건국강령〉의 경제정책과 동일하다. 민전의 국유 제와 공유제 원칙은 당시의 경제적 여건하에서 국가만이 대규모 자본과 기 술 동원이 가능하다는 인식에 기반한 것이다. 또한 적산을 처리하고, 사적 자본의 경제적 독점과 집중을 막기 위한 것이었다. 산업조직 면에서 민전안은 국유·국영의 범위를 확대하고 사유·사영의 범위를 축소하고자 했으며, 국유·국영을 촉진하는 과도적 형태로서 협동조합 경영을 구상하였다.

중도파 민주의원의 〈대한민국임시헌법〉은 기본권 조항에서 균등권을 우선 강조하면서도 근대적 자유권을 구체화하였다. 기본권에 경제생활과 경제질서 관련 내용을 규정한 것은 국민의 자유와 평등의 실현이 계획경제, 산업의 국유화라는 생산 및 소유 방식과 직결되어 있다는 인식에 기반한 것이다. 특히 〈대한민국임시헌법〉은 "대한민국의 강토 (…) 13도로 함"이라고 규정하였다. 이 영토조항은 건국헌법 제4조 영토 조항에 계승되었다.

정부형태에 있어 〈대한민국임시헌법〉은 대의제와 입법권·행정권·사법권의 삼권분립을 택했다. 이는 민전의 인민위원회제도와 대비된다. 〈임시헌법〉은 내각제 형태를 취하고 있지만, 대통령에게 강한 권한을 주었다. 입법부 소집 조항과 관련해서 〈임시헌법〉은 대통령이 소집하는 우파의 〈한국헌법〉과 유사하다. 그리고 대통령이 국무회의 의장이 되도록 규정하였는데,—〈한국헌법〉은 국무총리가 내각회의 의장인데—이 규정은 대한민국임시정부의 전통과 차이가 있다. 즉 〈대한민국임시헌장〉 등과는 달리, 대통령제 요소를 강화한 것이다. 이는 대통령이 각 계층, 각 단체의 대표로 구성될 국민회의를 소집하고, 국무회의를 통할할 정치적 필요에 따른 것이다.

그리고 〈대한민국임시헌법〉은 정치·경제·교육의 균등원칙을 기초로 한 균평·균등사회의 건설을 지향하였다. 적산몰수, 주요 산업·광산·산림 등의 국유·국영, 농민의 경작능력에 따른 대지주 토지 및 몰수토지에 대한 재분배 정책을 실현하고자 하였다. 중도파의 경제체제는 사유제를 바탕으로 하고 공공산업 영역에서 국유·공유화가 실현되는 혼합경제체제였으며, 노자협조에 바탕한 분배의 사회화와 국가의 합리적인 통제관리, 계획경제를 통해 사회민주국가를 실현하고자 하였다.

우파 헌법안인 〈한국헌법〉의 정부형태는 대통령과 국무총리로 이원화된 정체였다. 이는 평상시에는 입법부와 행정부의 마찰을 피할 수 있고, 비상시에는 신속한 국정처리가 가능하도록 한 것이었다. 대통령은 국민이 직접 선출하는 방식을 취했으며, 임기는 6년으로 연임이 가능했다. 입법부는 양원으로 구성하였으며, 소집은 대통령이 하도록 했다. 그리고 대통령에게 국무총리를 임명하도록 함으로써 내각을 통합할 권한을 부여하였다. 대의원은 내각불신임권을 가지고, 대통령은 의회를 해산할 수 있었다. 이러한 규정들은 대한민국임시정부 전통과는 달리, 대통령제 요소를 강화한 것이다. 이는 이념 대립과 정당 난립 등 혼란한 건국상황에서 대통령이 각 계층, 각 단체 대표로 구성될 입법부를 소집하고, 국무회의를 통할해야 하는 정치적 필요에 따른 것이었다.

한편 경제체제는 사유재산권과 계약 및 영업의 자유를 원칙으로 하였다. 그러나 사회민주주의적 요소도 강하여, 토지분배와 국영 대외무역을 지지하고 있다. 경제의 기본원칙도 '국민각개의 균등생활의 확보' '민족 전체의 발전' '국가보위'를 들고 있다. 개인의 경제상 자유는 이 기본원칙 안에서만 보장된다. 이 원칙은 임시정부 헌법과 1948년 〈대한민국헌법〉과도 거의 동일하다. 그러나 〈한국헌법〉은 앞선 모든 헌법안이 채택하고 있는 균평·균등이념을 매우 조심스럽고 소극적으로 다루었다. 즉 노동상황의 보호와 개선에 세심한 배려를 하고 있는 반면, 〈건국강령〉, 민전안, 중도파안이 규정하고 있는 토지국유화, 적산몰수, 중요 산업의 국유화는 언급하고 있지 않다. 이러한 점으로 볼 때, 자유경제체제를 원칙으로 하면서도 국가에 의한 경제관리를 수용한 수정자본주의를 지향한 것으로 볼 수 있다. 요컨대 이 체제는 국가의 소유와 통제관리가 요청되는 특정 산업 외에는 운영 여하에 따라서 국가의 통제가 축소되고 사유·사영이 확대될 수 있도록 구상되었다.

해방 후 만들어진 모든 헌법은 그 내용에 있어서 민주적이며 공화제적 특징을 강하게 담고 있었다. 또한 대한민국임시정부 이래 시민사회 헌법안의 기본권, 정부형태, 경제체제 구상의 핵심은 균평·균등사회 실현이었고, 이를 사회적으로 실현할 수 있는 조건을 마련하고자 하였다.

4) 한 국가가 탄생하는 과정에서 제기되는 가장 핵심적인 사안은 어떤 국가체제를 형성할 것인가 하는 문제를 합의하는 것이다. 특히 신생국가의 수립을 위한 선거는 '전국민의 총의를 집합하고, 민족의 자결권을 실제 행사하고, 그 인민이 좋아하는 정부형태를 스스로 선택하는 정치적 운동'이어야 했다. 그런 의미에서 보면, 1948년 5·10선거는 제한적 의미의 선거였다. 왜냐하면 남한에서만, 그것도 자유민주주의체제를 주장하는 단정옹호자 사이에서만 선거를 실시할 수 있었기 때문이다. 하지만 5·10선거를 통한 정부구성은 해방 이후 전개된 대한민국임시정부 승인, 미소공동위원회 협의, 좌우합작, 그리고 남북협상에 이르는 일련의 건국방안들 중 현실화된 유일한 대안이었다.

5·10선거는 국민이 직접 참여하여 입법부를 구성할 대표를 민주적인 선거절차에 의해 선출한 한국 역사상 최초의 선거였다. 하지의 언급대로, 5·10선거는 "한국의 운명이 한국인의 손에 맡겨진 최초의 의식"이었다. 이 선거를 통해서 선출된 대한민국의 건국세력은 먼저 입법부를 구성하고, 헌법을 제정하였다. 즉 통상적인 입법부와 헌법제정기구를 분리하지 않았던 것이다.

1948년 〈대한민국헌법 초안〉 기초과정에서 핵심사항 중 하나는 국가권력의 배분을 결정하는 정부형태였다. 구체적으로는 이승만이라는 강력한 정치적 인격과 헌법을 어떻게 조화시키는가가 문제였다. 이승만은 '가장 강력하고 거의 절대적 입장에 서 있는 대통령 후보자'였기 때문이다.

헌법은 당대의 정치적 견해들이 경합하며 구성되는 정치적 협약의 산물이다. 1948년 헌법 초안 작성과정도 마찬가지로 생각된다. 이승만의 대통령제는 제헌의원들 사이에서 폭넓게 인지, 수용되었다. 행정연구위원회의

〈한국헌법〉과 민주의원의 〈대한민국임시헌법〉은 내각제 정부형태를 취하면서도 대통령에게 상당한 권한을 부여하고 있었다. 그 이유는 건국기에 대통령이 각 계층과 단체 대표로 구성될 의회를 소집, 해산하고, 국무원을 신속하고 효율적으로 통할해야 할 정치적 필요성에 따른 것이었다. 유진오는 의원내각제를 정치안정과 독재방지를 위한 정부형태로 생각했지만, 동시에 한민당에 있어서도 이승만의 권력을 제약할 수 있는 방안이었다.

한민당은 이승만과 타협점을 찾아야 했다. 만약 이승만이 끝까지 의원내각제 헌법안을 반대한다면 정부 수립 자체가 늦어지고, 그로 인해 한민당의 집권 가능성도 상실될 위험이 있었기 때문이다. 단기적 국면에서 양자는 경쟁자였지만, 5·10선거를 통한 정치적 대안의 실현에 있어서는 동반자였다. 이 때문에 한민당은 이승만과 타협하여 권력을 분점하고자 하였다. 한민당은 대통령제를 채택하되 의원내각제 헌법원안의 규정대로 국무원을 '합의체'로 운영함으로써 대통령 권한을 제약하고, 국무총리와 과반수 국무위원을 확보하고자 했다.

일반적으로는 1948년 건국헌법이 대통령중심제를 선택함으로써 독재체제로 나아가는 단초를 열었다고 이해되고 있다. 그러나 헌법 제정과정과 헌법의 실제 운영을 둘러싼 정치투쟁을 살펴보면, 그렇게 보기 어렵다. 대통령중심제나 내각책임제는 물론 각 정파나 정치가의 권력장악과 관련되어 주장되었지만, 동시에 당대의 시대상황 속에서 정치적 설득력을 가져야 했다. 그렇게 볼 때 대통령중심제는 권력만을 위해, 의원내각제는 민주주의만을 위해 주장된 것이 아니었다. 의원내각제는 합의체 권력으로 정치를 운영하려는 것이었고, 대통령중심제는 정치적 인격을 통해 운영하려는 것을 의미했다. 결과적으로 이승만 이래 한국 현대정치사는 정치적 인격이 정치제도를 지배하고, 헌법 역시 사회보다는 정치적 인격에 적합하도록 형성되어왔다.

이것은 물론 한국만의 경험은 아니다. 정치적 분열이 극심하고, 민주적 제도와 관행이 취약한 정치환경에서는 정치적 개성 자체가 모든 제도의 기능을 대신하는 경향이 있다. 하지만 정치적 인격의 강력한 통합적 기능에도 불구하고 건국헌법의 제정자들의 우려대로 인격에 의한 지배는 독재정을 초래하는 경향이 있다.

5) 헌법 제정과정에서는 정부형태와 대통령의 권한에 대한 논쟁이 가장 큰 쟁점이었다. 그런데 헌법 제정자들은 심한 시간적 압박 속에 있었다. 시간문제는 민주주의에 대한 논의만큼 중요했다. 정부 수립의 지연으로 야기될 정치적 문제는 아무도 예측할 수 없었기 때문이다. 이에 대한 제헌의원의 태도는 헌법 제정의 정치적 의미에 대한 입장 대립으로 나타났다. 대통령중심제 옹호자는 헌법을 '당면한 정치적 과제에 대응하기 위한 잠정적 처방책'으로 인식하였다. 내각책임제 지지자들은 헌법을 '만년불멸의 대전'으로, 즉 헌법을 통해 바뀔 수 없는 국가의 기본성격이 확립되어야 할 것으로 간주하였다.

이런 차이는 당대 정치현실의 급박성에 대한 인식 차에서 비롯된 것이다. 당시 헌법 제정자들에게 가장 중요한 것은 정치적 '분열'과 '안정'에 대한 인식이었다. 이들의 시대적 과제는 '독립' '통일' '민생'이었지만, 당시 정치상황은 무정부 상태에 가까웠다. 대통령제 옹호자들은 사상과 이념 혼란, 군소정당 난립 등을 정치적 불안정 요인으로 강조했다. 하지만 의원내각제 옹호자들은 국회와 정부의 정책상 대립과 분열을 우려하였다. 또한 행정의 신속하고 효율적인 추진에서 정치의 강력함을 찾는 대통령제 옹호자와는 달리, 의원내각제 옹호자들은 내각제가 국민의 직접신임에 근거하기 때문에 더욱 강력하게 정치를 시행할 수 있다고 인식했다.

의원내각제를 수용한 헌법안 기초과정과 달리, 본회의 심의과정에서 많은 제헌의원들은 대통령제를 바람직한 것으로 인정했다. 하지만 대통령의 권한이 너무 비대하다고 우려하여 그 권한을 제약하기 위한 방안을 모색했다. 한민당은 대통령 권한사항을 국무원이 의결토록 함으로써 대통령을 견제하고자 했다. 무소속 의원과 일부 독촉 의원들은 국무총리와 국무위원에 대한 대통령의 인사권을 제한하고, 이를 국회와 국무총리와 나누어 갖도록 함으로써 대통령 권력을 견제하고자 하였다. 헌법 초안과 1948년 7월 12일 최종 확정된 헌법을 비교해보면, 수정조항은 바로 대통령 전제에 대한 우려와 직접 관련된 것이었다.

본회의 심의과정에서는 이승만과 한민당 이외의 다양한 세력들—독촉, 무소속, 대동청년단, 조선민족청년단, 대성회 등—이 참여하여 활발하게 의견을 표명했다. 만족할 만한 수준은 아니었으나 모든 의원들이 대체로 자유로운 의견을 개진하였다.

헌법 제정과정에서 이승만이 시종일관 주도적인 위치에 있었던 것은 아니었다. 하지만 그는 대통령중심제 헌법 초안을 채택하고, 헌법안 심의를 조속히 종결짓는 데 결정적 역할을 하였다. 이승만은 헌법 초안 작성단계에서 헌법기초위원들과 팽팽히 맞섰다. 이후 이승만은 국회 전원위원회 개최를 통해 대통령제 헌법의 필요성을 설득하고 이를 관철하고자 하였다. 하지만 이 제안이 부결되자, 이승만은 반내각제 운동을 선언함으로써 대통령제 헌법을 관철했다. 이승만은 또한 헌법안의 조속한 통과를 위해서 가능한 한 발언을 줄이고 수정안을 철회하도록 제헌의원들을 압박하였다. 이 때문에 서순영, 강욱중 의원 등 대통령제를 강도 높게 비판해온 의원내각제 옹호자들마저도 수정안을 모두 철회하였다. 이승만과 제헌의원들은 조속한 정부 수립을 위해서 철저한 헌법 심의를 유보했던 것이다.

이승만의 대통령제 주장이 그의 개인적인 야심에서 비롯했다는 설명이 많다. 하지만 대통령중심제에 대한 공감대도 상당히 형성되어 있었다. 본회의 헌법 심의과정에서는 대통령 옹호자가 다수였다.

이후 역사를 보면, 대통령제가 민주적으로 운영되기 위해서는 권력을 제한할 수 있는 법치주의와 민주적 견제장치가 반드시 필요하다. 1987년까지 한국정치사는 이러한 민주적 견제·균형 씨스템보다 한 개인의 카리스마적 리더십에 의존했다. 이로 인해 정치적 비극이 계속되었다. 그런 의미에서 1987년까지 민주제 원리 중 국민주권 원리는 형식상 완비되었으나, 이를 실질적으로 운영하기 위한 '자유'의 원리는 여전히 답보상태에 머물러 있었다. 하지만 건국기의 대한민국은 '자유'의 문제를 전적으로 존중할 만한 '시간'의 여유를 갖지 못했다.

6) 북한헌법 초안은 소련헌법을 모본으로 하여 기초되었다. 하지만 헌법 심의과정에서 북한헌법은 남한헌법과 경쟁관계에서 탄생한 쌍생아적 성격을 지니고 있었다. 즉 남북한 헌법은 서로를 참조하는 상호맥락적 성격을 가졌다. 물론 이것은 서로를 배제하려는 '적대적' 상호맥락성이다. 실제로 북한헌법은 남조선과도입법의원에서 제정한 〈조선민주임시약헌 초안〉에 대한 반대 헌법안의 성격을 띤다. 북한헌법 제정자들은 공식적인 헌법 심의과정에서 남한헌법의 민주주의가 얼마나 봉건적이고 반동적인가를 부단히 강조하였다. 남한헌법 또한 앞서 제정된 북한헌법으로부터 상당한 영향을 받았다. 이 때문에 북한헌법은 총 10장 102조의 남한헌법과 그 조항 수가 동일하고, 매우 유사한 형식을 가지고 있다. 하지만 두 헌법은 내용상 상이한 정치적 구상을 담았다.

남북한 헌법 제정과정의 비교는 제정절차의 형식을 단순히 검토하는 이상의 의미가 있다. 왜냐하면, 헌법 제정과정에는 '진정한 민주주의'에 대한 헌법 제정자들의 정치적 이해가 잘 드러나 있기 때문이다. 가장 주목할 점은 이른바 '대표성'의 문제이다. 즉 민주주의가 궁극적으로 지향하는 인민 또는 시민의 정치적 주권이 어떤 정치적 절차와 과정을 통해 완전히 실현될 수 있는가의 문제다. 북한의 헌법 제정절차는 '쏘비에뜨(인민위원회) 원리'를 따랐다. 이 원리는 소위 인민의 의사의 완전한 표현과 구현을 목표로 한다. 즉 풀뿌리 인민들로부터 시작되는 선거에 의한 상향적인 대표(인민위원) 선출, 그 대표로 구성되는 인민회의가 최종적인 인민주권을 완전히 대표한다고 전제된다. 그 인민회의는 조선임시헌법제정위원회를 조직하여 헌법 초안을 작성케 했다. '전인민의 토의'를 통해 동의를 받은 헌법 초안은 다시 인민회의 특별회의에 의해 심의되어, 최종적으로 최고 인민회의에서 채택되었다.

반면에 남한의 헌법 제정절차는 의회민주주의 원리를 따랐다. 모든 국민은 지역으로 분할되어 선거구민이 되고, 그들이 유권자가 되어 선거에 의해 대표를 선출했다. 선출된 대표는 국회를 구성하고, 국회는 헌법기초위원 전형위원을 선출했다. 그들이 다시 헌법기초위원을 선출하고, 헌법기초위원은 헌법 초안을 작성했다. 헌법 초안은 국회의 심의와 동의를 거쳐 최종 제정되었다.

두 헌법의 제정과정은 모두 '대표'의 원리, 그리고 '선거'에 의한 대표선출의 방법을 따랐다. 물론 대표가 인민의 의사를 어디까지 대표할 수 있는가, 그리고 어떠한 선거가 더 좋은 방식인가에 대한 견해는 달랐다. 북한은 대표의 역할이 헌법 초안의 작성에 제한된 반면에, 남한은 헌법 제정권한까지 가졌다. 그런데 북한의 헌법 제정과정에서 가장 놀라운 것은 '반대'와 '타협'이 거의 발견되지 않는다는 점이다. 남한의 경우, 국회의 헌법 제정과정은 매우 논쟁적이었다. 즉 북한의 헌법 제정절차는 주권의 '대표성'에, 남한은 '의견의 다양성'에 가장 큰 강조점이 두어졌다. 이 점은 '진정한 민주주의'에 대한 두 체제의 이해를 가장 잘 보여주는 특징이다.

한편 헌법 제정과정의 실천을 살펴볼 때, 남한의 헌법 제정자들은 헌법 제정을 '타협'의 관점에서 본 반면, 북한의 헌법 제정자들은 '진리'의 관점에서 보았다. 북한의 헌법 제정과정은 공산주의혁명과 체제의 정당성에 대한 경쟁적 찬성, 그리고 남한헌법과 체제에 대한 비난으로 가득 차 있다. 그런 점에서 남한의 헌법 제정자들은 정치를 의견과 이익이 다른 정치세력들 간의 '동의' 내지 타협의 산물로 인식한 반면, 북한의 헌법 제정자들은 진리를 발견하고 확인하는 행위로 이해하는 경향이 강했다.

남북한 헌법의 정치체제를 살펴보면, 북한이 인민주권·절대주의의 원리를 따른 반면, 남한은 국민주권·상대주의의 원리를 따랐다. 남한헌법이 권력분립에 의한 '견제와 균형'의 정치체제화를 목표로 했다면, 북한은 권력집중에 의한 '대표'의 정치체제화를 목표로 했다. 즉 남한의 경우는 주권의 양도를 전제로 양도된 주권이 어떻게 보호될 수 있는가를 헌법 제정의 원리로 숙고했다. 그 반면 북한은 주권의 양도불가능성을 전제로 주권자체가 어떻게 완전히 구현될 수 있는가를 숙고했다.

두 헌법의 경제 체제와 원리는 공통점이 매우 많다. 양자 공히 국가가 중요 자원을 소유하고, 국영기관을 관리하며, 특정 부문을 계획하는 것으로 규정하고 있다. 경제적 목표로 민족경제의 부흥, 부의 독점 금지, 실질적인 평등의 보호를 제시하는 점은 두 헌법이 유사하다. 그러나 사회경제제도는 근본적 차이가 있다. 북한의 경제원리는 국유제와 국가에 의한 궁극적 통제였다. 남한의 원리는 사유재산제와 국가에 의한 관리 및 통제였다.

남북한 헌법 제정과정과 그 내용에는 이후 남북한 정치체제와 경제체제의 기본적 발전방향이 함축되어 있다. 그것은 이후 60여년 이상 지속된 자유주의와 공산주의 정치체제의 미래상이기도 하다. 오늘날 현대사 연구에서 주장하는 바처럼, 그것은 처음부터 예상된 필연은 아니었다. 왜냐하면 북한의 공산주의자들은 특히 역사의 '정의'와 미래에 깊은 확신을 가지고 있었기 때문이다. 그러나 실제 역사는 그 반대로 진행되었다. 정의와 이상에 기초한 북한 정치체제가 왜 더 전제적이고 반인민적으로 되었는가?

가장 큰 오류는 '인민'을 실제적인 의미에서 단일하고 동질적인 것으로 이해했다는 점에 있는 것으로 생각된다. 인민의 이익 또는 의사는 하나가 아니라 다양한 것이다. 그러므로 현실에서 인민의 의사를 동질적인 것으로 전제한다면, 그러한 인민의 의사는 실제라기보다 허구이다. 정치에서 이 점을 어떻게 인식하는가는 정치체제의 근본적인 성격을 결정한다. 진정한 인민의 의사가 존재한다면 유일한 의사만이 존재해야 한다. 즉 그것은 토의되어야 하는 것이 아니라 발견되어야 한다. 그것이 진정한 정치의 역할이다. 그것을 발견할 수 있는 것은 위대한 당이나 위대한 영도자뿐인 것이다.

북한의 헌법 제정자들이 헌법 초안을 전인민적 토의에 부쳐야 한다고 주장하면서 동시에 그것을 선전교양사업으로 인식했던 것은, 진정한 인민의 의사는 이미 발견되었기 때문이다. 그러므로 정치는 '토의'가 아니라 '계몽'이 된다. 실제로 전인민적 토의과정에서 헌법 초안에 대한 반대는 거의 없고, 만장일치에 가까운 찬성만이 존재했다. 유일사상체제와 수령체제는 그렇게 탄생된다. 인민주권의 완전한 구현은 역설적으로 인민주권의 완전한 소멸을 초래하는 것이다.

국민주권주의는 국민의 이익과 의사를 단일한 것으로 보지 않는다. 그러므로 정치체제는 기본적으로 대립적인 이익과 의견들의 불안정한 통합에 의존한다. 정치의 역할은 이견들을 하나의 견해로 통일하는 것이 아니라 조정함으로써, 정치체제의 결정적인 해체를 막는 것이다. 그러므로 '다양성과 반대'의 허용은 정치체제가 생존하기 위한 근본원칙이다. 그것이 정치적 자유와 평등이다. 그러나 이러한 헌법원리에도 불구하고, 남한에서도 부단히 국민의 이익과 의견의 통일성을 주장하고, 이견과 반대를 배제하는 정치체제가 지속되어왔다. 이승만 대통령의 '일민주의', 박정희 대통령의 '국민총화'는 모두 그러한 인식의 산물이다. 그러나 이러한 시도는 독재적이기는 하지만 전체주의적이지는 않았기 때문에, 최소한의 반대의 자유를 허용했다. 그 자유가 저항을 가능하게 하고, 저항이 궁극적으로 자유를 가져왔다.

3.

해방 이후 한국 현대정치사에서 가장 중요한 쟁점은 무엇인가? 필자는 정부형태, 특히 '대통령'이라고 생각한다. 정부형태에 관한 논쟁은 1948년 헌법 제정 때부터 치열하게 전개되었다. 물론 대통령에 관한 논쟁은 민주공화제에 대한 합의, 그리고 체제 구상과 관련한 국가건설 문제가 어느정도 윤곽을 잡은 후에 이루어진 것이다. 대통령의 권력 문제는 민주주의 권력배분 문제이자, 국민의 자유에 관한 문제이기도 하다. 1987년까지 대한민국의 대통령은 막강한 권력을 행사했고, 지금도 매우 강하다. 이 때문에 역대 개헌의 중심 이슈는 언제나 대통령 권력 문제였다.

1948년 이후 60여년 동안 한국 헌정은 아홉 차례 변모했다. 정권변동기에 4회, 이승만과 박정희 정부에서 각각 2회 개헌을 하였다(나머지 한번의 제4차 개헌은 1960년 3·15부정선거 주모자들과 부정선거에 항의하는 시위자를 살상한 자들을 처벌할 헌법적 근거를 마련하려는 것이었다). 혁명과 쿠데타, 민주화항쟁 등의 정치적 격변을 겪으면서 헌법은 두번 정지되었고 국회는 네 차례 해산되었다. 한 개헌안은 부결로 선포하였다가 다시 가결로 선포하기도 했다. 반대표가 한 표도 없었던 개헌안도 있었다. 대통령의 중임제한 폐지 조항 때문에 두번 개헌을 했고, 집권자가 개헌안을 제출했다가 철회한 경우도 두번 있었다. 한국은 왜 이러한 헌법 변경을 반복하여온 것인가? 대통령의 권력 때문이었다. 개헌의 핵심사안은 대통령의 임기 및 중임 폐지 여부, 또는 대통령 선출방식 등 최고권력의 문제였다. 즉 대통령의 임기와 재임기간이 개헌의 가장 중요한 이슈였다.

한국 헌정사에서 대통령 문제 또는 대통령제는 독재와 민주주의의 이분법으로 이해되고 있다. 해방 후 헌법안의 대통령제도 기본적으로는 그렇게 이해되었다. 그러나 중요한 의미가 더 있다. 대통령제는 그 내재적 속성상 권력분산보다는 권력집중, 민주적 심의보다는 결단의 정치행위를 중시한다. 그러므로 이 제도는 특히 한국적 상황에서 질서, 그리고 국가안보와 깊이 관련되어 있다.

행정연구위원회의 〈한국헌법〉과 민주의원의 〈대한민국임시헌법〉은 통치권력이 대통령과 총리로 이분화된 정체였다. 이는 평상시에는 입법부와 행정부의 마찰을 피할 수 있고, 비상시에는 신속한 국정처리가 가능하도록 한 것이었다. 특히 〈한국헌법〉의 대통령 권력은 매우 강하다. 국민 직선이었고 임기는 6년, 연임이 가능하였다. 대통령은 입법부를 소집할 수 있다. 국무총리 임명권이 있고, 이를 통해 내각통할권을 부여했다. 전시 또는 기타 국가비상시에 대통령은 긴급권을 발동할 수 있다. 내각은 국무총리와 국무위원으로 조직되고, 국무총리가 내각회의 의장이 되었다. 대의원은 내각불신임권을 가지고, 이에 대하여 내각은 연대책임을 지며 대통령은 의회를 해산할 수 있다. 반면에 〈대한민국임시헌법〉의 대통령 권력은 상대적으로 약하다. 대통령이 국민의회에서 선출되었고, 국무총리와 국무원도 대통령의 추천으로 국민의회에서 선출한다. 그럼에도 불구하고 국무회의 의장은 대통령이었다.

이러한 규정들은 대한민국임시정부 전통과 달리 대통령제 요소를 강화한 것이었다. 그 이유는 혼란을 종식하기 위해 강력한 권력이 필요했기 때문이다.

그러나 1948년 건국헌법의 초안은 실질적인 의원내각제였다. 그 특징은 한마디로 상징적 대통령, 실권형 내각, 특히 국무총리, 그리고 국회에 의한 내각의 통제였다. 즉 외형적으로는 대통령을 두되, 실질적으로는 내각책임제인 것이다. 국회가 수상을 선출하고 수상이 각료를 임명하는 순수 내각제와는 달랐지만, 내각이 국무 전반을 장악하고 그에 책임을 진다는 점에서 내각이 실질적인 권력을 가진 것이었다. 이 제도의 목적은 '정치안정'과 '독재방지'였다. 현실정치에서 보면, 일제강점기에 이미 인적 기반을 형성한 한민당의 당수 김성수에게 더 적절한 제도였다. 더욱이 이 제도의 선호는 이승만이 대통령에 선출될 것이라는 광범위한 인식과 직접 관련되어 있었다. 즉 의원내각제는 결국 이승만이라는 강력한 정치적 개성을 제도 안에서 순치(馴致)하기 위한 것이었다.

1948년 제정된 최종 헌법안은 대통령제와 의원내각제를 절충한 것이었다. 대통령은 행정권의 수반이며 그 임기는 4년이고 국회에서 선출되었다. 대통령이 국무회의의 의장이 되도록 하였으며, 국회의 승인하에 국무총리를 임명하도록 하였다. 대통령은 국회를 통과한 법률안을 거부할 수 있었으며, 국무원을 헌법기관으로 하고 중요 국책을 의결하도록 하였다.

건국헌법 제정자들은 대통령 '독재'의 위험을 잘 인식하고 있었지만 대통령제를 채택했다. 비상한 현실상황을 인정했던 것이다. 그런데 이승만은 권력집중을 제한하기 위해 마련된 헌법장치들을 차례로 무력화했다. 그 정점이 여순사건(1948) 직후 국가보안법 제정이었다. 이 법에 의해 정치적 반대는 '반역'으로 규정될 수 있었다. 대통령은 국민의 사상까지 통제할 수 있는 권력까지 가지게 되었다.

이승만의 정치는 건국 초의 극단적 분열을 극복하고 국가의 기초를 다지는 데 성공했다. 이 사실은 높이 평가되어야 한다. 그는 또한 한국전쟁이라는 세계적 규모의 전쟁도 이끌었다. 그러나 그의 정치는 민주공화제라는 헌법이념과 배치되었다. 즉 대한민국의 헌법이념은 혼란스러운 해방정국에서 자신을 지키기 위해 대통령의 권력독점을 수용했지만, 그러한 정치를 수용하는 한 민주공화제라는 자기정체성을 계속 부정해야 하는 모순을 안고 있었다. 상반되는 두 필요성으로 인해 대한민국헌법은 끝없이 동요해왔다.

전쟁이 끝나고 정치상황이 어느정도 안정되자, 국민들은 대통령의 과도한 권력에서 초래되는 부정적 현상에 민감해졌다. 어떤 상황에서도 대한민국 국민들의 기본적 정치적 지향은 민주공화제였다는 사실을 알 수 있다. 국민들은 점점 이승만의 카리스마적 '대통령제'보다 '다수협의제'를 더 선호하게 되었다. 정치개혁의 목표는 '자유민주사회의 건설'로 귀결되었다. 구체적으로는 권력분립적 의원내각제 채택, 공정한 선거였다.

1960년 4·19혁명 후 제2공화국에서의 정치권력은 대통령과 내각(국무원)으로 분할되었다. 대통령에게는 국정을 조정하는 역할을 부여했지만, 실질적 권력은 없었다. 내각은 행정권을 장악하고 모든 국정을 책임지는 실질적 권력을 보유했다. 장면은 "'국민이 열망하던 자유를 한번 주어보자'는 것이 민주당 정부의 이념이었다"고 회고하였다(장면 1967, 71면). 모든 대통령중심제가 독재인 것은 아니다. 그러나 국민들은 대통령제는 독재이고, 의원내각제만이 민주적이라고 생각했다. 4·19혁명의 정치적 비전이 의원내각제에 의해 실현될 것이라고 생각했다.

제2공화국 헌법에서는 대통령을 양원 합동회의에서 선출하고 재적 국회의원 2/3 이상의 표를 얻도록 하였다. 임기는 5년이고 한 차례 중임할 수 있었다. 이러한 규정은 정파를 초월하여 양원의 존경을 받는 원로를 선택하도록 의도한 것이다. 대통령은 국무총리 지명권과 정부 계엄선포의 요구에 대한 거부권, 감형과 면책특권에 관한 권리, 헌법재판소 심판관 등의 공무원 임명권을 가졌다. 이는 한 정당의 전횡을 대통령이 견제할 수 있도록 한 것이다. 이 때문에 대통령이 정당에 가입할 수 없도록 규정했다. 그러나 의원내각제는 실패로 끝이 났다. 그 원인으로 민주당의 분열과 갈등이 지적되었다. 특히 초당파적인 조정자로서의 대통령 역할이 현실과 괴리되었다. 실제 정치에서 윤보선 대통령은 정파적 속성을 벗어나지 못했던 것이다.

오늘날 의원내각제 국가 중 전후 가장 성공적으로 대통령직이 수행되어 온 사례는 독일이다. 그런데 독일의 경우, 대통령이 시대적 과제나 다양한 정치세력을 중재하는 조정자로서의 역할은 특별한 헌법상의 제도에서 유래하는 것이 아니라 연방대통령 '개인의 인격'에서 나오는 권위의 문제로 종종 이해되고 있다.

1987년 헌법은 지난한 민주화투쟁의 결과로 만들어졌다. 1987년 헌법은 역대 어느 헌법보다도 오랜 기간 유지되고 있다는 헌정사적 의의가 있다. 1987년 개헌은 '호헌철폐 직선쟁취'라는 국민적 요구의 산물이었다. 대통령을 직접 뽑고 싶다는 것이 당시 가장 중요한 국민적 여망이었다. 이 국민의 바람은 향후 결코 줄어들지 않을 것이다.

그러나 1987년 개헌은 당시 정치집단의 이해를 절충한 것이기도 했다. 대표적인 것이 5년 단임제이다. 이는 당시 유력한 정당 지도자들의 이해를 반영한 제도였다. 5년 단임제로 인해 정부와 국회가 불일치되는 여소야대 정국이 한동안 계속되어 만성적 정치불안을 초래했다. 여소야대 현상은 대통령과 국회의원 선거가 어긋나 발생하는 현상이다. 이 때문에 대통령 임기를 4년 중임제로 하자는 논의가 폭넓은 동의를 받고 있다. 또한 대통령의 권력이 여전히 과도하다는 논의가 계속되고 있다. 이 때문에 개헌 논의는 주로 대통령의 권한 축소와 국회의 대 행정부 견제기능 강화, 그리고 사법부 독립을 중심으로 논의되고 있다. 어떤 의미에서 1960년, 1987년과 같은 문제이다.

그러나 이제 대통령제 관련 논의는 새로운 차원에 접어들었다고 볼 수 있다. 1987년 이전 대통령에 관한 논의는 결국 특정 정치가의 권력 문제였다. 오늘날도 그런 점이 완전히 사라진 것은 아니다. 잠재적으로 대통령이 될 유력 정치인을 고려하지 않고 개헌논의가 진행될 수는 없기 때문이다. 그러나 오늘날 대통령에 관한 논의는 좀더 객관화되었다. 더 넓은 제도적 의미에서 권력 문제에 접근하고 있기 때문이다. 또한 헌법논의에서 대통령 권력뿐 아니라 정당제도, 선거제도, 사법제도 등 제도개혁이 폭넓게 논의되고 있다. 개헌 논의의 주체도 정치가에서 지식인, 시민사회 중심으로 이행하고 있다. 논의의 성격도 훨씬 성숙하였다. 또한 이전과는 달리 개헌에 따라 정치세력들의 운명이 반드시 좌우되는 것은 아니다.

그렇다면 한국에서 대통령의 책임성을 강화하면서 동시에 국회와의 권력분립을 통한 정치적 견제와 균형을 실현할 방법은 무엇일까? 대통령제와 관련하여 4년 중임제 또는 연임제는 대통령의 책임성 강화라는 측면에서 바람직하다. 5년 단임제는 장기집권을 방지하는 효과가 있다. 그러나 단임제는 장기적 국가과제를 수행하는 데 한계가 있다. 또한 연임 가능성이 없기 때문에 레임덕 현상이 빨리 나타날 가능성이 있다. 대통령 자신도 임기말이 되면 국정보다는 퇴임 후를 생각하게 마련이다. 무엇보다도 최대 약점은 현 대통령의 국정 책임을 물을 수 없다는 점일 것이다. 즉, 국민이 대통령을 선출할 권리만 가졌지, 심판할 수 있는 권리를 갖지 못한 것이다.

그런데 연임제가 이 모든 문제를 해결할 수는 없을 것이다. 4년 연임제는 대통령과 국회의원 선거주기를 일치시켜 분점정부(divided government)의 출현 가능성을 줄여주고, 정국안정과 정책의 효율성을 제고할 수 있다. 그러나 대통령 임기와 국회의원 임기가 같아지므로 정치적 신임을 묻기가 어렵다. 대체로 대통령을 배출한 여당이 선거에서 승리할 가능성이 높다. 특히 현직 대통령이 재선을 위한 선거전에 돌입하면, 국회와 행정부는 주요 정책과 예산 배분에 있어 현직 대통령의 당선을 위한 선심성 공약에 집중할 가능성이 아주 높다. 그러므로 연임제의 이러한 문제점을 개선하기 위해서는 국회의원 임기를 축소하든가, 아니면 대선에 앞서 총선을 실시해야 할 것이다. 그런 점에서 한국 대통령의 단임제는 연임제보다 여전히 덜 모험적인 제도로 여겨진다.

돌이켜보면, 한국 현대정치에서 헌법정신과 국가과제의 본질은 사실상 크게 변질된 것이 없음에도 불구하고 여러 차례의 헌법 개정을 거쳤다. 권력투쟁 때문이었다. 한편으로 권력투쟁은 동시에 무엇이 우선적 국가과제인지에 대한 투쟁이었다. 예컨대 이승만은 건국을, 박정희는 산업화를 우선시했다. 정치안정과 경제발전 없이는 민주주의도 없다고 생각했기 때문이었다.

한국 현대정치의 국가적 과제는 독립, 산업화, 민주화, 분배였다. 한국은 지난 60여년 동안 이들 과제를 동시에, 아주 급속히 추진하여왔다. 그러나 국가과제의 최우선순위에 관한 정치세력들 간의 합의는 쉽지 않았다. 헌법의 권력구조는 이들 과제를 실현하기 위한 수단으로서의 정치기술에 해당한다. 권력투쟁은 곧 이들 과제를 실현하는 수단으로서의 통치구조, 정부권력 구성방법에 관한 정치세력들 간의 갈등이었다. 따라서 헌법은 정치적 수단에 관한 타협의 산물이다. '통합된 지혜'인 것이다.

마지막으로 민주주의와 헌정에 관한 편향된 논의를 생각해보자. 첫째, 민주주의와 인권을 너무 이상화하는 입장이 있다. 즉 헌법을 민주주의의 이름으로 이상화·신성화하는 입장이다. 둘째, 헌법과 민주주의를 너무 정치공학적으로 보는 입장이 있다. 첫째 입장은 '민주주의'만 말하고, 둘째 입장은 '법-제도 개편'만 말하는 경향이 강하다. 이런 편향은 학계나 시민사회나 마찬가지이다.

아리스토텔레스가 정치학을 형이상학이 아니라 '실천학'으로 보았던 것은, 정치가 현실적인 제약 속에서 이루어지는 인간의 행위라고 이해했기 때문이다. 이 때문에 정치에 필요한 것은 논리나 이론이 아니라 '지혜'이다. 이러한 관점에서 보면, 민주냐 독재냐, 민주냐 성장이냐, 민주냐 안보냐라는 문제를 이론적·제도적으로만 접근하는 것은 바람직하지 않다고 생각된다. 현실 상황과 역사적 경험을 고려하면서 이루어져야 한다.

오늘날 우리의 민주주의와 헌법 논의에도 이러한 경향이 없는지 모르겠다. 정치는 양극의 어느 하나도 포기할 수 없는 분열적인 상황의 산물이다. 또한 어떠한 정치도 현실을 떠나, 역사를 떠나 이루어질 수 없다는 점에서 정치는 시간의 기술(art of time)이다. 민주와 효용이 모두 필요하지만, 무엇이 그 시대에 더 절실한가를 판단해야 한다는 의미이다.

| 참고문헌 |

1. 1차문헌(기관자료)

고려대학교박물관 편『현민 유진오 제헌헌법 관계 자료집』, 서울: 고려대학교
　　출판부 2009.

국가보훈처 편『3·1운동 독립선언서와 격문』, 서울: 국가보훈처 2002.

국사편찬위원회 편『한국독립운동사』자료 3, 과천: 국사편찬위원회 1971.

_____『자료대한민국사』제7권, 과천: 국사편찬위원회 1974.

_____『한국독립운동사』제1권 자료편, 과천: 국사편찬위원회 1983.

_____『북한관계사자료집』제8권, 과천: 국사편찬위원회 1988.

_____『북한관계사자료집』제13권, 과천: 국사편찬위원회 1992.

_____『대한민국사자료집: 주한미군정 정치고문문서(1945.8~1947.10)』제1권
　　~제6권, 과천: 국사편찬위원회 1993.

_____『한민족독립운동사자료집 5: 대동단사건 I』, 과천: 국사편찬위원회
　　1994.

_____『대한민국사자료집 38-40: UN 한국문제처리에 관한 미국무부 문서』,
　　과천: 국사편찬위원회 1998.

_____『자료대한민국사』제8권, 과천: 국사편찬위원회 1998.

_____『해외소재 한국사자료 수집목록집』제3권, 과천: 국사편찬위원회 2001.

_____『대한민국임시정부자료집 1』, 과천: 국사편찬위원회 2005.

국토통일원『북한최고인민회의자료집』제1권~제3권, 국토통일원 1988.

국회도서관『국회보』제20호, 서울: 국회도서관 1958.

_____『임시약헌제정회의록(과도입법의원)』, 서울: 국회도서관 1968.

_____『대한민국임시정부 의정원문서』, 서울: 국회도서관 1974.

국회사무처『대한민국국회 제1회 속기록』, 서울: 국회사무처 1948.

_____『국회보』제20호, 서울: 국회사무처 1958.

_____『국회사: 제헌국회, 제2대 국회, 제3대 국회』, 서울: 국회사무처 1971.

_____『제헌국회경과보고서』, 서울: 국회사무처 1986.

남조선과도입법의원 비서처『남조선과도입법의원 속기록』, 1946, 1947.

내무부 치안국『미군정법령집 1945-1948』, 서울: 내무부 치안국 1956.

대한민국 공보처『대통령 이승만 박사 담화집』제1집, 제2집, 서울: 대한민국 공보처 1953.

대한민국임시정부 선전부『대한민국임시정부에 관한 참고문건』제1집, 1946.

독립운동사편찬위원회『독립운동사자료집 별집 2: 임시정부 외교문서집』, 1976.

독립협회·LG상남언론재단 편『독립신문』제1권~제4권, 서울: LG상남언론재단 1996.

미국무부 편, 김국태 역『해방3년과 미국 I: 미국의 대한정책 1945-1948』, 서울: 돌베개 1984.

민주주의민족전선 편『해방조선 I: 자주적 통일민족국가 수립투쟁사』, 서울: 과학과사상 1999.

민주주의민족전선사무국 편『조선해방연보 1946년』, 경성: 문우인서관 1946.

방일영문화재단 편『한국신문사설선집』제17권(1945~1955), 서울: 코리아헤럴

드·내외경제사 1997.

북조선로동당 중앙위원회 「쏘미공동위원회 공동결의 제5,6호에 대한 북조선로
    동당 해답서」, 심지연『미소공동위원회 연구』, 서울: 청계연구소 1990.

북조선민주주의민족통일전선중앙위원회 서기국 편「쏘미공동위원회에 관한
    자료집」, 국사편찬위원회 편『북한관계사자료집』제13권, 1992.

북조선인민회의 상임의원회 「북조선인민회의 제3차회의 회의록」, NARA. RG
    242. SA 2005-5-8, 1948a.

_____「북조선인민회의 제4차회의 회의록」, NARA. RG 242. SA 2005-5-9,
    1948b.

_____「북조선인민회의 제5차회의 회의록」, NARA. RG 242. SA 2005-5-10,
    1948c.

_____「북조선인민회의 특별회의 회의록」(1948), 국사편찬위원회 편『북한관
    계사자료집』제8권, 과천: 국사편찬위원회 1988.

삼균학회 편『소앙선생문집(上)』, 서울: 횃불사 1979a.

_____『소앙선생문집(下)』, 서울: 횃불사 1979b.

새한민보사 편『임시정부수립대강: 미소공위자문안 답신집』, 서울: 새한민보사
    1947.

선인문화사 편『남조선과도입법의원속기록』, 서울: 선인 1999.

신복룡 편『한국분단사자료집 제5권』, 서울: 원주문화사 1993.

아름출판사 편『미국무성 한국관계 문서(*Internal Affairs of Korea 1945-1949*)』
    제1권, 제2권, 제8권, 제9권, 제10권, 아름출판사 1995.

우남 이승만 문서 편찬위원회 편『이화장 소장 우남 이승만 문서』동문편 제4
    권, 서울: 중앙일보·연세대학교 현대한국학연구소 1998.

在朝韓美陸軍司令部軍政廳 편『駐韓美軍政廳官報』1-3, 서울: 在朝韓美陸軍司
    令部軍政廳 1945~1948.

정용욱 편『해방전후 정치사회사 자료집: 인명록』제3권, 서울: 다락방 1994.

_____『해방전후 정치사회사 자료집: 과도입법의원자료집』제11권, 서울: 다락방 1994.

조선중앙통신사 편『해방후 10년일지 1945-1955』, 평양: 조선중앙통신사 1955.

조선통신사 편『조선연감』, 서울: 조선통신사 1948.

주한미육군사령부 정보참모부『미군정정보보고서』제11권, 서울: 일월서각 1986.

주한미육군사령부 정보참모부『G-2 Periodic Report: 주한미군정보일지』1-7, 춘천: 한림대학교 아시아문화연구소 1988.

중앙선거관리위원회 편『대한민국선거사』, 서울: 중앙선거관리위원회 1968.

_____『대한민국선거사』, 서울: 중앙선거관리위원회 1973.

중앙일보 현대사연구소 편『현대사자료총서 I: 미군 CIC 정보보고서 I(RG 339 Office of the Chief of Military History)』, 서울: 선인문화사 1996.

한국사료연구소 편『조선통치사료』제10권, 서울: 한국사료연구소 1972.

한국정신문화연구원 편『한국독립운동사자료집: 조소앙편(3)』, 서울: 한국정신문화연구원 1997.

한림대학교 아시아문화연구소 편『미군정기정보자료집: 법무국·사법부의 법해석 보고서(1946.3-1948.8)』, 춘천: 한림대학교 아시아문화연구소 1997.

『독립신문』『대한매일신보』『대한협회회보』『제국신문』『한성주보』『황성신문』『대동신문』

『동아일보』『조선일보』『서울신문』『경향신문』『민주일보』『자유신문』

NARA. RG 59. General Records of the US Department of State, Decimal File, The Internal Affairs of Korea 895 Series (The US Department of State, Records of the US Department of State Relating to the Internal Affairs of Korea, 1945-1949) [아름출판사 편『미국무성 한국관계 문서(Internal Affairs of Korea

1945-1949)』 제1권, 제2권, 제8권, 제9권, 제10권. 아름출판사 1995].

_____ "Syngman Rhee to Harry S. Truman." 1945/07/21.

_____ "Syngman Rhee to Frank P. Lockhart." 1945/07/25.

_____ "Syngman Rhee to General Douglas Macarthur, Admiral Chester W Nimitz." 1945/07/27.

_____ "Hurley–Secretary of State." 1945/08/14.

_____ "Atcheson–Embassy(Chungking)." 1945/09/17.

_____ "Korea." 1945/09/26.

_____ "Atcheson to Secretary of State." 1945/10/15.

_____ "Harriman to Secretary of State." 1945/11/12.

_____ "Enclosure: Joint Declaration of Policy Concerning Korea." 1945/11/13.

_____ "Office Memorandum: George H. Blakeslee to John Carter Vincent." 1945/11/16.

_____ "Conversation with Major General A. V. Arnold." 1946/10/09.

_____ "Current Situation of Korea." 1946/10/23.

_____ "Report on Current Events in North Korea." 1946/11/19.

_____ "Political developments in South Korea and other things." 1946/12/31.

_____ "Kim Koo to President." 1947/01/13.

_____ "The Conditions of the Interim Legislative Assembly and Economic matters in South Korea." 1947/01/14.

_____ "Cho Sungwhan to John Williams." 1947/01/17.

_____ "The Activities of Dr. Rhee and His Supporters in the U.S." 1947/01/24.

_____ "Ben C. Limb to George C. Marshall." 1947/01/28.

_____ "Summary Political Conditions January 1 to 31." 1947/02/09.

_____ "Robert T. Oliver to General John H. Hilldring." 1947/02/14.

_____ "Enclosure 1: A Solution of the Korean Problem" by Syngman Rhee.

_____ "Enclosure 2: Supporting Brief for Proposed Interim Government for South Korea" by Emery J. Woodall.

_____ "Enclosure: Paper prepared by Major General Albert E. Brown entitled 'Development of a Political Program'." 1947/02/20.

_____ "Arthur C. Bunce to Edwin M. Martin." 1947/02/24.

_____ "Korea." 1947/02/25.

_____ "Arthur C. Bunce to Mr. Edwin Martin." 1947/07/12.

_____ "Arthur C. Bunce to Mr. Edwin Martin." 1947/07/22.

_____ "Comments of Charles Pergler on New Korean Constitution." 1948/07/26.

_____ "Constitution of Korean democratic People's Republic of North Korea." 1948/07/29.

_____ "Temporary Constitution of Korea (by Joseph E. Jacobs)." 1947/09/03.

_____ "Public Information Program on the Korean Grant-Aid Program", 1947/?/?

NARA. RG 84. Foreign Service Posts of the Department of State, Korea Embassy General Records, 1953-1955.

_____ "Report on Economic Provision of the Constitution of the Republic of Korea." 1954/03/24.

NARA. RG. 242 National Archives Collection of Foreign Records Seized, Captured North Korean Documents, SA 2005, 2006, 2007, 2009, 2010.

NARA. RG. 332 Records of U.S. Theaters of War. World War II, US Army Forces in Korea, XXIV Corps, G-2 Historical Section. Records Regarding the Okinawa Campaign, US Military Government in Korea, US-USSR Relations in Korea, and Korean Political Affairs, 1945-1948.

_____ Box No.21 USAMGIK-Department of Justice File, 1946-1947.

_____ Box No.23 Legal Statement by Ernst Fraenkel on Structure of USAMGIK.

_____ Box No.29 Records of Provisional Government.

_____ Box No.30 Official Gazette.

_____ Box No.32 Korea and Provisional Government, 28 Sep. 45, prepared by Clarence N. Weems.

_____ Box No.32 New Governmental Structure of Korea.

_____ Box No.37 Creation of South Korean Interim Government.

"The Interim Constitution in South Korea."

"Draft of the Constitution for South Korea Interim Administration."

_____ Box No.51 XXIV Corps Historical Section: Questionaire & Reports on Appraisal of USAMGIK Policies, 1947.

"Arthur C. Bunce, "Can Korea be free?""

_____ Box 65 G-2 Reports, Data on North Korea Pertinent to South Korea.

_____ Box 78 Political Activity, Democratic Peoples Front.

"Arthur C. Bunce to James C. Sarbent." 1947/07/11.

_____ Box No.84 Political Activity: Press Releases, Translation of Korean Papers.

"Examination of Interim Constitution and Administration of Government Bills Now before the Legislature" by John Weckerling.

_____ Box No.84 Korean Legislature file, 1946.

_____ Box No.84 Korean National Assembly, 1948.

_____ Box No.85 Summary of Political Events in Korea.

NARA. RG 407. Records of the Adjutant General's office, Administrative Service Division, Operations branch Foreign (occupied) Area Reports, 1945-1954.

_____ Box. 2051 Constitution 1947/06/

_____ Box. 2056 A Comparison of the Election Laws of North and south Korea Prepared by Dept. of State, Division of Research of Far East, Office of

Intelligence Research.

_____ Box. 2067 KILA (Korean Interim Legislative Assembly)—Korea 1947–
1948.

_____ Box. 2070 Military Government—Department of Justice 1946.10.

NARA. RG 469. Records of the U.S. Foreign Assistance Agencies, 1948–61,
Office of a Far Eastern Operations, Korea Subject Files, 1953–59.

_____ "Report on Economic Provisions of the Constitution of the Republic of
Korea."

U.S. Department of State. *Foreign Relations of the United States (FRUS) 1919: The
Paris Peace Conference* Vol. VIII. Washington, D.C.: USGPO 1947.

_____ *Foreign Relations of the United States (FRUS) 1946: The Far East* Vol. VIII.
Washington, D.C.: USGPO 1969.

_____ *Foreign Relations of the United States (FRUS) 1947: The Far East* Vol. VI.
Washington, D.C.: USGPO 1972.

_____ *Foreign Relations of the United States (FRUS) 1948: diplomatic papers*. Vol.
VI. Washington, D.C.: USGPO 1974.

_____ *Foreign Relations of the United States (FRUS) 1949: The Far East and
Australia* Vol. VII. Washington, D.C.: USGPO 1974.

2. 단행본

2-1. 당대 저술·회고록·전기

김도연 『나의 인생백서』, 서울: 강우출판사 1968.

김두봉 『조선민주주의인민공화국 헌법 초안에 관한 보고』, 평양: 조선인민출판
사 1948.

김준연 『독립노선』, 서울: 시사시보사 1947.

_____ 『나의 길』, 서울: 동아출판사 1966.

김택영『조선민주주의인민공화국 헌법의 근본원칙』, 평양: 민주조선사 1948.

_____『조선민주주의인민공화국 공민의 기본적 권리 및 의무』, 평양: 민주조선사 1949a.

_____『조선민주주의인민공화국 최고주권기관과 국가중앙집행기관』, 평양: 민주조선사 1949b.

김학준『가인 김병로 평전』, 서울: 민음사 1988.

낭산 김준연 선생 기념사업회·허도산 편저『건국의 원훈 낭산 김준연』, 서울: 자유지성사 1998.

동암 서상일 선생 기념사업회 편『멀고 먼 영광의 길』, 대구: 서상일선생 기념사업회 2004.

로버트 T. 올리버『리승만박사전: 신비에 싸인 인물』, 박마리아 옮김. 서울: 합동도서주식회사 1956.

리차드 알렌『한국과 이승만』, 윤대균 옮김, 서울: 합동통신사 1961.

리차드 D. 로빈슨『미국의 배반: 미군정과 남조선』, 정미옥 옮김, 서울: 과학과 사상 1988.

박갑동『박헌영: 그 일대기를 통한 현대사의 재조명』, 서울: 인간사 1983.

박용만『경무대비화』, 서울: 삼국문화사 1965.

백범사상연구소 편『백범어록』, 서울: 사상사 1973.

_____『삼팔선을 베고 죽을지언정』, 서울: 햇살 1992.

서병조『주권자의 증언: 한국대의정치사』, 서울: 모음출판사 1953.

_____『정치사의 현장: 증언 제1공화국』, 서울: 중화출판사 1981.

_____『개헌시비』, 서울: 현대문예사 1986.

서정주『우남 이승만전』, 서울: 화산문화기획 1995.

손세일『이승만과 김구』, 서울: 일조각 1979.

신창현『해공 신익희: 그 생애와 사상 및 일화』, 서울: 해공신익희선생기념회 1992.

신태양사 편『내가 걸어온 길 내가 걸어갈 길: 나의 정치백서』, 서울: 신태양사 1957.

심지연『허헌 연구』, 서울: 역사비평사 1994.

_____『허헌: 하나의 조국 염원한 좌파 민족주의자』, 서울: 동아일보사 1995.

애산동문회 편『애산여적』제1집, 서울: 세문사 1961.

양우정『이대통령 건국정치이념: 일민주의의 이론적 전개』, 서울: 연합신문사 1949.

_____『이대통령 투쟁사』, 서울: 연합신문사 1949.

엄항섭 편『김구주석 최근언론집』, 서울: 삼일출판사 1949.

우남실록편찬회 편『우남실록: 1945-1948』, 서울: 열화당 1976.

유영익『이승만의 삶과 꿈: 대통령이 되기까지』, 서울: 중앙일보사 1996.

유진산『해뜨는 지평선』, 서울: 한얼문고 1972.

유진오『신고 헌법해의』, 서울: 일조각 1953.

_____『헌법의 기초이론』, 서울: 일조각 1954.

_____『헌법기초회고록』, 서울: 일조각 1980.

_____『구름 위의 만상: 유진오 수상록』, 서울: 일조각 1966.

_____『양호기: 보전·고대 삼십오년의 회고』, 서울: 고려대학교 출판부 1977.

유치송『해공 신익희 일대기: 민주한국의 대도』, 서울: 해공 신익희선생 기념회 1984.

윤길중『청곡 윤길중 회고록: 이 시대를 앓고 있는 사람들을 위하여』, 서울: 호암출판사 1991.

윤치영『윤치영의 20세기』, 서울: 삼성출판사 1991.

이승만『독립정신』, 서울: 태평양출판사 1954.

_____『일민주의개술』, 서울: 일민주의보급회 1956.

_____『뭉치면 살고…: 언론인 이승만의 글모음(1898-1944)』, 서울: 조선일보사 1995.

_____『이승만의 전시중립론: 미국의 영향을 받은 중립』, 정인섭 옮김, 서울: 나남출판 2000.

이원순 편저『인간 이승만』, 서울: 신태양사 출판국 1965.

이윤영『백사 이윤영 회고록』, 서울: 사초 1984.

이은익『임시정부와 이시영』, 서울: 범우사 1997.

이인『반세기의 증언』, 서울: 명지대학교 출판부 1974.

이정식『김규식의 생애』, 서울: 신구문화사 1974.

_____『구한말의 개혁·독립투사 서재필』, 서울: 서울대학교 출판부 2003.

인촌기념회『인촌 김성수전』, 서울: 인촌기념회 1976.

임은(林隱)『북조선왕조성립비사』, 東京: 自由社 1982.

장면『한 알의 밀이 죽지 않고는: 장면박사 회고록』, 서울: 가톨릭출판사 1967.

전현수 편『쉬띠꼬프 일기: 1946~1948』, 과천: 국사편찬위원회 2004.

정교『대한계년사』제3권, 서울: 소명 2004.

정준『슬픔은 국민에게만: 속박의 시대는 지나갔다』, 서울: 의회평론사 1959.

김석영 편『신익희 선생 일대기』, 서울: 조도전대학동창회 출판부 1956.

조병옥『민족운명의 기로』, 서울: 경무부 경찰공보실 1948.

_____『나의 회고록』, 서울: 민교사 1959.

조용중『미군정하의 정치현장』, 서울: 나남 1990.

창랑 장택상 기념사업회 편『대한민국 건국과 나』, 서울: 창랑 장택상 기념사업회 1992.

한국정신문화연구원 편『내가 겪은 건국과 갈등』, 서울: 선인 2004.

한철영『이승만 대통령: 자유세계의 거성』, 서울: 문화춘추사 1953.

허정『내일을 위한 증언』, 서울: 샘터사 1979.

허정숙『민주건국의 나날에』, 조선로동당출판사 1986.

玄采『幼年心讀釋義』제2권, 1907; 영인본 서울: 亞細亞文化社 1977.

황동준『민주정치와 그 운용』, 서울: 한일문화사 1958.

희망출판사 편『사실의 전부를 기술한다』, 서울: 희망출판사 1966.

2-2. 연구서

강구진『북한법의 연구』, 서울: 박영사 1975,

강만길 편『조소앙』, 서울: 한길사 1982.

강원택『대통령제, 내각제와 이원정부제: 통치형태의 특성과 운영의 원리』, 고
　　양: 인간사랑 2006.

_____ 편『헌법 개정의 정치: 무엇을 어떻게 바꿀 것인가』, 고양: 인간사랑
　　2010.

강정인『서구중심주의를 넘어서』, 서울: 아카넷 2004.

_____ 편『한국정치의 이념과 사상』, 서울: 후마니타스 2010.

고정휴『이승만과 한국독립운동』, 서울: 연세대학교 출판부 2004.

구대열『한국 국제관계사 연구 2: 해방과 분단』, 서울: 역사비평사 1995.

김경희『공화주의』, 서울: 책세상 2009.

김동노『근대와 식민의 서곡』, 파주: 창비 2009.

김광운『북한정치사 연구 I: 건당·건국·건군의 역사』, 서울: 선인 2003.

김소진『한국독립선언서연구』, 서울: 국학자료원 1998.

김수자『이승만의 집권초기 권력기반 연구』, 서울: 경인문화사 2005.

_____ 편『이승만과 대한민국 건국』, 서울: 연세대학교 출판부 2010

김수용『건국과 헌법: 헌법논의를 통해 본 대한민국건국사』, 서울: 경인문화사
　　2008,

김영작『한말 내셔널리즘: 사상과 현실』, 서울: 백산서당 2006

김영수『대한민국임시정부헌법론』, 서울: 삼영사 1980.

_____『한국헌법사』, 서울: 학문사 2000.

김용직『사료로 본 한국의 정치와 외교: 1945-1979』, 서울: 성신여자대학교 출

판부 2005.

김용호『한국 정당정치의 이해』, 서울: 나남출판 2001

김원모『영마루의 구름: 춘원 이광수의 친일과 민족보존론』, 서울: 단국대학교 출판부 2009.

김일영『건국과 부국』, 서울: 기파랑 2010.

김일영 외『한국정치와 헌정사』, 서울: 한울 2001.

김철수『한국헌법사』, 서울: 대학출판사 1992.

김학준『해방공간의 주역들』, 서울: 동아일보사 1996.

김혁동『미군정하의 입법의원』, 서울: 범우사 1970.

김홍우『현상학과 정치철학』, 서울: 문학과지성사 1999.

_____『한국정치의 현상학적 이해』, 고양: 인간사랑 2007.

김효전『서양헌법이론의 초기 수용』, 서울: 철학과현실사 1996.

_____『근대 한국의 국가사상: 국권회복과 민권수호』, 서울: 철학과현실사 2000.

_____『한국의 공법학자들: 생애와 사상』, 서울: 한국공법학회 2003.

_____『헌법』, 서울: 소화 2009.

도진순『한국 민족주의와 남북관계: 이승만·김구 시대의 정치사』, 서울: 서울대학교 출판부 1997.

로버트 달『미국헌법과 민주주의』, 박상훈·박수형 역, 서울: 후마니타스 2004.

문지영『지배와 저항: 한국 자유주의의 두 얼굴』, 서울: 후마니타스 2011.

박기덕『한국 민주주의의 이론과 실제: 민주화·공고화·안정화』, 파주: 한울 2006.

박명규『국민·인민·시민: 개념사로 본 한국의 정치주체』, 서울: 소화 2009.

박명림『한국전쟁의 발발과 기원 I: 결정과 발발』, 서울: 나남출판 2003a.

_____『한국전쟁의 발발과 기원 II: 기원과 원인』, 서울: 나남출판 2003b.

_____『한국 1950, 전쟁과 평화』, 서울: 나남출판 2003c.

박병호『한국법제사고』, 서울: 법문사 1974.

박찬승『한국근대사상사연구』, 서울: 역사비평사 1992.

박찬욱『국회의 대표기능연구』, 서울: 한국의회발전연구회 1986.

박찬표『한국의 국가형성과 민주주의: 미군정기 자유민주주의의 초기 제도화』, 서울: 고려대학교 출판부 1997.

_____『한국의 국가 형성과 민주주의: 냉전 자유주의와 보수적 민주주의의 기원』, 서울: 후마니타스 2007.

_____『한국의 48년 체제: 정치적 대안이 봉쇄된 보수적 패권체제의 기원과 구조』, 서울: 후마니타스 2010.

방선주『재미한인의 독립운동』, 춘천: 한림대학교 출판부 1989.

_____『한국현대사와 미군정』, 춘천: 한림대학교 아시아문화연구소 1991.

백영철『제1공화국과 한국민주주의』, 서울: 나남 1995.

브루스 커밍스『한국전쟁의 기원』, 김자동 옮김. 서울: 일월총서 1986.

서영희『일제의 한국 보호국화와 통감부의 통치권 수립과정』, 서울: 서울대학교 한국문화연구소 1996.

_____『대한제국정치사연구』, 서울: 서울대학교 출판부 2005.

서울대 정치학과 독립신문강독회·전인권 편『독립신문, 다시 읽기』, 서울: 푸른역사 2004.

서재필기념회 편『개화 독립 민주』, 서재필기념회 2001.

서중석『한국근현대의 민족문제연구』, 서울: 지식산업사 1989.

_____『이승만과 제1공화국: 해방에서 4월혁명까지』, 서울: 역사비평사 2007.

성낙인『대한민국헌법사』, 파주: 법문사 2012.

송석윤『위기시대의 헌법학: 바이마르 헌법학이 본 정당과 단체』, 서울: 정우사 2002.

신복룡『한국분단사연구』, 서울: 한울아카데미 2003.

_____『대동단실기』, 서울: 선인 2003.

신용하『독립협회연구: 독립신문·독립협회·만민공동회의 사상과 운동』, 서울: 일조각 1976.

_____『한국 개화사상과 개화운동의 지성사』, 서울: 지식산업사 2010.

신우철『비교헌법사: 대한민국 입헌주의의 연원』, 파주: 법문사 2008.

심지연『한국민주당연구 I』, 서울: 풀빛 1982.

_____『한국민주당연구 II: 한국현대정당론』, 서울: 창작과비평사 1984.

_____『미소공동위원회 연구』, 서울: 청계연구소 1989.

_____『인민당 연구』, 서울: 경남대학교 출판부 1991.

아리스토텔레스『정치학』, 천병희 옮김, 고양: 숲 2009.

안드레이 란코프『소련의 자료로 본 북한 현대정치사』, 김광린 옮김, 서울: 오름 1999.

양건『헌법강의』, 파주: 법문사 2007.

양동안『대한민국 건국사』, 서울: 건국대통령 이승만박사 기념사업회 출판사업부 1998.

양승태『대한민국이란 무엇인가: 국가 정체성 문제에 대한 정치철학적 성찰』, 서울: 이화여자대학교 출판부 2010.

양승함 편『한국 국가관리와 대통령 리더십의 형성과 철학』제1권, 서울: 연세대학교 국가관리연구원 2010.

유영렬『개화기의 윤치호 연구』, 서울: 한길사 1985.

유영익『젊은 날의 이승만: 한성감옥생활(1899-1904)과 옥중잡기 연구』, 서울: 연세대학교 출판부 2002.

_____『서재필과 그의 시대』, 서울: 서재필기념회 2003.

유영익 편『이승만 연구: 독립운동과 대한민국 건국』, 서울: 연세대학교 출판부 2000.

_____『이승만 대통령 재평가』, 서울: 연세대학교 출판부 2006.

윤민재『중도파의 민족주의운동과 분단국가』, 서울: 서울대학교 출판부 2004.

윤치호『국역 윤치호일기』제2권, 박정신 옮김, 서울: 연세대학교 출판부 2005.

이기하『한국정당발달사』, 서울: 의회정치사 1961.

이병천·홍윤기·김호기 편『다시 대한민국을 묻는다』, 파주: 한울 2008.

이영록『유진오 헌법사상의 형성과 전개』, 한국학술정보(주) 2006a.

_____『우리 헌법의 탄생: 헌법으로 본 대한민국 건국사』, 서울: 서해문집 2006b.

이완범『38선 획정의 진실: 1944-1945』, 서울: 지식산업사 2001.

_____『한국해방 3년사: 1945-1948 』, 파주: 태학사 2007.

이인호·김영호·강규형 편『대한민국 건국의 재인식』, 서울: 기파랑 2009.

이정복『한국정치의 분석과 이해』, 서울: 서울대학교 출판부 2006.

이정식『한국민족주의의 정치학』, 서울: 한밭출판사 1982.

_____『초대 대통령 이승만의 청년시절』, 권기붕 옮김. 서울: 동아일보사 2002.

_____『이승만의 구한말 개혁운동: 급진주의에서 기독교 입국론으로』, 대전: 배재대학교 출판부 2005.

_____『대한민국의 기원: 해방 전후 한반도 국제정세와 민족 지도자 4인의 정치적 궤적』, 서울: 일조각 2006.

이주영『이승만과 그의 시대』, 서울: 기파랑 2011.

이철순 편『남북한 정부수립 과정 비교: 1945-1948』, 고양: 인간사랑 2010.

이한우『거대한 생애 이승만 90년(상)』, 서울: 조선일보사 출판국 1995.

_____『거대한 생애 이승만 90년(하)』, 서울: 조선일보사 출판국 1996.

_____『우남 이승만, 대한민국을 세우다』, 서울: 해냄출판사 2008.

이현희『대한민국임시정부사』, 한국학술정보(주) 2003.

임혁백『5공의 민주화투쟁과 직선제 개헌』, 서울: 동아일보사 1993.

장동진『심의 민주주의: 공적 이성과 공동선』, 서울: 박영사 2012.

장훈『20년의 실험: 한국 정치개혁의 이론과 역사』, 파주: 나남 2010.

제임스 I. 매트레이『한반도의 분단과 미국: 미국의 대한정책, 1941-1950』, 구대열 옮김. 서울: 을유문화사 1989.

전봉덕『한국근대법사상사』, 서울: 박영사 1981.

정병준『우남 이승만 연구: 한국 근대국가의 형성과 우파의 길』, 서울: 역사비평사 2005.

정용욱『해방 전후 미국의 대한정책: 과도정부 구상과 중간파 정책을 중심으로』, 서울: 서울대학교 출판부 2003a.

_____『미군정자료연구』, 서울: 선인 2003b.

정용화『문명의 정치사상: 유길준과 근대 한국』, 서울: 문학과지성사 2004.

정윤재『정치리더십과 한국민주주의』, 서울: 나남출판 2012.

정종섭『한국헌법사문류』, 서울: 박영사 2002.

_____『헌법학원론』, 서울: 박영사 2006.

조선일보사 출판국 편『전환기의 내막』, 서울: 조선일보사 1982.

중앙일보 특별취재반 편『조선민주주의인민공화국』, 서울: 중앙일보사 1992.

진덕규『한국 현대정치사 서설』, 서울: 지식산업사 2000.

최종고『위대한 법사상가들』I‑III, 서울: 학연사 1985.

추헌수『(자료)한국독립운동』제2권, 서울: 연세대학교 출판부 1972.

칼 슈미터『헌법이론』, 김기범 옮김, 서울: 교문사 1975.

하영선 편『근대한국의 사회과학 개념형성사』, 파주: 창비 2009.

한배호 편『한국현대정치론: 제1공화국의 국가형성 정치과정 정책』, 서울: 나남 1990.

한승인『독재자 이승만』, 서울: 일월서각 1984.

한태연『헌법학』, 서울: 양문사 1957.

한태연·갈봉근·김효전 외『한국헌법사(上)』, 한국정신문화연구원 1988.

한태수『한국정당사』, 서울: 신태양사 1961.

함성득『한국의 대통령과 권력』, 서울: 나남출판 2000.

허영『한국헌법론』, 서울: 박영사 2002.

현대한국학연구소 편 『이승만의 독립운동과 대한민국 건국』, 서울: 현대한국학연구소 1998.

Arendt, Hannah. *Human Condition*. Chicago: The University of Chicago Press 1958. [한나 아렌트, 이진우·태정호 옮김 『인간의 조건』. 서울: 문학과지성사 1996].

_____. *On Revolution*. New York: Penguin Books 1963. [한나 아렌트, 홍원표 옮김 『혁명론』. 파주: 한길사 2004].

Ban, Sung Hwan, Pal Yong Moon, and Dwight H. Perkins. *Rural Development. Studies in the Modernization of The Republic of Korea: 1945-1975*. Cambridge: Harvard University Press. 1982.

Carr, Edward Hallett. *Twenty years' crisis 1919-1939: an introduction to the study of international relations*. New York: Harper & Row, 1964

Cumings, Bruce. *The Origins of the Korean War*. N.J: Princeton Univ. Press 1981. [브루스 커밍스, 김자동 옮김 『한국전쟁의 기원』. 서울: 일월총서 1986].

_____. *Korea's Place in the Sun: A Modern History*. New York: Norton 1997. [브루스 커밍스, 김동노·이교선·이진준·한기욱 옮김 『브루스 커밍스의 한국현대사』. 서울: 창작과비평사 2001].

Djilas, Milovan. *Conversation with Stalin*. London: Rupert Hart-Davis 1962.

Finer, S. E., Vernon Bogdanor, and Bernard Rudden. *Comparing constitutions*. Oxford: Clarendon Press; New York: Oxford University Press 1995.

Henderson, Gregory. *Korea: the politics of the vortex*. Cambridge: Harvard Univ. Press, 1968 [그레고리 헨더슨, 박행웅·이종삼 공역 『소용돌이의 한국정치』 서울: 한울 2000].

Jager, Sheila Miyoshi. *Narratives of nation Building in Korea: A Genealogy of Patriotism*. Armonk, NY: M. E. Sharpe 2003.

Laski, Harold J. *Reflections on the constitution: the house of commons, the cabinet the civil service*. Manchester: Manchester University Press 1951. [해로르드 라스키, 차기벽 역『입헌정치의 재검토: 하원·내각 및 공무원제도』. 서울: 민중서관 1959].

Linz, Juan J., Arturo Valenzuela ed. *The failure of presidential democracy*. Baltimore: The Johns Hopkins Univ. Press 1994 [린쯔, 바렌주엘라. 신명순·조정관 공역『내각제와 대통령제』. 서울: 나남출판 1995].

MacDonald, Donald Stone. *U.S.-Korean Relations from liberation toself-reliance*. Boulder: Westview Press 1992.

Madison, James, Alexander Hamilton and John Jay, Issac Kramnick ed. *The Federalist Papers*. NY: Penguin Book 1987. [제임스 매디슨, 알렉산더 해밀턴, 존 제이. 김영동 역『페더랄리스트페이퍼』. 서울: 한울 1995].

Matray, James I. *The Reluctant Crusade: American Foreign Policy in Korea, 1941-1950*. Honolulu: Univ. of Hawaii Press 1985. [제임스 매트레이, 구대열 옮김『한반도의 분단과 미국: 미국의 대한정책, 1941-1950』. 서울: 을유문화사 1989].

Oliver, Robert T. *Syngman Rhee and American Involvement in Korea, 1942-1950*. Seoul: Panmun Book Co. 1978. [로버트 올리버 지음, 박일영 옮김『대한민국 건국의 비화: 이승만과 한미관계』. 서울: 계명사 1990].

Pai, Hyung Il and Timothy R. Tangherlini, eds. *Nationalism and the Construction of Korean Identity*. Berkeley: University of California Press.1998.

Palais, James B. and Frank Baldwin, ed. *Without parallel: the American-Korean relationship since 1945*. New York: Pantheon Books 1973.

Sandel, Michael. *Democracy's Discontent*. Cambridge: Harvard University Press 1996.

Sartori, Giovanni. *Comparative constitutional engineering: an inquiry into*

structures, incentives and outcomes. Houndmills, Basingstoke, Hampshire:
Macmillan, 1997.

Schmitt, Carl. translated by Ellen Kennedy. *The crisis of parliamentary democracy*.
Cambridge: The MIT Press. 1985

3. 논문

강구진 「북한법에 대한 중국과 소련의 영향」, 『북한법연구』 제7호, 2004.

강정인 「민주화 이후 한국정치에서 자유민주주의와 법치주의의 충돌」, 『법학』
제49권 제3호, 2008a.

_____ 「'자유민주적 기본질서'와 '민주적 기본질서'의 차이: 한국사회 신자유
주의 경향과 사회민주주의 배격」, 『자유공론』 제43권 제9호, 2008b.

곽준혁 「민주주의와 공화주의: 헌정체제의 두가지 원칙」, 『한국정치학회보』 제
39집 제3호, 2005.

권오영 「동도서기론의 구조와 그 전개」, 『한국사시민강좌』 제7권, 서울: 일조각
1990.

김경희 「마키아벨리의 선정론(buon governo): 『군주론』에 나타난 '건국'(建國)
과 '치국'(治國)의 정치학」, 『한국정치학회보』 제42집 제3호, 2008.

김남국 「문화적 권리와 보편적 인권: 세계 인권 선언에서 문화다양성 협약까
지」, 『국제정치논총』 제50집 1호, 2010.

김비환 「시장과 민주주의의 관계를 중심으로 본 현대자유주의의 내적 분화: 기
본권개념을 중심으로」, 『법철학연구』 제7권 제2호, 2004.

_____ 「아렌트의 '정치적' 헌정주의」, 『한국정치학회보』 제41집 제2호, 2008a.

_____ 「한국 민주주의의 진로에 대한 정치철학적 고찰: 자유주의, 시장, 법
의 지배 및 헌정주의의 상호관계를 중심으로」, 『아세아연구』 제51권 제2호,
2008b.

김명섭 「해방직후 좌익정치세력의 국제관계인식과 민족문제인식」, 『근현대사

강좌』 제8집, 1996.

김명섭·김석원 「김구와 이승만의 지정인식: 일제강점기를 중심으로」, 『한국정치학회보』 제43집 제3호, 2009.

김민전 「국회와 헌법 개정: 헌법 개정 담론의 구체성을 위해서」, 『담론 201』 제10권 3호, 2007.

김석근·조진만 「19세기 말 조선의 franchise(참정권) 개념에 대한 인식과 수용」, 『한국정치학회보』 제35집 2호, 2001.

김성호·김명호 「1948년 건국헌법 전문(前文)에 나타난 "우리들 대한국민"의 정체성과 정당성」, 『한국정치학회보』 제42집 제4호, 2008.

김성호·최선 「1948년 건국헌법에 나타난 혼합적 권력구조의 기원: 미군정기와 제헌국회의 헌법안 및 헌법논의를 중심으로」, 『헌법학연구』 제15권 제2호, 2009.

김수용 「해방 후 헌법논의와 1948년 헌법 제정에 관한 연구」, 서울대학교 법학과 박사학위논문 2007.

김영미 「미군정기 남조선과도입법의원의 성립과 활동」, 서울대학교 국사학과 석사학위논문 1993.

김영상 「헌법을 싸고도는 국회 풍경」, 『신천지』 제3권 제6호, 1948.

김영호 「국가론의 관점에서 본 대한민국 건국의 특징과 의의」, 『대한민국 건국의 재인식』, 서울: 기파랑 2009.

김오성 「민족통일공작과 민전의 탄생」, 『민고』 1946년 5월호.

김용직 「근대 한국의 민주주의 개념: 독립신문을 중심으로」, 『세계정치』 제25집 제2호, 2004.

_____ 「3·1운동의 정치사상」, 『동양정치사상사』 제4권 제1호, 2005.

_____ 「개화기 한국의 근대적 공론장과 공론형성 연구: 독립협회와 독립신문을 중심으로」, 『한국동북아논총』 제11권 제1호, 2006.

김용호 「조소앙의 삼균주의 연구: 그 형성·전개 과정과 내용 및 평가」, 서울대학교 정치학과 석사학위논문 1979.

김원모 「서재필의 재미한인회의록 첫 공개」, 『월간조선』 제60호, 1985.

김일수 「서상일의 정치·경제 이념과 활동」, 성균관대학교 한국사학과 박사학
위논문 2001.

김일영 「농지개혁, 5·30선거, 그리고 한국전쟁」, 『한국과 국제정치』 제11집 제1
호, 1995.

김준연 「滄浪交遊錄」, 『세대』 제74호, 1969.

김철수 「유진오의 헌법 초안에 나타난 국가형태와 정부형태」, 『한국사 시민강
좌』 제17집, 서울: 일조각 1995.

김택영 「조선민주주의인민공화국의 헌법초안의 근본원칙」, 『근로자』 제6호,
1948.

김혁동 「남조선과도입법의원의 설치배경과 운영실태에 관한 연구」, 단국대학
교 정치외교학과 박사학위논문 1995.

김혜진 「제1·3공화국의 정치적 게임규칙 변경에 관한 연구: 대통령선출제도를
중심으로」, 서울대학교 정치학과 박사학위논문 2002.

김홍우 「제헌국회에서의 정부형태론 논의」, 한국의회발전연구회 편 『의정연
구』 제3권 제1호, 서울: 한울 1997.

_____ 「독립신문과 사회계약」, 서재필기념회·독립신문강독회·한국정치평론
학회 공동주최 심포지엄 '독립신문 다시 읽다'(2004.9.2) 발표문.

김효전 「한국 정치학의 서양 정치사상 연구사 시설: 구한말의 정치학 소개에서
1970년대 연구의 정초까지」, 『한국의 학술연구』 제9집, 대한민국학술원 2008.

남광규 「해방 초기 중간파 약화와 좌·우대결의 격화(1945.8-1946.2)」, 고려대
학교 정치외교학과 박사학위논문 2002.

_____ 「신탁합의와 미소공위에 나타난 미소의 정책과 결렬요인」, 2006 한국정
치학회 연례학술회의 자료집.

라종일 「1952년의 정치파동: 행정부, 의회, 군부, 외국의 상호작용」, 『한국정치

학회보』 제22집 제2호, 1988.

문지영 「한국에서 자유주의: 정부수립 후 1970년대까지 그 양면적 전개와 성격에 관한 연구」, 서강대학교 정치외교학과 박사학위논문 2003.

_____ 「한국의 근대국가 형성과 자유주의」, 『한국정치학회보』 제39집 1호, 2005.

문창성 「한민당은 어데로 가나?」, 『신천지』 3권 7호, 1948.

박광주 「헌법 제정과정과 대통령선거」, 한국정신문화연구원 현대사연구소 편 『한국현대사의 재인식 2: 정부수립과 제헌국회』, 서울: 오름 1998.

박명림 「한국의 국가형성, 1945-48: 시각과 해석」, 한국정치학회 편 『한국정치학회보』 제29집 제1호, 1995.

_____ 「한국의 초기 헌정체제와 민주주의: '혼합정부'와 '사회적 시장경제'를 중심으로」, 한국정치학회 편 『한국정치학회보』 제37집 제1호, 2003.

_____ 「헌법, 국가의제, 그리고 대통령 리더십: '건국헌법'과 '전후 헌법'의 경제조항 비교를 중심으로」, 『국제정치논총』 제48집 1호, 2008.

_____ 「남한과 북한의 헌법 제정과 국가정체성 연구: 국가 및 헌법 특성의 비교적 관계적 해석」, 『국제정치논총』 제49집 4호, 2009.

박영준 「해방직후 지식인들의 민주주의 논쟁에 관한 연구: 국제질서 인식 및 국가건설 노선에 있어서의 대립을 중심으로」, 서울대학교 외교학과 석사학위논문 1988.

박주원 「근대적 '개인', '사회' 개념의 형성과 변화: 한국 자유주의의 특성에 대하여」, 『역사비평』 제67호, 2004.

박진희 「해방직후 정치공작대의 조직과 활동」, 『역사와 현실』 제21권, 1996.

박찬표 「제헌국회와 한국의 의회민주주의」, 『입법조사연구』, 서울: 국회도서관 1992.

박태균 「1945-1946년 미군정의 정치세력 재편계획과 남한 정치구도의 변화」, 『한국사연구』 제74호, 1991.

방선주「노획 북한필사문서해제(Ⅰ)」,『아시아문화』제1호, 1986.

박현모「일제시대 공화주의와 복벽주의의 대립: 3·1운동 전후의 왕정복고운동을 중심으로」,『정신문화연구』제30권 제1호, 2007.

배훈식「북한헌법의 형성과 변천 연구」, 부산대학교 법학과 석사학위논문 1990.

백운선「제헌국회 내 '소장파'에 관한 연구」, 서울대학교 정치학과 박사학위논문 1992.

서중석「해방 후 좌우합작에 의한 민족국가건설운동연구」, 서울대학교 국사학과 박사학위논문 1990.

서희경「독립운동과 정치: 임시의정원 회의록을 중심으로」, 서울대학교 정치학과 석사학위논문 1993.

_____「대한민국 건국기의 정부형태와 운영에 관한 연구: '대통령 권한의 통제'에 관한 논쟁을 중심으로」,『한국정치학회보』제35집 제1호, 2001a.

_____「대한민국 건국기의 정부형태와 운영에 관한 연구: 제헌국회의 특별회기(1948.5.31-12.19)를 중심으로」, 서울대학교 정치학과 박사학위논문 2001b.

_____「대한민국 건국헌법의 기초와 수정: 정부형태에 관한 논의를 중심으로」,『공법연구』제31집 제4호, 2003.

_____「한국제헌국회의 정치세력 형성에 관한 연구: 일제식민지 시기의 사회세력과의 연관성을 중심으로」,『한국정치외교사논총』제26집 제1호, 2004.

_____「대한민국 건국헌법의 역사적 기원(1898-1919): 만민공동회, 3·1운동, 대한민국임시정부헌법의 '민주공화'정체 인식을 중심으로」,『한국정치학회보』제40집 5호, 2006.

_____「현대 한국헌정과 국민통합, 1945-1948: '단정파'와 '중도파'의 정치노선과 헌정구상」,『한국정치외교사논총』제28집 제2호, 2007.

_____「남한과 북한헌법 제정의 비교연구(1947-1948): 한국근대국가와 입헌

주의의 탄생, '진정한 민주주의'를 향한 두 개의 길」,『한국정치학회보』제41
집 2호, 2007.

_____「시민사회의 헌법구상과 건국헌법에의 영향(1946-1947): 해방 후 시민
사회헌법안·미소공위답신안 제정을 중심으로」,『동양정치사상사』제6권 2
호, 2007.

_____「대한민국임시정부 헌법과 민주공화주의: 조소앙의 균등이념을 중심으
로」,『대한민국임시정부의 현대사적 성찰』, 파주: 나남출판 2010.

_____「한국 헌법의 정신사: 헌법전문의 "4.19 민주이념 도입"에 관한 논의를
중심으로」,『정치사상연구』제17집 1호, 2011.

서희경·박명림「민주공화주의와 대한민국 헌법이념의 형성」,『정신문화연구』
제30권 제1호, 2007.

설의식「임정을 앞두고」, 새한민보사 편『임시정부수립대강: 미소공위자문안답
신집』, 새한민보사 1947.

송석윤「대의제 개념의 헌법사적 연구」,『헌법학연구』제6권 제1호, 2000.

신용옥「대한민국 헌법상 경제질서의 기원과 전개(1945~54년): 헌법 제·개정
과정과 국가자본 운영을 중심으로」, 고려대학교 사학과 박사학위논문 2007.

_____「8·15 후 좌우세력의 헌법 제정 시도에 대한 사실 관계 해석과 그 정치
적 성격: 민주주의민족전선, 비상국민회의, 민주의원을 중심으로」,『역사교
육』제106호, 2008a.

_____「대한민국 제헌헌법 기초 주체들의 헌법 기초와 그 정치적 성격」,『고려
법학』제51호, 2008b.

_____「조선임시약헌의 경제체제 구상」,『한국사연구』제140호, 2008c.

_____「제헌헌법의 사회·경제질서 구성 이념」,『한국사연구』제144호, 2009.

신용하「만민공동회의 자주민권자강운동」,『한국사연구』제11권, 1975.

_____「한말 애국계몽과 운동」,『한국사학』제1집, 1980.

_____「19세기 한국의 근대국가 형성문제와 입헌공화국 수립운동」,『한국 근

대국가 형성과 민족문제』, 서울: 문학과지성사 1986.

신우철「헌정사연구(抄): 건국헌법에서 현행헌법까지」,『영남법학』제9권 제1
호, 2002.

＿＿＿＿「헌정사와 비교헌법(1): 중국의 제헌운동이 상해 임시정부 헌법 제정에
미친 영향—임시헌장(1919.4.11)과 임시헌법(1919.9.11)을 중심으로」,『법사
학연구』제29호, 2004.

심지연「해방 후 주요 정치집단의 통치구조와 정책구상에 대한 분석: 미소공동
위원회 답신안을 중심으로」,『한국정치학회보』제20집 제2호, 1986.

와닌 유리 와실리비치 지음, 전현수 옮김「러시아 대외정책문서보관소 소장 해
방직후 한국관계자료」,『역사비평』1994년 봄호.

안재홍「민정장관을 사임하고: 기로에 선 조선민족」,『신천지』제4권 제6호,
1948.

안외순「'애국계몽운동'과 준식민지에서의 자유주의: '계몽'의 양면성」,『한국
사상과 문화』제21집, 2003.

원시연「대통령과 국회의 제도적 권력관계의 변화: 제1공화국부터 노무현 정부
까지」,『비교민주주의 연구』제3집 1호, 2007.

유영렬「개화기의 민주주의정치운동」,『한국사상의 정치형태』, 서울: 일조각
1997.

유영익「우남 이승만의 독립정신론」,『한국논단』통권 178호, 2004a.

＿＿＿＿「이승만 대통령의 업적: 이승만 대통령의 역사적 재평가」,『한국논단』
통권 183호, 2004b.

＿＿＿＿「그리운 건국대통령 이승만: 이승만 대통령의 업적(1)—거시적 재평
가」,『한국논단』통권 202호, 2006.

유진오「헌법기초 당시의 회고담」,『국회보』제20호, 서울: 국회사무처 1958.

유홍림「현대 자유주의 사상 연구: 자유주의에 대한 재구성적 이해」,『한국사회
과학』제21권 제4호, 1999.

_____「한국 정치이념의 역사와 과제」,『한국정치연구』제11집 제2호, 2002.

윤경섭「1948년 북한헌법의 제정 배경과 그 성립」, 성균관대학교 사학과 석사 학위논문 1995.

이동수「독립신문과 공론장」,『정신문화연구』제29권 제1호, 2006.

_____「개화와 공화민주주의:《독립신문》을 중심으로」,『정신문화연구』제30권 제1호, 2007a.

_____「한국사회에서의 법과 정치: 공화민주주의 관점에서」,『오늘의 동양사 상』통권 제17호, 2007b.

이동화「몽양 여운형의 정치활동(下): 재평가를 위하여」,『창작과비평』제13권 제3호, 1978.

이병택「정파의 대립과 법치: 데이비드 흄의 논의를 중심으로」,『한국정치연구』 제19집 제2호, 2010.

이완범「박정희 군사정부 '5차헌법개정' 과정의 권력구조 논의와 그 성격: 집권 을 위한 '강력한 대통령제' 도입」,『한국정치학회보』제34집 제2호, 2000.

_____「건국 기점 논쟁: 1919년설과 1948년설의 양립」,『현상과 인식』2009년 가을호.

이영록「유진오 헌법사상의 형성과 전개」, 서울대학교 법학과 박사학위 논문 2000.

_____「제헌국회의 '헌법 및 정부조직법 기초위원회'에 관한 사실적 연구」, 『법사학연구』제25호, 2002.

이원택「개화기 '예치'로부터 '법치'로의 사상적 전환 : 미완의 '대한국국제체 제'와 그 성격」,『정치사상연구』제14집 제2호, 2008.

이정복「제1공화국: 성격, 정치제도 및 주요정책」,『한국정치연구』제5권, 1996.

이종구「대한민국헌법이 제정되기까지」,『신동아』제297호, 1965.

이종은「유길준의 국가건설사상」,『한국정치학회보』제38집 1호, 2004.

이철순「제1공화국 초기(1948~1950) 미국의 대한경제정책 연구」,『국제정치연구』 제10집 1호, 2007.

_____ 「이승만의 단독정부론에 대한 고찰」, 『대한민국 건국의 재인식』, 서울: 기파랑 2009.

이현주 「3·1운동 직후 국내 임시정부 수립운동의 두 유형: 공화주의 및 복벽주의 운동에 대한 일고찰」, 『인하사학』 제8집, 2000.

장동진 「대한민국 제헌과정에 나타난 자유주의: 정부형태, 기본권, 경제제도를 중심으로」, 『정치사상연구』 제11집 제2호, 2005.

장명학 「근대적 공론장의 등장과 정치권력의 변화: 『독립신문』 사설을 중심으로」, 『한국정치연구』 제16권 제2호, 2007.

_____ 「해방정국과 민주공화주의의 분열: 좌우 이념대립과 민족통일론을 중심으로」, 『동양정치사상사』 제8권 1호, 2009.

장지영 「국어교육에 바친 평생」, 『월간중앙』 7월호, 1974.

전봉덕 「대한국 국제의 제정과 기본사상」, 『한국근대법사상사』, 서울: 박영사 1981.

전상숙 「미군정의 대한정책과 중도파의 정치세력화」, 『담론201』 제5권 제1호, 2002.

전현수 「해방 직후 북한사 연구의 몇가지 문제에 대하여: 러시아 대외정책문서 보관소 소장 북한관계자료의 검토」, 『역사와 현실』 제10호, 1993.

_____ 「'쉬띄꼬프 일'이 말하는 북한정권의 성립과정」, 『역사비평』 제32호, 1995.

정병준 「주한미군정의 '임시한국행정부' 수립 구상과 독립촉성중앙협의회」, 『역사와 현실』 제19호, 1996.

_____ 「여운형의 좌우합작·남북연합과 김일성」, 『역사비평』 제40호, 1997.

정상우 「미군정기 중간파의 헌정구상에 관한 연구」, 서울대학교 법학과 박사학위논문 2007.

정숭교 「한말 민권론의 전개와 국수론의 대두」, 서울대학교 국사학과 박사학위논문 2004.

정용욱 「미군정기 이승만의 '방미외교'와 미국의 대응」, 『역비논단』 1995년 8월 호.

_____ 「'한국 민족주의'와 '미국식 민주주의': 해방직후의 정치적 대립과 미국 대한정책의 성격 규명」, 『내일을 여는 역사』 제4호, 2001.

_____ 「미군정 내 정치활동 담당기구와 인물 연구: '중도정책' 추진자들의 존 재형태와 관련하여」, 『미군정자료연구』, 서울: 선인 2003.

정용화 「서구 인권 사상의 수용과 전개」, 『한국정치학회보』 제37집 2호, 2003.

정종섭 「'헌법'이라는 용어의 연원」, 『현대공법학회의 과제』, 서울: 박영사 2002.

정해구 「남북한 분단정권 수립과정 연구」, 고려대학교 정치외교학과 박사학위 논문 1995.

정학섭 「조소앙의 삼균주의에 관한 일 연구: 사회사상사적 접근」, 서울대학교 사회학과 석사학위논문 1984.

조동걸 「임시정부 수립을 위한 1917년의 '대동단결선언'」, 『한국학논총』 제9호, 1987.

진덕규 「이승만시대 권력구조의 이해」, 한배호·진덕규 외 『1950년대의 인식』, 서울: 한길사 1981.

최상연 「북한신구헌법에 관한 연구: 헌법원리의 변화를 중심으로」, 서울대학교 정치학과 석사학위논문 1990.

최익한 「총선거와 독립문제」, 『구국』 제2호, 1948.

최하영 「정무총감, 한인과장 호출하다」, 『월간중앙』 1968년 8월호.

최형익 「한국에서 근대 민주주의의 기원: 구한말 『독립신문』, '독립협회', '만민 공동회' 활동」, 『정신문화연구』 제27권 제3호, 2004.

최장집 「이탈리아 공산당의 노선 분석: 사회주의의 한 대안적 모색」, 『경제와사 회』 제2권, 1989.

최정운 「미국과의 조우(遭遇)가 한반도에 남긴 흔적」, 『세계정치』 제25집 제1호, 2004.

_____ 「서구 권력의 도입」, 하영선 편 『근대한국의 사회과학 개념형성사』, 파주: 창비 2009.

한국사료연구소 편 「고당원동지(告黨員同志)」, 『조선통치사료』 제10권, 1972.

한승주 「제1공화국의 유산」, 한배호·진덕규 외 『1950년대의 인식』, 서울: 한길사 1981.

한태연 「제헌헌법의 신화: 이상과 타협과 착각의 심포니」, 『동아법학』 제6권, 1988.

홍기태 「해방 후의 헌법구상과 1948년 헌법 성립에 관한 연구」, 서울대학교 법학과 석사학위논문 1986.

황수익 「제헌국회의원 선거」, 『한국의 현대정치: 1945-1948년』, 서울: 서울대학교 출판부 1995.

황승흠 「제헌헌법상의 근로자의 이익균점권의 헌법화 과정에 관한 연구」, 『공법연구』 제31집 제2호, 2002.

허헌 「민주주의민족전선결성대회 개회사」(1946년), 심지연 『허헌연구』, 서울: 역사비평사 1994a.

_____ 「'조선민주주의인민공화국 헌법에 관하여'라는 보고에 관한 토론」(1948년). 심지연 『허헌연구』, 서울: 역사비평사 1994b.

Choi, Byung-sun. "Institutionalizing a Liberal Economic Order in Korea: The Strategic Management of Economic change." Ph.D. dissertation, Harvard University 1987.

Kang, Gu Jin. "Law in North Korea: An Analysis of Soviet and Chinese Influences Thereupon." S.J.D. dissertation at Harvard Law School 1969.

Paik, Hak Soon. "North Korean state formation, 1945-1950." Ph.D. dissertation,

University of Pennsylvania 1993.

Weathersby, Kathryn. "Soviet policy toward Korea: 1944-1946." Ph.D. dissertation, Indiana University 1990.

姜相圭「朝鮮の儒敎的政治地形と文明史的轉換期の危機轉形期の君主高宗を中心に」, 東京大學大學院 總合文化硏究科 博士學位論文 2004.

474

490